2020

全国企业创新调查年鉴

国家统计局社会科技和文化产业统计司 编

中国统计出版社
China Statistics Press

图书在版编目（CIP）数据

全国企业创新调查年鉴. 2020 / 国家统计局社会科技和文化产业统计司编. -- 北京 ：中国统计出版社, 2020.11
ISBN 978-7-5037-9290-8

Ⅰ. ①全… Ⅱ. ①国… Ⅲ. ①企业创新－中国－2020－年鉴 Ⅳ. ①F279.23-54

中国版本图书馆 CIP 数据核字(2020)第 187425 号

全国企业创新调查年鉴—2020

作　　者/国家统计局社会科技和文化产业统计司
责任编辑/李　冲
封面设计/李　静
出版发行/中国统计出版社有限公司
通信地址/北京市丰台区西三环南路甲 6 号　邮政编码/100073
电　　话/邮购（010）63376909　书店（010）68783171
网　　址/http://www.zgtjcbs.com/
印　　刷/河北鑫兆源印刷有限公司
经　　销/新华书店
开　　本/880mm×1230mm　1/16
字　　数/660 千字
印　　张/21.25
版　　别/2020 年 11 月第 1 版
版　　次/2020 年 11 月第 1 次印刷
定　　价/380.00 元

本书附同版本CD-ROM一张，光盘内容以书面文字为准。

如有印装错误，本社发行部负责调换。

《全国企业创新调查年鉴—2020》
编 辑 人 员

总 编 辑： 万东华

副总编辑： 关晓静

编辑人员： 李 胤 邓永旭 林 梅 张启龙

罗秋实 焦智康 丁睿妤 魏 臻

责任编辑： 李 冲

执行编辑： 罗秋实

编 者 说 明

《全国企业创新调查年鉴》是国家统计局社会科技和文化产业统计司编辑的反映我国企业创新活动年度调查结果的统计资料书。

为全面了解我国企业创新进展状况，更好地服务创新驱动发展战略，国家统计局在2014年全国企业创新调查的基础上，从2016年起对全国企业创新情况进行年度调查。调查范围涉及工业，建筑业，批发和零售业，交通运输、仓储和邮政业，信息传输、软件和信息技术服务业，租赁和商务服务业，科学研究和技术服务业，水利、环境和公共设施管理业等创新活动相对密集的行业。调查的主要内容包括企业开展各类创新活动的基本情况，企业创新投入及产出、产学研合作创新、创新信息来源、创新阻碍因素、知识产权及相关情况等，以及企业家对创新的认识、创新激励措施实施、创新政策落实效果、创新战略目标制定等情况。

本书收录了我国企业创新调查最新年度（2019年）的主要统计数据，是较为全面反映我国当前企业创新活动开展情况的统计资料书。全书共分为十二个部分：第一部分为企业创新主要指标情况，第二至第十部分按各行业规模（限额）以上企业创新调查主要指标和主要分组进行了汇总分列，第十一部分为规模以下企业创新调查的主要指标和主要分组情况，第十二部分为国际比较情况。最后附有调查简要技术说明和主要统计指标解释。

本书有关符号说明：各表中的“空格”表示该项统计指标数据不足本表最小单位数、数据不详或无该项数据；“#”表示其中的主要项；“*”或“①”表示本表下有注解。

本书未对因调查方法不同等原因产生的与其它调查的数据差异进行技术处理，也未对因四舍五入产生的误差做配平处理。

目　录

一、企业创新主要指标(2019 年)

二、规模（限额）以上企业创新活动总体情况(2019 年)

三、规模（限额）以上企业产品和工艺创新情况(2019 年)

十二、国际比较

附录

一、企业创新主要指标（2019 年）

1-1 规模(限额)以上企业创新基本情况

指　　标	单位	合计	1.工业	2.建筑业	3.服务业	#高技术产业
一、企业基本情况						
企业数	个	804920	377723	54600	372597	35817
二、创新活动总体情况						
在规模(限额)以上企业中,						
开展创新活动的企业数	个	363422	223737	17400	122285	29104
#实现创新企业	个	335617	201431	16824	117362	26990
#同时实现四种创新企业*	个	68273	50875	1924	15474	8836
#既实现产品或工艺创新，也实现组织或营销创新的企业	个	149772	107317	5556	36899	17809
#实现产品或工艺创新，未实现组织或营销创新的企业	个	56503	46631	1513	8359	6059
#实现组织或营销创新，未实现产品或工艺创新的企业	个	129342	47483	9755	72104	3122
开展创新活动企业占比	%	45.2	59.2	31.9	32.8	81.3
#实现创新企业占比	%	41.7	53.3	30.8	31.5	75.4
#同时实现四种创新企业占比	%	8.5	13.5	3.5	4.2	24.7
#既实现产品或工艺创新，也实现组织或营销创新的企业占比	%	18.6	28.4	10.2	9.9	49.7
#实现产品或工艺创新，未实现组织或营销创新的企业占比	%	7.0	12.3	2.8	2.2	16.9
#实现组织或营销创新，未实现产品或工艺创新的企业占比	%	16.1	12.6	17.9	19.4	8.7
三、产品和工艺创新情况						
(一)产品和工艺创新分布情况						
在规模(限额)以上企业中,						
开展产品或工艺创新活动企业数	个	251432	187505	8356	55571	27334
#实现产品或工艺创新企业	个	206275	153948	7069	45258	23868
#实现产品创新企业	个	155052	119901	3879	31272	19821
#实现工艺创新企业	个	172603	129533	6620	36450	19966
未开展产品或工艺创新活动企业数	个	553488	190218	46244	317026	8483
开展产品或工艺创新活动企业占比	%	31.2	49.6	15.3	14.9	76.3
#实现产品或工艺创新企业占比	%	25.6	40.8	12.9	12.1	66.6
#实现产品创新企业占比	%	19.3	31.7	7.1	8.4	55.3
#实现工艺创新企业占比	%	21.4	34.3	12.1	9.8	55.7
#1.同时实现产品和工艺创新企业占比	%	15.1	25.3	6.3	6.0	44.4
2.仅实现产品创新企业占比	%	4.2	6.5	0.8	2.4	10.9
3.仅实现工艺创新企业占比	%	6.4	9.0	5.8	3.8	11.3
4.仅有正在进行或中止的产品或工艺创新活动企业占比	%	5.6	8.9	2.4	2.8	9.7
(二)产品创新开发情况						
在实现产品创新企业中,以下列形式进行开发的企业占比						
本企业独立开发	%	86.1	91.4	65.2	68.4	91.9
本企业与集团内企业合作开发	%	6.7	5.0	14.4	12.2	6.6
本企业与境内其他企业合作开发	%	8.4	6.4	16.9	14.9	9.0
本企业与境内研究机构合作开发	%	1.7	1.5	3.3	2.2	2.0
本企业与境内高等学校合作开发	%	9.3	9.6	15.5	7.4	10.5
本企业与境外企业或机构合作开发	%	2.1	1.9	1.4	2.7	2.7
在其他单位开发的基础上调整或改进	%	5.1	3.7	16.8	9.1	3.5
其他企业或机构开发	%	3.7	1.6	14.1	10.3	1.8
其他	%	5.2	3.3	13.9	11.2	3.0
(三)工艺创新开发情况						
在实现工艺创新企业中,以下列形式进行开发的企业占比						
本企业独立开发	%	77.5	85.3	59.4	52.9	86.4

注：四种创新指产品创新、工艺创新、组织创新、营销创新。

1-1　续表 1

指　　标	单位	合计	1.工业	2.建筑业	3.服务业	#高技术产业
本企业与集团内企业合作开发	%	7.3	5.8	11.7	11.9	7.5
本企业与境内其他企业合作开发	%	10.2	8.6	14.5	15.1	11.2
本企业与境内研究机构合作开发	%	1.5	1.5	2.5	1.6	1.9
本企业与境内高等学校合作开发	%	8.6	9.2	14.5	5.7	10.1
本企业与境外企业或机构合作开发	%	1.7	1.6	1.2	2.0	2.1
在其他单位开发的基础上调整或改进	%	7.9	6.0	18.4	12.8	5.9
其他企业或机构开发	%	8.3	4.5	17.9	20.0	4.7
其他	%	7.3	5.2	6.9	13.7	4.6
(四)新产品情况						
在实现产品创新企业中有市场新产品的企业占比	%	63.0	62.4	70.0	64.1	67.6
新产品销售收入	亿元	355925.5	212060.3	53209.1	90656.2	59164.2
新产品销售收入占营业收入的比重	%	16.2	19.9	25.7	9.7	37.4
1.仅市场新的产品	%	6.6	9.3	8.5	3.1	21.5
2.仅本企业新的产品	%	9.5	10.6	17.2	6.7	15.9
四、产品或工艺创新活动类型及创新费用情况						
(一)产品或工艺创新活动类型						
在开展产品或工艺创新活动企业中，有下列活动形式的企业占比						
内部研发	%	56.4	68.9	22.9	19.0	74.9
外部研发	%	7.6	8.5	6.8	4.9	14.9
获得机器设备和软件	%	55.9	66.6	34.9	23.1	74.4
从外部获取相关技术	%	3.8	1.9	11.1	8.9	2.8
相关培训	%	36.3	34.3	49.3	41.1	44.6
市场推介	%	18.0	16.6	23.2	22.0	22.7
相关设计	%	17.2	18.9	6.7	13.0	25.7
其他创新活动	%	22.6	22.1	28.1	23.6	30.8
(二)工业企业创新费用支出情况						
创新费用支出合计	亿元	23184.6	23184.6			6348.1
1.内部研发经费支出	亿元	13971.1	13971.1			3804.0
所占比重	%	60.3	60.3			59.9
2.外部研发经费支出	亿元	893.0	893.0			474.5
所占比重	%	3.9	3.9			7.5
3.获得机器设备和软件经费支出	亿元	7306.4	7306.4			1673.6
所占比重	%	31.5	31.5			26.4
4.从外部获取相关技术经费支出	亿元	1014.1	1014.1			396.0
所占比重	%	4.4	4.4			6.2
五、组织和营销创新情况						
在规模(限额)以上企业中，						
实现组织或营销创新企业数	个	279114	154800	15311	109003	20931
#实现组织创新企业	个	222011	122822	14371	84818	17176
#实现营销创新企业	个	205342	119712	6419	79211	16415
实现组织或营销创新企业占比	%	34.7	41.0	28.0	29.3	58.4
#实现组织创新企业占比	%	27.6	32.5	26.3	22.8	48.0
#实现营销创新企业占比	%	25.5	31.7	11.8	21.3	45.8
#同时实现组织和营销创新企业占比	%	18.4	23.2	10.0	14.8	35.3
#仅实现组织创新企业占比	%	9.2	9.3	16.3	8.0	12.6
#仅实现营销创新企业占比	%	7.1	8.5	1.7	6.5	10.5

1-1 续表 2

指 标	单位	1.东部地区	2.中部地区	3.西部地区	4.东北地区
一、企业基本情况					
企业数	个	480895	167175	124012	32838
二、创新活动总体情况					
在规模(限额)以上企业中,					
开展创新活动的企业数	个	228274	74532	50014	10602
#实现创新企业	个	210659	67436	47555	9967
#同时实现四种创新企业*	个	43938	14400	8394	1541
#既实现产品或工艺创新，也实现组织或营销创新的企业	个	96971	29718	19371	3712
#实现产品或工艺创新，未实现组织或营销创新的企业	个	41348	9383	4672	1100
#实现组织或营销创新，未实现产品或工艺创新的企业	个	72340	28335	23512	5155
开展创新活动企业占比	%	47.5	44.6	40.3	32.3
#实现创新企业占比	%	43.8	40.3	38.3	30.4
#同时实现四种创新企业占比	%	9.1	8.6	6.8	4.7
#既实现产品或工艺创新，也实现组织或营销创新的企业占比	%	20.2	17.8	15.6	11.3
#实现产品或工艺创新，未实现组织或营销创新的企业占比	%	8.6	5.6	3.8	3.4
#实现组织或营销创新，未实现产品或工艺创新的企业占比	%	15.0	16.9	19.0	15.7
三、产品和工艺创新情况					
(一)产品和工艺创新分布情况					
在规模(限额)以上企业中,					
开展产品或工艺创新活动企业数	个	166749	50033	28687	5963
#实现产品或工艺创新企业	个	138319	39101	24043	4812
#实现产品创新企业	个	106803	28376	16476	3397
#实现工艺创新企业	个	113880	33864	20742	4117
未开展产品或工艺创新活动企业数	个	314146	117142	95325	26875
开展产品或工艺创新活动企业占比	%	34.7	29.9	23.1	18.2
#实现产品或工艺创新企业占比	%	28.8	23.4	19.4	14.7
#实现产品创新企业占比	%	22.2	17.0	13.3	10.3
#实现工艺创新企业占比	%	23.7	20.3	16.7	12.5
#1.同时实现产品和工艺创新企业占比	%	17.1	13.8	10.6	8.2
2.仅实现产品创新企业占比	%	5.1	3.1	2.7	2.1
3.仅实现工艺创新企业占比	%	6.6	6.4	6.1	4.3
4.仅有正在进行或中止的产品或工艺创新活动企业占比	%	5.9	6.5	3.7	3.5
(二)产品创新开发情况					
在实现产品创新企业中,以下列形式进行开发的企业占比					
本企业独立开发	%	88.0	84.0	78.3	83.7
本企业与集团内企业合作开发	%	6.1	7.0	9.6	8.5
本企业与境内其他企业合作开发	%	8.1	7.6	11.2	9.9
本企业与境内研究机构合作开发	%	1.3	2.0	2.8	2.9
本企业与境内高等学校合作开发	%	8.2	12.2	10.7	11.5
本企业与境外企业或机构合作开发	%	2.4	1.1	1.5	2.5
在其他单位开发的基础上调整或改进	%	4.9	5.3	6.5	4.1
其他企业或机构开发	%	3.2	4.2	5.7	4.3
其他	%	4.6	5.7	8.1	6.5
(三)工艺创新开发情况					
在实现工艺创新企业中,以下列形式进行开发的企业占比					
本企业独立开发	%	79.9	76.1	67.0	75.6

1-1 续表 3

指标	单位	1.东部地区	2.中部地区	3.西部地区	4.东北地区
本企业与集团内企业合作开发	%	6.8	7.4	10.0	9.4
本企业与境内其他企业合作开发	%	10.0	9.4	12.5	10.6
本企业与境内研究机构合作开发	%	1.2	2.0	2.3	2.8
本企业与境内高等学校合作开发	%	7.7	11.1	9.6	10.7
本企业与境外企业或机构合作开发	%	1.9	1.1	1.3	2.1
在其他单位开发的基础上调整或改进	%	7.7	7.7	9.6	6.9
其他企业或机构开发	%	7.7	8.1	11.7	8.4
其他	%	6.5	8.1	10.5	8.6
(四)新产品情况					
在实现产品创新企业中有市场新产品的企业占比	%	62.9	63.5	61.3	68.7
新产品销售收入	亿元	246371.3	65374.7	34989.3	9190.2
新产品销售收入占营业收入的比重	%	17.6	17.6	10.3	9.7
1.仅市场新的产品	%	7.2	6.7	4.3	5.2
2.仅本企业新的产品	%	10.4	10.8	6.0	4.5
四、产品或工艺创新活动类型及创新费用情况					
(一)产品或工艺创新活动类型					
在开展产品或工艺创新活动企业中，有下列活动形式的企业占比					
内部研发	%	58.4	57.9	44.8	42.7
外部研发	%	7.1	8.4	8.8	8.5
获得机器设备和软件	%	56.2	58.7	50.7	49.2
从外部获取相关技术	%	3.8	3.3	4.5	3.6
相关培训	%	35.9	34.4	40.9	40.3
市场推介	%	17.7	16.9	21.4	19.3
相关设计	%	17.7	15.3	17.5	15.6
其他创新活动	%	23.3	19.3	23.9	26.6
(二)工业企业创新费用支出情况					
创新费用支出合计	亿元	14750.6	4370.7	2776.8	1286.6
1.内部研发经费支出	亿元	9143.4	2823.2	1554.4	450.1
所占比重	%	62.0	64.6	56.0	35.0
2.外部研发经费支出	亿元	620.8	130.5	100.2	41.5
所占比重	%	4.2	3.0	3.6	3.2
3.获得机器设备和软件经费支出	亿元	4221.6	1354.8	1041.4	688.6
所占比重	%	28.6	31.0	37.5	53.5
4.从外部获取相关技术经费支出	亿元	764.8	62.2	80.8	106.4
所占比重	%	5.2	1.4	2.9	8.3
五、组织和营销创新情况					
在规模(限额)以上企业中，					
实现组织或营销创新企业数	个	169311	58053	42883	8867
#实现组织创新企业	个	132998	46675	35410	6928
#实现营销创新企业	个	124041	44866	30236	6199
实现组织或营销创新企业占比	%	35.2	34.7	34.6	27.0
#实现组织创新企业占比	%	27.7	27.9	28.6	21.1
#实现营销创新企业占比	%	25.8	26.8	24.4	18.9
#同时实现组织和营销创新企业占比	%	18.2	20.0	18.4	13.0
#仅实现组织创新企业占比	%	9.4	7.9	10.2	8.1
#仅实现营销创新企业占比	%	7.6	6.8	6.0	5.9

1-2　规模(限额)以上企业创新相关情况

指　　标	单位	合计	#工业	1.东部地区	2.中部地区	3.西部地区	4.东北地区
一、产品或工艺创新信息来源情况							
在开展产品或工艺创新活动企业中,							
下列信息对创新影响较大的企业占比							
企业内部信息	%	37.4	37.5	37.9	36.2	36.4	37.6
企业集团内部信息	%	11.3	9.3	10.7	10.2	15.5	16.8
来自高等学校的信息	%	6.9	7.1	6.3	8.6	7.3	9.0
来自研究机构的信息	%	9.2	9.8	8.7	10.1	10.3	11.0
来自政府部门的信息	%	15.2	12.3	14.1	16.0	20.0	17.7
来自行业协会的信息	%	18.3	17.4	18.1	18.6	19.3	17.2
来自供应商的信息	%	19.5	20.5	19.4	19.3	21.3	17.6
来自客户的信息	%	45.6	46.6	48.0	39.0	43.1	43.0
来自竞争对手或同行业企业的信息	%	22.6	22.2	23.7	18.6	23.8	20.2
来自市场咨询机构的信息	%	7.0	6.2	7.3	5.8	7.6	5.8
来自展会的信息	%	15.9	18.2	17.8	12.0	12.1	14.0
来自文献、期刊的信息	%	3.2	3.0	3.2	3.0	3.8	4.1
来自互联网的信息	%	12.6	10.0	12.5	11.7	14.7	12.7
其他	%	5.1	4.4	4.6	5.4	7.5	6.2
二、产品或工艺创新合作情况							
(一)产品或工艺创新合作开展情况							
开展创新合作的企业数	个	164183	119614	106753	32632	20871	3927
创新合作企业占全部企业的比重	%	20.4	31.7	22.2	19.5	16.8	12.0
在创新合作企业中,与下列伙伴开展合作的企业占比							
集团内其他企业	%	28.0	25.0	27.5	26.9	31.5	33.0
高等学校	%	28.2	29.5	26.8	31.3	29.4	36.7
研究机构	%	15.9	16.7	14.3	18.5	18.8	22.0
政府部门	%	10.2	7.8	8.8	12.1	14.2	10.7
行业协会	%	19.6	18.4	19.2	21.7	19.4	15.5
供应商	%	39.1	40.9	39.9	37.0	38.8	34.2
客户	%	45.7	46.9	48.1	41.2	42.0	40.2
竞争对手或同行业企业	%	16.2	15.0	16.5	14.8	17.2	12.4
市场咨询机构	%	12.8	11.9	13.7	10.9	12.0	9.2
风险投资机构	%	0.7	0.5	0.7	0.8	0.8	0.8
其他合作对象	%	15.0	13.1	14.8	15.0	16.7	13.7
(二)产品或工艺创新合作伙伴							
在创新合作企业中,下列合作伙伴对企业创新							
有较大价值的企业占比							
集团内其他企业	%	23.4	20.9	23.1	22.1	26.1	27.9
高等学校	%	23.4	24.9	22.3	26.1	23.7	31.1
研究机构	%	12.9	14.0	11.6	15.1	15.0	18.6
政府部门	%	8.3	6.2	7.0	9.9	12.0	8.6
行业协会	%	15.6	14.6	15.2	17.5	15.2	12.1
供应商	%	33.6	35.3	34.6	31.3	32.4	29.6
客户	%	42.5	43.9	45.0	37.5	38.5	37.0
竞争对手或同行业企业	%	13.5	12.6	13.9	12.2	14.0	10.1

1-2 续表

指　　标	单位	合计	#工业	1.东部地区	2.中部地区	3.西部地区	4.东北地区
市场咨询机构	%	10.0	9.4	10.9	8.3	9.1	6.9
风险投资机构	%	0.3	0.2	0.3	0.4	0.4	0.4
其他合作对象	%	11.3	9.8	11.1	11.1	12.7	10.1
(三)产学研合作形式							
开展产学研合作的企业数	个	56908	43794	34724	12736	7700	1748
在创新合作企业中产学研合作企业占比	%	34.7	36.6	32.5	39.0	36.9	44.5
在产学研合作企业中,以下列为主要合作形式的企业占比							
共同完成科研项目	%	68.1	67.8	68.9	65.7	68.6	68.1
在企业建立研发机构	%	25.9	25.7	25.3	28.4	24.8	24.3
在高校或研究机构中设立研发机构	%	9.7	8.8	9.8	10.1	8.3	9.4
聘用高校或研究机构人员到企业兼职	%	30.7	30.1	29.7	33.3	31.8	26.4
其他形式	%	26.9	25.7	26.1	26.8	30.3	27.1
三、产品或工艺创新阻碍因素情况							
在规模(限额)以上企业中，下列各项是							
创新主要阻碍因素的企业占比							
缺乏内部资金	%	10.6	11.4	10.0	11.5	11.7	10.8
缺乏风险投资	%	7.2	7.8	6.7	8.6	7.1	6.2
缺乏银行贷款	%	11.2	13.4	9.4	13.8	14.4	12.0
创新成本过高	%	21.5	28.1	22.7	21.1	19.6	15.4
缺乏人才或人才流失	%	29.5	36.8	30.1	29.5	29.1	22.6
缺乏技术信息	%	17.9	23.7	18.2	18.0	17.7	13.1
缺乏市场信息	%	10.7	11.3	10.6	10.4	11.6	9.6
难以找到创新合作伙伴	%	7.0	7.3	7.1	6.9	7.0	6.1
市场已被占领	%	3.1	2.7	3.2	2.8	3.4	3.3
不能确定市场需求	%	12.7	15.3	13.4	11.6	12.5	9.7
创新成果易被低成本模仿	%	5.7	8.1	6.5	4.7	4.1	3.3
没有创新的必要	%	17.1	13.4	16.2	16.6	20.9	19.3
四、知识产权及相关情况							
(一)采取知识产权保护或相关措施情况							
采取了知识产权保护或相关措施的企业数	个	445879	253727	271295	94513	64105	15966
采取了知识产权保护或相关措施的企业占全部企业的比重	%	55.4	67.2	56.4	56.5	51.7	48.6
在规模(限额)以上企业中，采取下列知识产权							
保护或相关措施的企业占比							
申请了发明专利	%	7.5	13.5	8.5	7.3	4.7	4.0
申请了实用新型或外观设计专利	%	9.7	18.2	11.4	8.8	5.4	5.3
申请了注册商标	%	11.2	15.4	11.9	10.8	9.7	8.6
进行了版权登记	%	3.1	2.7	3.6	2.3	2.1	1.8
形成了国家或行业技术标准	%	6.4	8.3	6.4	6.1	6.9	7.2
对技术秘密进行内部保护	%	13.6	19.7	14.5	12.8	11.7	11.2
应用了难以复制的复杂技术	%	2.8	3.8	2.8	3.0	2.4	2.3
发挥了时间上的先发优势	%	21.8	19.3	20.6	24.1	23.3	20.5
(二)专利情况							
年末拥有有效发明专利数	件	1540616	1218074	1136830	222294	142041	39451

1—3 规模(限额)以上企业企业家对创新的认识及相关情况

指 标	单位	合计	#工业	1.东部地区	2.中部地区	3.西部地区	4.东北地区
一、企业家对创新的总体认识							
在企业家中,认为创新对企业的生存和发展							
起了重要作用的人员占比	%	32.3	38.0	33.3	29.9	32.1	30.9
起了一定作用的人员占比	%	56.2	53.0	56.0	57.5	55.6	55.1
不起作用的人员占比	%	11.5	9.0	10.7	12.6	12.3	14.0
二、创新成功影响因素情况							
在开展创新活动企业中,认为下列各项因素							
对创新成功影响程度为“高”的企业家占比							
有创新精神的企业家	%	73.9	76.9	74.5	75.3	69.2	72.1
充足的经费支持	%	67.6	70.6	68.5	69.0	62.3	64.3
高素质的人才	%	75.1	77.1	75.9	76.3	70.4	73.9
员工对企业的认同感	%	77.1	77.1	76.8	78.3	76.6	76.5
企业内部的激励措施	%	74.1	74.4	73.7	76.0	73.5	71.8
有效的技术战略或计划	%	71.0	72.4	71.6	71.2	68.3	69.1
畅通的信息渠道	%	71.4	71.5	71.3	73.1	69.9	69.0
可信赖的创新合作伙伴	%	63.9	64.4	64.2	65.7	60.9	61.3
优惠政策的扶持	%	65.7	67.6	65.3	68.7	64.0	63.5
三、创新激励措施及效果情况							
在开展创新活动企业中,认为下列措施对							
激励创新效果明显的企业家占比							
股权或期权	%	16.0	15.8	16.0	18.8	12.3	14.2
增加工资或奖金	%	68.9	71.4	68.9	72.4	64.4	64.6
汽车住房等物质奖励	%	17.2	18.0	17.0	21.1	12.9	16.1
岗位调整或升职机会	%	59.4	60.6	59.4	61.9	56.1	57.0
培训或深造机会	%	47.1	48.1	45.9	51.2	46.9	47.3
四、政策对创新的影响情况							
在开展创新活动企业中,认为下列政策效果							
明显的企业家占比							
企业研发费用加计扣除税收优惠政策	%	47.3	57.5	49.1	48.8	37.4	44.9
高新技术企业所得税减免政策	%	42.0	50.0	43.2	44.5	33.1	40.9
企业研发活动专用仪器设备加速折旧政策	%	33.4	41.0	32.3	40.6	28.1	33.2
技术转让、技术开发收入免征增值税和技术转让减免所得税优惠政策	%	27.0	30.8	25.7	33.9	23.3	27.0
科技创新进口税收政策	%	22.4	26.6	21.4	28.5	18.5	22.0
鼓励企业吸引和培养人才的相关政策	%	39.3	44.2	37.9	46.4	36.0	37.8
金融支持相关政策	%	37.3	42.5	35.3	45.8	34.7	33.8
创造和保护知识产权的相关政策	%	42.9	50.8	43.0	47.7	36.3	39.7
优先发展产业的支持政策	%	38.3	44.6	36.3	46.9	35.6	36.3
促进科技成果转化相关政策		37.6	45.1	36.8	44.3	32.0	35.9
关于推进大众创业万众创新的各项政策	%	34.9	40.3	33.1	43.4	31.4	32.8
五、未来创新战略目标制定情况							
制定创新战略目标的企业数	个	440706	237004	268282	90518	65766	16140
制定创新战略目标企业占规模(限额)以上企业的比重	%	55.6	63.2	56.7	55.0	53.8	50.0
在制定创新战略目标企业中,制定下列目标的企业占比							
保持本领域的国际领先地位	%	4.0	4.5	4.6	2.9	2.8	5.0
赶超同行业国际领先企业	%	5.5	6.6	6.2	4.5	4.2	5.7
赶超同行业国内领先企业	%	20.6	21.2	21.2	20.0	18.6	20.5
增加创新投入，提升企业竞争力	%	51.7	52.7	50.9	53.5	53.7	45.7
保持现有的技术水平和生产经营状况	%	17.9	14.7	16.7	18.7	20.3	22.6
其他目标	%	0.4	0.2	0.4	0.3	0.5	0.5

注：本调查中的企业家是指企业副总经理或相应级别以上高层管理人员。

二、规模（限额）以上企业创新活动总体情况（2019 年）

2–1 规模(限额)以上企业

项目	企业数(个)	开展创新活动企业数(个)	#实现创新企业	#同时实现四种创新企业	#既实现产品或工艺创新，也实现组织或营销创新的企业
总　计	**804920**	**363422**	**335617**	**68273**	**149772**
#国有及国有控股	61968	29384	27448	4539	12156
一、按规模分					
大型企业	21962	16088	15254	4639	9412
中型企业	139311	71172	67561	14552	31339
小型企业	533408	250955	229243	46630	103069
微型企业	110239	25207	23559	2452	5952
二、按登记注册类型分					
内资企业	743257	329956	305088	62209	135270
国有企业	8094	2638	2455	266	822
集体企业	4238	959	888	92	236
股份合作企业	1559	549	515	92	197
联营企业	222	57	53	9	22
#国有联营企业	42	15	14	2	5
有限责任公司	193724	87105	81366	15691	36018
#国有独资公司	14478	6646	6214	947	2608
股份有限公司	22493	14650	13748	4274	8226
私营企业	512784	223974	206039	41781	89740
其他企业	143	24	24	4	9
港、澳、台商投资企业	28482	15434	14179	3052	6962
合资经营企业	7059	4509	4133	1060	2260
合作经营企业	472	219	185	35	82
港、澳、台商独资经营企业	19982	10117	9308	1798	4281
港、澳、台商投资股份有限公司	660	424	402	122	256
其他港、澳、台投资企业	309	165	151	37	83
外商投资企业	33181	18032	16350	3012	7540
中外合资经营企业	9577	6134	5628	1310	2982
中外合作经营企业	509	256	230	33	102
外资企业	21877	10969	9864	1521	4144
外商投资股份有限公司	634	380	357	92	190
其他外商投资企业	584	293	271	56	122
三、按行业分					
采矿业	10205	3064	2636	167	776
制造业	353786	215850	194615	50595	105419
电力、热力、燃气及水生产和供应业	13732	4823	4180	113	1122
建筑业	54600	17400	16824	1924	5556
批发和零售业	243625	70545	69983	7230	17228
交通运输、仓储和邮政业	39720	9132	8808	672	2064
信息传输、软件和信息技术服务业	22568	16997	15104	4382	9094

注：按规模分小型企业和微型企业仅包括规模(限额)以上小型企业和微型企业，以下各表同。

创新活动总体情况

		在全部企业中占比(%)					
#实现产品或工艺创新，未实现组织或营销创新的企业	#实现组织或营销创新，未实现产品或工艺创新的企业	开展创新活动企业	实现创新企业	同时实现四种创新企业	既实现产品或工艺创新，也实现组织或营销创新的企业	实现产品或工艺创新，未实现组织或营销创新的企业	实现组织或营销创新，未实现产品或工艺创新的企业
56503	**129342**	**45.2**	**41.7**	**8.5**	**18.6**	**7.0**	**16.1**
4161	11131	47.4	44.3	7.3	19.6	6.7	18.0
2707	3135	73.3	69.5	21.1	42.9	12.3	14.3
10136	26086	51.1	48.5	10.4	22.5	7.3	18.7
41591	84583	47.0	43.0	8.7	19.3	7.8	15.9
2069	15538	22.9	21.4	2.2	5.4	1.9	14.1
48462	121356	44.4	41.0	8.4	18.2	6.5	16.3
303	1330	32.6	30.3	3.3	10.2	3.7	16.4
91	561	22.6	21.0	2.2	5.6	2.1	13.2
146	172	35.2	33.0	5.9	12.6	9.4	11.0
7	24	25.7	23.9	4.1	9.9	3.2	10.8
2	7	35.7	33.3	4.8	11.9	4.8	16.7
11548	33800	45.0	42.0	8.1	18.6	6.0	17.4
798	2808	45.9	42.9	6.5	18.0	5.5	19.4
2250	3272	65.1	61.1	19.0	36.6	10.0	14.5
34116	82183	43.7	40.2	8.1	17.5	6.7	16.0
1	14	16.8	16.8	2.8	6.3	0.7	9.8
3610	3607	54.2	49.8	10.7	24.4	12.7	12.7
1028	845	63.9	58.5	15.0	32.0	14.6	12.0
45	58	46.4	39.2	7.4	17.4	9.5	12.3
2439	2588	50.6	46.6	9.0	21.4	12.2	13.0
70	76	64.2	60.9	18.5	38.8	10.6	11.5
28	40	53.4	48.9	12.0	26.9	9.1	12.9
4431	4379	54.3	49.3	9.1	22.7	13.4	13.2
1488	1158	64.0	58.8	13.7	31.1	15.5	12.1
58	70	50.3	45.2	6.5	20.0	11.4	13.8
2758	2962	50.1	45.1	7.0	18.9	12.6	13.5
79	88	59.9	56.3	14.5	30.0	12.5	13.9
48	101	50.2	46.4	9.6	20.9	8.2	17.3
486	1374	30.0	25.8	1.6	7.6	4.8	13.5
45417	43779	61.0	55.0	14.3	29.8	12.8	12.4
728	2330	35.1	30.4	0.8	8.2	5.3	17.0
1513	9755	31.9	30.8	3.5	10.2	2.8	17.9
2432	50323	29.0	28.7	3.0	7.1	1.0	20.7
709	6035	23.0	22.2	1.7	5.2	1.8	15.2
2432	3578	75.3	66.9	19.4	40.3	10.8	15.9

2-1 续表

项　　目	企业数（个）	开展创新活动企业数（个）	#实现创新企业	#同时实现四种创新企业	#既实现产品或工艺创新，也实现组织或营销创新的企业
租赁和商务服务业	38745	11549	11025	1118	2962
科学研究和技术服务业	22388	12013	10527	1872	4961
水利、环境和公共设施管理业	5551	2049	1915	200	590
四、按地区分					
东部地区	480895	228274	210659	43938	96971
中部地区	167175	74532	67436	14400	29718
西部地区	124012	50014	47555	8394	19371
东北地区	32838	10602	9967	1541	3712
北　京	28248	12690	11387	1534	4605
天　津	15737	5996	5759	947	2313
河　北	22930	9135	8839	1467	3566
山　西	10927	3560	3427	435	1173
内蒙古	6843	2178	2092	204	638
辽　宁	18173	6016	5595	910	2175
吉　林	6990	2284	2154	349	813
黑龙江	7675	2302	2218	282	724
上　海	32871	13063	12443	2116	5369
江　苏	88305	48973	42086	8363	18807
浙　江	81381	42203	39157	9478	20199
安　徽	31328	15519	14343	3557	6781
福　建	41383	16512	15999	3055	6423
江　西	22764	9774	9346	2307	4303
山　东	53014	22623	21324	4429	9144
河　南	40049	15150	14503	2658	5633
湖　北	30686	14535	12967	3006	6021
湖　南	31421	15994	12850	2437	5807
广　东	115226	56419	53043	12461	26336
广　西	13205	4539	4366	601	1519
海　南	1800	660	622	88	209
重　庆	16107	7258	6895	1642	3366
四　川	30463	13058	12476	2264	5145
贵　州	10568	4514	4129	804	1710
云　南	10491	4493	4276	894	1953
西　藏	592	227	221	14	53
陕　西	18052	7523	7205	1194	2908
甘　肃	4979	1895	1770	285	698
青　海	1556	617	587	87	190
宁　夏	2435	1019	963	176	453
新　疆	8721	2693	2575	229	738

		在全部企业中占比(%)					
#实现产品或工艺创新，未实现组织或营销创新的企业	#实现组织或营销创新，未实现产品或工艺创新的企业	开展创新活动企业	实现创新企　业	同时实现四种创新企　业	既实现产品或工艺创新，也实现组织或营销创新的企业	实现产品或工艺创新，未实现组织或营销创新的企业	实现组织或营销创新，未实现产品或工艺创新的企业
718	7345	29.8	28.5	2.9	7.6	1.9	19.0
1897	3669	53.7	47.0	8.4	22.2	8.5	16.4
171	1154	36.9	34.5	3.6	10.6	3.1	20.8
41348	72340	47.5	43.8	9.1	20.2	8.6	15.0
9383	28335	44.6	40.3	8.6	17.8	5.6	16.9
4672	23512	40.3	38.3	6.8	15.6	3.8	19.0
1100	5155	32.3	30.4	4.7	11.3	3.4	15.7
2229	4553	44.9	40.3	5.4	16.3	7.9	16.1
935	2511	38.1	36.6	6.0	14.7	5.9	16.0
1316	3957	39.8	38.5	6.4	15.6	5.7	17.3
351	1903	32.6	31.4	4.0	10.7	3.2	17.4
163	1291	31.8	30.6	3.0	9.3	2.4	18.9
754	2666	33.1	30.8	5.0	12.0	4.1	14.7
193	1148	32.7	30.8	5.0	11.6	2.8	16.4
153	1341	30.0	28.9	3.7	9.4	2.0	17.5
2229	4845	39.7	37.9	6.4	16.3	6.8	14.7
10138	13141	55.5	47.7	9.5	21.3	11.5	14.9
9403	9555	51.9	48.1	11.6	24.8	11.6	11.7
1922	5640	49.5	45.8	11.4	21.6	6.1	18.0
2718	6858	39.9	38.7	7.4	15.5	6.6	16.6
1880	3163	42.9	41.1	10.1	18.9	8.3	13.9
2345	9835	42.7	40.2	8.4	17.2	4.4	18.6
1624	7246	37.8	36.2	6.6	14.1	4.1	18.1
1666	5280	47.4	42.3	9.8	19.6	5.4	17.2
1940	5103	50.9	40.9	7.8	18.5	6.2	16.2
9980	16727	49.0	46.0	10.8	22.9	8.7	14.5
419	2428	34.4	33.1	4.6	11.5	3.2	18.4
55	358	36.7	34.6	4.9	11.6	3.1	19.9
972	2557	45.1	42.8	10.2	20.9	6.0	15.9
1319	6012	42.9	41.0	7.4	16.9	4.3	19.7
433	1986	42.7	39.1	7.6	16.2	4.1	18.8
352	1971	42.8	40.8	8.5	18.6	3.4	18.8
11	157	38.3	37.3	2.4	9.0	1.9	26.5
589	3708	41.7	39.9	6.6	16.1	3.3	20.5
139	933	38.1	35.5	5.7	14.0	2.8	18.7
42	355	39.7	37.7	5.6	12.2	2.7	22.8
115	395	41.8	39.5	7.2	18.6	4.7	16.2
118	1719	30.9	29.5	2.6	8.5	1.4	19.7

2-2 规模以上工业企业

项 目	企业数（个）	开展创新活动企业数（个）	#实现创新企业	#同时实现四种创新企业	#既实现产品或工艺创新，也实现组织或营销创新的企业
总 计	**377723**	**223737**	**201431**	**50875**	**107317**
#国有及国有控股	20665	12443	11404	2579	6316
一、按规模分					
大型企业	8204	7111	6770	2712	4789
中型企业	40086	29903	27859	8913	17332
小型企业	299525	177279	158619	38245	82547
微型企业	29908	9444	8183	1005	2649
二、按登记注册类型分					
内资企业	334159	197198	177406	45725	95093
国有企业	1475	624	548	80	233
集体企业	1112	347	298	35	101
股份合作企业	732	407	379	77	168
联营企业	58	20	17	4	7
#国有联营企业	6	3	3	1	1
有限责任公司	75639	44303	40499	10410	22322
#国有独资公司	4175	2368	2143	460	1185
股份有限公司	11618	9213	8674	3222	5866
私营企业	243491	142275	126982	31894	66392
其他企业	34	9	9	3	4
港、澳、台商投资企业	20026	12244	11172	2575	5847
合资经营企业	5430	3824	3481	955	2018
合作经营企业	317	174	145	28	70
港、澳、台商独资经营企业	13693	7822	7148	1457	3491
港、澳、台商投资股份有限公司	420	323	307	107	212
其他港、澳、台投资企业	166	101	91	28	56
外商投资企业	23538	14295	12853	2575	6377
中外合资经营企业	7521	5158	4723	1156	2604
中外合作经营企业	384	214	192	29	90
外资企业	14927	8460	7510	1276	3442
外商投资股份有限公司	377	270	251	71	152
其他外商投资企业	329	193	177	43	89
三、按行业分					
采矿业	**10205**	**3064**	**2636**	**167**	**776**
煤炭开采和洗选业	4252	1148	1025	44	272
石油和天然气开采业	119	61	53	3	23
黑色金属矿采选业	1163	317	269	11	83
有色金属矿采选业	1232	461	397	19	134

创新活动总体情况

		在全部企业中占比(%)					
#实现产品或工艺创新，未实现组织或营销创新的企业	#实现组织或营销创新，未实现产品或工艺创新的企业	开展创新活动企业	实现创新企　业	同时实现四种创新企　业	既实现产品或工艺创新，也实现组织或营销创新的企业	实现产品或工艺创新，未实现组织或营销创新的企业	实现组织或营销创新，未实现产品或工艺创新的企业
46631	**47483**	**59.2**	**53.3**	**13.5**	**28.4**	**12.3**	**12.6**
2213	2875	60.2	55.2	12.5	30.6	10.7	13.9
1482	499	86.7	82.5	33.1	58.4	18.1	6.1
6818	3709	74.6	69.5	22.2	43.2	17.0	9.3
36856	39216	59.2	53.0	12.8	27.6	12.3	13.1
1475	4059	31.6	27.4	3.4	8.9	4.9	13.6
39425	42888	59.0	53.1	13.7	28.5	11.8	12.8
98	217	42.3	37.2	5.4	15.8	6.6	14.7
53	144	31.2	26.8	3.1	9.1	4.8	13.0
135	76	55.6	51.8	10.5	23.0	18.4	10.4
5	5	34.5	29.3	6.9	12.1	8.6	8.6
1	1	50.0	50.0	16.7	16.7	16.7	16.7
8019	10158	58.6	53.5	13.8	29.5	10.6	13.4
354	604	56.7	51.3	11.0	28.4	8.5	14.5
1693	1115	79.3	74.7	27.7	50.5	14.6	9.6
29421	31169	58.4	52.2	13.1	27.3	12.1	12.8
1	4	26.5	26.5	8.8	11.8	2.9	11.8
3269	2056	61.1	55.8	12.9	29.2	16.3	10.3
956	507	70.4	64.1	17.6	37.2	17.6	9.3
40	35	54.9	45.7	8.8	22.1	12.6	11.0
2190	1467	57.1	52.2	10.6	25.5	16.0	10.7
61	34	76.9	73.1	25.5	50.5	14.5	8.1
22	13	60.8	54.8	16.9	33.7	13.3	7.8
3937	2539	60.7	54.6	10.9	27.1	16.7	10.8
1364	755	68.6	62.8	15.4	34.6	18.1	10.0
51	51	55.7	50.0	7.6	23.4	13.3	13.3
2418	1650	56.7	50.3	8.5	23.1	16.2	11.1
64	35	71.6	66.6	18.8	40.3	17.0	9.3
40	48	58.7	53.8	13.1	27.1	12.2	14.6
486	**1374**	**30.0**	**25.8**	**1.6**	**7.6**	**4.8**	**13.5**
180	573	27.0	24.1	1.0	6.4	4.2	13.5
18	12	51.3	44.5	2.5	19.3	15.1	10.1
51	135	27.3	23.1	0.9	7.1	4.4	11.6
90	173	37.4	32.2	1.5	10.9	7.3	14.0

2-2 续表 1

项　目	企业数(个)	开展创新活动企业数(个)	#实现创新企业	#同时实现四种创新企业	#既实现产品或工艺创新，也实现组织或营销创新的企业
非金属矿采选业	3173	965	799	80	230
开采专业及辅助性活动	256	106	90	10	33
其他采矿业	10	6	3		1
制造业	**353786**	**215850**	**194615**	**50595**	**105419**
农副食品加工业	21302	10987	9940	2045	4486
食品制造业	8030	5091	4709	1319	2645
酒、饮料和精制茶制造业	5670	3367	3068	724	1564
烟草制品业	107	80	74	21	46
纺织业	18018	9514	8145	1717	3585
纺织服装、服饰业	13352	5661	4834	827	1898
皮革、毛皮、羽毛及其制品和制鞋业	8318	4211	3704	704	1444
木材加工和木、竹、藤、棕、草制品业	9011	3538	3045	564	1213
家具制造业	6472	3585	3295	776	1626
造纸和纸制品业	6578	3328	2992	694	1484
印刷和记录媒介复制业	5671	3109	2777	632	1363
文教、工美、体育和娱乐用品制造业	8763	5014	4495	1114	2318
石油、煤炭及其他燃料加工业	1999	1050	925	154	442
化学原料和化学制品制造业	21596	14151	12657	3166	6997
医药制造业	7391	5985	5402	1550	3429
化学纤维制造业	1882	1271	1075	264	511
橡胶和塑料制品业	19411	11509	10398	2605	5491
非金属矿物制品业	36145	16879	14733	2700	6332
黑色金属冶炼和压延加工业	5113	2434	2136	442	976
有色金属冶炼和压延加工业	7253	4258	3755	836	1943
金属制品业	24681	14434	12877	3026	6523
通用设备制造业	24784	17849	16307	4840	9789
专用设备制造业	19110	14468	13298	4198	8289
汽车制造业	15490	10707	9857	2767	5738
铁路、船舶、航空航天和其他运输设备制造业	4704	3272	3002	795	1759
电气机械和器材制造业	25270	18975	17501	5757	10880
计算机、通信和其他电子设备制造业	18722	14836	13832	4632	9070
仪器仪表制造业	4893	4139	3892	1335	2647
其他制造业	1681	1031	939	258	528
废弃资源综合利用业	1907	878	740	97	302
金属制品、机械和设备修理业	462	239	211	36	101
电力、热力、燃气及水生产和供应业	**13732**	**4823**	**4180**	**113**	**1122**
电力、热力生产和供应业	8996	3079	2641	64	713
燃气生产和供应业	2315	871	809	19	193
水的生产和供应业	2421	873	730	30	216

		在全部企业中占比(%)					
#实现产品或工艺创新，未实现组织或营销创新的企业	#实现组织或营销创新，未实现产品或工艺创新的企业	开展创新活动企业	实现创新企 业	同时实现四种创新企 业	既实现产品或工艺创新，也实现组织或营销创新的企业	实现产品或工艺创新，未实现组织或营销创新的企业	实现组织或营销创新，未实现产品或工艺创新的企业
134	435	30.4	25.2	2.5	7.2	4.2	13.7
13	44	41.4	35.2	3.9	12.9	5.1	17.2
	2	60.0	30.0		10.0		20.0
45417	**43779**	**61.0**	**55.0**	**14.3**	**29.8**	**12.8**	**12.4**
1344	4110	51.6	46.7	9.6	21.1	6.3	19.3
615	1449	63.4	58.6	16.4	32.9	7.7	18.0
352	1152	59.4	54.1	12.8	27.6	6.2	20.3
21	7	74.8	69.2	19.6	43.0	19.6	6.5
2385	2175	52.8	45.2	9.5	19.9	13.2	12.1
1260	1676	42.4	36.2	6.2	14.2	9.4	12.6
1218	1042	50.6	44.5	8.5	17.4	14.6	12.5
648	1184	39.3	33.8	6.3	13.5	7.2	13.1
721	948	55.4	50.9	12.0	25.1	11.1	14.6
632	876	50.6	45.5	10.6	22.6	9.6	13.3
651	763	54.8	49.0	11.1	24.0	11.5	13.5
1064	1113	57.2	51.3	12.7	26.5	12.1	12.7
175	308	52.5	46.3	7.7	22.1	8.8	15.4
2984	2676	65.5	58.6	14.7	32.4	13.8	12.4
1033	940	81.0	73.1	21.0	46.4	14.0	12.7
366	198	67.5	57.1	14.0	27.2	19.4	10.5
2474	2433	59.3	53.6	13.4	28.3	12.7	12.5
3152	5249	46.7	40.8	7.5	17.5	8.7	14.5
557	603	47.6	41.8	8.6	19.1	10.9	11.8
1007	805	58.7	51.8	11.5	26.8	13.9	11.1
3324	3030	58.5	52.2	12.3	26.4	13.5	12.3
4115	2403	72.0	65.8	19.5	39.5	16.6	9.7
3162	1847	75.7	69.6	22.0	43.4	16.5	9.7
2611	1508	69.1	63.6	17.9	37.0	16.9	9.7
740	503	69.6	63.8	16.9	37.4	15.7	10.7
4133	2488	75.1	69.3	22.8	43.1	16.4	9.8
3346	1416	79.2	73.9	24.7	48.4	17.9	7.6
871	374	84.6	79.5	27.3	54.1	17.8	7.6
204	207	61.3	55.9	15.3	31.4	12.1	12.3
196	242	46.0	38.8	5.1	15.8	10.3	12.7
56	54	51.7	45.7	7.8	21.9	12.1	11.7
728	**2330**	**35.1**	**30.4**	**0.8**	**8.2**	**5.3**	**17.0**
481	1447	34.2	29.4	0.7	7.9	5.3	16.1
81	535	37.6	34.9	0.8	8.3	3.5	23.1
166	348	36.1	30.2	1.2	8.9	6.9	14.4

2-2 续表 2

项 目	企业数(个)	开展创新活动企业数(个)	#实现创新企业	#同时实现四种创新企业	#既实现产品或工艺创新，也实现组织或营销创新的企业
四、按地区分					
东部地区	222947	142720	129135	33065	69858
中部地区	87183	48723	42343	11005	22164
西部地区	53414	26091	24226	5635	12574
东北地区	14179	6203	5727	1170	2721
北 京	3119	2203	2038	385	1099
天 津	4811	2824	2705	623	1441
河 北	13180	6159	5938	1166	2765
山 西	4793	1877	1769	272	753
内蒙古	2964	1093	1032	126	418
辽 宁	7601	3623	3313	713	1652
吉 林	3042	1246	1143	258	567
黑龙江	3536	1334	1271	199	502
上 海	8772	5064	4812	1055	2622
江 苏	46085	36360	30065	6901	15185
浙 江	45694	31765	29142	8198	16884
安 徽	17747	10599	9554	2922	5343
福 建	18365	9202	8764	2097	4356
江 西	13045	6856	6529	1921	3464
山 东	27129	14125	13056	3411	6684
河 南	19512	8772	8253	1794	3761
湖 北	15521	9279	7880	2245	4361
湖 南	16565	11340	8358	1851	4482
广 东	55380	34819	32440	9199	18735
广 西	6176	2236	2101	357	913
海 南	412	199	175	30	87
重 庆	6691	4156	3893	1253	2472
四 川	14601	7219	6797	1601	3451
贵 州	4686	2500	2161	513	1096
云 南	4366	2321	2145	574	1237
西 藏	148	73	68	5	21
陕 西	7022	3540	3313	718	1684
甘 肃	1817	911	810	189	427
青 海	584	268	250	44	103
宁 夏	1196	640	594	135	346
新 疆	3163	1134	1062	120	406

		在全部企业中占比(%)					
#实现产品或工艺创新，未实现组织或营销创新的企业	#实现组织或营销创新，未实现产品或工艺创新的企业	开展创新活动企业	实现创新企 业	同时实现四种创新企 业	既实现产品或工艺创新，也实现组织或营销创新的企业	实现产品或工艺创新，未实现组织或营销创新的企业	实现组织或营销创新，未实现产品或工艺创新的企业
33992	25285	64.0	57.9	14.8	31.3	15.2	11.3
8131	12048	55.9	48.6	12.6	25.4	9.3	13.8
3632	8020	48.8	45.4	10.6	23.5	6.8	15.0
876	2130	43.7	40.4	8.3	19.2	6.2	15.0
672	267	70.6	65.3	12.3	35.2	21.5	8.6
664	600	58.7	56.2	12.9	30.0	13.8	12.5
1098	2075	46.7	45.1	8.8	21.0	8.3	15.7
256	760	39.2	36.9	5.7	15.7	5.3	15.9
117	497	36.9	34.8	4.3	14.1	3.9	16.8
618	1043	47.7	43.6	9.4	21.7	8.1	13.7
147	429	41.0	37.6	8.5	18.6	4.8	14.1
111	658	37.7	35.9	5.6	14.2	3.1	18.6
1227	963	57.7	54.9	12.0	29.9	14.0	11.0
9226	5654	78.9	65.2	15.0	33.0	20.0	12.3
8641	3617	69.5	63.8	17.9	37.0	18.9	7.9
1712	2499	59.7	53.8	16.5	30.1	9.6	14.1
2249	2159	50.1	47.7	11.4	23.7	12.2	11.8
1724	1341	52.6	50.1	14.7	26.6	13.2	10.3
1910	4462	52.1	48.1	12.6	24.6	7.0	16.4
1342	3150	45.0	42.3	9.2	19.3	6.9	16.1
1374	2145	59.8	50.8	14.5	28.1	8.9	13.8
1723	2153	68.5	50.5	11.2	27.1	10.4	13.0
8275	5430	62.9	58.6	16.6	33.8	14.9	9.8
298	890	36.2	34.0	5.8	14.8	4.8	14.4
30	58	48.3	42.5	7.3	21.1	7.3	14.1
841	580	62.1	58.2	18.7	36.9	12.6	8.7
1038	2308	49.4	46.6	11.0	23.6	7.1	15.8
351	714	53.4	46.1	10.9	23.4	7.5	15.2
264	644	53.2	49.1	13.1	28.3	6.0	14.8
3	44	49.3	45.9	3.4	14.2	2.0	29.7
414	1215	50.4	47.2	10.2	24.0	5.9	17.3
106	277	50.1	44.6	10.4	23.5	5.8	15.2
32	115	45.9	42.8	7.5	17.6	5.5	19.7
95	153	53.5	49.7	11.3	28.9	7.9	12.8
73	583	35.9	33.6	3.8	12.8	2.3	18.4

2–3 资质等级以上建筑业企业

项 目	企业数（个）	开展创新活动企业数（个）	#实现创新企业	#同时实现四种创新企业	#既实现产品或工艺创新，也实现组织或营销创新的企业
总 计	**54600**	**17400**	**16824**	**1924**	**5556**
#国有及国有控股	4987	2509	2400	375	1220
一、按规模分					
大型企业	2735	2165	2059	489	1379
中型企业	21131	7600	7304	814	2456
小型企业	23305	6279	6126	498	1401
微型企业	7429	1356	1335	123	320
二、按登记注册类型分					
内资企业	54266	17299	16728	1907	5520
国有企业	996	315	304	25	95
集体企业	919	200	192	21	54
股份合作企业	118	28	27	6	8
联营企业	20	3	3		1
有限责任公司	17216	6181	5953	753	2303
#国有独资公司	1202	675	643	111	344
股份有限公司	1655	726	684	121	288
私营企业	33339	9845	9564	981	2771
港、澳、台商投资企业	200	59	57	12	21
#合资经营企业	120	38	37	7	13
合作经营企业	7	3	2	1	1
港、澳、台商独资经营企业	66	16	16	3	6
港、澳、台商投资股份有限公司	5	2	2	1	1
外商投资企业	134	42	39	5	15
#中外合资经营企业	75	22	20	2	7
中外合作经营企业	5	1	1		
外资企业	48	17	16	3	8
外商投资股份有限公司	5	1	1		
三、按行业分					
房屋建筑业	24470	7504	7278	828	2326
土木工程建筑业	11557	4215	4060	491	1512
建筑安装业	6735	2180	2071	245	701
建筑装饰、装修和其他建筑业	11838	3501	3415	360	1017

创新活动总体情况

		在全部企业中占比(%)					
#实现产品或工艺创新，未实现组织或营销创新的企业	#实现组织或营销创新，未实现产品或工艺创新的企业	开展创新活动企业	实现创新企业	同时实现四种创新企业	既实现产品或工艺创新，也实现组织或营销创新的企业	实现产品或工艺创新，未实现组织或营销创新的企业	实现组织或营销创新，未实现产品或工艺创新的企业
1513	**9755**	**31.9**	**30.8**	**3.5**	**10.2**	**2.8**	**17.9**
393	787	50.3	48.1	7.5	24.5	7.9	15.8
396	284	79.2	75.3	17.9	50.4	14.5	10.4
710	4138	36.0	34.6	3.9	11.6	3.4	19.6
334	4391	26.9	26.3	2.1	6.0	1.4	18.8
73	942	18.3	18.0	1.7	4.3	1.0	12.7
1499	9709	31.9	30.8	3.5	10.2	2.8	17.9
30	179	31.6	30.5	2.5	9.5	3.0	18.0
13	125	21.8	20.9	2.3	5.9	1.4	13.6
4	15	23.7	22.9	5.1	6.8	3.4	12.7
	2	15.0	15.0		5.0		10.0
626	3024	35.9	34.6	4.4	13.4	3.6	17.6
111	188	56.2	53.5	9.2	28.6	9.2	15.6
87	309	43.9	41.3	7.3	17.4	5.3	18.7
739	6054	29.5	28.7	2.9	8.3	2.2	18.2
8	28	29.5	28.5	6.0	10.5	4.0	14.0
5	19	31.7	30.8	5.8	10.8	4.2	15.8
	1	42.9	28.6	14.3	14.3		14.3
2	8	24.2	24.2	4.5	9.1	3.0	12.1
1		40.0	40.0	20.0	20.0	20.0	
6	18	31.3	29.1	3.7	11.2	4.5	13.4
4	9	29.3	26.7	2.7	9.3	5.3	12.0
	1	20.0	20.0				20.0
1	7	35.4	33.3	6.3	16.7	2.1	14.6
1		20.0	20.0			20.0	
607	4345	30.7	29.7	3.4	9.5	2.5	17.8
445	2103	36.5	35.1	4.2	13.1	3.9	18.2
195	1175	32.4	30.8	3.6	10.4	2.9	17.4
266	2132	29.6	28.8	3.0	8.6	2.2	18.0

2-3 续表

项　　目	企业数（个）	开展创新活动企业数（个）	#实现创新企业	#同时实现四种创新企业	#既实现产品或工艺创新，也实现组织或营销创新的企业
四、按地区分					
东部地区	24892	8278	7972	993	2886
中部地区	12316	4079	3942	481	1308
西部地区	12952	4087	3988	368	1139
东北地区	4440	956	922	82	223
北　京	2101	669	635	54	231
天　津	995	352	337	44	138
河　北	1508	481	467	56	152
山　西	1367	406	398	46	132
内蒙古	557	143	137	13	34
辽　宁	2248	506	482	45	122
吉　林	890	218	216	17	52
黑龙江	1302	232	224	20	49
上　海	1637	445	432	65	153
江　苏	4740	1640	1571	170	515
浙　江	3846	1187	1135	131	460
安　徽	1872	628	605	74	187
福　建	2388	735	723	70	228
江　西	1354	418	398	45	131
山　东	4205	1425	1377	192	483
河　南	3746	1227	1202	155	402
湖　北	2551	826	805	93	264
湖　南	1426	574	534	68	192
广　东	3361	1307	1259	205	513
广　西	750	271	267	26	88
海　南	111	37	36	6	13
重　庆	1388	388	373	43	120
四　川	3691	1196	1180	92	299
贵　州	795	279	275	34	86
云　南	1220	358	350	34	109
西　藏	165	54	54	2	8
陕　西	2276	818	794	74	242
甘　肃	748	203	193	18	54
青　海	230	69	66	8	20
宁　夏	387	92	89	6	28
新　疆	745	216	210	18	51

		在全部企业中占比(%)					
#实现产品或工艺创新，未实现组织或营销创新的企业	#实现组织或营销创新，未实现产品或工艺创新的企业	开展创新活动企业	实现创新企　业	同时实现四种创新企　业	既实现产品或工艺创新，也实现组织或营销创新的企业	实现产品或工艺创新，未实现组织或营销创新的企业	实现组织或营销创新，未实现产品或工艺创新的企业
900	4186	33.3	32.0	4.0	11.6	3.6	16.8
322	2312	33.1	32.0	3.9	10.6	2.6	18.8
245	2604	31.6	30.8	2.8	8.8	1.9	20.1
46	653	21.5	20.8	1.8	5.0	1.0	14.7
132	272	31.8	30.2	2.6	11.0	6.3	12.9
44	155	35.4	33.9	4.4	13.9	4.4	15.6
39	276	31.9	31.0	3.7	10.1	2.6	18.3
39	227	29.7	29.1	3.4	9.7	2.9	16.6
12	91	25.7	24.6	2.3	6.1	2.2	16.3
25	335	22.5	21.4	2.0	5.4	1.1	14.9
7	157	24.5	24.3	1.9	5.8	0.8	17.6
14	161	17.8	17.2	1.5	3.8	1.1	12.4
62	217	27.2	26.4	4.0	9.3	3.8	13.3
137	919	34.6	33.1	3.6	10.9	2.9	19.4
147	528	30.9	29.5	3.4	12.0	3.8	13.7
47	371	33.5	32.3	4.0	10.0	2.5	19.8
73	422	30.8	30.3	2.9	9.5	3.1	17.7
49	218	30.9	29.4	3.3	9.7	3.6	16.1
93	801	33.9	32.7	4.6	11.5	2.2	19.0
73	727	32.8	32.1	4.1	10.7	1.9	19.4
62	479	32.4	31.6	3.6	10.3	2.4	18.8
52	290	40.3	37.4	4.8	13.5	3.6	20.3
168	578	38.9	37.5	6.1	15.3	5.0	17.2
25	154	36.1	35.6	3.5	11.7	3.3	20.5
5	18	33.3	32.4	5.4	11.7	4.5	16.2
26	227	28.0	26.9	3.1	8.6	1.9	16.4
65	816	32.4	32.0	2.5	8.1	1.8	22.1
16	173	35.1	34.6	4.3	10.8	2.0	21.8
20	221	29.3	28.7	2.8	8.9	1.6	18.1
4	42	32.7	32.7	1.2	4.8	2.4	25.5
49	503	35.9	34.9	3.3	10.6	2.2	22.1
10	129	27.1	25.8	2.4	7.2	1.3	17.2
4	42	30.0	28.7	3.5	8.7	1.7	18.3
8	53	23.8	23.0	1.6	7.2	2.1	13.7
6	153	29.0	28.2	2.4	6.8	0.8	20.5

2-4 规模(限额)以上服务业企业

项　目	企业数(个)	开展创新活动企业数(个)	#实现创新企业	#同时实现四种创新企业	#既实现产品或工艺创新，也实现组织或营销创新的企业
总　计	**372597**	**122285**	**117362**	**15474**	**36899**
#国有及国有控股	36316	14432	13644	1585	4620
一、按规模分					
大型企业	11023	6812	6425	1438	3244
中型企业	78094	33669	32398	4825	11551
小型企业	210578	67397	64498	7887	19121
微型企业	72902	14407	14041	1324	2983
二、按登记注册类型分					
内资企业	354832	115459	110954	14577	34657
国有企业	5623	1699	1603	161	494
集体企业	2207	412	398	36	81
股份合作企业	709	114	109	9	21
联营企业	144	34	33	5	14
#国有联营企业	34	11	10	1	4
有限责任公司	100869	36621	34914	4528	11393
#国有独资公司	9101	3603	3428	376	1079
股份有限公司	9220	4711	4390	931	2072
私营企业	235954	71854	69493	8906	20577
其他企业	106	14	14	1	5
港、澳、台商投资企业	8256	3131	2950	465	1094
合资经营企业	1509	647	615	98	229
合作经营企业	148	42	38	6	11
港、澳、台商独资经营企业	6223	2279	2144	338	784
港、澳、台商投资股份有限公司	235	99	93	14	43
其他港、澳、台投资企业	141	64	60	9	27
外商投资企业	9509	3695	3458	432	1148
中外合资经营企业	1981	954	885	152	371
中外合作经营企业	120	41	37	4	12
外资企业	6902	2492	2338	242	694
外商投资股份有限公司	252	109	105	21	38
其他外商投资企业	254	99	93	13	33
三、按行业分					
批发和零售业	**243625**	**70545**	**69983**	**7230**	**17228**
批发业	141211	37432	37029	3567	9183
零售业	102414	33113	32954	3663	8045
交通运输、仓储和邮政业	**39720**	**9132**	**8808**	**672**	**2064**
铁路运输业	320	101	96	9	23
道路运输业	22953	4939	4777	373	1087
水上运输业	2453	565	540	36	132
航空运输业	414	177	167	20	54
管道运输业	104	41	35	1	8
多式联运和运输代理业	6792	1579	1523	114	359
装卸搬运和仓储业	5001	1187	1136	73	263
邮政业	1683	543	534	46	138
信息传输、软件和信息技术服务业	**22568**	**16997**	**15104**	**4382**	**9094**
电信、广播电视和卫星传输服务	2779	1458	1337	249	555
互联网和相关服务	3678	2641	2364	661	1339
软件和信息技术服务业	16111	12898	11403	3472	7200

创新活动总体情况

		在全部企业中占比(%)					
#实现产品或工艺创新，未实现组织或营销创新的企业	#实现组织或营销创新，未实现产品或工艺创新的企业	开展创新活动企业	实现创新企　业	同时实现四种创新企　业	既实现产品或工艺创新，也实现组织或营销创新的企业	实现产品或工艺创新，未实现组织或营销创新的企业	实现组织或营销创新，未实现产品或工艺创新的企业
8359	**72104**	**32.8**	**31.5**	**4.2**	**9.9**	**2.2**	**19.4**
1555	7469	39.7	37.6	4.4	12.7	4.3	20.6
829	2352	61.8	58.3	13.0	29.4	7.5	21.3
2608	18239	43.1	41.5	6.2	14.8	3.3	23.4
4401	40976	32.0	30.6	3.7	9.1	2.1	19.5
521	10537	19.8	19.3	1.8	4.1	0.7	14.5
7538	68759	32.5	31.3	4.1	9.8	2.1	19.4
175	934	30.2	28.5	2.9	8.8	3.1	16.6
25	292	18.7	18.0	1.6	3.7	1.1	13.2
7	81	16.1	15.4	1.3	3.0	1.0	11.4
2	17	23.6	22.9	3.5	9.7	1.4	11.8
1	5	32.4	29.4	2.9	11.8	2.9	14.7
2903	20618	36.3	34.6	4.5	11.3	2.9	20.4
333	2016	39.6	37.7	4.1	11.9	3.7	22.2
470	1848	51.1	47.6	10.1	22.5	5.1	20.0
3956	44960	30.5	29.5	3.8	8.7	1.7	19.1
	9	13.2	13.2	0.9	4.7		8.5
333	1523	37.9	35.7	5.6	13.3	4.0	18.4
67	319	42.9	40.8	6.5	15.2	4.4	21.1
5	22	28.4	25.7	4.1	7.4	3.4	14.9
247	1113	36.6	34.5	5.4	12.6	4.0	17.9
8	42	42.1	39.6	6.0	18.3	3.4	17.9
6	27	45.4	42.6	6.4	19.1	4.3	19.1
488	1822	38.9	36.4	4.5	12.1	5.1	19.2
120	394	48.2	44.7	7.7	18.7	6.1	19.9
7	18	34.2	30.8	3.3	10.0	5.8	15.0
339	1305	36.1	33.9	3.5	10.1	4.9	18.9
14	53	43.3	41.7	8.3	15.1	5.6	21.0
8	52	39.0	36.6	5.1	13.0	3.2	20.5
2432	**50323**	**29.0**	**28.7**	**3.0**	**7.1**	**1.0**	**20.7**
1602	26244	26.5	26.2	2.5	6.5	1.1	18.6
830	24079	32.3	32.2	3.6	7.9	0.8	23.5
709	**6035**	**23.0**	**22.2**	**1.7**	**5.2**	**1.8**	**15.2**
12	61	31.6	30.0	2.8	7.2	3.8	19.1
307	3383	21.5	20.8	1.6	4.7	1.3	14.7
68	340	23.0	22.0	1.5	5.4	2.8	13.9
26	87	42.8	40.3	4.8	13.0	6.3	21.0
7	20	39.4	33.7	1.0	7.7	6.7	19.2
129	1035	23.2	22.4	1.7	5.3	1.9	15.2
124	749	23.7	22.7	1.5	5.3	2.5	15.0
36	360	32.3	31.7	2.7	8.2	2.1	21.4
2432	**3578**	**75.3**	**66.9**	**19.4**	**40.3**	**10.8**	**15.9**
131	651	52.5	48.1	9.0	20.0	4.7	23.4
329	696	71.8	64.3	18.0	36.4	8.9	18.9
1972	2231	80.1	70.8	21.6	44.7	12.2	13.8

2-4 续表

项目	企业数(个)	开展创新活动企业数(个)	#实现创新企业	#同时实现四种创新企业	#既实现产品或工艺创新，也实现组织或营销创新的企业
租赁和商务服务业	**38745**	**11549**	**11025**	**1118**	**2962**
租赁业	2192	628	597	80	174
商务服务业	36553	10921	10428	1038	2788
科学研究和技术服务业	**22388**	**12013**	**10527**	**1872**	**4961**
研究和试验发展	2113	1641	1429	368	833
专业技术服务业	16639	8217	7214	1116	3204
科技推广和应用服务业	3636	2155	1884	388	924
水利、环境和公共设施管理业	**5551**	**2049**	**1915**	**200**	**590**
水利管理业	150	54	48	3	18
生态保护和环境治理业	830	427	367	59	177
公共设施管理业	4222	1451	1386	133	372
土地管理业	349	117	114	5	23
四、按地区分					
东部地区	233056	77276	73552	9880	24227
中部地区	67676	21730	21151	2914	6246
西部地区	57646	19836	19341	2391	5658
东北地区	14219	3443	3318	289	768
北京	23028	9818	8714	1095	3275
天津	9931	2820	2717	280	734
河北	8242	2495	2434	245	649
山西	4767	1277	1260	117	288
内蒙古	3322	942	923	65	186
辽宁	8324	1887	1800	152	401
吉林	3058	820	795	74	194
黑龙江	2837	736	723	63	173
上海	22462	7554	7199	996	2594
江苏	37480	10973	10450	1292	3107
浙江	31841	9251	8880	1149	2855
安徽	11709	4292	4184	561	1251
福建	20630	6575	6512	888	1839
江西	8365	2500	2419	341	708
山东	21680	7073	6891	826	1977
河南	16791	5151	5048	709	1470
湖北	12614	4430	4282	668	1396
湖南	13430	4080	3958	518	1133
广东	56485	20293	19344	3057	7088
广西	6279	2032	1998	218	518
海南	1277	424	411	52	109
重庆	8028	2714	2629	346	774
四川	12171	4643	4499	571	1395
贵州	5087	1735	1693	257	528
云南	4905	1814	1781	286	607
西藏	279	100	99	7	24
陕西	8754	3165	3098	402	982
甘肃	2414	781	767	78	217
青海	742	280	271	35	67
宁夏	852	287	280	35	79
新疆	4813	1343	1303	91	281

		在全部企业中占比(%)					
#实现产品或工艺创新，未实现组织或营销创新的企业	#实现组织或营销创新，未实现产品或工艺创新的企业	开展创新活动企业	实现创新企业	同时实现四种创新企业	既实现产品或工艺创新，也实现组织或营销创新的企业	实现产品或工艺创新，未实现组织或营销创新的企业	实现组织或营销创新，未实现产品或工艺创新的企业
718	**7345**	**29.8**	**28.5**	**2.9**	**7.6**	**1.9**	**19.0**
35	388	28.7	27.2	3.7	7.9	1.6	17.7
683	6957	29.9	28.5	2.8	7.6	1.9	19.0
1897	**3669**	**53.7**	**47.0**	**8.4**	**22.2**	**8.5**	**16.4**
287	309	77.7	67.6	17.4	39.4	13.6	14.6
1288	2722	49.4	43.4	6.7	19.3	7.7	16.4
322	638	59.3	51.8	10.7	25.4	8.9	17.5
171	**1154**	**36.9**	**34.5**	**3.6**	**10.6**	**3.1**	**20.8**
6	24	36.0	32.0	2.0	12.0	4.0	16.0
72	118	51.4	44.2	7.1	21.3	8.7	14.2
89	925	34.4	32.8	3.2	8.8	2.1	21.9
4	87	33.5	32.7	1.4	6.6	1.1	24.9
6456	42869	33.2	31.6	4.2	10.4	2.8	18.4
930	13975	32.1	31.3	4.3	9.2	1.4	20.7
795	12888	34.4	33.6	4.1	9.8	1.4	22.4
178	2372	24.2	23.3	2.0	5.4	1.3	16.7
1425	4014	42.6	37.8	4.8	14.2	6.2	17.4
227	1756	28.4	27.4	2.8	7.4	2.3	17.7
179	1606	30.3	29.5	3.0	7.9	2.2	19.5
56	916	26.8	26.4	2.5	6.0	1.2	19.2
34	703	28.4	27.8	2.0	5.6	1.0	21.2
111	1288	22.7	21.6	1.8	4.8	1.3	15.5
39	562	26.8	26.0	2.4	6.3	1.3	18.4
28	522	25.9	25.5	2.2	6.1	1.0	18.4
940	3665	33.6	32.1	4.4	11.5	4.2	16.3
775	6568	29.3	27.9	3.4	8.3	2.1	17.5
615	5410	29.1	27.9	3.6	9.0	1.9	17.0
163	2770	36.7	35.7	4.8	10.7	1.4	23.7
396	4277	31.9	31.6	4.3	8.9	1.9	20.7
107	1604	29.9	28.9	4.1	8.5	1.3	19.2
342	4572	32.6	31.8	3.8	9.1	1.6	21.1
209	3369	30.7	30.1	4.2	8.8	1.2	20.1
230	2656	35.1	33.9	5.3	11.1	1.8	21.1
165	2660	30.4	29.5	3.9	8.4	1.2	19.8
1537	10719	35.9	34.2	5.4	12.5	2.7	19.0
96	1384	32.4	31.8	3.5	8.3	1.5	22.0
20	282	33.2	32.2	4.1	8.5	1.6	22.1
105	1750	33.8	32.7	4.3	9.6	1.3	21.8
216	2888	38.1	37.0	4.7	11.5	1.8	23.7
66	1099	34.1	33.3	5.1	10.4	1.3	21.6
68	1106	37.0	36.3	5.8	12.4	1.4	22.5
4	71	35.8	35.5	2.5	8.6	1.4	25.4
126	1990	36.2	35.4	4.6	11.2	1.4	22.7
23	527	32.4	31.8	3.2	9.0	1.0	21.8
6	198	37.7	36.5	4.7	9.0	0.8	26.7
12	189	33.7	32.9	4.1	9.3	1.4	22.2
39	983	27.9	27.1	1.9	5.8	0.8	20.4

2-5 规模以上高技术产业(制造业)

项　目	企业数(个)	开展创新活动企业数(个)	#实现创新企业	#同时实现四种创新企业	#既实现产品或工艺创新，也实现组织或营销创新的企业
总　计	**35817**	**29104**	**26990**	**8836**	**17809**
#国有及国有控股	1759	1607	1516	503	1095
一、按规模分					
大型企业	1830	1681	1595	646	1147
中型企业	5806	5146	4901	1773	3425
小型企业	26607	21489	19822	6274	12913
微型企业	1574	788	672	143	324
二、按登记注册类型分					
内资企业	29178	24385	22723	7843	15387
#国有企业	100	85	74	20	44
集体企业	35	14	12	3	7
股份合作企业	38	25	24	7	12
联营企业	4	2	2		1
有限责任公司	7804	6589	6194	2046	4243
#国有独资公司	266	230	214	67	162
股份有限公司	2197	2092	2008	811	1486
私营企业	18998	15578	14409	4956	9594
港、澳、台商投资企业	2917	2151	1973	490	1171
合资经营企业	677	576	538	171	378
合作经营企业	23	15	13	5	8
港、澳、台商独资经营企业	2102	1463	1331	287	725
港、澳、台商投资股份有限公司	86	76	71	20	48
其他港、澳、台投资企业	29	21	20	7	12
外商投资企业	3722	2568	2294	503	1251
中外合资经营企业	936	769	707	204	457
中外合作经营企业	26	20	15	6	13
外资企业	2639	1691	1490	271	731
外商投资股份有限公司	71	52	48	12	29
其他外商投资企业	50	36	34	10	21
三、按行业(高技术制造业)分					
#医药制造业	**7391**	**5985**	**5402**	**1550**	**3429**
#化学药品制造	2393	2059	1863	487	1183
中成药生产	1542	1276	1143	322	725
生物药品制品制造	846	757	680	201	461

创新活动总体情况

		在全部企业中占比(%)					
#实现产品或工艺创新，未实现组织或营销创新的企业	#实现组织或营销创新，未实现产品或工艺创新的企业	开展创新活动企业	实现创新企业	同时实现四种创新企业	既实现产品或工艺创新，也实现组织或营销创新的企业	实现产品或工艺创新，未实现组织或营销创新的企业	实现组织或营销创新，未实现产品或工艺创新的企业
6059	**3122**	**81.3**	**75.4**	**24.7**	**49.7**	**16.9**	**8.7**
302	119	91.4	86.2	28.6	62.3	17.2	6.8
388	60	91.9	87.2	35.3	62.7	21.2	3.3
1156	320	88.6	84.4	30.5	59.0	19.9	5.5
4384	2525	80.8	74.5	23.6	48.5	16.5	9.5
131	217	50.1	42.7	9.1	20.6	8.3	13.8
4711	2625	83.6	77.9	26.9	52.7	16.1	9.0
20	10	85.0	74.0	20.0	44.0	20.0	10.0
3	2	40.0	34.3	8.6	20.0	8.6	5.7
8	4	65.8	63.2	18.4	31.6	21.1	10.5
1		50.0	50.0		25.0	25.0	
1245	706	84.4	79.4	26.2	54.4	16.0	9.0
36	16	86.5	80.5	25.2	60.9	13.5	6.0
381	141	95.2	91.4	36.9	67.6	17.3	6.4
3053	1762	82.0	75.8	26.1	50.5	16.1	9.3
598	204	73.7	67.6	16.8	40.1	20.5	7.0
126	34	85.1	79.5	25.3	55.8	18.6	5.0
3	2	65.2	56.5	21.7	34.8	13.0	8.7
446	160	69.6	63.3	13.7	34.5	21.2	7.6
17	6	88.4	82.6	23.3	55.8	19.8	7.0
6	2	72.4	69.0	24.1	41.4	20.7	6.9
750	293	69.0	61.6	13.5	33.6	20.2	7.9
196	54	82.2	75.5	21.8	48.8	20.9	5.8
1	1	76.9	57.7	23.1	50.0	3.8	3.8
532	227	64.1	56.5	10.3	27.7	20.2	8.6
14	5	73.2	67.6	16.9	40.8	19.7	7.0
7	6	72.0	68.0	20.0	42.0	14.0	12.0
1033	**940**	**81.0**	**73.1**	**21.0**	**46.4**	**14.0**	**12.7**
443	237	86.0	77.9	20.4	49.4	18.5	9.9
158	260	82.8	74.1	20.9	47.0	10.2	16.9
126	93	89.5	80.4	23.8	54.5	14.9	11.0

2-5 续表 1

项 目	企业数(个)	开展创新活动企业数(个)	#实现创新企业	#同时实现四种创新企业	#既实现产品或工艺创新，也实现组织或营销创新的企业
电子及通信设备制造业	**19104**	**15244**	**14200**	**4738**	**9307**
#电子工业专用设备制造	1001	836	781	262	537
光纤、光缆制造及锂离子电池制造	1417	1199	1124	410	780
#锂离子电池制造	1094	938	888	341	624
通信设备制造、雷达及配套设备制造	2092	1731	1626	553	1114
#通信系统设备制造	955	822	776	263	526
通信终端设备制造	1060	833	779	265	534
雷达及配套设备制造	77	76	71	25	54
广播电视设备制造	603	472	437	159	301
非专业视听设备制造	1099	834	779	272	536
电子器件制造	4215	3491	3280	1147	2161
#电子真空器件制造	456	329	308	101	196
半导体分立器件制造	389	321	304	104	188
集成电路制造	704	609	586	186	375
光电子器件制造	811	688	636	246	449
电子元件及电子专用材料制造	6567	4945	4532	1298	2711
#电阻电容电感元件制造	1160	873	792	225	454
电子专用材料制造	1115	888	823	255	510
电子电路制造	1356	1026	942	247	578
智能消费设备制造	820	697	661	279	497
其他电子设备制造	1290	1039	980	358	670
计算机及办公设备制造业	**2268**	**1796**	**1696**	**614**	**1182**
#计算机整机制造	246	215	207	70	140
计算机零部件制造	792	576	535	170	340
计算机外围设备制造	636	507	476	191	352
办公设备制造	281	213	201	70	136
医疗仪器设备及仪器仪表制造业	**6322**	**5459**	**5129**	**1786**	**3519**
#医疗仪器设备及器械制造	1853	1595	1492	530	1017
#医疗诊断、监护及治疗设备制造	546	494	464	170	338
医疗、外科及兽医用器械制造	505	416	389	130	251
通用仪器仪表制造	2956	2593	2437	831	1675
专用仪器仪表制造	889	762	717	265	503
信息化学品制造业	**186**	**142**	**123**	**39**	**75**

		在全部企业中占比(%)					
#实现产品或工艺创新，未实现组织或营销创新的企业	#实现组织或营销创新，未实现产品或工艺创新的企业	开展创新活动企业	实现创新企业	同时实现四种创新企业	既实现产品或工艺创新，也实现组织或营销创新的企业	实现产品或工艺创新，未实现组织或营销创新的企业	实现组织或营销创新，未实现产品或工艺创新的企业
3421	**1472**	**79.8**	**74.3**	**24.8**	**48.7**	**17.9**	**7.7**
158	86	83.5	78.0	26.2	53.6	15.8	8.6
228	116	84.6	79.3	28.9	55.0	16.1	8.2
165	99	85.7	81.2	31.2	57.0	15.1	9.0
335	177	82.7	77.7	26.4	53.3	16.0	8.5
182	68	86.1	81.3	27.5	55.1	19.1	7.1
141	104	78.6	73.5	25.0	50.4	13.3	9.8
12	5	98.7	92.2	32.5	70.1	15.6	6.5
101	35	78.3	72.5	26.4	49.9	16.8	5.8
146	97	75.9	70.9	24.8	48.8	13.3	8.8
830	289	82.8	77.8	27.2	51.3	19.7	6.9
76	36	72.1	67.5	22.1	43.0	16.7	7.9
91	25	82.5	78.1	26.7	48.3	23.4	6.4
175	36	86.5	83.2	26.4	53.3	24.9	5.1
150	37	84.8	78.4	30.3	55.4	18.5	4.6
1315	506	75.3	69.0	19.8	41.3	20.0	7.7
236	102	75.3	68.3	19.4	39.1	20.3	8.8
236	77	79.6	73.8	22.9	45.7	21.2	6.9
281	83	75.7	69.5	18.2	42.6	20.7	6.1
108	56	85.0	80.6	34.0	60.6	13.2	6.8
200	110	80.5	76.0	27.8	51.9	15.5	8.5
352	**162**	**79.2**	**74.8**	**27.1**	**52.1**	**15.5**	**7.1**
46	21	87.4	84.1	28.5	56.9	18.7	8.5
136	59	72.7	67.6	21.5	42.9	17.2	7.4
83	41	79.7	74.8	30.0	55.3	13.1	6.4
44	21	75.8	71.5	24.9	48.4	15.7	7.5
1115	**495**	**86.3**	**81.1**	**28.3**	**55.7**	**17.6**	**7.8**
304	171	86.1	80.5	28.6	54.9	16.4	9.2
77	49	90.5	85.0	31.1	61.9	14.1	9.0
84	54	82.4	77.0	25.7	49.7	16.6	10.7
534	228	87.7	82.4	28.1	56.7	18.1	7.7
158	56	85.7	80.7	29.8	56.6	17.8	6.3
34	**14**	**76.3**	**66.1**	**21.0**	**40.3**	**18.3**	**7.5**

2-5 续表 2

项　目	企业数(个)	开展创新活动企业数(个)	#实现创新企业	#同时实现四种创新企业	#既实现产品或工艺创新，也实现组织或营销创新的企业
四、按地区分					
东部地区	23732	19587	18331	6024	12137
中部地区	6860	5471	4923	1714	3249
西部地区	4248	3268	3035	934	2009
东北地区	977	778	701	164	414
北　京	853	769	702	140	431
天　津	490	376	361	98	216
河　北	670	475	461	139	296
山　西	179	148	138	39	88
内蒙古	100	78	71	17	42
辽　宁	491	406	366	92	223
吉　林	311	221	195	44	118
黑龙江	175	151	140	28	73
上　海	1110	834	773	170	442
江　苏	5111	4435	3919	1076	2304
浙　江	3150	2716	2580	948	1812
安　徽	1459	1214	1118	432	787
福　建	1184	938	902	312	596
江　西	1510	1134	1084	405	696
山　东	1564	1188	1117	431	761
河　南	1103	766	725	225	428
湖　北	1230	1010	903	328	629
湖　南	1379	1199	955	285	621
广　东	9540	7800	7471	2702	5249
广　西	363	214	197	54	116
海　南	60	56	45	8	30
重　庆	746	609	565	201	402
四　川	1419	1123	1051	316	692
贵　州	427	325	292	88	177
云　南	255	195	184	58	122
西　藏	11	10	9		1
陕　西	681	531	499	155	344
甘　肃	106	83	75	19	48
青　海	37	30	25	5	15
宁　夏	49	41	39	17	33
新　疆	54	29	28	4	17

		在全部企业中占比(%)					
#实现产品或工艺创新，未实现组织或营销创新的企业	#实现组织或营销创新，未实现产品或工艺创新的企业	开展创新活动企业	实现创新企业	同时实现四种创新企业	既实现产品或工艺创新，也实现组织或营销创新的企业	实现产品或工艺创新，未实现组织或营销创新的企业	实现组织或营销创新，未实现产品或工艺创新的企业
4444	1750	82.5	77.2	25.4	51.1	18.7	7.4
969	705	79.8	71.8	25.0	47.4	14.1	10.3
519	507	76.9	71.4	22.0	47.3	12.2	11.9
127	160	79.6	71.8	16.8	42.4	13.0	16.4
227	44	90.2	82.3	16.4	50.5	26.6	5.2
94	51	76.7	73.7	20.0	44.1	19.2	10.4
100	65	70.9	68.8	20.7	44.2	14.9	9.7
23	27	82.7	77.1	21.8	49.2	12.8	15.1
13	16	78.0	71.0	17.0	42.0	13.0	16.0
80	63	82.7	74.5	18.7	45.4	16.3	12.8
27	50	71.1	62.7	14.1	37.9	8.7	16.1
20	47	86.3	80.0	16.0	41.7	11.4	26.9
233	98	75.1	69.6	15.3	39.8	21.0	8.8
1181	434	86.8	76.7	21.1	45.1	23.1	8.5
611	157	86.2	81.9	30.1	57.5	19.4	5.0
199	132	83.2	76.6	29.6	53.9	13.6	9.0
223	83	79.2	76.2	26.4	50.3	18.8	7.0
264	124	75.1	71.8	26.8	46.1	17.5	8.2
198	158	76.0	71.4	27.6	48.7	12.7	10.1
144	153	69.4	65.7	20.4	38.8	13.1	13.9
154	120	82.1	73.4	26.7	51.1	12.5	9.8
185	149	86.9	69.3	20.7	45.0	13.4	10.8
1568	654	81.8	78.3	28.3	55.0	16.4	6.9
25	56	59.0	54.3	14.9	32.0	6.9	15.4
9	6	93.3	75.0	13.3	50.0	15.0	10.0
121	42	81.6	75.7	26.9	53.9	16.2	5.6
185	174	79.1	74.1	22.3	48.8	13.0	12.3
49	66	76.1	68.4	20.6	41.5	11.5	15.5
26	36	76.5	72.2	22.7	47.8	10.2	14.1
	8	90.9	81.8		9.1		72.7
80	75	78.0	73.3	22.8	50.5	11.7	11.0
6	21	78.3	70.8	17.9	45.3	5.7	19.8
7	3	81.1	67.6	13.5	40.5	18.9	8.1
2	4	83.7	79.6	34.7	67.3	4.1	8.2
5	6	53.7	51.9	7.4	31.5	9.3	11.1

三、规模（限额）以上企业产品和工艺创新情况（2019 年）

3-1　规模(限额)以上企业产品和

项　　目	开展产品或工艺创新活动企业数(个)	#实现产品或工艺创新企业	#实现产品创新企业	#实现工艺创新企业	未开展产品或工艺创新活动企业数(个)
总　计	**251432**	**206275**	**155052**	**172603**	**553488**
#国有及国有控股	19730	16317	10662	14148	42238
一、按规模分					
大型企业	13536	12119	9245	10822	8426
中型企业	47967	41475	31107	35496	91344
小型企业	179166	144660	109591	119577	354242
微型企业	10763	8021	5109	6708	99476
二、按登记注册类型分					
内资企业	224509	183732	137684	154054	518748
国有企业	1420	1125	672	962	6674
集体企业	447	327	195	288	3791
股份合作企业	404	343	285	277	1155
联营企业	34	29	18	26	188
#国有联营企业	8	7	4	7	34
有限责任公司	57582	47566	34099	40498	136142
#国有独资公司	4170	3406	2111	2995	10308
股份有限公司	12080	10476	8513	8860	10413
私营企业	152532	123856	93894	103135	360252
其他企业	10	10	8	8	133
港、澳、台商投资企业	12463	10572	8211	8816	16019
合资经营企业	3843	3288	2611	2781	3216
合作经营企业	168	127	88	109	304
港、澳、台商独资经营企业	7965	6720	5153	5557	12017
港、澳、台商投资股份有限公司	362	326	278	272	298
其他港、澳、台投资企业	125	111	81	97	184
外商投资企业	14460	11971	9157	9733	18721
中外合资经营企业	5253	4470	3543	3699	4324
中外合作经营企业	197	160	99	135	312
外资企业	8511	6902	5165	5526	13366
外商投资股份有限公司	300	269	222	226	334
其他外商投资企业	199	170	128	147	385
三、按行业分					
采矿业	1866	1262	412	1213	8339
制造业	182828	150836	119134	126533	170958
电力、热力、燃气及水生产和供应业	2811	1850	355	1787	10921
建筑业	8356	7069	3879	6620	46244
批发和零售业	21852	19660	12390	16414	221773
交通运输、仓储和邮政业	3347	2773	1308	2478	36373
信息传输、软件和信息技术服务业	15104	11526	9737	8508	7464

工艺创新分布情况

在全部企业中占比(%)							
开展产品或工艺创新活动企业	#实现产品或工艺创新企业	#实现产品创新企业	#实现工艺创新企业	1.同时实现产品和工艺创新企业	2.仅实现产品创新企业	3.仅实现工艺创新企业	4.仅有正在进行或中止的产品或工艺创新活动企业
31.2	**25.6**	**19.3**	**21.4**	**15.1**	**4.2**	**6.4**	**5.6**
31.8	26.3	17.2	22.8	13.7	3.5	9.1	5.5
61.6	55.2	42.1	49.3	36.2	5.9	13.1	6.5
34.4	29.8	22.3	25.5	18.0	4.3	7.4	4.7
33.6	27.1	20.5	22.4	15.8	4.7	6.6	6.5
9.8	7.3	4.6	6.1	3.4	1.2	2.6	2.5
30.2	24.7	18.5	20.7	14.5	4.0	6.2	5.5
17.5	13.9	8.3	11.9	6.3	2.0	5.6	3.6
10.5	7.7	4.6	6.8	3.7	0.9	3.1	2.8
25.9	22.0	18.3	17.8	14.0	4.2	3.7	3.9
15.3	13.1	8.1	11.7	6.8	1.4	5.0	2.3
19.0	16.7	9.5	16.7	9.5		7.1	2.4
29.7	24.6	17.6	20.9	14.0	3.6	7.0	5.2
28.8	23.5	14.6	20.7	11.7	2.8	8.9	5.3
53.7	46.6	37.8	39.4	30.7	7.2	8.7	7.1
29.7	24.2	18.3	20.1	14.3	4.0	5.8	5.6
7.0	7.0	5.6	5.6	4.2	1.4	1.4	
43.8	37.1	28.8	31.0	22.7	6.2	8.3	6.6
54.4	46.6	37.0	39.4	29.8	7.2	9.6	7.9
35.6	26.9	18.6	23.1	14.8	3.8	8.3	8.7
39.9	33.6	25.8	27.8	20.0	5.8	7.8	6.2
54.8	49.4	42.1	41.2	33.9	8.2	7.3	5.5
40.5	35.9	26.2	31.4	21.7	4.5	9.7	4.5
43.6	36.1	27.6	29.3	20.9	6.7	8.5	7.5
54.9	46.7	37.0	38.6	28.9	8.1	9.7	8.2
38.7	31.4	19.5	26.5	14.5	4.9	12.0	7.3
38.9	31.5	23.6	25.3	17.3	6.3	7.9	7.4
47.3	42.4	35.0	35.6	28.2	6.8	7.4	4.9
34.1	29.1	21.9	25.2	18.0	3.9	7.2	5.0
18.3	12.4	4.0	11.9	3.6	0.5	8.3	5.9
51.7	42.6	33.7	35.8	26.8	6.9	9.0	9.0
20.5	13.5	2.6	13.0	2.1	0.5	10.9	7.0
15.3	12.9	7.1	12.1	6.3	0.8	5.8	2.4
9.0	8.1	5.1	6.7	3.8	1.3	3.0	0.9
8.4	7.0	3.3	6.2	2.6	0.7	3.7	1.4
66.9	51.1	43.1	37.7	29.8	13.4	7.9	15.9

3-1 续表

项　目	开展产品或工艺创新活动企业数(个)	#实现产品或工艺创新企业	#实现产品创新企业	#实现工艺创新企业	未开展产品或工艺创新活动企业数(个)
租赁和商务服务业	4764	3680	2437	2858	33981
科学研究和技术服务业	9483	6858	4958	5529	12905
水利、环境和公共设施管理业	1021	761	442	663	4530
四、按地区分					
东部地区	166749	138319	106803	113880	314146
中部地区	50033	39101	28376	33864	117142
西部地区	28687	24043	16476	20742	95325
东北地区	5963	4812	3397	4117	26875
北　京	9033	6834	5060	5092	19215
天　津	3750	3248	2257	2783	11987
河　北	5480	4882	3297	4127	17450
山　西	1794	1524	945	1334	9133
内蒙古	979	801	407	708	5864
辽　宁	3661	2929	2082	2530	14512
吉　林	1240	1006	722	845	5750
黑龙江	1062	877	593	742	6613
上　海	8784	7598	5493	6128	24087
江　苏	39221	28945	21526	24458	49084
浙　江	34039	29602	25099	23366	47342
安　徽	10698	8703	6774	7643	20630
福　建	10354	9141	6633	7580	31029
江　西	6911	6183	5108	5346	15853
山　东	13729	11489	8302	9936	39285
河　南	8453	7257	5106	6198	31596
湖　北	10048	7687	5758	6530	20638
湖　南	12129	7747	4685	6813	19292
广　东	42029	36316	28976	30187	73197
广　西	2269	1938	1239	1688	10936
海　南	330	264	160	223	1470
重　庆	4939	4338	3419	3680	11168
四　川	7654	6464	4653	5483	22809
贵　州	2773	2143	1489	1880	7795
云　南	2707	2305	1530	2042	7784
西　藏	85	64	26	57	507
陕　西	4187	3497	2281	3004	13865
甘　肃	1067	837	496	742	3912
青　海	296	232	142	203	1260
宁　夏	671	568	359	507	1764
新　疆	1060	856	435	748	7661

在全部企业中占比(%)							
开展产品或工艺创新活动企业	#实现产品或工艺创新企业	#实现产品创新企业	#实现工艺创新企业	1.同时实现产品和工艺创新企业	2.仅实现产品创新企业	3.仅实现工艺创新企业	4.仅有正在进行或中止的产品或工艺创新活动企业
12.3	9.5	6.3	7.4	4.2	2.1	3.2	2.8
42.4	30.6	22.1	24.7	16.2	5.9	8.5	11.7
18.4	13.7	8.0	11.9	6.2	1.8	5.7	4.7
34.7	28.8	22.2	23.7	17.1	5.1	6.6	5.9
29.9	23.4	17.0	20.3	13.8	3.1	6.4	6.5
23.1	19.4	13.3	16.7	10.6	2.7	6.1	3.7
18.2	14.7	10.3	12.5	8.2	2.1	4.3	3.5
32.0	24.2	17.9	18.0	11.7	6.2	6.3	7.8
23.8	20.6	14.3	17.7	11.4	3.0	6.3	3.2
23.9	21.3	14.4	18.0	11.1	3.3	6.9	2.6
16.4	13.9	8.6	12.2	6.9	1.7	5.3	2.5
14.3	11.7	5.9	10.3	4.6	1.4	5.8	2.6
20.1	16.1	11.5	13.9	9.3	2.2	4.7	4.0
17.7	14.4	10.3	12.1	8.0	2.3	4.1	3.3
13.8	11.4	7.7	9.7	6.0	1.8	3.7	2.4
26.7	23.1	16.7	18.6	12.2	4.5	6.4	3.6
44.4	32.8	24.4	27.7	19.3	5.1	8.4	11.6
41.8	36.4	30.8	28.7	23.2	7.7	5.5	5.5
34.1	27.8	21.6	24.4	18.2	3.4	6.2	6.4
25.0	22.1	16.0	18.3	12.3	3.8	6.1	2.9
30.4	27.2	22.4	23.5	18.8	3.7	4.7	3.2
25.9	21.7	15.7	18.7	12.7	2.9	6.0	4.2
21.1	18.1	12.7	15.5	10.1	2.6	5.4	3.0
32.7	25.1	18.8	21.3	15.0	3.8	6.3	7.7
38.6	24.7	14.9	21.7	11.9	3.0	9.7	13.9
36.5	31.5	25.1	26.2	19.8	5.3	6.4	5.0
17.2	14.7	9.4	12.8	7.5	1.9	5.3	2.5
18.3	14.7	8.9	12.4	6.6	2.3	5.8	3.7
30.7	26.9	21.2	22.8	17.1	4.1	5.7	3.7
25.1	21.2	15.3	18.0	12.1	3.2	5.9	3.9
26.2	20.3	14.1	17.8	11.6	2.5	6.2	6.0
25.8	22.0	14.6	19.5	12.1	2.5	7.4	3.8
14.4	10.8	4.4	9.6	3.2	1.2	6.4	3.5
23.2	19.4	12.6	16.6	9.9	2.7	6.7	3.8
21.4	16.8	10.0	14.9	8.1	1.9	6.8	4.6
19.0	14.9	9.1	13.0	7.3	1.9	5.8	4.1
27.6	23.3	14.7	20.8	12.2	2.5	8.6	4.2
12.2	9.8	5.0	8.6	3.8	1.2	4.8	2.3

3-2 规模以上工业企业产品和

项 目	开展产品或工艺创新活动企业数(个)	#实现产品或工艺创新企业	#实现产品创新企业	#实现工艺创新企业	未开展产品或工艺创新活动企业数(个)
总 计	**187505**	**153948**	**119901**	**129533**	**190218**
#国有及国有控股	10203	8529	5911	7511	10462
一、按规模分					
大型企业	6776	6271	5210	5714	1428
中型企业	27204	24150	19676	21077	12882
小型企业	147528	119403	92372	99292	151997
微型企业	5997	4124	2643	3450	23911
二、按登记注册类型分					
内资企业	164418	134518	104705	113429	169741
国有企业	441	331	204	299	1034
集体企业	234	154	98	133	878
股份合作企业	351	303	256	244	381
联营企业	15	12	8	10	43
有限责任公司	36377	30341	22894	26173	39262
#国有独资公司	1890	1539	1017	1351	2285
股份有限公司	8474	7559	6351	6507	3144
私营企业	118521	95813	74889	80059	124970
其他企业	5	5	5	4	29
港、澳、台商投资企业	10682	9116	7174	7673	9344
合资经营企业	3458	2974	2394	2520	1972
合作经营企业	145	110	77	95	172
港、澳、台商独资经营企业	6690	5681	4400	4756	7003
港、澳、台商投资股份有限公司	301	273	243	231	119
其他港、澳、台投资企业	88	78	60	71	78
外商投资企业	12405	10314	8022	8431	11133
中外合资经营企业	4621	3968	3207	3287	2900
中外合作经营企业	174	141	87	119	210
外资企业	7221	5860	4446	4731	7706
外商投资股份有限公司	239	216	182	182	138
其他外商投资企业	150	129	100	112	179
三、按行业分					
采矿业	**1866**	**1262**	**412**	**1213**	**8339**
煤炭开采和洗选业	631	452	96	438	3621
石油和天然气开采业	53	41	12	40	66
黑色金属矿采选业	210	134	32	132	953
有色金属矿采选业	328	224	68	220	904

工艺创新分布情况

在全部企业中占比(%)							
开展产品或工艺创新活动企业	#实现产品或工艺创新企业			1.同时实现产品和工艺创新企业	2.仅实现产品创新企业	3.仅实现工艺创新企业	4.仅有正在进行或中止的产品或工艺创新活动企业
		#实现产品创新企业	#实现工艺创新企业				
49.6	**40.8**	**31.7**	**34.3**	**25.3**	**6.5**	**9.0**	**8.9**
49.4	41.3	28.6	36.3	23.7	4.9	12.7	8.1
82.6	76.4	63.5	69.6	56.7	6.8	12.9	6.2
67.9	60.2	49.1	52.6	41.4	7.7	11.2	7.6
49.3	39.9	30.8	33.2	24.1	6.7	9.0	9.4
20.1	13.8	8.8	11.5	6.6	2.3	5.0	6.3
49.2	40.3	31.3	33.9	25.0	6.3	8.9	8.9
29.9	22.4	13.8	20.3	11.7	2.2	8.6	7.5
21.0	13.8	8.8	12.0	6.9	1.9	5.0	7.2
48.0	41.4	35.0	33.3	26.9	8.1	6.4	6.6
25.9	20.7	13.8	17.2	10.3	3.4	6.9	5.2
48.1	40.1	30.3	34.6	24.8	5.5	9.8	8.0
45.3	36.9	24.4	32.4	19.9	4.5	12.5	8.4
72.9	65.1	54.7	56.0	45.6	9.1	10.4	7.9
48.7	39.4	30.8	32.9	24.3	6.5	8.6	9.3
14.7	14.7	14.7	11.8	11.8	2.9		
53.3	45.5	35.8	38.3	28.6	7.2	9.7	7.8
63.7	54.8	44.1	46.4	35.7	8.4	10.7	8.9
45.7	34.7	24.3	30.0	19.6	4.7	10.4	11.0
48.9	41.5	32.1	34.7	25.4	6.8	9.4	7.4
71.7	65.0	57.9	55.0	47.9	10.0	7.1	6.7
53.0	47.0	36.1	42.8	31.9	4.2	10.8	6.0
52.7	43.8	34.1	35.8	26.1	8.0	9.7	8.9
61.4	52.8	42.6	43.7	33.6	9.1	10.1	8.7
45.3	36.7	22.7	31.0	16.9	5.7	14.1	8.6
48.4	39.3	29.8	31.7	22.2	7.6	9.5	9.1
63.4	57.3	48.3	48.3	39.3	9.0	9.0	6.1
45.6	39.2	30.4	34.0	25.2	5.2	8.8	6.4
18.3	**12.4**	**4.0**	**11.9**	**3.6**	**0.5**	**8.3**	**5.9**
14.8	10.6	2.3	10.3	1.9	0.3	8.4	4.2
44.5	34.5	10.1	33.6	9.2	0.8	24.4	10.1
18.1	11.5	2.8	11.4	2.6	0.2	8.8	6.5
26.6	18.2	5.5	17.9	5.2	0.3	12.7	8.4

3-2 续表 1

项 目	开展产品或工艺创新活动企业数（个）	#实现产品或工艺创新企业	#实现产品创新企业	#实现工艺创新企业	未开展产品或工艺创新活动企业数（个）
非金属矿采选业	573	364	182	338	2600
开采专业及辅助性活动	66	46	22	44	190
其他采矿业	5	1		1	5
制造业	**182828**	**150836**	**119134**	**126533**	**170958**
农副食品加工业	7623	5830	4113	4901	13679
食品制造业	3945	3260	2595	2636	4085
酒、饮料和精制茶制造业	2453	1916	1408	1584	3217
烟草制品业	78	67	47	53	29
纺织业	7855	5970	4644	4970	10163
纺织服装、服饰业	4272	3158	2344	2484	9080
皮革、毛皮、羽毛及其制品和制鞋业	3370	2662	2230	1916	4948
木材加工和木、竹、藤、棕、草制品业	2545	1861	1262	1630	6466
家具制造业	2805	2347	1780	1928	3667
造纸和纸制品业	2604	2116	1553	1853	3974
印刷和记录媒介复制业	2509	2014	1446	1778	3162
文教、工美、体育和娱乐用品制造业	4161	3382	2766	2707	4602
石油、煤炭及其他燃料加工业	798	617	353	551	1201
化学原料和化学制品制造业	12269	9981	7495	8435	9327
医药制造业	5498	4462	3200	3885	1893
化学纤维制造业	1137	877	689	750	745
橡胶和塑料制品业	9610	7965	6355	6706	9801
非金属矿物制品业	12593	9484	6484	8226	23552
黑色金属冶炼和压延加工业	1946	1533	1076	1358	3167
有色金属冶炼和压延加工业	3653	2950	2216	2572	3600
金属制品业	12068	9847	7502	8494	12613
通用设备制造业	16205	13904	11526	11524	8579
专用设备制造业	13286	11451	9562	9480	5824
汽车制造业	9649	8349	6974	7091	5841
铁路、船舶、航空航天和其他运输设备制造业	2918	2499	2024	2088	1786
电气机械和器材制造业	17306	15013	12797	12588	7964
计算机、通信和其他电子设备制造业	13957	12416	10643	10384	4765
仪器仪表制造业	3935	3518	3088	2773	958
其他制造业	885	732	582	604	796
废弃资源综合利用业	696	498	283	442	1211
金属制品、机械和设备修理业	199	157	97	142	263
电力、热力、燃气及水生产和供应业	**2811**	**1850**	**355**	**1787**	**10921**
电力、热力生产和供应业	1841	1194	212	1156	7155
燃气生产和供应业	389	274	59	262	1926
水的生产和供应业	581	382	84	369	1840

在全部企业中占比(%)							
开展产品或工艺创新活动企业	#实现产品或工艺创新企业	#实现产品创新企业	#实现工艺创新企业	1.同时实现产品和工艺创新企业	2.仅实现产品创新企业	3.仅实现工艺创新企业	4.仅有正在进行或中止的产品或工艺创新活动企业
18.1	11.5	5.7	10.7	4.9	0.8	5.7	6.6
25.8	18.0	8.6	17.2	7.8	0.8	9.4	7.8
50.0	10.0		10.0			10.0	40.0
51.7	**42.6**	**33.7**	**35.8**	**26.8**	**6.9**	**9.0**	**9.0**
35.8	27.4	19.3	23.0	14.9	4.4	8.1	8.4
49.1	40.6	32.3	32.8	24.5	7.8	8.3	8.5
43.3	33.8	24.8	27.9	19.0	5.9	9.0	9.5
72.9	62.6	43.9	49.5	30.8	13.1	18.7	10.3
43.6	33.1	25.8	27.6	20.2	5.6	7.4	10.5
32.0	23.7	17.6	18.6	12.5	5.0	6.1	8.3
40.5	32.0	26.8	23.0	17.8	9.0	5.2	8.5
28.2	20.7	14.0	18.1	11.4	2.6	6.6	7.6
43.3	36.3	27.5	29.8	21.0	6.5	8.8	7.1
39.6	32.2	23.6	28.2	19.6	4.0	8.6	7.4
44.2	35.5	25.5	31.4	21.3	4.2	10.0	8.7
47.5	38.6	31.6	30.9	23.9	7.7	7.0	8.9
39.9	30.9	17.7	27.6	14.4	3.3	13.2	9.1
56.8	46.2	34.7	39.1	27.5	7.2	11.5	10.6
74.4	60.4	43.3	52.6	35.5	7.8	17.1	14.0
60.4	46.6	36.6	39.9	29.9	6.7	10.0	13.8
49.5	41.0	32.7	34.5	26.3	6.5	8.3	8.5
34.8	26.2	17.9	22.8	14.5	3.5	8.3	8.6
38.1	30.0	21.0	26.6	17.6	3.4	8.9	8.1
50.4	40.7	30.6	35.5	25.3	5.2	10.1	9.7
48.9	39.9	30.4	34.4	24.9	5.5	9.5	9.0
65.4	56.1	46.5	46.5	36.9	9.6	9.6	9.3
69.5	59.9	50.0	49.6	39.7	10.3	9.9	9.6
62.3	53.9	45.0	45.8	36.9	8.1	8.9	8.4
62.0	53.1	43.0	44.4	34.3	8.7	10.1	8.9
68.5	59.4	50.6	49.8	41.0	9.6	8.8	9.1
74.5	66.3	56.8	55.5	46.0	10.9	9.5	8.2
80.4	71.9	63.1	56.7	47.9	15.2	8.8	8.5
52.6	43.5	34.6	35.9	27.0	7.6	8.9	9.1
36.5	26.1	14.8	23.2	11.9	2.9	11.3	10.4
43.1	34.0	21.0	30.7	17.7	3.2	13.0	9.1
20.5	**13.5**	**2.6**	**13.0**	**2.1**	**0.5**	**10.9**	**7.0**
20.5	13.3	2.4	12.9	1.9	0.4	10.9	7.2
16.8	11.8	2.5	11.3	2.0	0.5	9.3	5.0
24.0	15.8	3.5	15.2	2.9	0.5	12.3	8.2

3-2 续表 2

项 目	开展产品或工艺创新活动企业数(个)	#实现产品或工艺创新企业	#实现产品创新企业	#实现工艺创新企业	未开展产品或工艺创新活动企业数(个)
四、按地区分					
东部地区	124157	103850	83173	86042	98790
中部地区	39528	30295	22576	26301	47655
西部地区	19402	16206	11539	14075	34012
东北地区	4418	3597	2613	3115	9761
北 京	2025	1771	1407	1323	1094
天 津	2365	2105	1557	1805	2446
河 北	4285	3863	2660	3297	8895
山 西	1207	1009	621	886	3586
内蒙古	655	535	258	482	2309
辽 宁	2792	2270	1647	1983	4809
吉 林	880	714	537	607	2162
黑龙江	746	613	429	525	2790
上 海	4304	3849	2857	3222	4468
江 苏	33549	24411	18559	20669	12536
浙 江	29086	25525	22413	20040	16608
安 徽	8695	7055	5703	6206	9052
福 建	7468	6605	4834	5543	10897
江 西	5705	5188	4444	4495	7340
山 东	10332	8594	6476	7491	16797
河 南	5977	5103	3677	4348	13535
湖 北	7713	5735	4469	4869	7808
湖 南	10231	6205	3662	5497	6334
广 东	30591	27010	22341	22559	24789
广 西	1441	1211	799	1056	4735
海 南	152	117	69	93	260
重 庆	3695	3313	2742	2802	2996
四 川	5283	4489	3382	3840	9318
贵 州	1971	1447	1006	1283	2715
云 南	1797	1501	1006	1349	2569
西 藏	35	24	11	20	113
陕 西	2540	2098	1427	1824	4482
甘 肃	704	533	317	477	1113
青 海	173	135	80	117	411
宁 夏	518	441	287	395	678
新 疆	590	479	224	430	2573

在全部企业中占比(%)							
开展产品或工艺创新活动企业	#实现产品或工艺创新企业	#实现产品创新企业	#实现工艺创新企业	1.同时实现产品和工艺创新企业	2.仅实现产品创新企业	3.仅实现工艺创新企业	4.仅有正在进行或中止的产品或工艺创新活动企业
55.7	46.6	37.3	38.6	29.3	8.0	9.3	9.1
45.3	34.7	25.9	30.2	21.3	4.6	8.9	10.6
36.3	30.3	21.6	26.4	17.6	4.0	8.7	6.0
31.2	25.4	18.4	22.0	15.0	3.4	6.9	5.8
64.9	56.8	45.1	42.4	30.7	14.4	11.7	8.1
49.2	43.8	32.4	37.5	26.1	6.2	11.4	5.4
32.5	29.3	20.2	25.0	15.9	4.3	9.1	3.2
25.2	21.1	13.0	18.5	10.4	2.6	8.1	4.1
22.1	18.1	8.7	16.3	6.9	1.8	9.3	4.0
36.7	29.9	21.7	26.1	17.9	3.8	8.2	6.9
28.9	23.5	17.7	20.0	14.1	3.5	5.8	5.5
21.1	17.3	12.1	14.8	9.6	2.5	5.2	3.8
49.1	43.9	32.6	36.7	25.4	7.1	11.3	5.2
72.8	53.0	40.3	44.9	32.2	8.1	12.7	19.8
63.7	55.9	49.1	43.9	37.0	12.0	6.8	7.8
49.0	39.8	32.1	35.0	27.4	4.8	7.6	9.2
40.7	36.0	26.3	30.2	20.5	5.8	9.6	4.7
43.7	39.8	34.1	34.5	28.8	5.3	5.7	4.0
38.1	31.7	23.9	27.6	19.8	4.1	7.8	6.4
30.6	26.2	18.8	22.3	15.0	3.9	7.3	4.5
49.7	37.0	28.8	31.4	23.2	5.6	8.2	12.7
61.8	37.5	22.1	33.2	17.8	4.3	15.4	24.3
55.2	48.8	40.3	40.7	32.3	8.0	8.4	6.5
23.3	19.6	12.9	17.1	10.4	2.5	6.7	3.7
36.9	28.4	16.7	22.6	10.9	5.8	11.7	8.5
55.2	49.5	41.0	41.9	33.3	7.6	8.5	5.7
36.2	30.7	23.2	26.3	18.7	4.4	7.6	5.4
42.1	30.9	21.5	27.4	18.0	3.5	9.4	11.2
41.2	34.4	23.0	30.9	19.6	3.5	11.3	6.8
23.6	16.2	7.4	13.5	4.7	2.7	8.8	7.4
36.2	29.9	20.3	26.0	16.4	3.9	9.6	6.3
38.7	29.3	17.4	26.3	14.4	3.1	11.9	9.4
29.6	23.1	13.7	20.0	10.6	3.1	9.4	6.5
43.3	36.9	24.0	33.0	20.2	3.8	12.9	6.4
18.7	15.1	7.1	13.6	5.5	1.5	8.1	3.5

3-3 资质等级以上建筑业企业产品和

项　目	开展产品或工艺创新活动企业数(个)	#实现产品或工艺创新企业	#实现产品创新企业	#实现工艺创新企业	未开展产品或工艺创新活动企业数(个)
总　计	**8356**	**7069**	**3879**	**6620**	**46244**
#国有及国有控股	1810	1613	885	1558	3177
一、按规模分					
大型企业	1951	1775	1028	1748	784
中型企业	3817	3166	1669	2958	17314
小型企业	2125	1735	966	1558	21180
微型企业	463	393	216	356	6966
二、按登记注册类型分					
内资企业	8296	7019	3846	6573	45970
#国有企业	147	125	56	115	849
集体企业	80	67	32	65	839
股份合作企业	14	12	10	12	104
有限责任公司	3396	2929	1612	2786	13820
#国有独资公司	513	455	247	444	689
股份有限公司	447	375	224	349	1208
私营企业	4211	3510	1912	3245	29128
港、澳、台商投资企业	33	29	21	27	167
#合资经营企业	21	18	12	17	99
港、澳、台商独资经营企业	8	8	6	7	58
外商投资企业	27	21	12	20	107
#中外合资经营企业	16	11	6	10	59
外资企业	10	9	5	9	38
三、按行业分					
房屋建筑业	3437	2933	1591	2775	21033
土木工程建筑业	2288	1957	1053	1864	9269
建筑安装业	1135	896	532	796	5600
建筑装饰、装修和其他建筑业	1496	1283	703	1185	10342

工艺创新分布情况

在全部企业中占比(%)							
开展产品或工艺创新活动企业	#实现产品或工艺创新企业			1.同时实现产品和工艺创新企业	2.仅实现产品创新企业	3.仅实现工艺创新企业	4.仅有正在进行或中止的产品或工艺创新活动企业
		#实现产品创新企业	#实现工艺创新企业				
15.3	**12.9**	**7.1**	**12.1**	**6.3**	**0.8**	**5.8**	**2.4**
36.3	32.3	17.7	31.2	16.6	1.1	14.6	4.0
71.3	64.9	37.6	63.9	36.6	1.0	27.3	6.4
18.1	15.0	7.9	14.0	6.9	1.0	7.1	3.1
9.1	7.4	4.1	6.7	3.4	0.8	3.3	1.7
6.2	5.3	2.9	4.8	2.4	0.5	2.4	0.9
15.3	12.9	7.1	12.1	6.3	0.8	5.8	2.4
14.8	12.6	5.6	11.5	4.6	1.0	6.9	2.2
8.7	7.3	3.5	7.1	3.3	0.2	3.8	1.4
11.9	10.2	8.5	10.2	8.5		1.7	1.7
19.7	17.0	9.4	16.2	8.5	0.8	7.7	2.7
42.7	37.9	20.5	36.9	19.6	0.9	17.3	4.8
27.0	22.7	13.5	21.1	12.0	1.6	9.1	4.4
12.6	10.5	5.7	9.7	4.9	0.8	4.8	2.1
16.5	14.5	10.5	13.5	9.5	1.0	4.0	2.0
17.5	15.0	10.0	14.2	9.2	0.8	5.0	2.5
12.1	12.1	9.1	10.6	7.6	1.5	3.0	
20.1	15.7	9.0	14.9	8.2	0.7	6.7	4.5
21.3	14.7	8.0	13.3	6.7	1.3	6.7	6.7
20.8	18.8	10.4	18.8	10.4		8.3	2.1
14.0	12.0	6.5	11.3	5.9	0.6	5.5	2.1
19.8	16.9	9.1	16.1	8.3	0.8	7.8	2.9
16.9	13.3	7.9	11.8	6.4	1.5	5.4	3.5
12.6	10.8	5.9	10.0	5.1	0.8	4.9	1.8

3-3 续表

项 目	开展产品或工艺创新活动企业数（个）	#实现产品或工艺创新企业	#实现产品创新企业	#实现工艺创新企业	未开展产品或工艺创新活动企业数（个）
四、按地区分					
东部地区	4426	3786	2078	3552	20466
中部地区	1943	1630	910	1531	10373
西部地区	1629	1384	730	1292	11323
东北地区	358	269	161	245	4082
北 京	429	363	192	353	1672
天 津	214	182	108	166	781
河 北	218	191	99	184	1290
山 西	192	171	98	165	1175
内蒙古	59	46	21	44	498
辽 宁	206	147	97	130	2042
吉 林	71	59	32	53	819
黑龙江	81	63	32	62	1221
上 海	247	215	136	193	1390
江 苏	791	652	342	603	3949
浙 江	712	607	293	577	3134
安 徽	287	234	139	223	1585
福 建	345	301	159	285	2043
江 西	217	180	86	174	1137
山 东	672	576	316	539	3533
河 南	551	475	276	438	3195
湖 北	383	326	178	300	2168
湖 南	313	244	133	231	1113
广 东	779	681	426	634	2582
广 西	126	113	52	105	624
海 南	19	18	7	18	92
重 庆	177	146	82	139	1211
四 川	418	364	192	341	3273
贵 州	113	102	66	96	682
云 南	147	129	73	122	1073
西 藏	17	12	4	12	148
陕 西	344	291	141	265	1932
甘 肃	83	64	35	59	665
青 海	28	24	16	20	202
宁 夏	46	36	14	34	341
新 疆	71	57	34	55	674

在全部企业中占比(%)							
开展产品或工艺创新活动企业	#实现产品或工艺创新企业	#实现产品创新企业	#实现工艺创新企业	1.同时实现产品和工艺创新企业	2.仅实现产品创新企业	3.仅实现工艺创新企业	4.仅有正在进行或中止的产品或工艺创新活动企业
17.8	15.2	8.3	14.3	7.4	0.9	6.9	2.6
15.8	13.2	7.4	12.4	6.6	0.8	5.8	2.5
12.6	10.7	5.6	10.0	4.9	0.7	5.0	1.9
8.1	6.1	3.6	5.5	3.1	0.5	2.4	2.0
20.4	17.3	9.1	16.8	8.7	0.5	8.1	3.1
21.5	18.3	10.9	16.7	9.2	1.6	7.4	3.2
14.5	12.7	6.6	12.2	6.1	0.5	6.1	1.8
14.0	12.5	7.2	12.1	6.7	0.4	5.3	1.5
10.6	8.3	3.8	7.9	3.4	0.4	4.5	2.3
9.2	6.5	4.3	5.8	3.6	0.8	2.2	2.6
8.0	6.6	3.6	6.0	2.9	0.7	3.0	1.3
6.2	4.8	2.5	4.8	2.4	0.1	2.4	1.4
15.1	13.1	8.3	11.8	7.0	1.3	4.8	2.0
16.7	13.8	7.2	12.7	6.2	1.0	6.5	2.9
18.5	15.8	7.6	15.0	6.8	0.8	8.2	2.7
15.3	12.5	7.4	11.9	6.8	0.6	5.1	2.8
14.4	12.6	6.7	11.9	6.0	0.7	5.9	1.8
16.0	13.3	6.4	12.9	5.9	0.4	6.9	2.7
16.0	13.7	7.5	12.8	6.6	0.9	6.2	2.3
14.7	12.7	7.4	11.7	6.4	1.0	5.3	2.0
15.0	12.8	7.0	11.8	6.0	1.0	5.8	2.2
22.0	17.1	9.3	16.2	8.4	0.9	7.8	4.8
23.2	20.3	12.7	18.9	11.3	1.4	7.6	2.9
16.8	15.1	6.9	14.0	5.9	1.1	8.1	1.7
17.1	16.2	6.3	16.2	6.3		9.9	0.9
12.8	10.5	5.9	10.0	5.4	0.5	4.6	2.2
11.3	9.9	5.2	9.2	4.6	0.6	4.7	1.5
14.2	12.8	8.3	12.1	7.5	0.8	4.5	1.4
12.0	10.6	6.0	10.0	5.4	0.6	4.6	1.5
10.3	7.3	2.4	7.3	2.4		4.8	3.0
15.1	12.8	6.2	11.6	5.1	1.1	6.6	2.3
11.1	8.6	4.7	7.9	4.0	0.7	3.9	2.5
12.2	10.4	7.0	8.7	5.2	1.7	3.5	1.7
11.9	9.3	3.6	8.8	3.1	0.5	5.7	2.6
9.5	7.7	4.6	7.4	4.3	0.3	3.1	1.9

3-4 规模(限额)以上服务业企业产品和

项目	开展产品或工艺创新活动企业数(个)	#实现产品或工艺创新企业	#实现产品创新企业	#实现工艺创新企业	未开展产品或工艺创新活动企业数(个)
总计	**55571**	**45258**	**31272**	**36450**	**317026**
#国有及国有控股	7717	6175	3866	5079	28599
一、按规模分					
大型企业	4809	4073	3007	3360	6214
中型企业	16946	14159	9762	11461	61148
小型企业	29513	23522	16253	18727	181065
微型企业	4303	3504	2250	2902	68599
二、按登记注册类型分					
内资企业	51795	42195	29133	34052	303037
国有企业	832	669	412	548	4791
集体企业	133	106	65	90	2074
股份合作企业	39	28	19	21	670
联营企业	18	16	10	15	126
#国有联营企业	6	5	3	5	28
有限责任公司	17809	14296	9593	11539	83060
#国有独资公司	1767	1412	847	1200	7334
股份有限公司	3159	2542	1938	2004	6061
私营企业	29800	24533	17093	19831	206154
其他企业	5	5	3	4	101
港、澳、台商投资企业	1748	1427	1016	1116	6508
合资经营企业	364	296	205	244	1145
合作经营企业	21	16	10	13	127
港、澳、台商独资经营企业	1267	1031	747	794	4956
港、澳、台商投资股份有限公司	59	51	33	39	176
其他港、澳、台投资企业	37	33	21	26	104
外商投资企业	2028	1636	1123	1282	7481
中外合资经营企业	616	491	330	402	1365
中外合作经营企业	23	19	12	16	97
外资企业	1280	1033	714	786	5622
外商投资股份有限公司	60	52	39	43	192
其他外商投资企业	49	41	28	35	205
三、按行业分					
批发和零售业	**21852**	**19660**	**12390**	**16414**	**221773**
批发业	12078	10785	6487	9069	129133
零售业	9774	8875	5903	7345	92640
交通运输、仓储和邮政业	**3347**	**2773**	**1308**	**2478**	**36373**
铁路运输业	44	35	15	31	276
道路运输业	1684	1394	711	1234	21269
水上运输业	245	200	83	184	2208
航空运输业	94	80	41	72	320
管道运输业	22	15	4	13	82
多式联运和运输代理业	592	488	224	428	6200
装卸搬运和仓储业	465	387	143	363	4536
邮政业	201	174	87	153	1482
信息传输、软件和信息技术服务业	**15104**	**11526**	**9737**	**8508**	**7464**
电信、广播电视和卫星传输服务	899	686	530	520	1880
互联网和相关服务	2231	1668	1379	1229	1447
软件和信息技术服务业	11974	9172	7828	6759	4137

工艺创新分布情况

在全部企业中占比(%)							
开展产品或工艺创新活动企业	#实现产品或工艺创新企业	#实现产品创新企业	#实现工艺创新企业	1.同时实现产品和工艺创新企业	2.仅实现产品创新企业	3.仅实现工艺创新企业	4.仅有正在进行或中止的产品或工艺创新活动企业
14.9	**12.1**	**8.4**	**9.8**	**6.0**	**2.4**	**3.8**	**2.8**
21.3	17.0	10.6	14.0	7.6	3.0	6.4	4.2
43.6	37.0	27.3	30.5	20.8	6.5	9.7	6.7
21.7	18.1	12.5	14.7	9.0	3.5	5.6	3.6
14.0	11.2	7.7	8.9	5.4	2.3	3.5	2.8
5.9	4.8	3.1	4.0	2.3	0.8	1.7	1.1
14.6	11.9	8.2	9.6	5.9	2.3	3.7	2.7
14.8	11.9	7.3	9.7	5.2	2.2	4.6	2.9
6.0	4.8	2.9	4.1	2.2	0.7	1.9	1.2
5.5	3.9	2.7	3.0	1.7	1.0	1.3	1.6
12.5	11.1	6.9	10.4	6.3	0.7	4.2	1.4
17.6	14.7	8.8	14.7	8.8		5.9	2.9
17.7	14.2	9.5	11.4	6.8	2.7	4.7	3.5
19.4	15.5	9.3	13.2	7.0	2.3	6.2	3.9
34.3	27.6	21.0	21.7	15.2	5.8	6.6	6.7
12.6	10.4	7.2	8.4	5.3	2.0	3.2	2.2
4.7	4.7	2.8	3.8	1.9	0.9	1.9	
21.2	17.3	12.3	13.5	8.5	3.8	5.0	3.9
24.1	19.6	13.6	16.2	10.1	3.4	6.0	4.5
14.2	10.8	6.8	8.8	4.7	2.0	4.1	3.4
20.4	16.6	12.0	12.8	8.2	3.8	4.6	3.8
25.1	21.7	14.0	16.6	8.9	5.1	7.7	3.4
26.2	23.4	14.9	18.4	9.9	5.0	8.5	2.8
21.3	17.2	11.8	13.5	8.1	3.7	5.4	4.1
31.1	24.8	16.7	20.3	12.2	4.5	8.1	6.3
19.2	15.8	10.0	13.3	7.5	2.5	5.8	3.3
18.5	15.0	10.3	11.4	6.8	3.6	4.6	3.6
23.8	20.6	15.5	17.1	11.9	3.6	5.2	3.2
19.3	16.1	11.0	13.8	8.7	2.4	5.1	3.2
9.0	**8.1**	**5.1**	**6.7**	**3.8**	**1.3**	**3.0**	**0.9**
8.6	7.6	4.6	6.4	3.4	1.2	3.0	0.9
9.5	8.7	5.8	7.2	4.3	1.5	2.9	0.9
8.4	**7.0**	**3.3**	**6.2**	**2.6**	**0.7**	**3.7**	**1.4**
13.8	10.9	4.7	9.7	3.4	1.3	6.3	2.8
7.3	6.1	3.1	5.4	2.4	0.7	3.0	1.3
10.0	8.2	3.4	7.5	2.7	0.7	4.8	1.8
22.7	19.3	9.9	17.4	8.0	1.9	9.4	3.4
21.2	14.4	3.8	12.5	1.9	1.9	10.6	6.7
8.7	7.2	3.3	6.3	2.4	0.9	3.9	1.5
9.3	7.7	2.9	7.3	2.4	0.5	4.9	1.6
11.9	10.3	5.2	9.1	3.9	1.2	5.2	1.6
66.9	**51.1**	**43.1**	**37.7**	**29.8**	**13.4**	**7.9**	**15.9**
32.4	24.7	19.1	18.7	13.1	6.0	5.6	7.7
60.7	45.4	37.5	33.4	25.6	11.9	7.9	15.3
74.3	56.9	48.6	42.0	33.6	15.0	8.3	17.4

3-4 续表

项　　目	开展产品或工艺创新活动企业数（个）	#实现产品或工艺创新企业	#实现产品创新企业	#实现工艺创新企业	未开展产品或工艺创新活动企业数（个）
租赁和商务服务业	**4764**	**3680**	**2437**	**2858**	**33981**
租赁业	257	209	135	187	1935
商务服务业	4507	3471	2302	2671	32046
科学研究和技术服务业	**9483**	**6858**	**4958**	**5529**	**12905**
研究和试验发展	1510	1120	849	920	603
专业技术服务业	6224	4492	3183	3620	10415
科技推广和应用服务业	1749	1246	926	989	1887
水利、环境和公共设施管理业	**1021**	**761**	**442**	**663**	**4530**
水利管理业	38	24	15	24	112
生态保护和环境治理业	340	249	144	223	490
公共设施管理业	609	461	272	393	3613
土地管理业	34	27	11	23	315
四、按地区分					
东部地区	38166	30683	21552	24286	194890
中部地区	8562	7176	4890	6032	59114
西部地区	7656	6453	4207	5375	49990
东北地区	1187	946	623	757	13032
北　京	6579	4700	3461	3416	16449
天　津	1171	961	592	812	8760
河　北	977	828	538	646	7265
山　西	395	344	226	283	4372
内蒙古	265	220	128	182	3057
辽　宁	663	512	338	417	7661
吉　林	289	233	153	185	2769
黑龙江	235	201	132	155	2602
上　海	4233	3534	2500	2713	18229
江　苏	4881	3882	2625	3186	32599
浙　江	4241	3470	2393	2749	27600
安　徽	1716	1414	932	1214	9993
福　建	2541	2235	1640	1752	18089
江　西	989	815	578	677	7376
山　东	2725	2319	1510	1906	18955
河　南	1925	1679	1153	1412	14866
湖　北	1952	1626	1111	1361	10662
湖　南	1585	1298	890	1085	11845
广　东	10659	8625	6209	6994	45826
广　西	702	614	388	527	5577
海　南	159	129	84	112	1118
重　庆	1067	879	595	739	6961
四　川	1953	1611	1079	1302	10218
贵　州	689	594	417	501	4398
云　南	763	675	451	571	4142
西　藏	33	28	11	25	246
陕　西	1303	1108	713	915	7451
甘　肃	280	240	144	206	2134
青　海	95	73	46	66	647
宁　夏	107	91	58	78	745
新　疆	399	320	177	263	4414

在全部企业中占比(%)							
开展产品或工艺创新活动企业	#实现产品或工艺创新企业			1.同时实现产品和工艺创新企业	2.仅实现产品创新企业	3.仅实现工艺创新企业	4.仅有正在进行或中止的产品或工艺创新活动企业
		#实现产品创新企业	#实现工艺创新企业				
12.3	**9.5**	**6.3**	**7.4**	**4.2**	**2.1**	**3.2**	**2.8**
11.7	9.5	6.2	8.5	5.2	1.0	3.4	2.2
12.3	9.5	6.3	7.3	4.1	2.2	3.2	2.8
42.4	**30.6**	**22.1**	**24.7**	**16.2**	**5.9**	**8.5**	**11.7**
71.5	53.0	40.2	43.5	30.7	9.5	12.8	18.5
37.4	27.0	19.1	21.8	13.9	5.2	7.9	10.4
48.1	34.3	25.5	27.2	18.4	7.1	8.8	13.8
18.4	**13.7**	**8.0**	**11.9**	**6.2**	**1.8**	**5.7**	**4.7**
25.3	16.0	10.0	16.0	10.0		6.0	9.3
41.0	30.0	17.3	26.9	14.2	3.1	12.7	11.0
14.4	10.9	6.4	9.3	4.8	1.6	4.5	3.5
9.7	7.7	3.2	6.6	2.0	1.1	4.6	2.0
16.4	13.2	9.2	10.4	6.5	2.7	3.9	3.2
12.7	10.6	7.2	8.9	5.5	1.7	3.4	2.0
13.3	11.2	7.3	9.3	5.4	1.9	3.9	2.1
8.3	6.7	4.4	5.3	3.1	1.3	2.3	1.7
28.6	20.4	15.0	14.8	9.5	5.6	5.4	8.2
11.8	9.7	6.0	8.2	4.5	1.5	3.7	2.1
11.9	10.0	6.5	7.8	4.3	2.2	3.5	1.8
8.3	7.2	4.7	5.9	3.5	1.3	2.5	1.1
8.0	6.6	3.9	5.5	2.7	1.1	2.8	1.4
8.0	6.2	4.1	5.0	2.9	1.1	2.1	1.8
9.5	7.6	5.0	6.1	3.4	1.6	2.6	1.8
8.3	7.1	4.7	5.5	3.0	1.6	2.4	1.2
18.8	15.7	11.1	12.1	7.5	3.7	4.6	3.1
13.0	10.4	7.0	8.5	5.1	1.9	3.4	2.7
13.3	10.9	7.5	8.6	5.3	2.3	3.4	2.4
14.7	12.1	8.0	10.4	6.3	1.7	4.1	2.6
12.3	10.8	8.0	8.5	5.6	2.3	2.9	1.5
11.8	9.7	6.9	8.1	5.3	1.7	2.8	2.1
12.6	10.7	7.0	8.8	5.1	1.9	3.7	1.9
11.5	10.0	6.9	8.4	5.3	1.6	3.1	1.5
15.5	12.9	8.8	10.8	6.7	2.1	4.1	2.6
11.8	9.7	6.6	8.1	5.0	1.6	3.0	2.1
18.9	15.3	11.0	12.4	8.1	2.9	4.3	3.6
11.2	9.8	6.2	8.4	4.8	1.4	3.6	1.4
12.5	10.1	6.6	8.8	5.2	1.3	3.5	2.3
13.3	10.9	7.4	9.2	5.7	1.7	3.5	2.3
16.0	13.2	8.9	10.7	6.3	2.5	4.4	2.8
13.5	11.7	8.2	9.8	6.4	1.8	3.5	1.9
15.6	13.8	9.2	11.6	7.1	2.1	4.6	1.8
11.8	10.0	3.9	9.0	2.9	1.1	6.1	1.8
14.9	12.7	8.1	10.5	5.9	2.2	4.5	2.2
11.6	9.9	6.0	8.5	4.6	1.4	4.0	1.7
12.8	9.8	6.2	8.9	5.3	0.9	3.6	3.0
12.6	10.7	6.8	9.2	5.3	1.5	3.9	1.9
8.3	6.6	3.7	5.5	2.5	1.2	3.0	1.6

3–5　规模以上高技术产业(制造业)

项　目	开展产品或工艺创新活动企业数(个)	#实现产品或工艺创新企业	#实现产品创新企业	#实现工艺创新企业	未开展产品或工艺创新活动企业数(个)
总　计	**27334**	**23868**	**19821**	**19966**	**8483**
#国有及国有控股	1568	1397	1186	1163	191
一、按规模分					
大型企业	1651	1535	1358	1404	179
中型企业	4989	4581	3913	4011	817
小型企业	20057	17297	14210	14190	6550
微型企业	637	455	340	361	937
二、按登记注册类型分					
内资企业	22930	20098	16779	16836	6248
#国有企业	79	64	52	57	21
集体企业	12	10	8	10	23
股份合作企业	22	20	16	17	16
有限责任公司	6196	5488	4476	4638	1608
#国有独资公司	226	198	175	159	40
股份有限公司	2053	1867	1624	1570	144
私营企业	14566	12647	10603	10542	4432
港、澳、台商投资企业	2025	1769	1436	1489	892
合资经营企业	560	504	430	427	117
合作经营企业	15	11	10	10	8
港、澳、台商独资经营企业	1357	1171	928	983	745
港、澳、台商投资股份有限公司	74	65	54	52	12
其他港、澳、台投资企业	19	18	14	17	10
外商投资企业	2379	2001	1606	1641	1343
中外合资经营企业	744	653	547	538	192
中外合作经营企业	19	14	13	13	7
外资企业	1535	1263	983	1027	1104
外商投资股份有限公司	49	43	40	40	22
其他外商投资企业	32	28	23	23	18
三、按高技术行业(制造业)分					
#医药制造业	**5498**	**4462**	**3200**	**3885**	**1893**
#化学药品制造	1961	1626	1139	1442	432
中成药生产	1156	883	602	756	386
生物药品制品制造	720	587	424	498	126

产品和工艺创新分布情况

在全部企业中占比(%)							
开展产品或工艺创新活动企业	#实现产品或工艺创新企业			1.同时实现产品和工艺创新企业	2.仅实现产品创新企业	3.仅实现工艺创新企业	4.仅有正在进行或中止的产品或工艺创新活动企业
		#实现产品创新企业	#实现工艺创新企业				
76.3	**66.6**	**55.3**	**55.7**	**44.4**	**10.9**	**11.3**	**9.7**
89.1	79.4	67.4	66.1	54.1	13.3	12.0	9.7
90.2	83.9	74.2	76.7	67.0	7.2	9.7	6.3
85.9	78.9	67.4	69.1	57.6	9.8	11.5	7.0
75.4	65.0	53.4	53.3	41.7	11.7	11.6	10.4
40.5	28.9	21.6	22.9	15.6	6.0	7.3	11.6
78.6	68.9	57.5	57.7	46.3	11.2	11.4	9.7
79.0	64.0	52.0	57.0	45.0	7.0	12.0	15.0
34.3	28.6	22.9	28.6	22.9		5.7	5.7
57.9	52.6	42.1	44.7	34.2	7.9	10.5	5.3
79.4	70.3	57.4	59.4	46.5	10.9	13.0	9.1
85.0	74.4	65.8	59.8	51.1	14.7	8.6	10.5
93.4	85.0	73.9	71.5	60.4	13.5	11.1	8.5
76.7	66.6	55.8	55.5	44.7	11.1	10.8	10.1
69.4	60.6	49.2	51.0	39.6	9.6	11.4	8.8
82.7	74.4	63.5	63.1	52.1	11.4	10.9	8.3
65.2	47.8	43.5	43.5	39.1	4.3	4.3	17.4
64.6	55.7	44.1	46.8	35.2	8.9	11.6	8.8
86.0	75.6	62.8	60.5	47.7	15.1	12.8	10.5
65.5	62.1	48.3	58.6	44.8	3.4	13.8	3.4
63.9	53.8	43.1	44.1	33.5	9.7	10.6	10.2
79.5	69.8	58.4	57.5	46.2	12.3	11.3	9.7
73.1	53.8	50.0	50.0	46.2	3.8	3.8	19.2
58.2	47.9	37.2	38.9	28.3	8.9	10.6	10.3
69.0	60.6	56.3	56.3	52.1	4.2	4.2	8.5
64.0	56.0	46.0	46.0	36.0	10.0	10.0	8.0
74.4	**60.4**	**43.3**	**52.6**	**35.5**	**7.8**	**17.1**	**14.0**
81.9	67.9	47.6	60.3	39.9	7.7	20.4	14.0
75.0	57.3	39.0	49.0	30.8	8.2	18.2	17.7
85.1	69.4	50.1	58.9	39.6	10.5	19.3	15.7

3-5 续表 1

项　　目	开展产品或工艺创新活动企业数(个)	#实现产品或工艺创新企业	#实现产品创新企业	#实现工艺创新企业	未开展产品或工艺创新活动企业数(个)
电子及通信设备制造业	**14340**	**12728**	**10887**	**10717**	**4764**
#电子工业专用设备制造	786	695	604	583	215
光纤、光缆制造及锂离子电池制造	1133	1008	853	878	284
#锂离子电池制造	882	789	671	690	212
通信设备制造、雷达及配套设备制造	1646	1449	1257	1169	446
#通信系统设备制造	796	708	629	570	159
通信终端设备制造	775	675	567	551	285
雷达及配套设备制造	75	66	61	48	2
广播电视设备制造	449	402	344	320	154
非专业视听设备制造	765	682	608	543	334
电子器件制造	3318	2991	2571	2566	897
#电子真空器件制造	305	272	229	234	151
半导体分立器件制造	299	279	230	249	90
集成电路制造	593	550	477	448	111
光电子器件制造	673	599	519	533	138
电子元件及电子专用材料制造	4610	4026	3358	3464	1957
#电阻电容电感元件制造	811	690	572	590	349
电子专用材料制造	834	746	617	645	281
电子电路制造	970	859	701	758	386
智能消费设备制造	660	605	538	488	160
其他电子设备制造	973	870	754	706	317
计算机及办公设备制造业	**1695**	**1534**	**1336**	**1240**	**573**
#计算机整机制造	204	186	162	151	42
计算机零部件制造	534	476	404	389	258
计算机外围设备制造	483	435	382	364	153
办公设备制造	200	180	157	143	81
医疗仪器设备及仪器仪表制造业	**5209**	**4634**	**4014**	**3670**	**1113**
#医疗仪器设备及器械制造	1515	1321	1097	1058	338
#医疗诊断、监护及治疗设备制造	471	415	343	322	75
医疗、外科及兽医用器械制造	392	335	277	272	113
通用仪器仪表制造	2471	2209	1944	1741	485
专用仪器仪表制造	739	661	592	518	150
信息化学品制造业	**134**	**109**	**79**	**98**	**52**

在全部企业中占比(%)							
开展产品或工艺创新活动企业	#实现产品或工艺创新企业	#实现产品创新企业	#实现工艺创新企业	1.同时实现产品和工艺创新企业	2.仅实现产品创新企业	3.仅实现工艺创新企业	4.仅有正在进行或中止的产品或工艺创新活动企业
75.1	**66.6**	**57.0**	**56.1**	**46.5**	**10.5**	**9.6**	**8.4**
78.5	69.4	60.3	58.2	49.2	11.2	9.1	9.1
80.0	71.1	60.2	62.0	51.0	9.2	10.9	8.8
80.6	72.1	61.3	63.1	52.3	9.0	10.8	8.5
78.7	69.3	60.1	55.9	46.7	13.4	9.2	9.4
83.4	74.1	65.9	59.7	51.4	14.5	8.3	9.2
73.1	63.7	53.5	52.0	41.8	11.7	10.2	9.4
97.4	85.7	79.2	62.3	55.8	23.4	6.5	11.7
74.5	66.7	57.0	53.1	43.4	13.6	9.6	7.8
69.6	62.1	55.3	49.4	42.7	12.6	6.7	7.6
78.7	71.0	61.0	60.9	50.9	10.1	10.0	7.8
66.9	59.6	50.2	51.3	41.9	8.3	9.4	7.2
76.9	71.7	59.1	64.0	51.4	7.7	12.6	5.1
84.2	78.1	67.8	63.6	53.3	14.5	10.4	6.1
83.0	73.9	64.0	65.7	55.9	8.1	9.9	9.1
70.2	61.3	51.1	52.7	42.6	8.6	10.2	8.9
69.9	59.5	49.3	50.9	40.7	8.6	10.2	10.4
74.8	66.9	55.3	57.8	46.3	9.1	11.6	7.9
71.5	63.3	51.7	55.9	44.2	7.4	11.7	8.2
80.5	73.8	65.6	59.5	51.3	14.3	8.2	6.7
75.4	67.4	58.5	54.7	45.7	12.7	9.0	8.0
74.7	**67.6**	**58.9**	**54.7**	**45.9**	**13.0**	**8.7**	**7.1**
82.9	75.6	65.9	61.4	51.6	14.2	9.8	7.3
67.4	60.1	51.0	49.1	40.0	11.0	9.1	7.3
75.9	68.4	60.1	57.2	48.9	11.2	8.3	7.5
71.2	64.1	55.9	50.9	42.7	13.2	8.2	7.1
82.4	**73.3**	**63.5**	**58.1**	**48.2**	**15.2**	**9.8**	**9.1**
81.8	71.3	59.2	57.1	45.0	14.2	12.1	10.5
86.3	76.0	62.8	59.0	45.8	17.0	13.2	10.3
77.6	66.3	54.9	53.9	42.4	12.5	11.5	11.3
83.6	74.7	65.8	58.9	49.9	15.8	9.0	8.9
83.1	74.4	66.6	58.3	50.5	16.1	7.8	8.8
72.0	**58.6**	**42.5**	**52.7**	**36.6**	**5.9**	**16.1**	**13.4**

3-5 续表 2

项 目	开展产品或工艺创新活动企业数（个）	#实现产品或工艺创新企业	#实现产品创新企业	#实现工艺创新企业	未开展产品或工艺创新活动企业数（个）
四、按地区分					
东部地区	18608	16581	14097	13740	5124
中部地区	5057	4218	3359	3635	1803
西部地区	2980	2528	1976	2156	1268
东北地区	689	541	389	435	288
北 京	754	658	539	470	99
天 津	348	310	257	261	142
河 北	433	396	300	340	237
山 西	136	111	85	91	43
内蒙古	70	55	36	45	30
辽 宁	369	303	227	243	122
吉 林	193	145	99	117	118
黑龙江	127	93	63	75	48
上 海	774	675	507	552	336
江 苏	4274	3485	2814	2943	837
浙 江	2627	2423	2196	1969	523
安 徽	1141	986	819	862	318
福 建	881	819	677	676	303
江 西	1041	960	834	830	469
山 东	1088	959	797	819	476
河 南	643	572	442	481	460
湖 北	941	783	629	669	289
湖 南	1155	806	550	702	224
广 东	7374	6817	5992	5677	2166
广 西	174	141	95	121	189
海 南	55	39	18	33	5
重 庆	584	523	444	448	162
四 川	1023	877	711	737	396
贵 州	293	226	174	206	134
云 南	173	148	101	127	82
西 藏	6	1	1		5
陕 西	490	424	335	355	191
甘 肃	70	54	34	46	36
青 海	30	22	9	19	7
宁 夏	40	35	26	33	9
新 疆	27	22	10	19	27

在全部企业中占比(%)							
开展产品或工艺创新活动企业	#实现产品或工艺创新企业			1.同时实现产品和工艺创新企业	2.仅实现产品创新企业	3.仅实现工艺创新企业	4.仅有正在进行或中止的产品或工艺创新活动企业
		#实现产品创新企业	#实现工艺创新企业				
78.4	69.9	59.4	57.9	47.4	12.0	10.5	8.5
73.7	61.5	49.0	53.0	40.5	8.5	12.5	12.2
70.2	59.5	46.5	50.8	37.8	8.8	13.0	10.6
70.5	55.4	39.8	44.5	29.0	10.9	15.6	15.1
88.4	77.1	63.2	55.1	41.1	22.0	14.0	11.3
71.0	63.3	52.4	53.3	42.4	10.0	10.8	7.8
64.6	59.1	44.8	50.7	36.4	8.4	14.3	5.5
76.0	62.0	47.5	50.8	36.3	11.2	14.5	14.0
70.0	55.0	36.0	45.0	26.0	10.0	19.0	15.0
75.2	61.7	46.2	49.5	34.0	12.2	15.5	13.4
62.1	46.6	31.8	37.6	22.8	9.0	14.8	15.4
72.6	53.1	36.0	42.9	25.7	10.3	17.1	19.4
69.7	60.8	45.7	49.7	34.6	11.1	15.1	8.9
83.6	68.2	55.1	57.6	44.5	10.6	13.1	15.4
83.4	76.9	69.7	62.5	55.3	14.4	7.2	6.5
78.2	67.6	56.1	59.1	47.6	8.5	11.4	10.6
74.4	69.2	57.2	57.1	45.1	12.1	12.0	5.2
68.9	63.6	55.2	55.0	46.6	8.6	8.3	5.4
69.6	61.3	51.0	52.4	42.0	9.0	10.4	8.2
58.3	51.9	40.1	43.6	31.8	8.3	11.8	6.4
76.5	63.7	51.1	54.4	41.9	9.3	12.5	12.8
83.8	58.4	39.9	50.9	32.3	7.5	18.6	25.3
77.3	71.5	62.8	59.5	50.9	12.0	8.6	5.8
47.9	38.8	26.2	33.3	20.7	5.5	12.7	9.1
91.7	65.0	30.0	55.0	20.0	10.0	35.0	26.7
78.3	70.1	59.5	60.1	49.5	10.1	10.6	8.2
72.1	61.8	50.1	51.9	40.2	9.9	11.7	10.3
68.6	52.9	40.7	48.2	36.1	4.7	12.2	15.7
67.8	58.0	39.6	49.8	31.4	8.2	18.4	9.8
54.5	9.1	9.1			9.1		45.5
72.0	62.3	49.2	52.1	39.1	10.1	13.1	9.7
66.0	50.9	32.1	43.4	24.5	7.5	18.9	15.1
81.1	59.5	24.3	51.4	16.2	8.1	35.1	21.6
81.6	71.4	53.1	67.3	49.0	4.1	18.4	10.2
50.0	40.7	18.5	35.2	13.0	5.6	22.2	9.3

3-6 规模(限额)以上企业

项 目	实现产品创新企业数(个)		
		本企业独立开发	本企业与集团内企业合作开发
总 计	**155052**	**86.1**	**6.7**
#国有及国有控股	10662	78.3	23.2
一、按规模分			
大型企业	9245	85.0	22.5
中型企业	31107	82.7	10.9
小型企业	109591	88.0	4.2
微型企业	5109	69.3	7.6
二、按登记注册类型分			
内资企业	137684	86.3	6.3
国有企业	672	65.5	23.4
集体企业	195	63.6	5.1
股份合作企业	285	88.4	0.4
联营企业	18	77.8	11.1
#国有联营企业	4	75.0	
有限责任公司	34099	83.1	12.4
#国有独资公司	2111	76.9	26.4
股份有限公司	8513	90.7	9.3
私营企业	93894	87.3	3.6
其他企业	8	100.0	25.0
港、澳、台商投资企业	8211	87.9	8.9
合资经营企业	2611	90.3	8.7
合作经营企业	88	86.4	5.7
港、澳、台商独资经营企业	5153	86.7	8.9
港、澳、台商投资股份有限公司	278	88.5	10.4
其他港、澳、台投资企业	81	80.2	11.1
外商投资企业	9157	82.2	11.7
中外合资经营企业	3543	85.8	11.1
中外合作经营企业	99	89.9	9.1
外资企业	5165	79.5	11.8
外商投资股份有限公司	222	85.6	16.2
其他外商投资企业	128	81.3	16.4
三、按行业分			
采矿业	412	85.4	11.9
制造业	119134	91.5	5.0
电力、热力、燃气及水生产和供应业	355	78.3	9.9
建筑业	3879	65.2	14.4
批发和零售业	12390	48.9	13.1
交通运输、仓储和邮政业	1308	45.6	15.8
信息传输、软件和信息技术服务业	9737	89.1	10.4

产品创新开发情况

在实现产品创新企业中，以下列形式进行开发的企业占比(%)						
本企业与境内其他企业合作开发	本企业与境内研究机构合作开发	本企业与境内高等学校合作开发	本企业与境外企业或机构合作开发	在其他单位开发的基础上调整或改进	其他企业或机构开发	其他
8.4	**1.7**	**9.3**	**2.1**	**5.1**	**3.7**	**5.2**
22.0	5.4	18.7	2.8	6.5	4.8	4.3
19.3	5.4	20.6	6.0	5.9	3.0	3.7
11.2	2.3	11.1	3.0	5.8	4.8	5.3
6.7	1.2	8.0	1.5	4.6	3.2	4.9
9.7	1.5	5.5	1.8	8.8	9.1	14.1
8.5	1.7	9.6	1.3	5.2	3.8	5.3
25.1	8.0	17.1	1.0	8.8	9.4	9.2
10.3	1.0	6.2	0.5	14.9	11.8	15.9
3.2	0.4	4.6	0.4	4.2	4.6	6.7
5.6			5.6	5.6	22.2	
			25.0		25.0	
11.8	2.6	11.8	1.6	5.6	4.2	5.3
26.3	6.4	22.1	2.6	6.9	5.7	4.5
12.7	4.0	18.2	2.4	3.8	2.3	3.1
6.7	1.2	7.9	1.1	5.1	3.7	5.5
37.5		37.5	12.5			
8.0	1.2	7.5	5.2	4.1	2.4	3.4
9.1	2.0	10.8	3.0	4.3	1.6	2.8
10.2	2.3	12.5	3.4	4.5	3.4	
7.1	0.8	5.3	6.3	4.1	2.7	3.7
12.6	0.7	15.1	4.0	1.4	1.8	1.1
8.6	1.2	8.6	4.9	3.7	1.2	11.1
8.1	1.0	6.5	10.9	4.3	3.1	4.2
8.8	1.2	8.9	7.8	4.0	2.7	3.2
13.1	2.0	10.1	6.1	5.1	3.0	3.0
7.2	0.9	4.5	13.4	4.6	3.3	5.0
15.8	3.2	14.0	9.5	2.7	4.5	2.7
9.4		2.3	4.7	3.1	3.1	5.5
12.6	5.6	16.0	1.0	4.4	2.4	5.3
6.4	1.4	9.5	2.0	3.7	1.6	3.3
11.5	2.5	11.0	1.7	3.1	3.1	5.1
16.9	3.3	15.5	1.4	16.8	14.1	13.9
13.5	1.8	4.9	3.4	13.4	17.3	19.1
17.7	2.3	3.6	1.8	11.9	15.8	15.2
14.9	1.6	6.9	1.7	4.9	4.0	3.6

3-6 续表

项　　目	实现产品创新企业数（个）		
		本企业独立开发	本企业与集团内企业合作开发
租赁和商务服务业	2437	65.3	12.9
科学研究和技术服务业	4958	84.7	11.9
水利、环境和公共设施管理业	442	65.6	11.5
四、按地区分			
东部地区	106803	88.0	6.1
中部地区	28376	84.0	7.0
西部地区	16476	78.3	9.6
东北地区	3397	83.7	8.5
北　京	5060	85.2	11.7
天　津	2257	83.3	10.2
河　北	3297	85.7	6.2
山　西	945	76.5	9.4
内蒙古	407	71.7	14.0
辽　宁	2082	85.9	8.5
吉　林	722	80.2	9.0
黑龙江	593	80.3	8.1
上　海	5493	84.5	11.9
江　苏	21526	86.7	5.7
浙　江	25099	90.5	3.5
安　徽	6774	85.6	6.4
福　建	6633	84.4	6.2
江　西	5108	89.1	5.2
山　东	8302	85.9	8.0
河　南	5106	82.0	6.6
湖　北	5758	81.0	8.8
湖　南	4685	83.7	7.6
广　东	28976	90.1	5.8
广　西	1239	71.3	12.3
海　南	160	61.9	18.1
重　庆	3419	82.8	8.2
四　川	4653	81.9	8.5
贵　州	1489	74.0	8.9
云　南	1530	79.6	10.3
西　藏	26	53.8	15.4
陕　西	2281	76.1	8.8
甘　肃	496	73.2	10.9
青　海	142	70.4	12.7
宁　夏	359	81.3	16.2
新　疆	435	61.4	16.1

在实现产品创新企业中，以下列形式进行开发的企业占比(%)						
本企业与境内其他企业合作开发	本企业与境内研究机构合作开发	本企业与境内高等学校合作开发	本企业与境外企业或机构合作开发	在其他单位开发的基础上调整或改进	其他企业或机构开发	其他
16.8	1.8	5.1	3.0	8.9	9.2	11.5
17.2	4.3	16.3	3.1	6.2	4.0	5.1
13.6	6.1	13.3	2.7	9.1	10.0	12.2
8.1	1.3	8.2	2.4	4.9	3.2	4.6
7.6	2.0	12.2	1.1	5.3	4.2	5.7
11.2	2.8	10.7	1.5	6.5	5.7	8.1
9.9	2.9	11.5	2.5	4.1	4.3	6.5
15.0	2.8	7.9	2.6	4.7	4.0	2.7
12.1	1.6	9.5	2.3	4.7	4.0	4.3
7.2	1.9	8.1	1.2	5.1	3.9	5.3
11.5	3.3	16.1	1.5	6.9	7.1	6.8
11.8	4.2	12.0	2.0	6.4	6.1	10.3
10.0	2.9	11.6	2.7	3.8	3.5	5.5
9.7	3.0	12.7	3.0	5.1	6.0	6.9
9.9	2.5	9.8	1.2	3.7	5.2	9.4
13.0	1.8	8.5	6.3	4.6	3.8	4.0
7.7	1.4	11.4	2.8	4.4	3.2	4.5
5.2	0.8	6.0	1.3	4.5	2.4	4.0
7.7	1.8	17.3	1.4	5.4	3.4	5.8
7.9	1.5	7.6	1.9	5.2	4.4	8.0
4.8	1.7	7.9	0.6	4.1	3.2	4.4
8.5	2.7	12.4	2.1	4.7	3.9	4.8
7.6	1.9	8.9	0.8	6.2	5.3	5.6
8.6	1.6	11.5	1.4	5.4	4.8	7.2
8.7	3.2	13.3	1.1	4.9	3.8	4.9
8.6	0.9	6.5	2.7	5.4	3.1	4.5
11.5	2.5	9.9	2.2	8.5	8.3	9.6
18.1	1.9	7.5	1.9	10.6	8.1	9.4
10.9	1.9	8.0	1.7	6.0	4.9	6.7
10.2	2.6	12.1	1.2	5.3	4.6	6.5
11.4	2.9	10.3	1.3	6.6	6.9	12.0
12.6	2.6	8.7	1.5	6.1	5.0	8.4
15.4	3.8	3.8	3.8	7.7	19.2	3.8
11.7	3.2	12.3	1.3	7.0	6.8	7.8
12.3	6.0	14.5	1.2	8.3	6.5	11.1
12.0	2.8	7.7	1.4	9.9	4.9	12.7
9.5	3.3	15.6	0.6	5.6	4.7	5.6
13.1	4.6	10.3	2.3	12.6	7.1	12.9

3-7 规模以上工业企业

项　　目	实现产品创新企业数（个）		
		本企业独立开发	本企业与集团内企业合作开发
总　计	**119901**	**91.4**	**5.0**
#国有及国有控股	5911	87.8	20.2
一、按规模分			
大型企业	5210	89.8	20.6
中型企业	19676	90.8	9.2
小型企业	92372	91.8	3.3
微型企业	2643	88.4	3.8
二、按登记注册类型分			
内资企业	104705	92.1	4.5
国有企业	204	86.8	26.0
集体企业	98	83.7	3.1
股份合作企业	256	91.0	0.4
联营企业	8	100.0	
有限责任公司	22894	90.2	9.7
#国有独资公司	1017	87.9	23.3
股份有限公司	6351	94.1	7.7
私营企业	74889	92.5	2.6
其他企业	5	100.0	40.0
港、澳、台商投资企业	7174	90.3	7.0
合资经营企业	2394	91.5	8.1
合作经营企业	77	90.9	3.9
港、澳、台商独资经营企业	4400	89.7	6.5
港、澳、台商投资股份有限公司	243	91.8	7.8
其他港、澳、台投资企业	60	86.7	8.3
外商投资企业	8022	84.3	10.6
中外合资经营企业	3207	86.3	10.5
中外合作经营企业	87	92.0	10.3
外资企业	4446	82.3	10.4
外商投资股份有限公司	182	89.6	13.7
其他外商投资企业	100	88.0	14.0
三、按行业分			
采矿业	**412**	**85.4**	**11.9**
煤炭开采和洗选业	96	83.3	17.7
石油和天然气开采业	12	91.7	58.3
黑色金属矿采选业	32	84.4	9.4
有色金属矿采选业	68	88.2	11.8
非金属矿采选业	182	85.2	4.4
开采专业及辅助性活动	22	86.4	27.3
其他采矿业			

产品创新开发情况

在实现产品创新企业中，以下列形式进行开发的企业占比(%)						
本企业与境内其他企业合作开发	本企业与境内研究机构合作开发	本企业与境内高等学校合作开发	本企业与境外企业或机构合作开发	在其他单位开发的基础上调整或改进	其他企业或机构开发	其他
6.4	**1.5**	**9.6**	**1.9**	**3.7**	**1.6**	**3.3**
18.0	5.4	19.7	3.4	4.6	1.6	2.2
15.5	5.5	21.2	7.4	4.5	1.7	2.8
8.8	2.2	12.8	3.2	3.5	1.6	2.7
5.4	1.1	8.3	1.4	3.6	1.6	3.4
6.2	1.5	6.9	1.3	4.1	2.3	5.8
6.4	1.5	9.9	1.1	3.6	1.6	3.3
23.5	7.8	21.1	1.5	6.9	2.0	2.9
9.2	1.0	8.2	1.0	5.1	1.0	4.1
2.3	0.4	4.3	0.4	3.5	3.5	4.3
				12.5		
8.9	2.3	12.1	1.5	3.8	1.5	3.2
21.6	6.7	25.1	2.5	4.6	1.9	2.4
10.6	4.2	20.1	2.5	2.7	1.2	2.1
5.2	1.0	8.3	0.9	3.6	1.6	3.4
40.0		40.0	20.0			
6.9	1.1	7.8	4.7	3.8	1.8	2.9
8.1	1.8	10.9	2.8	3.9	1.4	2.6
6.5	2.6	11.7	1.3	3.9	2.6	
5.9	0.7	5.5	5.8	4.0	2.0	3.0
11.1	0.8	15.6	3.3	0.8	0.8	0.8
8.3	1.7	8.3	5.0	5.0		10.0
7.1	0.9	6.7	10.0	4.1	2.6	3.9
8.1	1.2	9.2	8.0	3.9	2.3	3.2
12.6	2.3	9.2	4.6	5.7	2.3	3.4
5.9	0.7	4.6	11.8	4.2	2.7	4.4
14.3	2.2	14.8	7.7	2.2	3.8	3.3
6.0		3.0	6.0	4.0	3.0	4.0
12.6	**5.6**	**16.0**	**1.0**	**4.4**	**2.4**	**5.3**
22.9	9.4	19.8	2.1	3.1	3.1	5.2
16.7	8.3	50.0		8.3		
6.3		9.4		9.4		6.3
17.6	8.8	17.6		2.9	1.5	2.9
4.9	3.8	11.5	0.5	4.4	3.3	6.6
22.7		22.7	4.5	4.5		4.5

3-7 续表 1

项 目	实现产品创新企业数（个）		
		本企业独立开发	本企业与集团内企业合作开发
制造业	**119134**	**91.5**	**5.0**
农副食品加工业	4113	86.1	6.5
食品制造业	2595	89.7	6.5
酒、饮料和精制茶制造业	1408	85.9	6.5
烟草制品业	47	89.4	10.6
纺织业	4644	91.0	2.6
纺织服装、服饰业	2344	88.8	3.4
皮革、毛皮、羽毛及其制品和制鞋业	2230	91.4	2.5
木材加工和木、竹、藤、棕、草制品业	1262	89.6	1.5
家具制造业	1780	92.5	3.2
造纸和纸制品业	1553	92.2	4.3
印刷和记录媒介复制业	1446	92.9	3.9
文教、工美、体育和娱乐用品制造业	2766	92.7	2.8
石油、煤炭及其他燃料加工业	353	87.8	11.6
化学原料和化学制品制造业	7495	92.1	5.6
医药制造业	3200	85.1	9.0
化学纤维制造业	689	91.4	6.2
橡胶和塑料制品业	6355	92.2	2.9
非金属矿物制品业	6484	90.9	4.5
黑色金属冶炼和压延加工业	1076	91.0	7.3
有色金属冶炼和压延加工业	2216	91.3	4.7
金属制品业	7502	92.1	3.0
通用设备制造业	11526	93.5	3.8
专用设备制造业	9562	93.7	3.9
汽车制造业	6974	86.3	10.2
铁路、船舶、航空航天和其他运输设备制造业	2024	88.9	10.7
电气机械和器材制造业	12797	93.5	4.8
计算机、通信和其他电子设备制造业	10643	92.6	6.5
仪器仪表制造业	3088	95.0	4.6
其他制造业	582	94.7	4.3
废弃资源综合利用业	283	87.3	2.5
金属制品、机械和设备修理业	97	84.5	12.4
电力、热力、燃气及水生产和供应业	**355**	**78.3**	**9.9**
电力、热力生产和供应业	212	75.9	12.7
燃气生产和供应业	59	74.6	6.8
水的生产和供应业	84	86.9	4.8

在实现产品创新企业中，以下列形式进行开发的企业占比(%)						
本企业与境内其他企业合作开发	本企业与境内研究机构合作开发	本企业与境内高等学校合作开发	本企业与境外企业或机构合作开发	在其他单位开发的基础上调整或改进	其他企业或机构开发	其他
6.4	**1.4**	**9.5**	**2.0**	**3.7**	**1.6**	**3.3**
4.3	2.8	14.2	0.9	2.4	1.4	4.3
5.6	2.3	13.8	1.4	2.5	1.6	3.3
5.8	3.7	12.4	0.9	1.8	1.3	3.7
17.0	4.3	4.3	4.3	6.4	4.3	2.1
5.0	0.9	7.2	1.1	4.8	1.9	4.4
5.9	0.6	4.1	1.9	4.3	3.0	4.8
3.5	0.6	2.5	1.4	4.9	1.6	4.4
4.2	1.3	6.6	0.9	4.0	1.7	5.0
5.0	0.6	3.7	2.4	3.6	2.4	4.4
4.6	0.6	6.2	1.1	4.0	1.2	3.3
5.7	0.4	6.5	0.6	4.1	2.3	3.5
4.6	0.9	6.2	2.7	3.4	1.7	3.9
9.3	4.5	14.7	2.6	4.0	2.0	3.1
5.9	2.1	14.7	1.7	2.7	1.1	2.7
14.0	4.9	17.2	2.1	2.7	2.1	3.3
6.5	1.6	16.0	1.2	2.9	1.3	2.8
5.4	0.8	7.4	1.6	4.0	1.8	3.6
4.4	1.3	9.0	0.8	3.2	1.7	3.9
8.0	4.4	13.8	1.0	4.4	1.5	3.1
6.1	2.1	12.5	1.4	2.9	1.6	3.4
5.3	0.8	7.7	1.5	3.7	1.5	3.4
5.5	1.1	10.0	2.0	3.5	1.3	2.4
5.9	1.4	11.5	1.9	2.9	1.3	2.6
10.7	1.0	7.7	3.9	5.2	2.5	3.5
12.7	3.2	11.9	3.2	5.8	2.2	3.6
6.0	1.1	8.2	2.2	3.7	1.2	3.1
8.1	1.0	7.8	3.0	4.4	1.9	3.2
7.8	2.0	11.9	2.4	2.6	1.4	2.0
4.8	0.7	7.0	1.9	4.1	1.0	2.6
4.2	2.1	12.4	0.7	3.5	1.8	7.4
21.6	3.1	11.3	5.2	6.2	1.0	
11.5	**2.5**	**11.0**	**1.7**	**3.1**	**3.1**	**5.1**
14.2	2.4	10.8	1.4	2.4	4.2	5.2
8.5	3.4	8.5	5.1	1.7	1.7	6.8
7.1	2.4	13.1		6.0	1.2	3.6

3-7 续表 2

项　目	实现产品创新企业数(个)	本企业独立开发	本企业与集团内企业合作开发
四、按地区分			
东部地区	83173	92.3	4.4
中部地区	22576	90.1	5.6
西部地区	11539	87.8	7.8
东北地区	2613	90.3	7.8
北　京	1407	90.9	10.1
天　津	1557	89.3	8.1
河　北	2660	92.1	5.0
山　西	621	87.8	8.9
内蒙古	258	85.3	14.0
辽　宁	1647	91.3	7.9
吉　林	537	87.7	8.6
黑龙江	429	89.5	6.5
上　海	2857	92.2	8.9
江　苏	18559	90.1	4.7
浙　江	22413	93.3	2.5
安　徽	5703	90.3	5.2
福　建	4834	91.7	4.4
江　西	4444	93.7	4.5
山　东	6476	91.8	6.5
河　南	3677	90.3	4.9
湖　北	4469	87.1	7.0
湖　南	3662	89.3	5.8
广　东	22341	93.9	4.3
广　西	799	83.0	10.0
海　南	69	73.9	14.5
重　庆	2742	89.1	7.2
四　川	3382	88.5	6.9
贵　州	1006	86.9	7.5
云　南	1006	92.0	7.1
西　藏	11	72.7	9.1
陕　西	1427	87.1	7.0
甘　肃	317	85.2	8.2
青　海	80	85.0	11.3
宁　夏	287	89.9	14.3
新　疆	224	75.9	14.3

在实现产品创新企业中，以下列形式进行开发的企业占比(%)						
本企业与境内其他企业合作开发	本企业与境内研究机构合作开发	本企业与境内高等学校合作开发	本企业与境外企业或机构合作开发	在其他单位开发的基础上调整或改进	其他企业或机构开发	其他
6.0	1.1	8.2	2.3	3.7	1.6	3.2
6.1	1.9	13.0	1.0	3.2	1.7	3.3
9.4	2.8	11.7	1.3	4.1	1.7	4.1
8.9	3.2	12.8	2.7	3.1	1.7	2.9
12.0	2.6	9.0	3.3	2.6	1.5	0.6
8.8	1.2	9.2	2.6	3.2	1.9	2.6
6.1	1.5	7.9	1.0	3.3	1.4	3.0
9.5	3.5	16.9	1.9	3.7	1.3	2.9
10.5	4.7	15.1	1.2	3.9	1.9	3.5
9.0	3.2	12.2	2.9	3.0	1.3	2.4
8.4	3.5	15.1	3.5	3.5	2.4	3.5
8.9	2.8	12.1	1.2	2.8	2.3	4.0
9.5	1.3	9.2	5.8	3.3	1.5	2.1
6.4	1.3	11.7	2.7	3.6	1.8	3.3
3.9	0.6	5.8	1.2	3.8	1.4	3.3
6.5	1.7	18.8	1.3	3.9	1.7	3.5
5.7	1.3	8.1	1.8	3.7	1.6	4.7
3.6	1.5	8.0	0.4	2.8	1.6	2.7
7.4	2.8	13.2	2.1	3.0	1.3	2.7
5.4	1.6	8.9	0.8	3.0	1.7	2.7
7.5	1.3	12.3	1.4	3.3	2.1	4.7
6.9	3.4	14.3	0.8	2.6	1.2	2.9
6.4	0.7	6.1	2.7	4.3	1.8	3.3
10.6	2.9	12.5	2.3	6.3	2.4	5.1
18.8	2.9	13.0	1.4	2.9	4.3	
9.6	1.5	7.1	1.6	4.6	1.9	3.9
8.4	2.8	13.2	0.9	3.4	1.8	3.9
9.6	3.0	12.0	1.0	4.1	1.8	5.5
9.4	2.4	8.9	1.1	2.9	0.8	4.1
18.2	9.1		9.1			
10.3	3.6	14.9	1.5	3.8	1.5	3.2
9.5	6.6	17.0	1.3	4.7	2.8	6.0
12.5	2.5	11.3	1.3	2.5	1.3	2.5
8.4	3.1	18.5	0.7	3.1	1.0	2.8
8.9	4.5	13.4	1.8	9.4	0.9	6.3

3-8 资质等级以上建筑业企业

项 目	实现产品创新企业数（个）	本企业独立开发	本企业与集团内企业合作开发
总 计	**3879**	**65.2**	**14.4**
#国有及国有控股	885	78.9	35.0
一、按规模分			
大型企业	1028	83.9	31.0
中型企业	1669	60.9	9.6
小型企业	966	55.8	5.9
微型企业	216	50.9	9.3
二、按登记注册类型分			
内资企业	3846	65.1	14.4
#国有企业	56	58.9	16.1
集体企业	32	53.1	6.3
股份合作企业	10	60.0	
有限责任公司	1612	69.9	23.3
#国有独资公司	247	82.2	38.5
股份有限公司	224	75.0	17.9
私营企业	1912	60.4	6.6
港、澳、台商投资企业	21	71.4	9.5
#合资经营企业	12	66.7	16.7
港、澳、台商独资经营企业	6	66.7	
外商投资企业	12	66.7	16.7
#中外合资经营企业	6	50.0	
外资企业	5	80.0	40.0
三、按行业分			
房屋建筑业	1591	57.8	14.4
土木工程建筑业	1053	69.9	22.0
建筑安装业	532	74.2	9.8
建筑装饰、装修和其他建筑业	703	68.0	6.3

产品创新开发情况

在实现产品创新企业中，以下列形式进行开发的企业占比(%)						
本企业与境内其他企业合作开发	本企业与境内研究机构合作开发	本企业与境内高等学校合作开发	本企业与境外企业或机构合作开发	在其他单位开发的基础上调整或改进	其他企业或机构开发	其他
16.9	**3.3**	**15.5**	**1.4**	**16.8**	**14.1**	**13.9**
28.2	4.7	31.3	2.0	11.1	5.9	6.1
29.9	5.7	35.6	1.6	11.2	5.2	5.3
13.4	2.6	10.7	1.1	18.5	15.5	14.6
10.4	1.9	4.3	1.8	19.2	19.6	19.8
11.6	3.7	6.5	1.9	19.9	21.8	23.6
17.0	3.3	15.5	1.4	16.8	14.2	13.9
17.9	5.4	8.9		16.1	16.1	17.9
15.6	3.1	9.4		40.6	28.1	18.8
20.0		10.0		20.0	20.0	40.0
20.8	3.8	22.6	1.4	15.0	10.2	10.7
30.0	5.3	30.8	2.4	8.9	4.5	4.5
24.1	7.6	25.4	2.2	13.4	8.0	9.8
12.9	2.4	8.6	1.4	18.3	17.9	16.8
14.3		14.3	9.5	14.3	4.8	9.5
16.7		16.7	8.3	8.3		16.7
				33.3	16.7	
	8.3	8.3		25.0	16.7	16.7
				16.7	33.3	16.7
	20.0	20.0		40.0		20.0
17.2	3.5	15.5	1.8	18.4	17.8	15.2
21.6	4.7	23.6	1.3	15.4	10.8	10.7
16.2	2.3	9.0	1.3	14.1	10.9	12.8
9.8	1.6	8.1	0.9	17.4	13.2	16.5

3-8 续表

项 目	实现产品创新企业数(个)		
		本企业独立开发	本企业与集团内企业合作开发
四、按地区分			
东部地区	2078	68.7	14.0
中部地区	910	63.1	13.3
西部地区	730	58.4	17.7
东北地区	161	62.1	10.6
北 京	192	78.1	26.6
天 津	108	77.8	16.7
河 北	99	58.6	10.1
山 西	98	77.6	13.3
内蒙古	21	66.7	14.3
辽 宁	97	68.0	7.2
吉 林	32	53.1	12.5
黑龙江	32	53.1	18.8
上 海	136	74.3	12.5
江 苏	342	57.6	11.4
浙 江	293	68.9	12.3
安 徽	139	59.7	14.4
福 建	159	59.7	12.0
江 西	86	73.3	10.5
山 东	316	69.3	13.0
河 南	276	59.4	10.9
湖 北	178	57.3	15.7
湖 南	133	64.7	15.8
广 东	426	74.9	13.4
广 西	52	65.4	17.3
海 南	7	42.9	28.6
重 庆	82	51.2	22.0
四 川	192	58.9	16.1
贵 州	66	56.1	15.2
云 南	73	67.1	23.3
西 藏	4	25.0	25.0
陕 西	141	60.3	14.9
甘 肃	35	51.4	22.9
青 海	16	56.3	12.5
宁 夏	14	57.1	21.4
新 疆	34	47.1	17.6

在实现产品创新企业中，以下列形式进行开发的企业占比(%)						
本企业与境内其他企业合作开发	本企业与境内研究机构合作开发	本企业与境内高等学校合作开发	本企业与境外企业或机构合作开发	在其他单位开发的基础上调整或改进	其他企业或机构开发	其他
17.8	3.6	16.8	1.3	15.3	13.0	11.4
16.5	3.5	14.9	1.4	20.7	14.8	15.7
16.6	2.6	14.1	1.8	17.3	16.4	17.0
9.9	1.2	7.5	1.2	12.4	14.3	21.7
17.7	5.2	23.4	2.6	10.9	8.9	7.8
23.1	2.8	18.5	2.8	9.3	12.0	4.6
16.2	6.1	19.2	2.0	17.2	21.2	17.2
21.4	3.1	20.4		21.4	15.3	7.1
14.3	4.8	9.5	4.8	4.8	9.5	19.0
8.2	2.1	11.3	1.0	12.4	12.4	23.7
12.5			3.1	21.9	21.9	15.6
12.5		3.1		3.1	12.5	21.9
17.6	2.2	14.7	1.5	16.2	8.8	11.0
16.4	2.3	14.9	0.9	18.1	16.4	16.4
21.8	4.4	18.1	1.0	14.7	9.9	6.1
15.8	3.6	17.3	3.6	23.0	15.8	25.9
22.0	5.7	14.5	1.9	18.2	18.9	13.8
14.0	4.7	19.8	1.2	15.1	11.6	15.1
10.1	3.8	15.8	0.9	15.2	15.8	11.7
19.6	4.3	12.7	1.8	24.3	14.9	13.8
11.2	3.4	11.8	1.1	17.4	16.9	20.8
15.8	1.5	14.3		18.0	12.8	9.0
19.2	2.6	15.5	0.9	14.8	9.4	11.7
19.2		7.7	3.8	11.5	13.5	15.4
14.3		28.6		28.6	28.6	28.6
22.0	2.4	19.5		9.8	15.9	14.6
15.1	1.0	16.7	4.2	17.7	14.1	18.2
15.2	6.1	6.1	1.5	13.6	16.7	21.2
16.4	2.7	20.5		19.2	16.4	13.7
25.0		25.0		25.0	75.0	
16.3	2.1	12.1	0.7	20.6	19.1	14.9
22.9	2.9	17.1		20.0	11.4	25.7
6.3		6.3		25.0	12.5	18.8
14.3	21.4	14.3		21.4	14.3	7.1
11.8	2.9	8.8		29.4	29.4	20.6

3–9 规模(限额)以上服务业

项 目	实现产品创新企业数(个)		
		本企业独立开发	本企业与集团内企业合作开发
总 计	**31272**	**68.4**	**12.2**
#国有及国有控股	3866	63.6	25.0
一、按规模分			
大型企业	3007	77.1	23.0
中型企业	9762	70.3	14.6
小型企业	16253	68.5	8.7
微型企业	2250	48.7	11.8
二、按登记注册类型分			
内资企业	29133	68.4	11.5
国有企业	412	55.8	23.1
集体企业	65	38.5	7.7
股份合作企业	19	68.4	
联营企业	10	60.0	20.0
#国有联营企业	3	66.7	
有限责任公司	9593	68.2	17.1
#国有独资公司	847	62.2	26.7
股份有限公司	1938	81.2	13.3
私营企业	17093	67.5	8.0
其他企业	3	100.0	
港、澳、台商投资企业	1016	70.8	21.9
合资经营企业	205	77.6	15.1
合作经营企业	10	50.0	20.0
港、澳、台商独资经营企业	747	69.7	23.4
港、澳、台商投资股份有限公司	33	63.6	30.3
其他港、澳、台投资企业	21	61.9	19.0
外商投资企业	1123	67.8	19.4
中外合资经营企业	330	81.2	17.6
中外合作经营企业	12	75.0	
外资企业	714	61.9	19.9
外商投资股份有限公司	39	66.7	28.2
其他外商投资企业	28	57.1	25.0
三、按行业分			
批发和零售业	**12390**	**48.9**	**13.1**
批发业	6487	55.4	13.1
零售业	5903	41.7	13.1
交通运输、仓储和邮政业	**1308**	**45.6**	**15.8**
铁路运输业	15	46.7	33.3
道路运输业	711	41.1	11.0
水上运输业	83	55.4	31.3
航空运输业	41	48.8	29.3
管道运输业	4	25.0	50.0
多式联运和运输代理业	224	58.5	14.3
装卸搬运和仓储业	143	51.7	13.3
邮政业	87	29.9	37.9
信息传输、软件和信息技术服务业	**9737**	**89.1**	**10.4**
电信、广播电视和卫星传输服务	530	53.6	30.0
互联网和相关服务	1379	87.7	11.0
软件和信息技术服务业	7828	91.7	9.0

企业产品创新开发情况

在实现产品创新企业中，以下列形式进行开发的企业占比(%)						
本企业与境内其他企业合作开发	本企业与境内研究机构合作开发	本企业与境内高等学校合作开发	本企业与境外企业或机构合作开发	在其他单位开发的基础上调整或改进	其他企业或机构开发	其他
14.9	**2.2**	**7.4**	**2.7**	**9.1**	**10.3**	**11.2**
26.8	5.6	14.2	2.3	8.4	9.6	7.0
22.3	5.2	14.3	5.1	6.4	4.7	4.7
15.6	2.3	8.0	2.9	8.3	9.4	8.8
13.4	1.7	6.3	2.2	9.6	11.0	12.2
13.6	1.3	3.6	2.4	13.2	15.8	23.0
14.9	2.2	7.6	1.9	9.4	10.5	11.5
26.9	8.5	16.3	1.0	8.7	12.1	11.2
9.2		1.5		16.9	20.0	32.3
5.3		5.3		5.3	10.5	21.1
10.0			10.0		40.0	
			33.3		33.3	
17.3	2.9	9.1	1.8	8.4	9.7	9.6
30.8	6.5	15.9	2.8	9.0	10.7	7.0
18.4	2.8	11.1	2.1	6.1	5.1	5.4
12.9	1.6	6.1	2.0	10.3	11.5	13.2
33.3		33.3				
15.6	1.8	5.3	8.6	5.5	6.5	7.1
20.0	5.4	8.8	5.9	7.8	4.9	4.4
30.0		20.0	10.0	10.0	10.0	
13.9	0.9	3.9	9.4	5.0	6.8	7.9
24.2		9.1	9.1	6.1	9.1	3.0
9.5		9.5	4.8		4.8	14.3
15.9	1.8	5.1	17.5	6.0	6.7	6.6
15.5	1.2	6.4	5.5	5.2	6.7	3.3
16.7		16.7	16.7		8.3	
15.5	1.8	4.2	23.7	6.7	6.7	8.4
23.1	7.7	10.3	17.9	5.1	7.7	
21.4					3.6	10.7
13.5	**1.8**	**4.9**	**3.4**	**13.4**	**17.3**	**19.1**
15.8	2.1	6.0	4.9	12.0	14.1	15.7
10.9	1.4	3.7	1.7	14.8	20.8	22.7
17.7	**2.3**	**3.6**	**1.8**	**11.9**	**15.8**	**15.2**
46.7	13.3	20.0			6.7	6.7
17.4	2.5	3.4	1.0	13.1	19.8	17.6
28.9	3.6	8.4	2.4	7.2	10.8	10.8
36.6	2.4	4.9	4.9	2.4	14.6	9.8
	25.0	25.0			25.0	25.0
13.4	0.4	1.8	3.1	12.9	9.8	12.9
14.0	1.4	3.5	2.8	10.5	8.4	11.9
13.8	2.3	1.1	1.1	13.8	17.2	14.9
14.9	**1.6**	**6.9**	**1.7**	**4.9**	**4.0**	**3.6**
26.2	2.1	3.2	2.1	8.7	12.8	10.2
13.6	1.2	5.7	1.5	4.1	4.6	4.0
14.4	1.6	7.3	1.8	4.8	3.3	3.1

3-9 续表

项　目	实现产品创新企业数(个)		
		本企业独立开发	本企业与集团内企业合作开发
租赁和商务服务业	**2437**	**65.3**	**12.9**
租赁业	135	68.9	11.9
商务服务业	2302	65.1	12.9
科学研究和技术服务业	**4958**	**84.7**	**11.9**
研究和试验发展	849	87.9	17.1
专业技术服务业	3183	83.9	10.5
科技推广和应用服务业	926	84.4	12.1
水利、环境和公共设施管理业	**442**	**65.6**	**11.5**
水利管理业	15	80.0	6.7
生态保护和环境治理业	144	87.5	12.5
公共设施管理业	272	54.4	10.7
土地管理业	11	36.4	27.3
四、按地区分			
东部地区	21552	73.1	11.9
中部地区	4890	60.0	12.4
西部地区	4207	55.7	13.1
东北地区	623	61.6	10.9
北　京	3461	83.3	11.5
天　津	592	68.6	14.5
河　北	538	58.9	11.0
山　西	226	45.1	9.3
内蒙古	128	45.3	14.1
辽　宁	338	64.5	11.5
吉　林	153	59.5	9.8
黑龙江	132	56.8	10.6
上　海	2500	76.3	15.4
江　苏	2625	66.4	11.8
浙　江	2393	66.7	11.8
安　徽	932	60.9	12.2
福　建	1640	65.2	11.0
江　西	578	56.4	9.7
山　东	1510	64.0	13.1
河　南	1153	60.8	11.2
湖　北	1111	60.3	14.8
湖　南	890	63.5	13.9
广　东	6209	77.5	10.6
广　西	388	47.9	16.2
海　南	84	53.6	20.2
重　庆	595	57.8	10.9
四　川	1079	65.2	12.2
贵　州	417	45.8	11.5
云　南	451	53.9	15.3
西　藏	11	45.5	18.2
陕　西	713	57.2	11.2
甘　肃	144	52.1	13.9
青　海	46	50.0	15.2
宁　夏	58	44.8	24.1
新　疆	177	45.8	18.1

在实现产品创新企业中，以下列形式进行开发的企业占比(%)						
本企业与境内其他企业合作开发	本企业与境内研究机构合作开发	本企业与境内高等学校合作开发	本企业与境外企业或机构合作开发	在其他单位开发的基础上调整或改进	其他企业或机构开发	其他
16.8	**1.8**	**5.1**	**3.0**	**8.9**	**9.2**	**11.5**
12.6	1.5	4.4	1.5	8.1	11.9	8.1
17.0	1.9	5.1	3.0	8.9	9.0	11.7
17.2	**4.3**	**16.3**	**3.1**	**6.2**	**4.0**	**5.1**
21.7	7.4	19.8	5.9	5.5	3.3	3.8
16.4	3.8	16.5	2.5	6.8	4.2	5.4
15.8	2.9	12.6	2.5	5.0	3.8	5.1
13.6	**6.1**	**13.3**	**2.7**	**9.1**	**10.0**	**12.2**
6.7	20.0	13.3		6.7	6.7	
11.1	6.3	20.8	3.5	6.3	2.8	4.2
14.0	5.1	9.6	2.2	10.3	13.6	17.3
45.5	9.1	9.1	9.1	18.2	18.2	9.1
15.4	2.0	7.2	3.2	8.2	8.5	9.1
13.1	2.3	8.2	1.6	11.9	13.8	14.6
15.0	2.8	7.3	1.8	11.0	14.7	17.4
14.3	2.1	7.2	1.9	6.3	12.5	17.5
16.0	2.7	6.5	2.3	5.3	4.7	3.2
18.8	2.5	8.4	1.7	7.8	7.9	8.6
11.0	2.6	6.9	1.7	11.9	13.2	14.3
12.8	2.7	11.9	0.9	9.3	19.5	17.3
14.1	3.1	6.3	3.1	11.7	14.1	22.7
15.1	2.1	8.6	2.4	5.6	11.2	15.1
13.7	2.0	7.2	1.3	7.2	15.0	17.0
12.9	2.3	3.8	1.5	6.8	12.9	24.2
16.7	2.4	7.3	7.1	5.6	6.2	5.9
15.8	1.8	8.6	3.6	8.8	11.3	11.4
14.9	1.8	6.5	2.5	10.4	10.8	10.3
13.8	1.9	8.3	1.9	12.4	11.9	16.7
13.1	1.6	5.2	2.1	8.5	11.2	17.0
12.3	2.8	5.5	1.9	12.1	14.2	16.6
12.9	2.3	8.1	2.3	9.8	12.6	12.3
11.7	2.2	8.0	0.9	11.8	14.7	12.6
12.8	2.3	8.4	1.5	11.8	13.7	15.0
14.9	2.6	9.1	2.5	12.4	13.0	12.4
15.7	1.7	7.5	2.9	8.9	7.4	8.7
12.1	2.1	4.9	1.8	12.6	19.8	18.0
17.9	1.2	1.2	2.4	15.5	9.5	15.5
15.5	3.9	10.8	2.0	11.8	17.1	18.5
14.7	2.0	8.0	1.6	8.8	11.9	12.5
14.9	2.2	6.7	1.9	11.5	17.5	26.1
19.1	3.1	6.2	2.7	11.3	12.6	17.3
9.1				9.1	18.2	9.1
13.6	2.4	7.0	1.0	10.7	15.0	15.7
16.0	5.6	8.3	1.4	13.2	13.2	18.8
13.0	4.3	2.2	2.2	17.4	8.7	28.3
13.8		1.7		13.8	20.7	19.0
18.6	5.1	6.8	3.4	13.6	10.7	19.8

3-10 规模以上高技术产业(制造业)

项　目	实现产品创新企业数(个)		
		本企业独立开发	本企业与集团内企业合作开发
总　计	**19821**	**91.9**	**6.6**
#国有及国有控股	1186	90.5	18.6
一、按规模分			
大型企业	1358	88.6	20.5
中型企业	3913	90.8	10.9
小型企业	14210	92.5	4.1
微型企业	340	92.1	6.2
二、按登记注册类型分			
内资企业	16779	92.8	6.1
#国有企业	52	94.2	25.0
集体企业	8	100.0	12.5
股份合作企业	16	87.5	
有限责任公司	4476	90.6	10.9
#国有独资公司	175	91.4	21.1
股份有限公司	1624	94.2	8.2
私营企业	10603	93.6	3.7
港、澳、台商投资企业	1436	89.1	8.5
合资经营企业	430	94.4	7.4
合作经营企业	10	80.0	
港、澳、台商独资经营企业	928	86.5	9.1
港、澳、台商投资股份有限公司	54	94.4	5.6
其他港、澳、台投资企业	14	85.7	21.4
外商投资企业	1606	84.2	10.3
中外合资经营企业	547	88.3	10.4
中外合作经营企业	13	92.3	7.7
外资企业	983	81.7	9.5
外商投资股份有限公司	40	82.5	20.0
其他外商投资企业	23	91.3	26.1
三、按高技术行业(制造业)分			
#医药制造业	**3200**	**85.1**	**9.0**
#化学药品制造	1139	82.4	14.6
中成药生产	602	83.2	8.5
生物药品制品制造	424	84.4	6.8

产品创新开发情况

在实现产品创新企业中，以下列形式进行开发的企业占比(%)						
本企业与境内其他企业合作开发	本企业与境内研究机构合作开发	本企业与境内高等学校合作开发	本企业与境外企业或机构合作开发	在其他单位开发的基础上调整或改进	其他企业或机构开发	其他
9.0	**2.0**	**10.5**	**2.7**	**3.5**	**1.8**	**3.0**
22.3	6.3	19.5	3.3	4.0	1.9	1.5
15.2	4.9	16.9	9.6	3.7	1.9	3.2
11.1	3.0	12.9	3.5	3.8	1.9	2.5
7.8	1.4	9.2	1.9	3.5	1.7	3.1
9.7	2.1	8.8	2.6	2.6	1.5	3.8
9.3	2.1	11.2	1.6	3.3	1.6	2.9
25.0	15.4	25.0	1.9	9.6	1.9	1.9
12.5		25.0				
		18.8		6.3		6.3
11.5	2.7	12.3	2.0	3.4	1.6	2.9
25.1	4.0	24.0	0.6	2.9	1.7	1.1
13.8	4.6	18.7	2.5	2.2	1.1	2.2
7.6	1.4	9.4	1.3	3.5	1.8	3.0
7.9	1.5	7.0	6.5	4.7	2.0	2.8
9.5	4.2	11.4	3.7	3.7	0.9	1.2
10.0		10.0	10.0	10.0		
6.6	0.4	4.6	8.1	5.3	2.6	3.2
14.8		11.1	1.9	1.9	1.9	1.9
21.4		14.3	7.1	7.1		28.6
7.3	1.1	6.3	10.7	4.5	2.7	4.4
8.8	2.2	9.9	6.9	4.2	2.0	3.5
23.1		7.7		7.7		7.7
5.8	0.6	4.3	13.1	4.7	3.2	5.1
20.0		10.0	10.0	5.0	2.5	
8.7			4.3	4.3	4.3	4.3
14.0	**4.9**	**17.2**	**2.1**	**2.7**	**2.1**	**3.3**
19.2	4.4	14.6	2.7	3.4	2.9	2.6
17.8	7.1	21.6	2.2	2.3	1.7	3.8
9.0	5.2	18.6	2.4	1.9	2.1	3.1

3-10 续表 1

项 目	实现产品创新企业数(个)	本企业独立开发	本企业与集团内企业合作开发
电子及通信设备制造业	**10887**	**92.9**	**6.4**
#电子工业专用设备制造	604	93.2	4.6
光纤、光缆制造及锂离子电池制造	853	93.3	8.0
#锂离子电池制造	671	92.3	8.0
通信设备制造、雷达及配套设备制造	1257	91.4	8.3
#通信系统设备制造	629	92.2	6.7
通信终端设备制造	567	89.8	9.7
雷达及配套设备制造	61	98.4	11.5
广播电视设备制造	344	93.3	2.9
非专业视听设备制造	608	91.6	6.4
电子器件制造	2571	92.8	7.4
#电子真空器件制造	229	94.3	4.8
半导体分立器件制造	230	89.6	6.5
集成电路制造	477	93.1	10.1
光电子器件制造	519	94.0	6.4
电子元件及电子专用材料制造	3358	93.5	5.4
#电阻电容电感元件制造	572	94.1	5.1
电子专用材料制造	617	93.0	6.5
电子电路制造	701	93.3	4.3
智能消费设备制造	538	92.9	8.2
其他电子设备制造	754	93.4	3.8
计算机及办公设备制造业	**1336**	**90.4**	**7.1**
#计算机整机制造	162	88.3	9.9
计算机零部件制造	404	87.6	6.7
计算机外围设备制造	382	90.8	6.8
办公设备制造	157	91.7	7.0
医疗仪器设备及仪器仪表制造业	**4014**	**95.1**	**4.2**
#医疗仪器设备及器械制造	1097	94.7	3.4
#医疗诊断、监护及治疗设备制造	343	94.8	6.4
医疗、外科及兽医用器械制造	277	95.3	1.4
通用仪器仪表制造	1944	95.4	4.6
专用仪器仪表制造	592	95.4	4.9
信息化学品制造业	**79**	**91.1**	**8.9**

在实现产品创新企业中，以下列形式进行开发的企业占比(%)						
本企业与境内其他企业合作开发	本企业与境内研究机构合作开发	本企业与境内高等学校合作开发	本企业与境外企业或机构合作开发	在其他单位开发的基础上调整或改进	其他企业或机构开发	其他
7.6	**1.1**	**8.3**	**2.8**	**3.8**	**1.8**	**3.1**
6.6	1.3	7.9	2.8	2.0	1.2	3.1
5.9	1.5	11.3	2.0	3.3	0.8	2.3
5.5	1.0	11.9	1.8	3.0	1.0	2.5
11.6	1.4	9.6	2.9	3.7	2.5	4.0
9.5	1.6	10.7	2.7	2.5	2.4	3.8
11.8	0.5	7.1	3.0	5.3	3.0	3.9
31.1	8.2	23.0	3.3	1.6		6.6
5.5	0.3	9.0	2.3	4.7	1.7	3.5
8.4	0.7	4.8	4.3	4.9	2.1	2.6
7.9	1.0	7.2	3.0	4.5	1.7	3.0
7.9	0.9	7.9	2.6	3.9	1.7	3.1
7.0	1.3	12.2	5.2	6.1	1.7	2.2
12.0	1.0	7.5	3.4	4.0	1.5	3.1
6.0	1.2	8.1	3.1	4.4	1.0	2.9
5.6	0.9	8.7	2.7	3.6	1.6	2.8
5.2	1.2	9.3	3.8	2.4	1.7	2.3
5.7	1.1	10.9	2.4	2.4	0.6	1.6
4.9	0.9	8.8	1.9	4.3	1.6	3.3
12.6	0.7	9.1	3.2	3.5	2.6	3.7
8.1	1.6	7.3	1.7	4.1	2.0	3.4
11.2	**1.0**	**6.0**	**4.6**	**6.4**	**2.1**	**3.5**
16.0	3.7	5.6	9.3	11.1	2.5	4.9
9.4	0.5	5.2	3.5	6.9	2.0	4.5
8.4	0.8	5.0	4.2	5.0	2.9	3.4
14.0	0.6	7.6	6.4	3.2		2.5
7.4	**1.8**	**11.4**	**2.5**	**2.2**	**1.4**	**2.3**
6.0	1.3	9.1	2.9	1.8	1.4	3.0
7.0	0.6	9.6	5.0	2.0	0.3	3.2
4.3	1.8	8.3	1.1	0.7	0.7	3.2
6.9	2.0	11.8	2.0	2.5	1.4	2.0
11.0	2.2	13.3	2.7	1.2	1.7	2.4
5.1	**3.8**	**15.2**	**2.5**	**5.1**	**1.3**	**3.8**

3-10 续表 2

项 目	实现产品创新企业数(个)		
		本企业独立开发	本企业与集团内企业合作开发
四、按地区分			
东部地区	14097	92.7	6.0
中部地区	3359	90.1	6.8
西部地区	1976	89.6	10.3
东北地区	389	89.2	9.3
北 京	539	90.4	7.8
天 津	257	88.7	7.8
河 北	300	92.7	8.3
山 西	85	88.2	10.6
内蒙古	36	69.4	19.4
辽 宁	227	90.7	7.9
吉 林	99	85.9	9.1
黑龙江	63	88.9	14.3
上 海	507	91.5	8.9
江 苏	2814	90.5	7.0
浙 江	2196	94.8	4.9
安 徽	819	89.7	6.2
福 建	677	92.8	6.1
江 西	834	93.2	6.6
山 东	797	89.7	7.9
河 南	442	88.9	5.0
湖 北	629	89.2	7.6
湖 南	550	88.5	8.2
广 东	5992	93.9	5.0
广 西	95	94.7	9.5
海 南	18	50.0	22.2
重 庆	444	89.0	9.7
四 川	711	90.6	9.8
贵 州	174	89.1	14.4
云 南	101	88.1	12.9
西 藏	1		
陕 西	335	91.9	7.5
甘 肃	34	82.4	2.9
青 海	9	88.9	22.2
宁 夏	26	88.5	23.1
新 疆	10	50.0	20.0

在实现产品创新企业中，以下列形式进行开发的企业占比(%)						
本企业与境内其他企业合作开发	本企业与境内研究机构合作开发	本企业与境内高等学校合作开发	本企业与境外企业或机构合作开发	在其他单位开发的基础上调整或改进	其他企业或机构开发	其他
8.5	1.6	9.1	3.2	3.7	1.8	2.9
8.3	2.3	14.1	1.4	2.9	1.6	3.1
12.7	3.0	13.1	1.6	3.7	1.9	4.0
14.4	5.9	16.2	3.1	2.1	1.3	0.8
12.1	2.8	7.8	2.0	2.2	1.5	0.7
15.2	2.3	11.3	3.9	2.3	1.2	3.5
13.0	1.7	10.3	1.0	2.3	1.0	2.0
5.9	2.4	7.1				
13.9	5.6	16.7		8.3	5.6	2.8
14.1	4.8	11.9	2.6	2.2	0.9	0.4
12.1	9.1	24.2	3.0	2.0	2.0	1.0
19.0	4.8	19.0	4.8	1.6	1.6	1.6
11.4	1.6	8.5	7.3	3.2	1.4	2.4
7.5	2.3	12.1	4.6	2.8	1.9	2.9
8.1	1.4	10.6	1.9	3.4	1.5	1.8
10.6	2.6	18.3	1.6	3.4	1.8	3.3
9.9	2.4	9.5	2.4	3.0	1.2	3.0
5.3	1.8	10.2	0.7	3.4	1.9	2.5
9.8	4.4	17.3	2.4	2.4	1.6	4.3
7.5	1.8	9.7	0.9	2.9	0.7	2.3
8.4	2.2	13.7	2.1	2.4	1.7	4.3
10.2	3.1	18.9	1.8	2.5	1.8	3.3
7.7	0.8	5.9	3.0	4.8	2.1	3.4
12.6	1.1	18.9	4.2	5.3	3.2	4.2
44.4		5.6			5.6	
11.9	2.5	7.7	2.0	5.2	2.5	4.5
11.8	1.8	12.7	1.0	3.0	2.4	4.2
17.2	2.3	17.8	0.6	4.6		6.3
9.9	3.0	12.9	2.0	3.0	1.0	2.0
			100.0			
13.7	4.5	16.1	2.1	2.4		3.0
14.7	17.6	11.8			5.9	2.9
11.1	11.1	11.1	11.1			
3.8	7.7	30.8		3.8	3.8	3.8
30.0	20.0			10.0		

3-11 规模(限额)以上企业

项 目	实现工艺创新企业数(个)	本企业独立开发	本企业与集团内企业合作开发
总 计	**172603**	**77.5**	**7.3**
#国有及国有控股	14148	78.3	23.2
一、按规模分			
大型企业	10822	76.3	22.8
中型企业	35496	71.7	11.6
小型企业	119577	80.3	4.7
微型企业	6708	59.8	6.9
二、按登记注册类型分			
内资企业	154054	77.4	6.9
国有企业	962	50.8	18.4
集体企业	288	53.8	4.9
股份合作企业	277	88.1	1.8
联营企业	26	65.4	11.5
#国有联营企业	7	57.1	14.3
有限责任公司	40498	71.6	13.3
#国有独资公司	2995	58.8	25.4
股份有限公司	8860	82.0	10.7
私营企业	103135	79.5	3.9
其他企业	8	75.0	37.5
港、澳、台商投资企业	8816	81.7	10.0
合资经营企业	2781	84.0	10.4
合作经营企业	109	78.0	9.2
港、澳、台商独资经营企业	5557	80.6	9.6
港、澳、台商投资股份有限公司	272	84.9	11.4
其他港、澳、台投资企业	97	70.1	17.5
外商投资企业	9733	76.0	12.6
中外合资经营企业	3699	78.9	12.5
中外合作经营企业	135	77.8	14.8
外资企业	5526	74.0	12.3
外商投资股份有限公司	226	77.0	19.0
其他外商投资企业	147	73.5	12.9
三、按行业分			
采矿业	1213	61.3	14.4
制造业	126533	86.1	5.6
电力、热力、燃气及水生产和供应业	1787	46.7	17.9
建筑业	6620	59.4	11.7
批发和零售业	16414	37.0	12.0
交通运输、仓储和邮政业	2478	33.4	14.3
信息传输、软件和信息技术服务业	8508	79.8	11.2

工艺创新开发情况

在实现工艺创新企业中，以下列形式进行开发的企业占比(%)						
本企业与境内其他企业合作开发	本企业与境内研究机构合作开发	本企业与境内高等学校合作开发	本企业与境外企业或机构合作开发	在其他单位开发的基础上调整或改进	其他企业或机构开发	其他
10.2	**1.5**	**8.6**	**1.7**	**7.9**	**8.3**	**7.3**
22.0	5.4	18.7	2.8	6.5	4.8	4.3
25.2	4.8	19.4	4.3	9.5	8.4	4.0
13.6	1.9	9.7	2.3	9.3	10.9	7.1
7.9	1.1	7.6	1.2	7.2	7.2	7.2
9.5	1.5	4.9	1.5	10.9	14.1	16.2
10.1	1.6	8.9	1.1	8.1	8.5	7.6
23.9	4.3	12.4	1.1	11.3	20.4	10.8
9.7	1.4	5.6	0.7	15.6	18.8	20.8
4.3	0.4	4.7		4.3	6.9	8.7
15.4		3.8		11.5	26.9	7.7
14.3				14.3	28.6	
14.1	2.2	10.7	1.3	8.7	9.9	7.7
26.8	4.8	17.8	1.9	11.0	13.6	7.0
16.3	3.8	16.9	2.0	7.1	6.7	4.6
7.9	1.2	7.5	0.9	7.9	7.9	7.7
25.0		37.5	12.5	12.5	12.5	
10.4	1.1	7.0	4.0	6.7	6.2	4.7
12.3	2.0	10.4	2.3	7.0	5.0	4.0
17.4	1.8	10.1	1.8	5.5	8.3	1.8
9.1	0.7	4.9	4.8	6.7	6.7	5.1
14.0	0.7	11.0	4.4	4.4	7.0	2.6
9.3	2.1	13.4	4.1	10.3	5.2	13.4
11.5	0.9	5.8	8.9	6.6	6.9	5.5
12.8	1.3	8.0	5.7	6.7	6.6	4.5
11.9	0.7	10.4	5.9	5.9	8.1	5.2
10.2	0.7	4.0	11.3	6.6	6.8	6.1
22.1	1.8	14.6	6.6	6.2	9.7	5.3
11.6		2.7	4.1	4.8	8.8	8.2
18.5	5.4	19.1	1.3	9.0	10.4	8.5
8.3	1.4	9.1	1.6	5.9	4.2	5.1
23.2	2.6	10.4	1.5	11.5	16.1	8.8
14.5	2.5	14.5	1.2	18.4	17.9	14.2
13.3	1.2	3.4	2.2	16.0	25.7	19.7
17.9	1.5	3.2	1.5	13.6	28.5	15.1
15.5	1.3	6.0	1.6	8.4	10.3	6.0

3-11 续表

项　目	实现工艺创新企业数(个)		
		本企业独立开发	本企业与集团内企业合作开发
租赁和商务服务业	2858	47.0	12.4
科学研究和技术服务业	5529	70.6	11.6
水利、环境和公共设施管理业	663	51.1	11.6
四、按地区分			
东部地区	113880	79.9	6.8
中部地区	33864	76.1	7.4
西部地区	20742	67.0	10.0
东北地区	4117	75.6	9.4
北　京	5092	72.5	12.2
天　津	2783	73.1	9.2
河　北	4127	77.3	6.1
山　西	1334	61.2	10.0
内蒙古	708	59.3	14.4
辽　宁	2530	78.3	9.7
吉　林	845	73.1	8.3
黑龙江	742	69.1	9.8
上　海	6128	72.1	12.6
江　苏	24458	80.5	6.1
浙　江	23366	84.6	4.4
安　徽	7643	77.7	7.1
福　建	7580	76.0	6.7
江　西	5346	84.1	5.5
山　东	9936	77.1	8.4
河　南	6198	71.2	7.4
湖　北	6530	71.4	9.3
湖　南	6813	79.7	6.5
广　东	30187	81.7	6.3
广　西	1688	56.5	12.5
海　南	223	47.5	19.7
重　庆	3680	75.0	9.0
四　川	5483	72.4	8.4
贵　州	1880	65.9	8.7
云　南	2042	68.5	10.9
西　藏	57	43.9	15.8
陕　西	3004	63.2	8.4
甘　肃	742	58.6	12.1
青　海	203	54.7	19.2
宁　夏	507	70.8	13.0
新　疆	748	45.2	16.2

在实现工艺创新企业中，以下列形式进行开发的企业占比(%)						
本企业与境内其他企业合作开发	本企业与境内研究机构合作开发	本企业与境内高等学校合作开发	本企业与境外企业或机构合作开发	在其他单位开发的基础上调整或改进	其他企业或机构开发	其他
15.9	1.3	4.3	2.5	12.6	22.1	13.2
17.9	2.9	13.3	2.3	10.1	13.4	6.9
15.2	3.2	10.1	0.9	12.4	19.9	14.3
10.0	1.2	7.7	1.9	7.7	7.7	6.5
9.4	2.0	11.1	1.1	7.7	8.1	8.1
12.5	2.3	9.6	1.3	9.6	11.7	10.5
10.6	2.8	10.7	2.1	6.9	8.4	8.6
17.0	1.9	7.4	2.1	9.2	12.7	4.1
12.5	1.3	8.1	2.3	8.5	9.9	6.7
9.4	1.8	8.0	0.9	7.6	8.0	7.5
13.8	2.3	12.4	0.5	10.9	13.2	10.7
13.6	3.0	11.3	2.0	8.6	13.8	10.9
10.9	2.6	10.4	2.4	5.9	7.5	7.0
10.1	2.6	12.9	2.2	8.4	9.5	9.3
10.1	3.9	9.0	1.1	8.5	10.0	13.2
15.5	1.6	7.7	4.5	8.0	10.3	5.7
9.3	1.2	10.3	2.2	6.9	6.5	6.3
7.1	0.8	6.1	1.1	7.1	6.0	5.0
9.9	1.8	15.6	1.4	7.7	7.4	9.0
9.8	1.7	7.2	1.5	8.0	8.2	9.7
6.4	1.8	8.2	0.7	5.7	5.7	6.2
10.6	2.5	11.2	1.6	7.8	8.7	7.3
9.9	1.7	7.9	1.0	9.4	11.0	7.8
10.2	1.5	11.5	1.3	9.0	9.0	10.3
8.9	2.9	10.6	0.8	6.0	6.2	6.0
10.3	0.8	5.7	2.0	8.3	7.9	7.0
13.5	2.0	8.2	1.4	11.7	16.7	12.7
16.6	2.2	6.3	1.8	9.0	19.7	17.5
11.9	1.7	7.1	1.4	8.9	8.7	8.4
11.5	2.3	10.4	1.2	8.3	9.8	8.3
12.8	2.8	9.7	1.3	9.3	10.6	14.8
13.3	2.1	8.2	1.5	10.8	11.7	10.9
12.3	1.8	8.8	3.5	12.3	21.1	8.8
12.8	2.0	10.7	1.1	10.6	13.8	11.0
12.7	3.5	11.7	1.1	12.3	14.7	11.3
14.8	4.9	10.8	0.5	9.4	11.8	17.2
11.4	1.8	15.0	1.4	8.1	11.0	10.1
15.5	4.4	10.0	0.7	11.6	18.2	15.8

3–12 规模以上工业企业

项　　目	实现工艺创新企业数(个)		
		本企业独立开发	本企业与集团内企业合作开发
总　计	**129533**	**85.3**	**5.8**
#国有及国有控股	7511	72.4	21.5
一、按规模分			
大型企业	5714	82.5	22.4
中型企业	21077	84.2	10.3
小型企业	99292	86.0	4.0
微型企业	3450	79.6	3.9
二、按登记注册类型分			
内资企业	113429	85.8	5.2
国有企业	299	71.2	21.4
集体企业	133	77.4	3.0
股份合作企业	244	93.4	1.6
联营企业	10	100.0	
有限责任公司	26173	81.5	11.1
#国有独资公司	1351	69.4	24.4
股份有限公司	6507	87.1	9.2
私营企业	80059	87.1	3.0
其他企业	4	100.0	50.0
港、澳、台商投资企业	7673	85.5	8.0
合资经营企业	2520	86.6	9.6
合作经营企业	95	82.1	6.3
港、澳、台商独资经营企业	4756	84.9	7.1
港、澳、台商投资股份有限公司	231	90.0	9.1
其他港、澳、台投资企业	71	78.9	14.1
外商投资企业	8431	79.6	11.6
中外合资经营企业	3287	81.4	11.8
中外合作经营企业	119	80.7	16.0
外资企业	4731	78.3	11.1
外商投资股份有限公司	182	79.7	15.9
其他外商投资企业	112	82.1	11.6
三、按行业分			
采矿业	**1213**	**61.3**	**14.4**
#煤炭开采和洗选业	438	43.8	16.4
石油和天然气开采业	40	65.0	55.0
黑色金属矿采选业	132	68.2	12.1
有色金属矿采选业	220	70.5	17.7
非金属矿采选业	338	71.6	4.7
开采专业及辅助性活动	44	84.1	22.7

工艺创新开发情况

在实现工艺创新企业中，以下列形式进行开发的企业占比(%)						
本企业与境内其他企业合作开发	本企业与境内研究机构合作开发	本企业与境内高等学校合作开发	本企业与境外企业或机构合作开发	在其他单位开发的基础上调整或改进	其他企业或机构开发	其他
8.6	**1.5**	**9.2**	**1.6**	**6.0**	**4.5**	**5.2**
23.8	4.6	17.6	2.2	8.1	7.8	4.2
23.8	5.7	19.9	5.7	7.2	5.1	3.3
12.4	2.1	11.8	2.6	6.1	4.7	4.0
7.0	1.1	8.1	1.2	5.9	4.3	5.4
7.2	1.6	6.6	1.1	6.7	5.7	8.4
8.4	1.6	9.5	1.0	6.0	4.4	5.2
26.4	6.0	20.7	1.0	9.7	10.4	5.7
10.5	0.8	7.5		7.5	4.5	12.0
4.1	0.4	4.5		4.5	4.5	5.3
20.0				20.0	10.0	
11.9	2.2	11.3	1.2	6.3	5.2	5.4
26.1	5.8	19.5	2.0	8.7	7.9	4.9
14.7	4.1	18.7	2.0	5.3	4.6	3.5
6.7	1.1	8.2	0.8	6.0	4.1	5.3
25.0		50.0	25.0			
9.4	1.1	7.4	3.6	6.0	4.5	4.2
11.5	1.9	10.9	2.2	6.2	3.9	3.9
13.7	2.1	9.5	1.1	3.2	8.4	1.1
8.0	0.7	5.2	4.4	6.0	4.8	4.6
13.0	0.4	11.7	3.9	4.8	5.2	0.9
9.9	2.8	15.5	5.6	11.3	2.8	11.3
10.6	0.9	6.1	8.3	5.8	5.3	5.2
11.9	1.3	8.4	5.8	6.0	5.0	4.4
11.8	0.8	10.9	5.9	4.2	7.6	5.9
9.2	0.7	4.1	10.4	5.8	5.2	5.6
22.5	1.6	15.9	6.0	6.0	8.8	6.0
6.3		2.7	3.6	5.4	8.0	8.0
18.5	**5.4**	**19.1**	**1.3**	**9.0**	**10.4**	**8.5**
24.0	5.7	24.2	0.9	9.6	19.0	10.3
52.5	17.5	47.5	2.5	15.0	2.5	10.0
16.7	3.8	15.9	3.0	9.8	4.5	8.3
18.2	7.7	18.6	0.5	5.9	5.5	5.0
7.1	2.7	9.5	1.2	9.2	6.8	8.9
29.5	6.8	29.5	4.5	9.1	2.3	4.5

3-12 续表 1

项　目	实现工艺创新企业数（个）		
		本企业独立开发	本企业与集团内企业合作开发
制造业	**126533**	**86.1**	**5.6**
农副食品加工业	4901	77.7	6.5
食品制造业	2636	83.8	6.7
酒、饮料和精制茶制造业	1584	79.6	6.4
烟草制品业	53	71.7	18.9
纺织业	4970	86.1	2.6
纺织服装、服饰业	2484	82.8	3.5
皮革、毛皮、羽毛及其制品和制鞋业	1916	87.5	3.4
木材加工和木、竹、藤、棕、草制品业	1630	84.0	1.8
家具制造业	1928	87.0	2.9
造纸和纸制品业	1853	85.2	4.3
印刷和记录媒介复制业	1778	85.9	3.5
文教、工美、体育和娱乐用品制造业	2707	88.4	3.0
石油、煤炭及其他燃料加工业	551	73.0	12.3
化学原料和化学制品制造业	8435	85.9	6.6
医药制造业	3885	81.4	10.4
化学纤维制造业	750	86.3	6.0
橡胶和塑料制品业	6706	87.6	3.2
非金属矿物制品业	8226	82.8	5.8
黑色金属冶炼和压延加工业	1358	85.1	7.9
有色金属冶炼和压延加工业	2572	86.5	6.8
金属制品业	8494	87.5	3.4
通用设备制造业	11524	89.5	4.3
专用设备制造业	9480	88.8	4.3
汽车制造业	7091	83.6	9.7
铁路、船舶、航空航天和其他运输设备制造业	2088	85.5	10.2
电气机械和器材制造业	12588	88.8	5.8
计算机、通信和其他电子设备制造业	10384	87.3	7.0
仪器仪表制造业	2773	88.8	5.5
其他制造业	604	89.2	5.5
废弃资源综合利用业	442	79.9	7.5
金属制品、机械和设备修理业	142	82.4	9.9
电力、热力、燃气及水生产和供应业	**1787**	**46.7**	**17.9**
电力、热力生产和供应业	1156	44.6	18.9
燃气生产和供应业	262	48.1	19.8
水的生产和供应业	369	52.0	13.0

在实现工艺创新企业中，以下列形式进行开发的企业占比(%)						
本企业与境内其他企业合作开发	本企业与境内研究机构合作开发	本企业与境内高等学校合作开发	本企业与境外企业或机构合作开发	在其他单位开发的基础上调整或改进	其他企业或机构开发	其他
8.3	**1.4**	**9.1**	**1.6**	**5.9**	**4.2**	**5.1**
6.7	2.6	12.9	1.1	5.8	5.2	6.6
8.5	2.4	13.1	1.3	4.8	4.7	5.2
8.3	3.7	13.0	0.9	3.9	4.0	6.3
43.4	9.4	22.6	1.9	17.0	13.2	3.8
6.9	1.0	7.0	1.2	7.1	3.4	5.7
7.9	0.5	3.8	1.7	7.0	6.1	6.7
4.3	0.8	3.1	1.5	6.7	3.5	4.7
5.9	1.4	6.0	0.9	5.8	4.0	6.4
6.4	0.8	3.9	1.5	5.8	4.4	6.0
7.0	0.6	5.6	1.1	7.1	3.9	5.5
8.0	0.4	6.4	0.7	6.1	6.2	6.5
5.7	1.0	6.4	2.0	5.4	3.6	6.4
17.8	3.6	14.2	1.8	7.1	7.3	6.0
8.5	2.3	14.0	1.4	5.3	3.8	4.4
16.0	4.7	17.7	1.7	5.0	4.9	4.8
8.4	1.6	14.8	1.1	4.7	4.7	2.4
6.7	0.8	6.6	1.5	5.9	4.1	5.8
6.8	1.1	7.6	1.0	6.1	5.1	6.2
10.7	4.5	13.0	0.8	6.1	5.0	3.8
8.2	2.4	12.8	1.0	5.0	4.2	4.4
6.6	0.9	7.4	1.2	5.9	4.0	5.1
7.2	1.0	9.0	1.4	5.3	3.5	4.0
7.7	1.3	11.0	1.7	4.8	4.0	4.5
12.4	0.7	7.3	3.2	7.0	4.5	4.9
12.7	2.9	10.7	2.6	8.0	4.5	5.0
8.1	1.1	7.9	1.7	6.1	3.6	4.9
10.1	1.0	6.8	2.3	6.6	4.7	4.8
9.5	1.6	10.7	2.1	5.2	4.3	3.7
6.8	0.8	6.6	1.8	7.0	2.6	5.6
7.2	2.5	12.4	0.5	7.5	5.4	7.0
12.0	1.4	14.1	2.1	10.6	4.9	2.1
23.2	**2.6**	**10.4**	**1.5**	**11.5**	**16.1**	**8.8**
26.1	3.0	11.5	1.6	12.8	16.3	8.7
17.2	1.5	6.1	1.1	5.3	19.1	9.9
18.4	2.2	9.8	1.1	11.9	13.3	8.7

3-12 续表 2

项 目	实现工艺创新企业数（个）		
		本企业独立开发	本企业与集团内企业合作开发
四、按地区分			
东部地区	86042	87.0	5.1
中部地区	26301	83.8	6.3
西部地区	14075	78.8	8.6
东北地区	3115	83.1	9.1
北 京	1323	84.7	10.7
天 津	1805	81.8	8.1
河 北	3297	84.5	5.0
山 西	886	69.8	10.0
内蒙古	482	69.5	13.9
辽 宁	1983	85.1	9.0
吉 林	607	81.7	8.9
黑龙江	525	77.5	9.3
上 海	3222	84.7	9.1
江 苏	20669	85.3	5.2
浙 江	20040	89.7	3.3
安 徽	6206	84.5	6.4
福 建	5543	85.5	4.7
江 西	4495	89.9	5.1
山 东	7491	85.5	7.3
河 南	4348	81.6	5.9
湖 北	4869	79.4	8.0
湖 南	5497	85.8	5.3
广 东	22559	88.3	4.9
广 西	1056	69.6	10.2
海 南	93	63.4	18.3
重 庆	2802	85.0	8.0
四 川	3840	82.8	7.2
贵 州	1283	77.8	7.0
云 南	1349	81.8	8.7
西 藏	20	50.0	10.0
陕 西	1824	76.2	7.0
甘 肃	477	70.0	10.3
青 海	117	65.8	17.9
宁 夏	395	77.5	12.2
新 疆	430	54.9	17.0

在实现工艺创新企业中，以下列形式进行开发的企业占比(%)						
本企业与境内其他企业合作开发	本企业与境内研究机构合作开发	本企业与境内高等学校合作开发	本企业与境外企业或机构合作开发	在其他单位开发的基础上调整或改进	其他企业或机构开发	其他
8.2	1.1	7.9	1.8	6.0	4.3	4.8
8.3	2.0	12.0	1.0	5.5	4.2	5.7
11.7	2.4	11.0	1.2	7.2	5.6	6.5
10.2	3.1	11.8	2.2	5.2	4.8	5.2
14.1	1.9	7.3	2.6	5.4	6.5	2.0
9.9	1.3	7.9	2.5	6.2	6.0	4.9
8.7	1.7	8.2	0.8	5.8	4.5	5.4
14.7	2.6	13.0	0.5	7.9	7.9	7.9
13.9	3.3	14.3	2.3	6.6	8.5	8.1
10.6	2.7	10.9	2.5	4.6	4.3	4.0
8.7	3.1	15.7	2.3	4.9	5.3	6.1
10.5	4.2	10.7	0.8	7.4	6.3	8.4
12.6	1.3	8.1	4.2	5.8	5.2	3.5
8.3	1.2	10.8	2.2	5.6	4.0	5.0
5.8	0.7	6.1	1.0	5.8	3.7	4.0
9.1	1.9	17.1	1.4	6.0	4.3	6.3
7.9	1.6	7.7	1.4	6.3	4.1	6.7
5.3	1.7	8.3	0.7	4.4	3.2	4.1
10.2	2.6	12.5	1.7	5.8	4.4	4.8
8.6	1.5	8.4	0.9	6.3	5.6	5.1
9.5	1.4	12.4	1.3	6.2	4.6	8.0
7.5	3.1	11.4	0.6	4.0	2.9	4.3
8.3	0.7	5.5	2.1	6.7	4.9	5.1
12.6	2.2	10.9	1.5	9.4	9.5	9.0
21.5	5.4	9.7	1.1	7.5	9.7	10.8
10.2	1.4	6.6	1.3	7.3	3.7	5.4
10.3	2.6	11.8	0.9	5.5	4.3	5.4
12.5	2.7	11.0	1.1	6.8	5.7	8.3
12.0	2.2	9.0	1.1	7.9	4.9	6.2
20.0	5.0	15.0	5.0	5.0	10.0	
13.3	2.5	13.9	1.1	7.5	6.1	6.3
12.4	4.6	13.0	1.5	11.5	8.2	6.3
17.1	6.8	14.5		8.5	6.8	9.4
11.4	1.8	17.0	1.3	6.3	7.1	7.1
16.0	5.3	13.7	0.5	10.0	11.9	11.9

3–13 资质等级以上建筑业企业

项　目	实现工艺创新企业数（个）	本企业独立开发	本企业与集团内企业合作开发
总　计	**6620**	**59.4**	**11.7**
#国有及国有控股	1558	74.4	27.4
一、按规模分			
大型企业	1748	81.2	24.4
中型企业	2958	56.3	8.8
小型企业	1558	45.2	4.4
微型企业	356	40.2	5.3
二、按登记注册类型分			
内资企业	6573	59.3	11.7
#国有企业	115	51.3	13.0
集体企业	65	43.1	7.7
股份合作企业	12	58.3	8.3
有限责任公司	2786	65.1	19.2
#国有独资公司	444	75.7	30.9
股份有限公司	349	75.9	15.8
私营企业	3245	53.0	4.9
港、澳、台商投资企业	27	81.5	18.5
#合资经营企业	17	76.5	23.5
港、澳、台商独资经营企业	7	85.7	
外商投资企业	20	70.0	5.0
#中外合资经营企业	10	50.0	
外资企业	9	88.9	11.1
三、按行业分			
房屋建筑业	2775	53.0	11.1
土木工程建筑业	1864	64.8	16.8
建筑安装业	796	68.3	10.3
建筑装饰、装修和其他建筑业	1185	59.7	5.9

工艺创新开发情况

在实现工艺创新企业中，以下列形式进行开发的企业占比(%)						
本企业与境内其他企业合作开发	本企业与境内研究机构合作开发	本企业与境内高等学校合作开发	本企业与境外企业或机构合作开发	在其他单位开发的基础上调整或改进	其他企业或机构开发	其他
14.5	**2.5**	**14.5**	**1.2**	**18.4**	**17.9**	**6.9**
24.5	4.4	29.7	1.2	12.6	9.2	3.1
27.1	4.8	33.5	1.2	12.3	8.2	3.0
11.4	1.8	9.6	0.9	19.2	19.2	7.0
7.7	1.3	4.5	1.5	23.0	25.1	9.9
9.3	2.2	5.6	2.0	21.3	23.0	11.2
14.6	2.5	14.6	1.2	18.4	17.9	6.8
15.7	3.5	11.3	0.9	16.5	18.3	7.0
7.7	1.5	7.7	1.5	30.8	26.2	7.7
8.3		8.3			25.0	33.3
19.0	3.2	20.6	1.1	16.3	14.3	5.2
24.8	4.1	29.7	1.4	13.3	7.2	2.0
19.5	4.9	25.2	1.7	15.8	12.0	5.2
10.4	1.7	8.5	1.2	20.5	21.4	8.4
11.1	3.7	7.4	3.7	7.4	11.1	7.4
5.9	5.9	11.8	5.9	5.9		11.8
					28.6	
5.0		5.0		15.0	15.0	10.0
10.0		10.0		10.0	20.0	10.0
				22.2	11.1	11.1
14.1	2.6	12.7	1.3	20.4	21.6	7.6
19.7	3.5	23.9	1.3	15.4	14.9	5.2
12.4	2.1	9.3	0.6	17.2	13.8	7.2
8.9	1.0	7.3	1.0	19.1	16.5	7.6

3-13 续表

项　目	实现工艺创新企业数(个)		
		本企业独立开发	本企业与集团内企业合作开发
四、按地区分			
东部地区	3552	64.2	11.5
中部地区	1531	56.5	10.2
西部地区	1292	49.9	14.6
东北地区	245	57.1	9.0
北　京	353	79.3	18.1
天　津	166	74.7	13.3
河　北	184	58.2	8.7
山　西	165	64.2	11.5
内蒙古	44	65.9	9.1
辽　宁	130	60.8	11.5
吉　林	53	54.7	5.7
黑龙江	62	51.6	6.5
上　海	193	63.2	16.6
江　苏	603	56.2	9.0
浙　江	577	64.5	10.2
安　徽	223	56.1	10.8
福　建	285	49.8	9.5
江　西	174	71.3	7.5
山　东	539	60.9	9.6
河　南	438	50.9	9.4
湖　北	300	48.7	12.3
湖　南	231	61.0	9.5
广　东	634	72.6	12.0
广　西	105	51.4	13.3
海　南	18	38.9	38.9
重　庆	139	46.0	21.6
四　川	341	47.8	14.4
贵　州	96	53.1	14.6
云　南	122	56.6	18.0
西　藏	12	58.3	16.7
陕　西	265	47.2	9.8
甘　肃	59	45.8	16.9
青　海	20	50.0	30.0
宁　夏	34	58.8	14.7
新　疆	55	47.3	10.9

在实现工艺创新企业中，以下列形式进行开发的企业占比(%)						
本企业与境内其他企业合作开发	本企业与境内研究机构合作开发	本企业与境内高等学校合作开发	本企业与境外企业或机构合作开发	在其他单位开发的基础上调整或改进	其他企业或机构开发	其他
15.5	2.6	15.7	1.2	16.8	15.7	5.6
13.0	2.4	13.9	0.8	21.1	19.2	8.2
14.6	2.2	12.5	1.5	18.9	22.3	7.9
9.8	2.9	11.8	1.6	21.2	18.0	11.0
18.1	4.0	20.7	1.7	13.6	9.6	4.2
20.5	1.2	18.1	2.4	13.3	11.4	2.4
11.4	3.8	15.2	1.1	14.7	21.7	8.2
10.9	2.4	15.2		24.2	18.2	3.6
9.1	2.3	11.4		13.6	18.2	6.8
9.2	3.1	13.8	1.5	19.2	16.2	14.6
13.2	1.9	9.4	3.8	28.3	20.8	3.8
8.1	3.2	9.7		19.4	19.4	9.7
20.7	4.1	19.7	1.6	15.0	15.0	6.7
14.8	2.3	16.1	1.3	19.1	19.4	7.5
14.6	2.3	14.6	1.0	18.5	15.6	2.4
14.8	2.7	17.0	1.8	17.9	19.7	14.8
20.4	3.5	15.8	1.1	18.6	21.4	6.3
10.3	1.7	16.7	1.1	14.9	13.8	5.7
9.3	2.4	13.0	0.6	16.1	18.4	6.1
15.3	2.7	11.6	0.9	25.3	21.0	8.0
10.7	2.3	15.7	0.7	22.0	21.0	10.3
13.4	2.2	10.0	0.4	17.3	17.7	4.8
16.9	1.9	14.2	1.1	17.0	10.4	6.3
21.0	1.9	8.6	1.0	12.4	22.9	5.7
22.2		11.1		11.1	11.1	11.1
22.3	2.9	19.4	0.7	10.8	22.3	7.9
12.3	1.8	12.0	2.9	22.6	22.3	9.1
15.6	6.3	11.5	3.1	18.8	12.5	11.5
14.8	0.8	13.9		20.5	23.0	7.4
16.7		8.3	8.3	33.3	16.7	
13.2	1.9	9.4	0.8	18.1	26.4	5.7
15.3	1.7	18.6		25.4	16.9	11.9
		10.0		20.0	10.0	10.0
17.6	2.9	17.6	2.9	14.7	23.5	2.9
9.1	3.6	10.9		25.5	30.9	10.9

3–14 规模(限额)以上服务业

项　　目	实现工艺创新企业数(个)		
		本企业独立开发	本企业与集团内企业合作开发
总　计	**36450**	**52.9**	**11.9**
#国有及国有控股	5079	44.5	23.7
一、按规模分			
大型企业	3360	63.3	22.5
中型企业	11461	52.8	14.6
小型企业	18727	53.2	8.6
微型企业	2902	38.8	10.6
二、按登记注册类型分			
内资企业	34052	52.9	11.3
国有企业	548	39.6	17.9
集体企业	90	26.7	5.6
股份合作企业	21	42.9	
联营企业	15	40.0	20.0
#国有联营企业	5	40.0	20.0
有限责任公司	11539	50.9	16.9
#国有独资公司	1200	40.7	24.5
股份有限公司	2004	66.4	14.7
私营企业	19831	53.2	7.5
其他企业	4	50.0	25.0
港、澳、台商投资企业	1116	55.0	23.2
合资经营企业	244	57.4	18.0
合作经营企业	13	46.2	30.8
港、澳、台商独资经营企业	794	54.8	24.6
港、澳、台商投资股份有限公司	39	53.8	23.1
其他港、澳、台投资企业	26	46.2	26.9
外商投资企业	1282	52.0	19.3
中外合资经营企业	402	58.7	17.9
中外合作经营企业	16	56.3	6.3
外资企业	786	48.1	19.6
外商投资股份有限公司	43	65.1	32.6
其他外商投资企业	35	45.7	17.1
三、按行业分			
批发和零售业	**16414**	**37.0**	**12.0**
批发业	9069	40.0	11.9
零售业	7345	33.3	12.1
交通运输、仓储和邮政业	**2478**	**33.4**	**14.3**
铁路运输业	31	48.4	25.8
道路运输业	1234	31.4	10.5
水上运输业	184	45.7	26.1
航空运输业	72	37.5	15.3
管道运输业	13	30.8	38.5
多式联运和运输代理业	428	37.4	15.4
装卸搬运和仓储业	363	31.7	14.6
邮政业	153	22.9	22.9
信息传输、软件和信息技术服务业	**8508**	**79.8**	**11.2**
电信、广播电视和卫星传输服务	520	47.9	30.2
互联网和相关服务	1229	78.4	12.8
软件和信息技术服务业	6759	82.5	9.5

企业工艺创新开发情况

在实现工艺创新企业中，以下列形式进行开发的企业占比(%)						
本企业与境内其他企业合作开发	本企业与境内研究机构合作开发	本企业与境内高等学校合作开发	本企业与境外企业或机构合作开发	在其他单位开发的基础上调整或改进	其他企业或机构开发	其他
15.1	**1.6**	**5.7**	**2.0**	**12.8**	**20.0**	**13.7**
26.1	3.3	10.2	1.8	12.4	21.1	9.5
26.8	3.3	11.2	3.6	12.0	14.1	4.9
16.2	1.5	6.0	2.1	12.7	20.0	11.2
12.8	1.3	5.0	1.7	12.8	20.7	15.1
12.2	1.2	2.9	2.0	14.6	22.9	24.0
14.9	1.6	5.8	1.5	12.9	20.2	14.1
24.3	3.5	8.0	1.3	11.1	26.3	12.2
10.0	2.2	1.1	1.1	16.7	34.4	33.3
4.8		4.8		4.8	23.8	33.3
13.3		6.7		6.7	40.0	13.3
				20.0	40.0	
17.7	2.1	7.0	1.5	12.5	19.7	12.3
28.3	3.9	11.5	2.0	12.7	22.3	10.1
20.7	2.7	9.6	2.2	11.2	12.5	7.3
12.5	1.2	4.7	1.4	13.4	21.1	15.8
25.0		25.0		25.0	25.0	
16.8	1.3	4.3	6.6	11.5	17.2	7.9
20.9	3.3	5.7	3.3	14.8	16.8	4.5
38.5		15.4	7.7	15.4	7.7	7.7
15.5	0.6	3.4	7.8	11.0	17.8	8.3
17.9	2.6	7.7	7.7	2.6	15.4	12.8
7.7		7.7		7.7	11.5	19.2
17.6	0.9	4.2	12.8	11.4	17.2	7.6
19.7	1.2	5.2	5.7	11.9	19.7	5.5
12.5		6.3	6.3	18.8	12.5	
16.0	0.8	3.4	17.0	11.6	16.4	9.2
20.9	2.3	9.3	9.3	7.0	14.0	2.3
28.6		2.9	5.7	2.9	11.4	8.6
13.3	**1.2**	**3.4**	**2.2**	**16.0**	**25.7**	**19.7**
15.3	1.2	4.0	2.8	15.0	24.5	17.5
10.9	1.3	2.8	1.5	17.2	27.2	22.4
17.9	**1.5**	**3.2**	**1.5**	**13.6**	**28.5**	**15.1**
41.9	6.5	16.1		6.5	12.9	9.7
16.7	1.7	3.0	1.2	13.9	30.0	16.8
31.5	1.6	6.5	1.1	12.0	21.7	8.7
37.5	2.8	1.4	5.6	6.9	31.9	11.1
30.8	7.7	30.8	7.7	30.8	23.1	7.7
15.2	0.5	1.4	2.3	14.3	28.0	12.2
14.3	0.6	3.0	0.8	11.6	27.5	15.2
12.4	2.0	2.0	2.0	18.3	30.1	20.9
15.5	**1.3**	**6.0**	**1.6**	**8.4**	**10.3**	**6.0**
24.2	1.9	3.5	1.5	11.0	16.3	13.1
13.6	0.6	5.1	0.7	7.9	11.6	5.2
15.2	1.4	6.3	1.7	8.3	9.6	5.7

3-14 续表

项　目	实现工艺创新企业数（个）		
		本企业独立开发	本企业与集团内企业合作开发
租赁和商务服务业	**2858**	**47.0**	**12.4**
租赁业	187	53.5	12.8
商务服务业	2671	46.6	12.3
科学研究和技术服务业	**5529**	**70.6**	**11.6**
研究和试验发展	920	77.4	16.6
专业技术服务业	3620	68.2	10.3
科技推广和应用服务业	989	73.1	11.5
水利、环境和公共设施管理业	**663**	**51.1**	**11.6**
水利管理业	24	66.7	8.3
生态保护和环境治理业	223	76.2	15.7
公共设施管理业	393	37.7	9.7
土地管理业	23	21.7	8.7
四、按地区分			
东部地区	24286	57.1	12.0
中部地区	6032	47.4	11.4
西部地区	5375	40.4	12.5
东北地区	757	50.3	11.1
北　京	3416	67.1	12.2
天　津	812	53.3	11.0
河　北	646	46.1	11.1
山　西	283	32.9	9.2
内蒙古	182	30.8	17.0
辽　宁	417	51.3	12.2
吉　林	185	50.3	7.0
黑龙江	155	47.7	12.9
上　海	2713	57.8	16.6
江　苏	3186	54.0	11.3
浙　江	2749	51.5	11.4
安　徽	1214	47.1	10.3
福　建	1752	50.1	12.5
江　西	677	49.0	8.0
山　东	1906	48.8	12.5
河　南	1412	45.7	11.5
湖　北	1361	47.6	13.5
湖　南	1085	52.4	12.4
广　东	6994	61.4	10.5
广　西	527	31.1	16.9
海　南	112	35.7	17.9
重　庆	739	42.2	10.3
四　川	1302	48.0	10.4
贵　州	501	37.9	11.8
云　南	571	39.6	14.5
西　藏	25	32.0	20.0
陕　西	915	42.1	10.6
甘　肃	206	35.9	15.0
青　海	66	36.4	18.2
宁　夏	78	42.3	16.7
新　疆	263	28.9	16.0

在实现工艺创新企业中，以下列形式进行开发的企业占比(%)						
本企业与境内其他企业合作开发	本企业与境内研究机构合作开发	本企业与境内高等学校合作开发	本企业与境外企业或机构合作开发	在其他单位开发的基础上调整或改进	其他企业或机构开发	其他
15.9	**1.3**	**4.3**	**2.5**	**12.6**	**22.1**	**13.2**
14.4	1.1	4.3	0.5	13.4	18.7	13.4
16.0	1.3	4.3	2.7	12.5	22.4	13.1
17.9	**2.9**	**13.3**	**2.3**	**10.1**	**13.4**	**6.9**
22.4	3.9	17.1	4.6	8.7	10.1	6.0
17.1	2.8	12.9	1.7	10.9	14.8	7.3
16.7	2.3	11.2	2.2	8.4	11.3	6.5
15.2	**3.2**	**10.1**	**0.9**	**12.4**	**19.9**	**14.3**
37.5	8.3	12.5		8.3	8.3	8.3
15.7	3.1	16.1	1.8	10.3	8.1	9.0
14.0	2.8	6.9	0.5	12.7	26.7	17.8
8.7	4.3	4.3		30.4	30.4	13.0
15.9	1.4	5.6	2.3	12.4	18.4	11.5
13.0	1.8	6.5	1.5	14.2	22.1	16.4
14.1	2.0	5.2	1.5	13.8	25.1	19.4
12.4	1.8	5.7	2.1	9.1	19.7	19.0
18.1	1.7	6.1	2.0	10.2	15.4	4.8
16.6	1.4	6.5	1.7	12.6	18.2	10.5
12.4	1.7	5.0	1.2	14.4	22.3	15.3
12.7	1.4	9.2	1.1	12.7	26.9	19.1
13.7	2.2	3.3	1.6	12.6	26.9	19.2
13.0	1.7	7.0	2.2	7.4	19.9	17.7
13.5	1.1	4.9	1.6	14.1	20.0	15.7
9.7	3.2	3.2	2.6	7.7	18.7	26.5
18.6	1.8	6.4	5.1	10.2	16.1	7.6
14.8	1.4	6.5	2.2	13.5	20.1	13.7
15.5	1.1	4.6	1.9	14.6	21.0	11.0
12.8	1.3	7.4	1.5	14.5	21.2	20.7
13.9	1.7	4.1	1.8	11.6	18.9	18.4
12.4	2.2	5.0	1.0	12.3	19.9	18.6
12.7	1.9	5.5	1.7	13.3	22.7	15.0
12.4	1.9	5.0	1.4	13.8	24.5	13.7
12.8	1.9	7.1	1.8	16.1	22.1	16.7
15.0	1.9	6.8	1.7	13.8	20.4	12.9
16.1	1.0	5.4	1.9	12.7	17.2	12.6
13.9	1.7	2.7	1.1	16.1	30.0	20.1
11.6		2.7	2.7	9.8	29.5	21.4
16.4	2.7	6.4	1.8	14.3	25.3	18.7
14.5	1.6	6.0	1.5	12.8	22.6	14.1
13.0	2.6	6.0	1.6	14.0	23.0	29.9
15.9	2.3	5.1	2.6	15.8	25.2	21.0
4.0		4.0		8.0	32.0	12.0
11.7	1.2	4.7	1.3	14.6	25.4	18.8
12.6	1.5	6.8	0.5	10.2	29.1	21.4
15.2	3.0	4.5	1.5	7.6	21.2	27.3
9.0	1.3	3.8	1.3	14.1	25.6	21.8
16.0	3.0	3.8	1.1	11.4	25.9	20.5

3–15 规模以上高技术产业(制造业)

项目	实现工艺创新企业数(个)		
		本企业独立开发	本企业与集团内企业合作开发
总　计	**19966**	**86.4**	**7.5**
#国有及国有控股	1163	85.0	19.9
一、按规模分			
大型企业	1404	85.5	21.7
中型企业	4011	86.4	11.5
小型企业	14190	86.6	5.1
微型企业	361	83.1	5.8
二、按登记注册类型分			
内资企业	16836	87.2	7.0
#国有企业	57	87.7	17.5
集体企业	10	90.0	10.0
股份合作企业	17	100.0	5.9
有限责任公司	4638	85.2	12.1
#国有独资公司	159	84.3	21.4
股份有限公司	1570	88.2	9.0
私营企业	10542	87.9	4.4
港、澳、台商投资企业	1489	85.6	9.7
合资经营企业	427	88.8	11.2
合作经营企业	10	80.0	
港、澳、台商独资经营企业	983	84.3	8.9
港、澳、台商投资股份有限公司	52	88.5	11.5
其他港、澳、台投资企业	17	76.5	23.5
外商投资企业	1641	79.5	10.6
中外合资经营企业	538	83.6	10.4
中外合作经营企业	13	92.3	7.7
外资企业	1027	77.2	9.9
外商投资股份有限公司	40	67.5	22.5
其他外商投资企业	23	95.7	26.1
三、按高技术行业(制造业)分			
#医药制造业	**3885**	**81.4**	**10.4**
#化学药品制造	1442	80.3	15.0
中成药生产	756	79.4	10.7
生物药品制品制造	498	80.7	9.8

工艺创新开发情况

在实现工艺创新企业中，以下列形式进行开发的企业占比(%)						
本企业与境内其他企业合作开发	本企业与境内研究机构合作开发	本企业与境内高等学校合作开发	本企业与境外企业或机构合作开发	在其他单位开发的基础上调整或改进	其他企业或机构开发	其他
11.2	**1.9**	**10.1**	**2.1**	**5.9**	**4.7**	**4.6**
23.7	4.3	16.7	2.6	6.0	5.0	2.2
18.4	4.0	13.1	6.8	6.3	4.6	3.4
14.6	2.7	11.7	3.0	5.8	5.1	3.5
9.5	1.4	9.3	1.5	5.9	4.7	5.0
11.1	2.8	10.0	1.4	5.5	3.3	5.8
11.1	2.0	10.8	1.2	5.8	4.7	4.6
24.6	7.0	22.8		7.0	5.3	5.3
						20.0
11.8		11.8				5.9
13.4	2.4	11.6	1.4	5.3	4.4	4.3
22.6	5.7	15.7	1.9	6.9	7.5	1.3
17.5	3.9	17.5	2.5	4.8	5.0	3.2
9.1	1.5	9.4	0.9	6.2	4.8	4.9
12.0	1.5	6.6	5.2	7.2	5.0	4.8
17.8	4.0	11.5	3.3	7.3	3.3	3.5
10.0		10.0	10.0		10.0	
9.2	0.5	4.0	5.9	6.8	5.6	5.3
19.2		9.6	5.8	9.6	7.7	3.8
11.8	5.9	29.4	5.9	23.5	5.9	11.8
11.4	1.4	5.7	9.3	5.9	4.8	4.9
12.8	2.2	7.8	6.7	4.1	5.2	4.1
15.4		7.7				15.4
10.2	1.0	4.5	11.0	6.7	4.6	5.3
22.5	2.5	10.0	5.0	7.5	7.5	7.5
8.7			4.3	8.7	4.3	
16.0	**4.7**	**17.7**	**1.7**	**5.0**	**4.9**	**4.8**
20.7	4.6	17.3	2.1	4.9	5.2	3.3
18.7	5.7	20.4	1.2	4.6	5.2	5.0
13.5	6.2	18.7	2.4	5.0	7.0	4.4

3-15 续表 1

项 目	实现工艺创新企业数(个)		
		本企业独立开发	本企业与集团内企业合作开发
电子及通信设备制造业	**10717**	**87.6**	**7.0**
#电子工业专用设备制造	583	86.8	4.3
光纤、光缆制造及锂离子电池制造	878	89.6	9.2
#锂离子电池制造	690	89.6	8.4
通信设备制造、雷达及配套设备制造	1169	84.2	8.9
#通信系统设备制造	570	84.9	7.4
通信终端设备制造	551	83.7	10.5
雷达及配套设备制造	48	81.3	8.3
广播电视设备制造	320	89.7	3.8
非专业视听设备制造	543	87.7	8.3
电子器件制造	2566	88.7	7.6
#电子真空器件制造	234	89.7	5.1
半导体分立器件制造	249	88.0	6.8
集成电路制造	448	88.2	9.4
光电子器件制造	533	89.5	7.5
电子元件及电子专用材料制造	3464	87.8	5.9
#电阻电容电感元件制造	590	86.1	5.4
电子专用材料制造	645	89.5	7.4
电子电路制造	758	85.6	5.8
智能消费设备制造	488	84.0	8.2
其他电子设备制造	706	87.3	5.8
计算机及办公设备制造业	**1240**	**86.4**	**8.0**
#计算机整机制造	151	79.5	9.3
计算机零部件制造	389	86.4	6.7
计算机外围设备制造	364	87.4	6.9
办公设备制造	143	89.5	11.2
医疗仪器设备及仪器仪表制造业	**3670**	**88.4**	**5.0**
#医疗仪器设备及器械制造	1058	86.9	4.0
#医疗诊断、监护及治疗设备制造	322	84.8	6.2
医疗、外科及兽医用器械制造	272	87.5	2.9
通用仪器仪表制造	1741	89.1	6.0
专用仪器仪表制造	518	90.2	4.6
信息化学品制造业	**98**	**91.8**	**10.2**

在实现工艺创新企业中，以下列形式进行开发的企业占比(%)						
本企业与境内其他企业合作开发	本企业与境内研究机构合作开发	本企业与境内高等学校合作开发	本企业与境外企业或机构合作开发	在其他单位开发的基础上调整或改进	其他企业或机构开发	其他
9.7	**0.9**	**7.4**	**2.2**	**6.2**	**4.5**	**4.9**
8.1	0.5	8.4	1.7	7.4	5.5	5.5
8.2	1.0	10.8	1.9	5.7	2.6	5.1
7.8	1.0	11.9	1.9	5.8	2.6	5.1
12.2	1.3	6.7	2.1	6.6	5.6	5.2
10.5	1.4	8.4	1.2	5.1	5.1	5.1
13.1	0.7	4.5	2.9	8.0	6.0	5.1
22.9	6.3	10.4	2.1	8.3	6.3	8.3
9.7	0.9	7.5	1.3	7.2	5.6	4.7
11.6	0.9	4.6	3.9	7.0	4.6	4.8
9.4	0.9	6.5	2.4	6.4	4.5	4.8
9.0	0.4	6.4	1.7	6.4	5.6	5.6
7.6	1.6	10.8	6.0	6.4	3.2	3.6
15.0	0.7	6.0	2.5	6.5	3.8	3.8
7.5	0.9	8.1	1.7	6.4	5.3	4.7
8.8	0.8	7.7	2.1	5.7	4.2	4.4
11.0	1.7	6.9	3.4	5.4	4.1	3.9
8.4	1.1	11.3	1.9	3.7	1.6	3.6
7.9	0.4	7.4	1.3	8.7	6.1	5.5
13.3	0.8	8.0	1.2	6.8	6.1	6.1
10.2	1.4	6.7	2.4	5.8	4.5	5.8
11.5	**0.7**	**4.9**	**2.8**	**9.1**	**5.1**	**4.4**
15.9	3.3	6.6	4.0	17.2	8.6	7.3
9.5	0.3	4.4	3.1	9.8	2.6	3.9
8.0	0.5	4.9	2.7	6.6	5.2	4.4
12.6		6.3	2.1	7.0	4.2	2.8
9.5	**1.7**	**10.6**	**2.2**	**4.8**	**5.0**	**4.0**
9.6	2.0	9.5	2.5	3.8	6.9	4.8
9.3	1.2	9.3	4.7	2.8	9.3	3.7
11.4	3.3	9.6	1.1	2.9	5.9	5.1
9.3	1.6	11.3	1.8	4.8	4.4	3.7
11.2	1.7	11.2	1.5	5.6	4.2	3.3
6.1	**1.0**	**11.2**	**2.0**	**2.0**	**2.0**	**3.1**

3-15 续表 2

项 目	实现工艺创新企业数(个)		
		本企业独立开发	本企业与集团内企业合作开发
四、按地区分			
东部地区	13740	87.2	7.0
中部地区	3635	85.1	7.7
西部地区	2156	83.9	9.7
东北地区	435	86.0	11.7
北 京	470	85.1	10.2
天 津	261	81.6	10.3
河 北	340	87.4	8.5
山 西	91	85.7	15.4
内蒙古	45	82.2	15.6
辽 宁	243	89.7	11.1
吉 林	117	80.3	11.1
黑龙江	75	82.7	14.7
上 海	552	81.5	10.7
江 苏	2943	85.2	8.0
浙 江	1969	89.7	5.6
安 徽	862	85.7	7.8
福 建	676	86.8	6.1
江 西	830	88.6	6.7
山 东	819	88.2	9.0
河 南	481	85.0	5.8
湖 北	669	85.1	8.1
湖 南	702	80.2	8.7
广 东	5677	88.5	5.9
广 西	121	80.2	5.0
海 南	33	54.5	21.2
重 庆	448	87.1	8.7
四 川	737	84.1	9.6
贵 州	206	84.0	9.7
云 南	127	84.3	14.2
西 藏			
陕 西	355	84.5	8.5
甘 肃	46	76.1	13.0
青 海	19	78.9	15.8
宁 夏	33	78.8	21.2
新 疆	19	42.1	10.5

在实现工艺创新企业中，以下列形式进行开发的企业占比(%)						
本企业与境内其他企业合作开发	本企业与境内研究机构合作开发	本企业与境内高等学校合作开发	本企业与境外企业或机构合作开发	在其他单位开发的基础上调整或改进	其他企业或机构开发	其他
11.0	1.6	8.3	2.5	6.2	4.9	4.5
10.4	2.4	14.3	1.1	5.2	4.1	5.2
13.5	2.6	12.5	1.5	6.0	4.8	4.8
13.6	5.1	17.2	3.2	4.1	3.9	1.6
14.7	2.1	5.7	2.3	5.5	5.3	1.9
14.2	3.4	8.0	3.8	6.1	6.1	6.5
10.3	2.1	12.9	0.6	5.9	2.9	2.6
13.2	2.2	8.8		6.6	2.2	2.2
6.7		11.1	2.2	6.7	4.4	6.7
14.0	3.3	15.6	4.1	3.7	3.3	
7.7	8.5	23.1	1.7	3.4	4.3	3.4
21.3	5.3	13.3	2.7	6.7	5.3	4.0
16.5	1.6	7.2	5.1	5.4	5.8	3.1
10.7	1.7	11.1	3.3	4.7	4.4	5.0
10.0	1.8	10.3	1.5	5.8	4.2	2.9
11.7	3.2	18.6	1.6	5.8	3.9	4.9
10.7	2.4	8.1	1.9	5.8	5.3	5.0
8.4	1.4	11.2	0.8	5.3	4.0	5.3
12.8	4.6	17.1	1.7	3.5	3.2	4.4
8.3	1.5	11.4	0.4	5.6	3.7	4.0
11.7	2.2	12.9	1.8	4.6	4.2	6.9
11.0	3.1	16.8	0.7	4.3	5.0	5.1
10.1	0.7	5.0	2.4	7.6	5.5	5.1
12.4	0.8	9.9	2.5	11.6	6.6	5.8
39.4	6.1	15.2		6.1	9.1	12.1
10.9	1.8	7.8	1.3	5.8	2.9	4.5
14.0	2.2	13.2	1.6	5.3	5.0	4.7
15.0	3.4	14.6	1.5	4.9	3.4	8.3
15.0	7.1	14.2	1.6	8.7	4.7	3.2
15.2	2.5	15.2	1.1	5.9	5.6	3.7
17.4	6.5	15.2	2.2	6.5	8.7	
15.8		10.5		5.3	5.3	15.8
6.1	3.0	24.2		3.0	6.1	3.0
15.8	5.3	5.3	5.3	5.3	21.1	5.3

四、规模（限额）以上企业新产品或新工艺情况（2019年）

4-1 规模(限额)以上

项　　目	实现产品创新企业数(个)	在实现产品创新企业中占比(%)	
		有市场新产品的企业	有本企业新产品的企业
总　计	**155052**	**63.0**	**100.0**
#国有及国有控股	10662	64.5	100.0
一、按规模分			
大型企业	9245	70.2	100.0
中型企业	31107	66.2	100.0
小型企业	109591	61.5	100.0
微型企业	5109	62.5	100.0
二、按登记注册类型分			
内资企业	137684	62.7	100.0
国有企业	672	64.6	100.0
集体企业	195	61.5	100.0
股份合作企业	285	55.4	100.0
联营企业	18	50.0	100.0
#国有联营企业	4	75.0	100.0
有限责任公司	34099	63.8	100.0
#国有独资公司	2111	65.6	100.0
股份有限公司	8513	68.9	100.0
私营企业	93894	61.8	100.0
其他企业	8	87.5	100.0
港、澳、台商投资企业	8211	64.4	100.0
合资经营企业	2611	64.8	100.0
合作经营企业	88	63.6	100.0
港、澳、台商独资经营企业	5153	63.6	100.0
港、澳、台商投资股份有限公司	278	74.8	100.0
其他港、澳、台投资企业	81	67.9	100.0
外商投资企业	9157	65.3	100.0
中外合资经营企业	3543	66.6	100.0
中外合作经营企业	99	68.7	100.0
外资企业	5165	64.1	100.0
外商投资股份有限公司	222	70.7	100.0
其他外商投资企业	128	62.5	100.0
三、按行业分			
采矿业	412	45.9	100.0
制造业	119134	62.5	100.0
电力、热力、燃气及水生产和供应业	355	42.5	100.0
建筑业	3879	70.0	100.0
批发和零售业	12390	70.3	100.0
交通运输、仓储和邮政业	1308	57.1	100.0
信息传输、软件和信息技术服务业	9737	59.6	100.0

注：在占实现产品创新企业比重里，较低新颖度类别包含了较高新颖度类别；在占营业收入比重里，仅按最高的新颖度类别计算，较低

企业新产品情况

新产品销售收入（亿元）	新产品销售收入占营业收入的比重（%）		
		1.仅市场新的产品	2.仅本企业新的产品
355925.5	**16.2**	**6.6**	**9.5**
117199.4	16.9	6.9	10.1
219115.7	25.4	11.2	14.2
75182.9	11.8	4.4	7.4
54998.0	9.5	3.1	6.4
6628.9	5.2	2.1	3.2
279534.0	15.3	6.0	9.3
5057.7	10.5	4.1	6.4
180.8	3.5	1.6	1.9
171.5	11.1	3.4	7.7
6.0	2.6	0.6	2.0
3.3	12.8	3.3	9.5
135495.0	16.1	6.3	9.8
29281.9	17.1	7.6	9.4
45351.7	22.2	9.8	12.4
93042.6	12.8	4.8	8.0
228.7	37.8	21.4	16.5
35818.7	24.0	11.3	12.7
8752.0	21.7	10.1	11.6
233.0	11.8	4.5	7.4
25411.1	25.3	11.8	13.5
1318.1	23.7	13.9	9.7
104.4	11.3	5.3	5.9
40572.9	18.1	8.2	9.8
23356.8	26.7	11.8	14.9
441.4	16.2	9.8	6.3
14783.1	11.8	5.6	6.2
1391.3	23.0	12.5	10.5
600.2	19.3	5.9	13.4
1296.4	3.0	1.1	1.9
209693.2	22.2	10.5	11.8
1070.7	1.3	0.3	1.1
53209.1	25.7	8.5	17.2
41047.9	5.8	1.9	3.9
6458.0	8.7	3.5	5.3
25635.5	40.4	10.9	29.5

新颖度类别未包含较高新颖度类别。以下各表同。

4-1 续表

项　目	实现产品创新企业数(个)	在实现产品创新企业中占比(%)	
		有市场新产品的企业	有本企业新产品的企业
租赁和商务服务业	2437	59.4	100.0
科学研究和技术服务业	4958	62.2	100.0
水利、环境和公共设施管理业	442	60.0	100.0
四、按地区分			
东部地区	106803	62.9	100.0
中部地区	28376	63.5	100.0
西部地区	16476	61.3	100.0
东北地区	3397	68.7	100.0
北　京	5060	57.7	100.0
天　津	2257	63.9	100.0
河　北	3297	61.8	100.0
山　西	945	62.0	100.0
内蒙古	407	59.0	100.0
辽　宁	2082	71.5	100.0
吉　林	722	64.4	100.0
黑龙江	593	64.3	100.0
上　海	5493	66.4	100.0
江　苏	21526	64.1	100.0
浙　江	25099	56.5	100.0
安　徽	6774	68.2	100.0
福　建	6633	60.4	100.0
江　西	5108	60.4	100.0
山　东	8302	67.0	100.0
河　南	5106	60.9	100.0
湖　北	5758	60.9	100.0
湖　南	4685	66.5	100.0
广　东	28976	67.3	100.0
广　西	1239	60.4	100.0
海　南	160	65.6	100.0
重　庆	3419	59.1	100.0
四　川	4653	61.8	100.0
贵　州	1489	59.2	100.0
云　南	1530	59.4	100.0
西　藏	26	69.2	100.0
陕　西	2281	64.5	100.0
甘　肃	496	67.5	100.0
青　海	142	64.8	100.0
宁　夏	359	60.7	100.0
新　疆	435	65.1	100.0

新产品销售收入（亿元）	新产品销售收入占营业收入的比重（%）	1.仅市场新的产品	2.仅本企业新的产品
6951.3	14.7	4.3	10.4
10065.9	35.8	12.5	23.3
497.6	8.6	2.9	5.7
246371.3	17.6	7.2	10.4
65374.7	17.6	6.7	10.8
34989.3	10.3	4.3	6.0
9190.2	9.7	5.2	4.5
22928.3	16.4	5.1	11.2
8326.2	14.3	4.6	9.7
9486.3	15.1	5.1	10.0
5188.0	13.6	5.1	8.5
1501.6	6.2	2.8	3.3
5333.2	9.4	4.2	5.2
2850.7	14.6	11.0	3.6
1006.3	5.5	1.9	3.5
28944.4	15.2	5.8	9.4
41599.9	18.5	7.2	11.3
39937.6	22.0	7.9	14.1
12064.4	20.3	7.6	12.7
9925.2	9.3	3.8	5.5
8173.7	16.4	6.4	9.9
19700.0	14.1	6.4	7.7
11115.4	14.0	6.8	7.2
16869.8	20.0	5.7	14.3
11963.5	19.7	8.6	11.1
65095.2	22.7	11.6	11.2
3362.0	10.2	4.2	5.9
428.1	6.3	2.6	3.7
6563.2	15.2	4.7	10.5
7714.0	9.7	4.1	5.6
2758.4	13.4	4.5	8.9
4279.2	13.5	7.0	6.5
57.8	4.8	1.6	3.2
5567.2	10.8	5.0	5.8
932.2	5.8	2.5	3.3
688.2	14.9	7.4	7.5
521.8	7.1	4.0	3.2
1043.7	4.0	1.8	2.3

4-2 规模以上工业

项　目	实现产品创新企业数(个)	在实现产品创新企业中的占比(%)		
		有国际市场新产品的企业	有国内市场新产品的企业	有本企业新产品的企业
总　计	**119901**	**21.1**	**62.4**	**100.0**
#国有及国有控股	5911	17.1	66.0	100.0
一、按规模分				
大型企业	5210	36.5	74.2	100.0
中型企业	19676	27.9	68.0	100.0
小型企业	92372	19.0	60.8	100.0
微型企业	2643	12.9	54.6	100.0
二、按登记注册类型分				
内资企业	104705	19.1	62.0	100.0
国有企业	204	11.3	68.6	100.0
集体企业	98	13.3	60.2	100.0
股份合作企业	256	10.9	53.5	100.0
联营企业	8	12.5	50.0	100.0
有限责任公司	22894	17.6	63.6	100.0
#国有独资公司	1017	15.7	70.2	100.0
股份有限公司	6351	23.8	70.3	100.0
私营企业	74889	19.2	60.8	100.0
其他企业	5	60.0	80.0	100.0
港、澳、台商投资企业	7174	34.8	65.0	100.0
合资经营企业	2394	29.3	65.3	100.0
合作经营企业	77	32.5	63.6	100.0
港、澳、台商独资经营企业	4400	37.7	64.2	100.0
港、澳、台商投资股份有限公司	243	35.8	75.7	100.0
其他港、澳、台投资企业	60	41.7	66.7	100.0
外商投资企业	8022	35.7	66.2	100.0
中外合资经营企业	3207	31.1	67.1	100.0
中外合作经营企业	87	39.1	69.0	100.0
外资企业	4446	38.8	65.3	100.0
外商投资股份有限公司	182	39.6	74.2	100.0
其他外商投资企业	100	32.0	59.0	100.0
三、按行业分				
采矿业	**412**	**4.6**	**45.9**	**100.0**
煤炭开采和洗选业	96	4.2	33.3	100.0
石油和天然气开采业	12	8.3	66.7	100.0
黑色金属矿采选业	32		34.4	100.0
有色金属矿采选业	68	5.9	50.0	100.0

企业新产品情况

新产品销售收入（亿元）	新产品销售收入占营业收入的比重（%）			
		1.仅国际市场新的产品	2.仅国内市场新的产品	3.仅本企业新的产品
212060.3	**19.9**	**2.5**	**6.8**	**10.6**
49837.3	17.4	1.3	7.4	8.7
118436.3	26.4	4.4	10.1	11.9
47653.6	19.8	1.8	6.1	11.9
44598.6	12.5	0.7	3.5	8.4
1371.8	6.5	1.5	1.2	3.8
155771.5	18.7	1.8	6.6	10.4
1470.9	7.2	0.2	5.1	1.9
47.5	3.0	0.2	0.8	2.1
83.1	12.4	0.3	3.3	8.9
1.9	2.5	0.2	0.6	1.8
59169.0	17.6	1.8	6.1	9.8
10280.3	13.6	0.8	6.6	6.2
30793.9	27.4	2.8	10.9	13.8
63979.2	17.7	1.6	5.7	10.4
226.1	77.2	9.5	33.8	33.9
25217.8	27.3	7.7	7.9	11.6
7608.8	24.2	3.2	8.6	12.4
157.2	12.7	1.3	2.7	8.7
16147.8	28.9	10.4	7.4	11.1
1227.2	35.0	9.1	12.2	13.6
76.8	16.0	4.0	2.3	9.7
31071.0	21.9	3.4	7.7	10.8
18168.8	29.3	2.8	12.1	14.4
425.2	18.3	5.9	5.5	6.9
11014.8	15.2	3.7	3.9	7.6
1092.1	29.7	4.5	12.4	12.9
370.0	26.7	1.0	4.2	21.4
1296.4	**3.0**		**1.1**	**1.9**
558.7	2.5		1.4	1.2
225.7	2.6		0.4	2.2
83.5	2.3		0.3	2.1
206.7	7.5		2.0	5.5

4–2 续表 1

项　目	实现产品创新企业数(个)	在实现产品创新企业中的占比(%)		
		有国际市场新产品的企业	有国内市场新产品的企业	有本企业新产品的企业
非金属矿采选业	182	3.8	49.5	100.0
开采专业及辅助性活动	22	13.6	63.6	100.0
其他采矿业				100.0
制造业	**119134**	**21.2**	**62.5**	**100.0**
农副食品加工业	4113	9.3	49.8	100.0
食品制造业	2595	12.3	56.2	100.0
酒、饮料和精制茶制造业	1408	8.2	51.5	100.0
烟草制品业	47	23.4	68.1	100.0
纺织业	4644	20.5	58.7	100.0
纺织服装、服饰业	2344	23.0	55.2	100.0
皮革、毛皮、羽毛及其制品和制鞋业	2230	24.0	55.4	100.0
木材加工和木、竹、藤、棕、草制品业	1262	14.9	54.4	100.0
家具制造业	1780	24.9	58.5	100.0
造纸和纸制品业	1553	14.6	52.9	100.0
印刷和记录媒介复制业	1446	14.6	57.2	100.0
文教、工美、体育和娱乐用品制造业	2766	38.8	65.4	100.0
石油、煤炭及其他燃料加工业	353	6.8	55.8	100.0
化学原料和化学制品制造业	7495	15.7	61.3	100.0
医药制造业	3200	13.8	55.7	100.0
化学纤维制造业	689	17.4	61.2	100.0
橡胶和塑料制品业	6355	22.5	61.9	100.0
非金属矿物制品业	6484	14.8	56.5	100.0
黑色金属冶炼和压延加工业	1076	12.5	54.5	100.0
有色金属冶炼和压延加工业	2216	16.1	57.7	100.0
金属制品业	7502	21.9	61.5	100.0
通用设备制造业	11526	21.6	66.6	100.0
专用设备制造业	9562	24.4	70.0	100.0
汽车制造业	6974	18.1	62.1	100.0
铁路、船舶、航空航天和其他运输设备制造业	2024	22.6	66.2	100.0
电气机械和器材制造业	12797	25.3	66.0	100.0
计算机、通信和其他电子设备制造业	10643	31.5	70.1	100.0
仪器仪表制造业	3088	21.4	71.8	100.0
其他制造业	582	29.7	62.5	100.0
废弃资源综合利用业	283	7.4	51.9	100.0
金属制品、机械和设备修理业	97	14.4	61.9	100.0
电力、热力、燃气及水生产和供应业	**355**	**4.5**	**42.5**	**100.0**
电力、热力生产和供应业	212	5.2	41.0	100.0
燃气生产和供应业	59	3.4	44.1	100.0
水的生产和供应业	84	3.6	45.2	100.0

新产品销售收入(亿元)	新产品销售收入占营业收入的比重(%)			
		1.仅国际市场新的产品	2.仅国内市场新的产品	3.仅本企业新的产品
144.1	4.0		1.2	2.8
77.6	3.2	0.3	0.7	2.2
209693.2	**22.2**	**2.8**	**7.7**	**11.8**
3203.0	6.8	0.2	1.7	4.9
1807.3	9.3	0.7	3.0	5.5
1372.7	9.0	0.3	3.3	5.3
908.6	8.2	0.4	6.3	1.5
3749.0	15.2	1.8	4.2	9.2
1674.9	10.7	1.3	3.0	6.5
1109.2	9.4	1.4	2.5	5.5
679.9	7.7	0.7	1.6	5.4
1276.9	17.4	2.6	5.3	9.5
2951.3	22.1	0.8	6.1	15.2
1210.4	17.8	1.2	5.5	11.1
1617.4	12.5	2.6	3.2	6.7
3188.0	6.6	0.2	2.2	4.2
11838.5	17.9	0.8	5.5	11.6
6673.5	27.9	1.6	8.3	18.1
2841.2	31.0	1.1	10.3	19.5
5526.5	21.5	2.2	8.1	11.2
6174.0	11.0	0.7	3.4	6.9
10563.6	14.9	0.3	3.7	10.8
7952.0	14.8	0.5	4.1	10.2
6278.5	17.3	1.5	5.1	10.7
11711.3	29.7	3.1	12.1	14.4
8960.0	29.6	3.0	11.3	15.4
27872.1	34.7	1.7	15.1	17.9
6559.5	46.5	6.6	22.0	17.8
24304.0	37.4	5.2	13.8	18.4
44151.0	39.5	12.0	12.2	15.2
2399.3	31.6	2.6	11.9	17.1
354.1	18.3	2.3	6.0	10.0
460.6	9.2	0.8	2.7	5.7
325.2	22.5	6.0	7.2	9.3
1070.7	**1.3**		**0.3**	**1.1**
425.8	0.6		0.2	0.4
565.6	6.0		0.8	5.2
79.3	2.5	0.1	0.4	2.1

4-2 续表 2

项 目	实现产品创新企业数(个)	在实现产品创新企业中的占比(%)		
		有国际市场新产品的企业	有国内市场新产品的企业	有本企业新产品的企业
四、按地区分				
东部地区	83173	24.5	63.1	100.0
中部地区	22576	13.6	61.7	100.0
西部地区	11539	11.9	57.3	100.0
东北地区	2613	19.7	69.5	100.0
北 京	1407	15.8	65.4	100.0
天 津	1557	22.0	65.7	100.0
河 北	2660	16.6	61.3	100.0
山 西	621	13.2	59.6	100.0
内蒙古	258	11.2	55.4	100.0
辽 宁	1647	24.8	73.6	100.0
吉 林	537	12.1	62.8	100.0
黑龙江	429	9.6	62.0	100.0
上 海	2857	27.1	72.7	100.0
江 苏	18559	22.4	63.5	100.0
浙 江	22413	22.7	56.3	100.0
安 徽	5703	18.4	67.8	100.0
福 建	4834	23.3	60.0	100.0
江 西	4444	12.8	59.0	100.0
山 东	6476	22.2	67.0	100.0
河 南	3677	11.2	57.2	100.0
湖 北	4469	11.2	58.0	100.0
湖 南	3662	12.5	65.0	100.0
广 东	22341	30.2	67.9	100.0
广 西	799	15.9	55.9	100.0
海 南	69	10.1	52.2	100.0
重 庆	2742	12.0	56.3	100.0
四 川	3382	11.6	59.4	100.0
贵 州	1006	9.9	53.0	100.0
云 南	1006	9.5	53.1	100.0
西 藏	11		72.7	100.0
陕 西	1427	13.2	60.2	100.0
甘 肃	317	11.4	60.6	100.0
青 海	80	10.0	55.0	100.0
宁 夏	287	13.2	58.5	100.0
新 疆	224	11.6	58.0	100.0

新产品销售收入(亿元)	新产品销售收入占营业收入的比重(%)	1.仅国际市场新的产品	2.仅国内市场新的产品	3.仅本企业新的产品
144226.8	23.7	3.5	8.0	12.3
42617.3	18.8	1.8	5.9	11.2
17571.3	9.9	0.7	3.8	5.4
7644.8	13.8	0.5	7.4	5.8
5220.2	22.8	3.3	7.2	12.3
3846.6	20.3	2.5	5.3	12.4
6484.7	15.8	0.9	4.2	10.6
1989.3	9.3	0.5	3.6	5.3
1127.4	6.6	0.7	2.7	3.2
4283.6	13.7	0.6	5.8	7.3
2627.6	18.8	0.4	14.6	3.8
733.6	7.1	0.3	2.6	4.3
10140.9	25.4	4.0	10.0	11.4
30101.9	25.4	3.5	7.5	14.3
26099.4	34.3	3.5	10.3	20.5
9698.6	26.0	1.4	8.5	16.1
5789.3	10.1	1.8	2.9	5.4
6328.2	18.1	1.6	5.8	10.6
13480.1	16.2	1.4	6.6	8.3
6788.4	13.7	3.9	3.4	6.4
9707.7	21.4	0.6	4.9	16.0
8105.4	21.5	1.8	9.1	10.6
42970.1	29.2	6.1	11.2	12.0
1838.2	10.6	0.2	5.0	5.3
93.5	4.0		0.4	3.7
4365.4	20.4	1.0	5.1	14.3
4211.8	9.5	1.1	3.5	4.9
818.8	8.4	0.4	2.0	6.0
939.5	6.4	0.1	2.4	3.9
23.0	7.8		0.2	7.6
2566.0	9.7	0.8	5.2	3.7
552.7	7.4	0.3	3.8	3.3
123.4	5.1	0.1	2.5	2.6
447.7	9.1	1.1	4.5	3.5
557.1	4.8	0.5	2.1	2.2

4-3 资质等级以上建筑业

项　　目	实现产品创新企业数（个）	在实现产品创新企业中占比(%)	
		有市场新产品的企业	有本企业新产品的企业
总　计	**3879**	**70.0**	**100.0**
#国有及国有控股	885	73.1	100.0
一、按规模分			
大型企业	1028	74.9	100.0
中型企业	1669	67.0	100.0
小型企业	966	69.9	100.0
微型企业	216	71.3	100.0
二、按登记注册类型分			
内资企业	3846	70.0	100.0
#国有企业	56	69.6	100.0
集体企业	32	62.5	100.0
股份合作企业	10	70.0	100.0
有限责任公司	1612	72.9	100.0
#国有独资公司	247	74.5	100.0
股份有限公司	224	74.6	100.0
私营企业	1912	67.2	100.0
港、澳、台商投资企业	21	66.7	100.0
#合资经营企业	12	66.7	100.0
港、澳、台商独资经营企业	6	66.7	100.0
外商投资企业	12	83.3	100.0
#中外合资经营企业	6	100.0	100.0
外资企业	5	60.0	100.0
三、按行业分			
房屋建筑业	1591	71.7	100.0
土木工程建筑业	1053	69.6	100.0
建筑安装业	532	65.8	100.0
建筑装饰、装修和其他建筑业	703	70.1	100.0

企业新产品情况

新产品销售收入（亿元）	新产品销售收入占营业收入的比重（%）	1.仅市场新的产品	2.仅本企业新的产品
53209.1	**25.7**	**8.5**	**17.2**
33531.6	38.4	12.9	25.5
47424.5	37.1	12.4	24.7
5107.6	7.5	2.4	5.2
291.7	3.2	1.3	1.9
385.3	19.6	6.4	13.3
52987.7	25.8	8.6	17.2
360.7	11.4	4.5	6.9
78.3	3.7	1.7	2.0
82.4	38.0	12.1	25.9
39141.3	32.4	10.6	21.8
11109.4	40.4	14.3	26.1
4912.3	34.6	13.6	21.1
8412.7	13.0	4.1	8.9
187.8	24.9	10.7	14.2
93.1	17.7	6.1	11.6
62.4	35.4	15.0	20.4
33.7	4.8	1.4	3.4
12.1	5.6	1.9	3.7
20.6	4.4	1.2	3.2
30138.9	24.9	8.6	16.3
18950.4	30.2	9.3	20.9
1868.1	16.0	5.7	10.3
2251.7	20.1	7.1	13.0

4-3 续表

项　目	实现产品创新企业数(个)	在实现产品创新企业中占比(%)	
		有市场新产品的企业	有本企业新产品的企业
四、按地区分			
东部地区	2078	67.7	100.0
中部地区	910	73.3	100.0
西部地区	730	73.7	100.0
东北地区	161	65.8	100.0
北　京	192	62.5	100.0
天　津	108	62.0	100.0
河　北	99	78.8	100.0
山　西	98	73.5	100.0
内蒙古	21	57.1	100.0
辽　宁	97	62.9	100.0
吉　林	32	65.6	100.0
黑龙江	32	75.0	100.0
上　海	136	64.0	100.0
江　苏	342	68.1	100.0
浙　江	293	63.1	100.0
安　徽	139	71.2	100.0
福　建	159	68.6	100.0
江　西	86	72.1	100.0
山　东	316	72.5	100.0
河　南	276	74.6	100.0
湖　北	178	78.1	100.0
湖　南	133	66.9	100.0
广　东	426	69.2	100.0
广　西	52	65.4	100.0
海　南	7	42.9	100.0
重　庆	82	79.3	100.0
四　川	192	75.5	100.0
贵　州	66	83.3	100.0
云　南	73	75.3	100.0
西　藏	4	75.0	100.0
陕　西	141	71.6	100.0
甘　肃	35	74.3	100.0
青　海	16	56.3	100.0
宁　夏	14	71.4	100.0
新　疆	34	67.6	100.0

新产品销售收入 (亿元)	新产品销售收入 占营业收入 的比重 (%)		
		1.仅市场 新的产品	2.仅本企业 新的产品
30050.9	26.8	8.8	18.0
13931.5	29.0	10.2	18.9
8449.2	20.4	6.6	13.9
777.5	14.8	4.4	10.4
5193.1	35.0	8.4	26.6
1462.4	32.3	9.8	22.5
1275.4	25.8	10.5	15.3
1814.9	43.2	12.9	30.2
207.6	19.4	3.3	16.1
597.4	22.1	7.6	14.4
65.4	4.8	0.6	4.2
114.7	9.7	1.5	8.2
3904.0	41.1	19.0	22.1
5485.9	22.0	6.0	16.0
3243.1	20.6	4.9	15.7
1099.8	18.5	5.6	12.9
1931.2	21.1	6.5	14.6
826.5	15.7	5.0	10.8
3379.4	26.9	12.1	14.8
2776.0	30.0	14.0	16.0
4924.0	32.8	11.7	21.1
2490.2	30.0	8.3	21.7
4156.6	26.6	9.3	17.3
766.3	20.7	5.0	15.8
19.8	5.2	0.5	4.7
954.1	18.6	6.5	12.2
1885.2	15.6	5.6	10.0
1015.4	33.0	10.5	22.5
1425.7	35.4	15.2	20.1
7.8	2.4	1.2	1.2
1479.1	20.8	5.3	15.6
270.1	15.4	2.9	12.5
221.8	45.4	13.4	32.0
36.1	7.1	1.0	6.0
180.1	8.7	2.4	6.2

4-4 规模(限额)以上服务业

项　　目	实现产品创新企业数(个)	在实现产品创新企业中占比(%)	
		有市场新产品的企业	有本企业新产品的企业
总　计	**31272**	**64.1**	**100.0**
#国有及国有控股	3866	60.2	100.0
一、按规模分			
大型企业	3007	61.8	100.0
中型企业	9762	62.4	100.0
小型企业	16253	64.6	100.0
微型企业	2250	71.0	100.0
二、按登记注册类型分			
内资企业	29133	64.5	100.0
国有企业	412	61.9	100.0
集体企业	65	63.1	100.0
股份合作企业	19	73.7	100.0
联营企业	10	50.0	100.0
#国有联营企业	3	66.7	100.0
有限责任公司	9593	62.8	100.0
#国有独资公司	847	57.4	100.0
股份有限公司	1938	63.7	100.0
私营企业	17093	65.6	100.0
其他企业	3	100.0	100.0
港、澳、台商投资企业	1016	60.2	100.0
合资经营企业	205	58.5	100.0
合作经营企业	10	60.0	100.0
港、澳、台商独资经营企业	747	60.0	100.0
港、澳、台商投资股份有限公司	33	69.7	100.0
其他港、澳、台投资企业	21	71.4	100.0
外商投资企业	1123	58.7	100.0
中外合资经营企业	330	60.9	100.0
中外合作经营企业	12	66.7	100.0
外资企业	714	57.1	100.0
外商投资股份有限公司	39	53.8	100.0
其他外商投资企业	28	75.0	100.0
三、按行业分			
批发和零售业	**12390**	**70.3**	**100.0**
批发业	6487	67.9	100.0
零售业	5903	72.9	100.0
交通运输、仓储和邮政业	**1308**	**57.1**	**100.0**
铁路运输业	15	60.0	100.0
道路运输业	711	59.6	100.0
水上运输业	83	48.2	100.0
航空运输业	41	56.1	100.0
管道运输业	4	75.0	100.0
多式联运和运输代理业	224	55.4	100.0
装卸搬运和仓储业	143	53.1	100.0
邮政业	87	55.2	100.0
信息传输、软件和信息技术服务业	**9737**	**59.6**	**100.0**
电信、广播电视和卫星传输服务	530	65.1	100.0
互联网和相关服务	1379	55.9	100.0
软件和信息技术服务业	7828	59.9	100.0

企业新产品情况

新产品销售收入(亿元)	新产品销售收入占营业收入的比重(%)		
		1.仅市场新的产品	2.仅本企业新的产品
90656.2	**9.7**	**3.1**	**6.7**
33830.5	10.6	3.6	7.0
53255.0	18.7	5.6	13.1
22421.8	6.8	2.3	4.6
10107.7	4.8	1.5	3.2
4871.7	4.7	1.8	2.8
70774.8	8.9	2.9	6.0
3226.1	13.1	3.0	10.0
55.0	3.6	2.2	1.4
6.1	0.9	0.4	0.5
4.1	3.0	0.6	2.5
2.9	13.8	2.6	11.3
37184.7	9.7	3.7	6.0
7892.2	11.5	5.2	6.3
9645.6	12.4	3.6	8.8
20650.7	6.8	1.9	5.0
2.6	0.8	0.7	0.1
10413.1	18.6	4.1	14.5
1050.1	12.4	4.1	8.3
49.8	7.2	2.7	4.6
9200.9	20.8	4.3	16.5
84.7	4.1	1.3	2.8
27.6	6.2	4.4	1.8
9468.2	11.5	3.4	8.1
5175.9	20.4	4.2	16.1
16.2	4.0	0.9	3.2
3747.6	7.2	2.9	4.3
298.2	12.7	5.7	6.9
230.2	13.4	6.5	6.9
41047.9	**5.8**	**1.9**	**3.9**
32523.4	5.5	1.8	3.7
8524.4	7.2	2.4	4.9
6458.0	**8.7**	**3.5**	**5.3**
982.9	7.3	1.6	5.7
2775.6	11.8	6.1	5.7
434.5	8.3	1.7	6.6
543.7	6.9	2.2	4.7
241.8	18.7	17.4	1.3
575.3	5.3	1.4	3.9
165.4	3.2	1.3	1.9
738.7	11.6	3.2	8.4
25635.5	**40.4**	**10.9**	**29.5**
3847.7	22.2	7.5	14.6
10020.2	57.2	10.8	46.3
11767.6	41.1	13.0	28.1

4-4 续表

项　目	实现产品创新企业数(个)	在实现产品创新企业中占比(%)	
		有市场新产品的企业	有本企业新产品的企业
租赁和商务服务业	**2437**	**59.4**	**100.0**
租赁业	135	69.6	100.0
商务服务业	2302	58.8	100.0
科学研究和技术服务业	**4958**	**62.2**	**100.0**
研究和试验发展	849	69.6	100.0
专业技术服务业	3183	60.4	100.0
科技推广和应用服务业	926	61.8	100.0
水利、环境和公共设施管理业	**442**	**60.0**	**100.0**
水利管理业	15	66.7	100.0
生态保护和环境治理业	144	59.7	100.0
公共设施管理业	272	59.6	100.0
土地管理业	11	63.6	100.0
四、按地区分			
东部地区	21552	61.6	100.0
中部地区	4890	69.8	100.0
西部地区	4207	70.0	100.0
东北地区	623	66.3	100.0
北　京	3461	54.3	100.0
天　津	592	59.6	100.0
河　北	538	61.5	100.0
山　西	226	63.7	100.0
内蒙古	128	66.4	100.0
辽　宁	338	63.6	100.0
吉　林	153	69.9	100.0
黑龙江	132	68.9	100.0
上　海	2500	59.3	100.0
江　苏	2625	67.2	100.0
浙　江	2393	57.6	100.0
安　徽	932	70.3	100.0
福　建	1640	60.7	100.0
江　西	578	69.0	100.0
山　东	1510	66.0	100.0
河　南	1153	69.0	100.0
湖　北	1111	69.6	100.0
湖　南	890	72.7	100.0
广　东	6209	64.9	100.0
广　西	388	68.8	100.0
海　南	84	78.6	100.0
重　庆	595	69.4	100.0
四　川	1079	66.9	100.0
贵　州	417	70.5	100.0
云　南	451	71.0	100.0
西　藏	11	63.6	100.0
陕　西	713	71.8	100.0
甘　肃	144	81.3	100.0
青　海	46	84.8	100.0
宁　夏	58	69.0	100.0
新　疆	177	73.4	100.0

新产品销售收入（亿元）	新产品销售收入占营业收入的比重（%）	1.仅市场新的产品	2.仅本企业新的产品
6951.3	**14.7**	**4.3**	**10.4**
228.9	15.2	4.2	11.1
6722.3	14.7	4.3	10.4
10065.9	**35.8**	**12.5**	**23.3**
1059.0	41.9	14.5	27.4
8038.4	36.2	13.1	23.2
968.5	28.5	7.3	21.2
497.6	**8.6**	**2.9**	**5.7**
12.5	5.4	1.9	3.5
162.8	22.4	7.3	15.1
248.5	8.7	3.1	5.6
73.8	3.7	1.1	2.6
72093.6	10.6	3.2	7.5
8825.9	9.0	2.9	6.1
8968.8	7.4	3.2	4.2
767.9	2.3	0.8	1.5
12515.0	12.2	3.5	8.7
3017.2	8.7	2.2	6.5
1726.2	10.2	3.5	6.7
1383.9	10.8	4.2	6.6
166.6	2.6	1.1	1.5
452.2	2.0	0.8	1.2
157.8	3.7	1.0	2.8
157.9	2.3	0.7	1.6
14899.5	10.6	2.6	8.0
6012.0	7.4	2.0	5.4
10595.2	11.8	3.4	8.4
1266.0	7.8	2.8	5.0
2204.7	5.5	2.0	3.5
1019.0	10.5	3.5	7.0
2840.6	6.5	2.0	4.4
1551.1	7.6	2.3	5.3
2238.1	9.3	2.5	6.8
1367.9	9.4	3.0	6.3
17968.5	14.5	5.1	9.4
757.5	6.4	2.6	3.7
314.7	7.7	4.1	3.6
1243.7	7.5	2.4	5.1
1617.0	6.9	2.2	4.6
924.1	11.9	4.8	7.1
1914.0	14.7	9.6	5.1
27.0	4.6	2.4	2.2
1522.0	8.3	3.3	5.0
109.3	1.6	0.7	0.9
342.9	20.1	12.7	7.4
38.0	2.0	0.6	1.4
306.5	2.5	0.8	1.7

4–5 规模以上高技术产业(制造业)

项　目	实现产品创新企业数(个)	在实现产品创新企业中的占比(%)		
		有国际市场新产品的企业	有国内市场新产品的企业	有本企业新产品的企业
总　计	**19821**	**26.0**	**67.6**	**100.0**
#国有及国有控股	1186	16.7	70.4	100.0
一、按规模分				
大型企业	1358	45.5	77.9	100.0
中型企业	3913	31.3	70.1	100.0
小型企业	14210	22.9	66.0	100.0
微型企业	340	17.1	63.5	100.0
二、按登记注册类型分				
内资企业	16779	23.1	67.3	100.0
#国有企业	52	7.7	69.2	100.0
集体企业	8		75.0	100.0
股份合作企业	16	25.0	68.8	100.0
有限责任公司	4476	20.5	66.9	100.0
#国有独资公司	175	9.1	70.9	100.0
股份有限公司	1624	25.7	71.6	100.0
私营企业	10603	23.9	66.8	100.0
港、澳、台商投资企业	1436	40.5	69.1	100.0
合资经营企业	430	32.6	70.2	100.0
合作经营企业	10	30.0	50.0	100.0
港、澳、台商独资经营企业	928	44.5	68.1	100.0
港、澳、台商投资股份有限公司	54	37.0	79.6	100.0
其他港、澳、台投资企业	14	42.9	71.4	100.0
外商投资企业	1606	43.8	69.7	100.0
中外合资经营企业	547	37.1	69.5	100.0
中外合作经营企业	13	69.2	84.6	100.0
外资企业	983	47.3	69.7	100.0
外商投资股份有限公司	40	40.0	72.5	100.0
其他外商投资企业	23	43.5	60.9	100.0
三、按高技术行业(制造业)分				
#医药制造业	**3200**	**13.8**	**55.7**	**100.0**
#化学药品制造	1139	16.5	54.2	100.0
中成药生产	602	6.0	52.7	100.0
生物药品制品制造	424	18.6	59.2	100.0

新产品情况

新产品销售收入(亿元)	新产品销售收入占营业收入的比重(%)			
		1.仅国际市场新的产品	2.仅国内市场新的产品	3.仅本企业新的产品
59164.2	**37.4**	**9.5**	**12.0**	**15.9**
8064.6	49.5	8.3	20.4	20.8
40545.3	42.6	13.7	14.2	14.7
10780.8	34.3	3.8	10.0	20.5
7364.8	24.6	1.9	7.4	15.3
473.3	31.8	17.2	8.3	6.4
38876.9	41.9	7.5	15.6	18.8
427.1	65.5	1.0	45.7	18.8
2.9	5.8		1.9	3.9
2.6	7.5	0.3	2.6	4.5
15878.4	39.0	9.0	11.6	18.5
1078.6	45.1	10.8	13.8	20.5
8087.4	51.0	5.8	20.1	25.0
14477.9	40.9	6.8	17.6	16.5
12465.0	41.3	17.7	9.8	13.9
2029.1	32.2	5.7	10.3	16.2
10.7	29.6	4.6	4.5	20.5
9888.1	44.1	21.1	9.6	13.3
522.7	38.8	17.0	10.7	11.1
14.3	26.9	1.7	10.3	14.9
7822.4	22.3	7.8	4.5	10.0
2221.4	34.8	10.9	11.1	12.7
214.0	38.4	20.3	10.6	7.5
5174.1	18.8	6.8	2.6	9.4
156.2	31.8	10.2	13.7	7.9
56.6	25.7	2.8	3.1	19.7
6673.5	**2.8**	**0.2**	**0.8**	**1.8**
3656.9	3.0	0.2	0.8	1.9
1332.5	2.9		0.8	2.1
730.6	3.0	0.2	1.0	1.8

4-5 续表 1

项 目	实现产品创新企业数(个)	在实现产品创新企业中的占比(%)		
		有国际市场新产品的企业	有国内市场新产品的企业	有本企业新产品的企业
电子及通信设备制造业	**10887**	**29.9**	**69.7**	**100.0**
#电子工业专用设备制造	604	24.5	72.7	100.0
光纤、光缆制造及锂离子电池制造	853	22.9	64.8	100.0
#锂离子电池制造	671	23.5	65.3	100.0
通信设备制造、雷达及配套设备制造	1257	27.0	69.5	100.0
#通信系统设备制造	629	24.6	69.0	100.0
通信终端设备制造	567	30.7	69.5	100.0
雷达及配套设备制造	61	18.0	73.8	100.0
广播电视设备制造	344	36.9	75.3	100.0
非专业视听设备制造	608	47.2	69.9	100.0
电子器件制造	2571	32.3	71.7	100.0
#电子真空器件制造	229	29.7	70.3	100.0
半导体分立器件制造	230	25.7	70.9	100.0
集成电路制造	477	26.4	70.4	100.0
光电子器件制造	519	37.0	75.5	100.0
电子元件及电子专用材料制造	3358	27.8	67.3	100.0
#电阻电容电感元件制造	572	27.6	70.3	100.0
电子专用材料制造	617	23.0	68.9	100.0
电子电路制造	701	25.8	64.6	100.0
智能消费设备制造	538	30.9	75.1	100.0
其他电子设备制造	754	29.8	71.0	100.0
计算机及办公设备制造业	**1336**	**36.0**	**70.7**	**100.0**
#计算机整机制造	162	44.4	79.6	100.0
计算机零部件制造	404	37.1	64.6	100.0
计算机外围设备制造	382	38.7	71.7	100.0
办公设备制造	157	35.0	71.3	100.0
医疗仪器设备及仪器仪表制造业	**4014**	**23.1**	**70.1**	**100.0**
#医疗仪器设备及器械制造	1097	29.5	66.4	100.0
#医疗诊断、监护及治疗设备制造	343	31.5	67.1	100.0
医疗、外科及兽医用器械制造	277	24.9	65.3	100.0
通用仪器仪表制造	1944	18.8	69.8	100.0
专用仪器仪表制造	592	19.6	75.0	100.0
信息化学品制造业	**79**	**16.5**	**63.3**	**100.0**

新产品销售收入(亿元)	新产品销售收入占营业收入的比重(%)			
		1.仅国际市场新的产品	2.仅国内市场新的产品	3.仅本企业新的产品
41331.8	**4.1**	**1.2**	**1.3**	**1.6**
451.0	3.4	0.2	1.2	1.9
2981.6	4.6	0.8	1.8	2.0
2554.5	4.8	1.0	1.9	2.0
17402.8	4.7	1.7	1.6	1.4
5991.4	4.1	1.2	1.1	1.8
11327.9	5.1	2.1	1.9	1.2
83.6	2.7	0.2	1.1	1.4
517.5	3.7	0.4	1.4	1.9
2601.8	3.9	1.0	1.1	1.7
7405.6	3.6	0.8	1.0	1.8
286.6	3.1	0.8	0.8	1.5
242.4	2.0	0.1	0.6	1.3
1135.6	2.7	0.6	0.7	1.3
1664.0	4.4	0.6	1.5	2.2
7278.1	3.8	0.7	1.2	1.8
661.1	2.8	0.6	0.8	1.3
1154.6	3.0	0.3	1.2	1.5
2901.2	5.0	1.2	1.8	2.1
1637.2	4.4	2.2	0.9	1.3
1056.1	2.9	0.4	0.9	1.6
6468.4	**3.1**	**1.2**	**0.9**	**1.1**
4109.3	3.2	1.3	0.9	1.0
893.4	2.9	0.9	0.7	1.3
725.8	3.0	1.4	0.7	1.0
236.6	2.2	0.4	0.7	1.2
3000.2	**3.0**	**0.3**	**1.1**	**1.7**
693.9	2.4	0.3	0.7	1.4
234.4	2.1	0.3	0.7	1.1
206.3	2.7	0.2	0.8	1.7
1594.4	3.5	0.2	1.2	2.0
392.8	2.8	0.2	1.2	1.4
192.6	**3.3**	**0.2**	**1.1**	**2.1**

4-5 续表 2

项目	实现产品创新企业数(个)	在实现产品创新企业中的占比(%)		
		有国际市场新产品的企业	有国内市场新产品的企业	有本企业新产品的企业
四、按地区分				
东部地区	14097	29.7	68.9	100.0
中部地区	3359	16.5	64.5	100.0
西部地区	1976	17.5	62.6	100.0
东北地区	389	20.1	72.2	100.0
北京	539	16.0	65.5	100.0
天津	257	24.9	70.8	100.0
河北	300	16.0	64.3	100.0
山西	85	9.4	56.5	100.0
内蒙古	36	11.1	55.6	100.0
辽宁	227	26.4	77.5	100.0
吉林	99	12.1	59.6	100.0
黑龙江	63	9.5	73.0	100.0
上海	507	29.0	71.8	100.0
江苏	2814	28.2	68.2	100.0
浙江	2196	24.9	63.8	100.0
安徽	819	21.2	69.2	100.0
福建	677	25.7	65.6	100.0
江西	834	15.8	62.2	100.0
山东	797	18.7	68.4	100.0
河南	442	13.1	63.1	100.0
湖北	629	17.6	61.0	100.0
湖南	550	13.1	66.9	100.0
广东	5992	36.2	71.9	100.0
广西	95	29.5	68.4	100.0
海南	18	11.1	44.4	100.0
重庆	444	18.2	62.4	100.0
四川	711	15.5	61.5	100.0
贵州	174	17.8	67.8	100.0
云南	101	22.8	59.4	100.0
西藏	1		100.0	100.0
陕西	335	17.0	65.1	100.0
甘肃	34	11.8	52.9	100.0
青海	9		66.7	100.0
宁夏	26	26.9	50.0	100.0
新疆	10		40.0	100.0

新产品销售收入(亿元)	新产品销售收入占营业收入的比重(%)			
		1.仅国际市场新的产品	2.仅国内市场新的产品	3.仅本企业新的产品
44839.0	41.0	11.1	13.7	16.3
9373.4	38.2	9.6	9.1	19.6
4287.9	20.2	2.7	6.8	10.6
664.0	22.6	1.3	12.2	9.1
2189.3	38.8	9.0	13.0	16.8
823.8	30.3	10.4	8.8	11.0
623.1	39.5	6.3	13.4	19.8
277.0	22.1	2.5	2.8	16.9
36.2	9.9	0.2	4.1	5.5
332.8	19.4	0.8	12.1	6.5
147.7	24.0	2.9	10.0	11.1
183.5	30.1	1.0	14.6	14.4
1605.2	21.6	8.9	5.6	7.2
8783.7	36.7	9.6	10.4	16.6
4631.0	55.2	5.6	15.6	34.1
1903.2	47.6	3.6	13.1	30.8
2182.3	33.3	8.8	11.2	13.3
1795.3	34.2	5.0	13.4	15.8
1987.3	33.6	4.0	15.9	13.8
2405.6	41.6	27.8	2.8	11.0
1840.4	42.4	1.9	10.0	30.5
1151.8	29.6	5.5	9.4	14.7
22005.1	47.0	14.8	16.8	15.4
181.6	11.9	1.3	2.8	7.8
8.2	3.2		1.1	2.0
1330.4	23.0	1.7	5.1	16.3
1574.9	20.4	4.9	6.1	9.5
190.7	17.0	2.1	6.0	8.9
111.6	13.4	0.4	6.0	7.0
630.1	19.5	0.6	11.1	7.8
72.5	27.9	5.2	18.2	4.5
31.4	23.9		23.1	0.8
112.9	61.4	17.9	33.7	9.8
15.6	14.3		0.9	13.4

4−6 资质等级以上建筑业企业

项　　目	实现工艺创新企业数(个)	在实现工艺创新企业中占比(%)	
		有市场新工艺的企业	有本企业新工艺的企业
总　计	**6620**	**66.2**	**100.0**
#国有及国有控股	1558	67.5	100.0
一、按规模分			
大型企业	1748	71.5	100.0
中型企业	2958	62.6	100.0
小型企业	1558	66.1	100.0
微型企业	356	71.3	100.0
二、按登记注册类型分			
内资企业	6573	66.3	100.0
#国有企业	115	59.1	100.0
集体企业	65	69.2	100.0
股份合作企业	12	50.0	100.0
有限责任公司	2786	67.1	100.0
#国有独资公司	444	71.4	100.0
股份有限公司	349	71.9	100.0
私营企业	3245	65.2	100.0
港、澳、台商投资企业	27	63.0	100.0
#合资经营企业	17	64.7	100.0
港、澳、台商独资经营企业	7	71.4	100.0
外商投资企业	20	65.0	100.0
#中外合资经营企业	10	60.0	100.0
外资企业	9	66.7	100.0
三、按行业分			
房屋建筑业	2775	69.3	100.0
土木工程建筑业	1864	64.3	100.0
建筑安装业	796	61.4	100.0
建筑装饰、装修和其他建筑业	1185	65.3	100.0

注：在占实现工艺创新企业比重里，较低新颖度类别包含了较高新颖度类别；在占营业收入比重里，仅按最高的新颖度类别计算，较低

工艺创新新颖度类别情况

工艺创新贡献的营业收入（亿元）	工艺创新贡献的营业收入占营业收入的比重（%）	1.仅市场新的工艺	2.仅本企业新的工艺
77300.1	**37.4**	**11.7**	**25.6**
47168.8	54.0	17.0	37.0
67545.0	52.8	16.6	36.2
8813.4	13.0	4.1	8.9
518.1	5.6	2.3	3.4
423.6	21.6	7.1	14.5
76775.9	37.4	11.7	25.6
722.9	22.9	7.4	15.5
170.3	8.1	3.1	5.0
97.2	44.8	12.1	32.7
55783.6	46.2	14.4	31.8
14880.5	54.1	17.6	36.5
6257.6	44.1	16.9	27.2
13744.4	21.2	6.2	15.0
357.8	47.5	15.5	32.0
252.5	48.0	16.6	31.4
73.4	41.6	15.7	25.9
166.4	23.9	8.5	15.3
44.9	20.9	4.7	16.2
120.6	25.9	10.5	15.4
43985.3	36.3	12.3	24.0
26890.0	42.8	12.0	30.8
3423.4	29.3	8.0	21.3
3001.4	26.8	8.4	18.4

新颖度类别未包含较高新颖度类别。

4-6 续表

项 目	实现工艺创新企业数(个)	在实现工艺创新企业中占比(%)	
		有市场新工艺的企业	有本企业新工艺的企业
四、按地区分			
东部地区	3552	62.8	100.0
中部地区	1531	69.8	100.0
西部地区	1292	71.0	100.0
东北地区	245	69.4	100.0
北 京	353	51.3	100.0
天 津	166	55.4	100.0
河 北	184	69.6	100.0
山 西	165	66.7	100.0
内蒙古	44	59.1	100.0
辽 宁	130	66.9	100.0
吉 林	53	67.9	100.0
黑龙江	62	75.8	100.0
上 海	193	63.2	100.0
江 苏	603	63.4	100.0
浙 江	577	61.9	100.0
安 徽	223	66.8	100.0
福 建	285	68.8	100.0
江 西	174	64.4	100.0
山 东	539	66.4	100.0
河 南	438	73.5	100.0
湖 北	300	75.7	100.0
湖 南	231	64.1	100.0
广 东	634	63.7	100.0
广 西	105	63.8	100.0
海 南	18	55.6	100.0
重 庆	139	74.1	100.0
四 川	341	70.4	100.0
贵 州	96	75.0	100.0
云 南	122	74.6	100.0
西 藏	12	66.7	100.0
陕 西	265	72.5	100.0
甘 肃	59	71.2	100.0
青 海	20	75.0	100.0
宁 夏	34	76.5	100.0
新 疆	55	63.6	100.0

工艺创新贡献的营业收入（亿元）	工艺创新贡献的营业收入占营业收入的比重（%）		
		1.仅市场新的工艺	2.仅本企业新的工艺
43898.9	39.1	11.9	27.2
19023.1	39.7	13.6	26.1
13214.4	32.0	9.8	22.1
1163.7	22.1	6.8	15.4
7795.1	52.5	14.5	38.1
1964.0	43.3	10.9	32.5
1863.8	37.7	14.3	23.4
2239.2	53.3	15.3	38.0
321.6	30.1	7.0	23.1
772.4	28.5	8.6	19.9
148.8	10.9	4.4	6.6
242.5	20.5	5.2	15.3
4438.8	46.8	18.7	28.0
7868.1	31.6	8.7	22.9
5164.1	32.8	7.1	25.6
1765.0	29.7	8.2	21.5
2960.3	32.3	10.2	22.2
1717.1	32.7	10.3	22.4
5410.0	43.1	14.8	28.3
3817.4	41.2	17.5	23.8
6291.5	41.9	15.3	26.6
3192.8	38.4	11.2	27.2
6335.1	40.5	13.7	26.9
1369.4	37.0	11.0	26.0
99.5	26.1	6.2	19.9
1350.8	26.4	9.5	16.9
3249.2	26.8	7.8	19.1
1446.2	47.0	15.7	31.4
1713.4	42.5	17.1	25.3
28.1	8.7	3.0	5.7
2548.3	35.8	8.9	27.0
458.8	26.2	4.0	22.2
226.6	46.3	18.6	27.7
94.0	18.4	6.8	11.6
408.0	19.6	6.7	12.9

五、规模（限额）以上企业产品或工艺创新活动类型及创新费用情况（2019年）

5-1 规模(限额)以上企业产品或

项　目	开展产品或工艺创新活动企业数(个)	内部研发	外部研发
总　计	**251432**	**56.4**	**7.6**
#国有及国有控股	19730	50.4	16.6
一、按规模分			
大型企业	13536	62.9	21.8
中型企业	47967	52.3	9.7
小型企业	179166	58.4	6.3
微型企业	10763	32.0	3.1
二、按登记注册类型分			
内资企业	224509	55.8	7.6
国有企业	1420	37.7	12.5
集体企业	447	34.2	3.4
股份合作企业	404	61.1	2.5
联营企业	34	38.2	5.9
#国有联营企业	8	50.0	
有限责任公司	57582	51.7	9.9
#国有独资公司	4170	47.9	17.3
股份有限公司	12080	64.8	18.0
私营企业	152532	56.8	5.8
其他企业	10	70.0	40.0
港、澳、台商投资企业	12463	62.3	7.6
合资经营企业	3843	68.4	10.8
合作经营企业	168	59.5	8.3
港、澳、台商独资经营企业	7965	59.0	5.7
港、澳、台商投资股份有限公司	362	72.7	13.8
其他港、澳、台投资企业	125	60.0	8.8
外商投资企业	14460	60.1	8.6
中外合资经营企业	5253	65.8	11.4
中外合作经营企业	197	60.4	10.2
外资企业	8511	56.4	6.6
外商投资股份有限公司	300	69.7	18.3
其他外商投资企业	199	52.3	3.5
三、按行业分			
采矿业	1866	55.0	16.9
制造业	182828	69.4	8.3
电力、热力、燃气及水生产和供应业	2811	47.2	10.8
建筑业	8356	22.9	6.8
批发和零售业	21852		
交通运输、仓储和邮政业	3347	13.7	3.4
信息传输、软件和信息技术服务业	15104	28.3	8.2

注：内部研发和外部研发数据不包括批发和零售业。以下各表同。

工艺创新活动类型

在开展产品或工艺创新活动企业中，有下列活动形式的企业占比(%)					
获得机器设备和软件	从外部获取相关技术	相关培训	市场推介	相关设计	其他创新活动
55.9	**3.8**	**36.3**	**18.0**	**17.2**	**22.6**
52.3	8.6	48.4	22.0	13.3	31.5
56.4	11.0	54.6	26.7	19.5	35.0
50.4	5.9	43.5	21.6	17.8	25.8
58.1	2.7	33.5	16.5	17.1	21.0
43.0	3.7	28.7	15.8	12.5	19.6
55.4	3.8	35.9	18.0	17.0	22.1
45.4	8.2	45.4	17.7	9.4	26.6
51.7	3.6	34.7	15.9	8.1	15.4
52.7	1.0	27.2	13.9	16.1	17.1
55.9	5.9	52.9	14.7	2.9	20.6
87.5		87.5	25.0		37.5
53.2	5.3	41.4	20.1	16.0	25.7
50.0	9.5	47.6	21.1	11.8	30.8
60.5	6.0	47.0	27.6	21.6	30.4
55.9	3.0	32.9	16.5	17.1	20.0
70.0	20.0	80.0	40.0	10.0	40.0
62.5	3.2	38.1	17.0	19.2	25.7
64.3	3.4	39.8	18.6	19.3	26.0
60.7	2.4	31.5	16.1	21.4	16.7
61.5	3.0	36.9	15.8	19.0	25.4
68.5	6.9	48.1	27.1	22.1	29.8
60.0	3.2	43.2	17.6	14.4	34.4
58.2	4.2	41.1	17.9	18.8	28.6
60.9	4.7	41.6	19.3	19.1	28.5
56.9	2.5	38.6	17.3	16.8	21.3
56.4	4.0	40.6	16.8	18.5	28.9
59.7	4.3	48.7	26.3	24.7	27.3
63.3	5.0	40.2	18.6	18.1	29.1
57.5	1.4	29.4	6.3	3.2	17.4
66.8	2.0	34.4	16.9	19.3	22.2
57.8	1.6	29.4	3.9	2.2	18.7
34.9	11.1	49.3	23.2	6.7	28.1
22.6	8.5	44.6	28.1	18.9	22.5
29.6	7.9	37.9	14.9	6.1	23.1
19.8	8.3	37.2	20.3	10.3	24.1

5-1 续表

项　目	开展产品或工艺创新活动企业数(个)	内部研发	外部研发
租赁和商务服务业	4764	16.0	3.5
科学研究和技术服务业	9483	50.0	11.9
水利、环境和公共设施管理业	1021	33.6	7.0
四、按地区分			
东部地区	166749	58.4	7.1
中部地区	50033	57.9	8.4
西部地区	28687	44.8	8.8
东北地区	5963	42.7	8.5
北　京	9033	30.7	8.3
天　津	3750	43.4	6.8
河　北	5480	46.7	6.5
山　西	1794	33.1	8.5
内蒙古	979	32.4	8.8
辽　宁	3661	50.1	8.2
吉　林	1240	28.5	8.1
黑龙江	1062	33.7	10.1
上　海	8784	36.8	6.6
江　苏	39221	73.3	8.6
浙　江	34039	62.1	6.7
安　徽	10698	58.1	12.0
福　建	10354	55.8	7.0
江　西	6911	63.8	5.5
山　东	13729	56.2	8.7
河　南	8453	58.8	7.6
湖　北	10048	52.6	8.0
湖　南	12129	61.7	7.9
广　东	42029	56.3	5.6
广　西	2269	30.7	6.0
海　南	330	29.7	12.4
重　庆	4939	57.6	8.8
四　川	7654	50.3	10.2
贵　州	2773	42.5	7.9
云　南	2707	50.4	7.9
西　藏	85	11.8	4.7
陕　西	4187	34.6	9.0
甘　肃	1067	43.8	11.3
青　海	296	39.2	6.8
宁　夏	671	57.4	10.1
新　疆	1060	17.8	5.9

在开展产品或工艺创新活动企业中，有下列活动形式的企业占比(%)					
获得机器设备和软件	从外部获取相关技术	相关培训	市场推介	相关设计	其他创新活动
20.4	8.4	40.5	20.6	10.0	22.5
27.4	11.5	40.8	14.2	8.1	26.2
31.1	9.6	40.1	16.2	8.8	23.5
56.2	3.8	35.9	17.7	17.7	23.3
58.7	3.3	34.4	16.9	15.3	19.3
50.7	4.5	40.9	21.4	17.5	23.9
49.2	3.6	40.3	19.3	15.6	26.6
33.1	6.5	38.2	19.3	13.2	25.9
39.8	3.7	43.7	20.1	16.1	28.7
64.5	2.9	37.6	18.1	14.8	20.7
51.7	4.7	42.3	20.1	12.5	24.1
45.6	3.5	39.7	16.4	12.2	23.4
43.1	3.5	41.2	19.4	15.0	27.5
62.7	3.3	39.4	17.8	15.6	25.8
54.5	4.3	38.1	20.4	17.8	24.4
42.0	6.1	45.4	23.1	18.9	31.1
70.4	3.1	31.3	13.2	12.6	19.0
49.3	2.6	27.9	13.7	17.7	18.7
55.6	4.0	43.1	20.6	19.2	24.2
32.2	3.6	34.4	17.4	18.4	20.9
75.0	2.8	33.9	16.2	16.5	20.1
38.9	3.9	38.0	19.3	16.9	22.1
33.8	3.4	36.5	18.3	15.6	19.8
62.3	3.3	33.7	17.0	15.2	19.0
67.4	2.8	25.0	12.4	11.5	13.6
68.5	4.5	43.0	22.8	24.0	29.5
50.3	5.8	44.7	25.6	18.4	28.8
39.7	4.8	37.6	20.9	16.4	21.5
45.0	4.2	40.4	19.7	18.6	23.4
58.1	4.6	40.9	22.1	18.0	24.5
48.8	4.3	33.0	17.7	14.1	20.3
56.6	4.4	45.6	24.0	21.2	24.4
36.5	3.5	30.6	20.0	12.9	15.3
44.7	4.7	41.8	21.6	17.9	23.5
40.4	4.5	40.4	22.7	15.5	19.4
57.1	5.4	40.9	23.3	17.6	25.0
69.3	4.6	41.9	19.5	14.0	27.3
40.3	4.7	43.5	21.6	14.7	23.4

5-2 规模以上工业企业产品或

项　目	开展产品或工艺创新活动的企业数(个)	内部研发	外部研发
总　计	**187505**	**68.9**	**8.5**
#国有及国有控股	10203	67.6	21.4
一、按规模分			
大型企业	6776	82.7	27.7
中型企业	27204	76.8	13.5
小型企业	147528	67.4	6.8
微型企业	5997	54.2	5.0
二、按登记注册类型分			
内资企业	164418	69.1	8.4
国有企业	441	62.8	22.7
集体企业	234	55.6	5.1
股份合作企业	351	68.9	2.8
联营企业	15	60.0	13.3
有限责任公司	36377	67.8	11.5
#国有独资公司	1890	65.5	22.3
股份有限公司	8474	79.5	21.1
私营企业	118521	68.8	6.6
其他企业	5	80.0	60.0
港、澳、台商投资企业	10682	69.4	8.0
合资经营企业	3458	73.3	11.1
合作经营企业	145	64.1	8.3
港、澳、台商独资经营企业	6690	67.0	6.0
港、澳、台商投资股份有限公司	301	81.4	15.9
其他港、澳、台投资企业	88	75.0	10.2
外商投资企业	12405	66.4	9.0
中外合资经营企业	4621	71.0	11.7
中外合作经营企业	174	63.8	10.3
外资企业	7221	63.1	7.0
外商投资股份有限公司	239	79.5	19.7
其他外商投资企业	150	64.0	4.0
三、按行业分			
采矿业	**1866**	**55.0**	**16.9**
煤炭开采和洗选业	631	50.4	20.6
石油和天然气开采业	53	77.4	64.2
黑色金属矿采选业	210	44.8	13.8
有色金属矿采选业	328	59.5	20.4
非金属矿采选业	573	58.1	7.2

工艺创新活动类型

在开展产品或工艺创新活动企业中，有下列活动形式的企业占比(%)					
获得机器设备和软件	从外部获取相关技术	相关培训	市场推介	相关设计	其　他创新活动
66.6	**1.9**	**34.3**	**16.6**	**18.9**	**22.1**
69.0	5.0	48.5	23.0	17.9	34.3
74.8	7.9	56.1	29.1	27.7	38.8
68.0	2.9	42.4	20.1	22.4	27.0
66.0	1.5	32.2	15.6	18.1	20.6
63.7	1.4	23.4	10.7	12.3	16.2
66.7	1.8	33.6	16.6	18.7	21.3
66.9	2.5	43.5	18.1	13.6	31.3
64.1	0.4	24.8	9.8	9.4	11.1
57.3	0.3	25.6	12.8	16.5	16.8
80.0	6.7	46.7	13.3		13.3
68.3	2.4	40.0	19.1	19.3	26.1
68.5	5.3	47.1	22.4	17.5	33.5
74.2	3.9	48.1	28.6	25.3	31.8
65.7	1.5	30.7	14.9	18.2	19.1
80.0	20.0	60.0	40.0	20.0	60.0
68.6	2.0	37.4	15.8	20.2	26.0
68.0	2.5	39.0	18.2	20.0	25.9
66.2	1.4	31.0	13.1	22.1	17.2
68.6	1.6	36.3	14.1	20.2	25.8
75.1	5.0	46.8	26.2	24.3	31.2
72.7	2.3	43.2	20.5	18.2	36.4
63.5	3.3	40.3	17.3	19.6	28.7
65.5	3.9	41.2	18.8	19.8	28.9
59.8	1.1	35.6	16.1	19.0	20.1
61.7	2.9	39.6	16.0	19.3	28.8
70.7	2.9	47.7	25.9	26.4	28.0
76.7	2.7	40.0	17.3	22.0	30.7
57.5	**1.4**	**29.4**	**6.3**	**3.2**	**17.4**
47.5	1.4	30.6	5.2	1.7	17.0
79.2	5.7	54.7	7.5	7.5	34.0
65.7	1.4	24.8	1.9	1.0	21.9
59.5	0.6	32.9	3.4	1.5	19.8
62.8	1.2	24.6	10.1	5.9	11.3

5-2 续表 1

项 目	开展产品或工艺创新活动的企业数（个）	内部研发	外部研发
开采专业及辅助性活动	66	68.2	22.7
其他采矿业	5		
制造业	**182828**	**69.4**	**8.3**
农副食品加工业	7623	58.7	7.6
食品制造业	3945	61.0	10.1
酒、饮料和精制茶制造业	2453	58.2	10.3
烟草制品业	78	71.8	44.9
纺织业	7855	66.5	4.7
纺织服装、服饰业	4272	60.4	3.1
皮革、毛皮、羽毛及其制品和制鞋业	3370	63.5	2.8
木材加工和木、竹、藤、棕、草制品业	2545	67.1	4.4
家具制造业	2805	57.9	4.5
造纸和纸制品业	2604	63.0	4.0
印刷和记录媒介复制业	2509	65.3	4.5
文教、工美、体育和娱乐用品制造业	4161	67.1	5.6
石油、煤炭及其他燃料加工业	798	63.7	13.3
化学原料和化学制品制造业	12269	72.7	11.3
医药制造业	5498	76.3	29.3
化学纤维制造业	1137	74.0	8.7
橡胶和塑料制品业	9610	67.0	4.9
非金属矿物制品业	12593	65.7	5.2
黑色金属冶炼和压延加工业	1946	70.6	9.4
有色金属冶炼和压延加工业	3653	73.1	8.9
金属制品业	12068	68.3	5.2
通用设备制造业	16205	73.7	8.1
专用设备制造业	13286	75.0	9.3
汽车制造业	9649	68.6	9.6
铁路、船舶、航空航天和其他运输设备制造业	2918	73.7	13.1
电气机械和器材制造业	17306	72.8	7.4
计算机、通信和其他电子设备制造业	13957	73.6	10.0
仪器仪表制造业	3935	75.4	14.3
其他制造业	885	63.7	5.9
废弃资源综合利用业	696	65.7	7.5
金属制品、机械和设备修理业	199	64.3	10.1
电力、热力、燃气及水生产和供应业	**2811**	**47.2**	**10.8**
电力、热力生产和供应业	1841	47.1	12.8
燃气生产和供应业	389	47.8	7.2
水的生产和供应业	581	47.3	6.9

在开展产品或工艺创新活动企业中，有下列活动形式的企业占比(%)					
获得机器设备和软件	从外部获取相关技术	相关培训	市场推介	相关设计	其他创新活动
51.5	3.0	37.9	12.1	6.1	34.8
80.0		20.0			
66.8	**2.0**	**34.4**	**16.9**	**19.3**	**22.2**
62.4	2.0	28.3	19.4	25.7	13.5
61.6	2.2	33.8	26.0	33.9	17.4
60.7	2.2	29.9	23.3	33.3	16.2
71.8	7.7	61.5	42.3	38.5	48.7
61.3	1.2	22.8	9.9	10.1	12.7
55.9	0.8	21.1	9.0	14.1	10.7
54.3	0.9	19.4	9.1	19.0	9.9
62.7	1.3	23.8	11.7	12.8	10.7
61.9	1.0	29.2	18.1	25.5	17.2
63.6	1.4	30.0	13.6	20.1	17.1
64.8	1.8	31.8	9.6	22.7	17.2
63.8	1.6	26.1	15.0	25.4	15.5
66.9	4.9	37.8	16.0	10.2	21.1
68.7	2.4	37.3	19.3	15.8	23.1
73.6	4.1	46.1	23.5	25.1	26.3
65.6	2.0	26.6	13.6	10.2	15.8
66.4	1.7	33.1	14.7	18.0	20.9
62.4	1.5	28.9	12.5	10.8	16.5
70.0	2.6	33.1	14.3	7.9	18.0
71.5	1.9	32.7	12.5	10.1	21.2
67.2	1.5	32.3	12.5	14.9	20.5
66.1	1.7	35.6	18.1	18.9	25.5
68.6	2.0	38.2	21.4	20.0	26.8
64.4	2.7	39.9	12.9	17.0	28.9
66.9	3.6	38.9	16.4	17.8	28.5
72.2	1.8	39.1	19.6	24.6	27.0
75.6	2.5	43.9	20.7	25.1	31.5
70.5	2.1	42.8	26.5	28.2	31.5
66.3	1.5	29.9	15.4	23.5	21.4
68.4	1.0	28.6	6.9	3.0	18.1
65.3	2.5	43.2	13.1	5.5	33.7
57.8	**1.6**	**29.4**	**3.9**	**2.2**	**18.7**
59.5	2.1	28.2	3.3	1.6	19.3
54.8	0.8	33.2	5.9	3.1	16.2
54.2	0.5	30.6	4.6	3.3	18.6

5-2 续表 2

项　目	开展产品或工艺创新活动的企业数（个）	内部研发	外部研发
四、按地区分			
东部地区	124157	71.0	7.7
中部地区	39528	68.9	9.5
西部地区	19402	59.5	10.8
东北地区	4418	51.7	9.9
北　京	2025	55.7	13.1
天　津	2365	54.9	7.4
河　北	4285	54.9	7.1
山　西	1207	43.9	11.3
内蒙古	655	44.6	12.4
辽　宁	2792	58.3	8.8
吉　林	880	36.7	10.0
黑龙江	746	44.2	13.7
上　海	4304	54.6	8.0
江　苏	33549	81.6	9.0
浙　江	29086	69.5	6.8
安　徽	8695	68.1	13.5
福　建	7468	71.0	8.1
江　西	5705	76.0	6.5
山　东	10332	68.9	10.0
河　南	5977	74.6	8.7
湖　北	7713	63.2	8.6
湖　南	10231	69.6	8.6
广　东	30591	68.4	5.9
广　西	1441	42.7	8.1
海　南	152	50.0	23.0
重　庆	3695	69.9	9.3
四　川	5283	65.3	12.3
贵　州	1971	54.7	9.6
云　南	1797	69.2	9.8
西　藏	35	25.7	8.6
陕　西	2540	49.2	12.4
甘　肃	704	59.1	13.9
青　海	173	57.2	6.9
宁　夏	518	69.7	12.2
新　疆	590	25.9	8.8

在开展产品或工艺创新活动企业中，有下列活动形式的企业占比(%)					
获得机器设备和软件	从外部获取相关技术	相关培训	市场推介	相关设计	其　他创新活动
67.3	1.9	34.1	16.5	19.6	22.7
67.5	1.9	32.0	15.0	16.2	18.5
61.9	2.5	38.7	19.1	19.9	24.2
58.5	2.1	41.0	19.7	18.2	27.4
74.6	2.8	47.5	27.4	25.3	35.4
48.6	1.4	44.4	20.7	20.6	30.4
74.7	1.6	35.1	16.7	16.6	20.4
61.3	2.1	40.0	17.2	14.2	23.4
53.6	1.7	37.9	13.1	13.3	24.4
49.3	1.8	41.7	20.1	17.0	28.3
79.0	2.2	40.6	17.2	19.1	26.7
68.8	3.4	38.9	21.0	21.4	25.2
58.7	1.7	48.8	25.3	25.6	35.4
78.5	2.0	29.6	12.1	13.0	18.3
53.7	1.5	26.0	12.6	18.6	18.4
63.1	2.8	42.6	19.6	20.9	24.8
36.6	2.2	33.8	16.6	20.0	20.8
85.8	1.6	32.3	14.9	17.3	19.8
43.0	2.3	36.2	18.5	18.9	21.8
36.7	1.6	33.2	15.9	17.8	18.8
73.4	1.7	31.0	14.8	15.8	17.7
75.2	1.5	22.1	10.4	11.3	12.1
84.8	2.0	42.2	22.2	27.1	29.5
63.6	2.4	42.6	21.5	22.1	31.5
63.8	2.6	36.2	21.1	21.7	21.1
51.3	2.4	38.6	17.6	20.2	23.7
71.8	2.4	39.4	20.9	20.7	24.9
59.2	2.8	28.4	14.2	14.7	19.2
70.1	2.2	43.4	22.7	24.7	24.7
45.7	2.9	20.0	17.1	17.1	11.4
57.3	2.7	40.0	19.6	21.1	23.8
44.6	2.0	35.8	18.5	18.5	20.6
74.6	2.3	39.9	19.1	19.7	25.4
79.9	3.9	41.9	18.0	15.3	28.0
50.2	2.2	42.2	18.1	17.8	22.5

5-3 资质等级以上建筑业企业产品或

项目	开展产品或工艺创新活动企业数(个)		
		内部研发	外部研发
总 计	**8356**	**22.9**	**6.8**
#国有及国有控股	1810	44.6	16.1
一、按规模分			
大型企业	1951	57.9	22.3
中型企业	3817	17.9	3.1
小型企业	2125	3.9	0.5
微型企业	463	3.5	1.1
二、按登记注册类型分			
内资企业	8296	22.7	6.8
#国有企业	147	22.4	6.1
集体企业	80	8.8	2.5
股份合作企业	14	14.3	
有限责任公司	3396	31.5	10.8
#国有独资公司	513	46.4	16.6
股份有限公司	447	35.6	12.1
私营企业	4211	14.5	3.2
港、澳、台商投资企业	33	51.5	12.1
#合资经营企业	21	47.6	14.3
港、澳、台商独资经营企业	8	50.0	12.5
外商投资企业	27	33.3	
#中外合资经营企业	16	43.8	
外资企业	10	20.0	
三、按行业分			
房屋建筑业	3437	22.1	7.0
土木工程建筑业	2288	28.9	10.9
建筑安装业	1135	22.0	5.0
建筑装饰、装修和其他建筑业	1496	15.9	1.7

工艺创新活动类型

在开展产品或工艺创新活动企业中，有下列活动形式的企业占比(%)					
获得机器设备和软件	从外部获取相关技术	相关培训	市场推介	相关设计	其　他创新活动
34.9	**11.1**	**49.3**	**23.2**	**6.7**	**28.1**
45.3	14.5	61.9	21.5	4.8	35.5
47.8	15.6	65.4	23.9	5.5	36.9
32.8	10.7	47.3	21.6	5.7	25.6
28.8	8.6	40.6	25.1	8.9	24.3
25.9	5.8	38.2	25.7	9.9	28.7
34.9	11.0	49.2	23.3	6.7	28.1
44.9	8.8	54.4	19.7	4.8	25.2
42.5	6.3	48.8	28.8	8.8	22.5
35.7	7.1	35.7	50.0	14.3	28.6
39.1	12.0	54.7	23.1	5.3	30.9
46.4	14.6	62.6	19.5	4.7	35.3
38.3	15.7	53.0	24.2	8.1	31.5
30.6	10.0	44.3	23.3	7.7	25.7
45.5	12.1	69.7	15.2	12.1	21.2
38.1	4.8	66.7	9.5	9.5	14.3
62.5	37.5	87.5	12.5	12.5	12.5
25.9	14.8	51.9	14.8	3.7	37.0
18.8	12.5	37.5	18.8		31.3
30.0	10.0	70.0	10.0	10.0	40.0
35.6	10.7	49.8	25.4	5.2	26.3
40.1	13.0	52.8	20.0	5.8	30.7
32.1	12.0	48.4	21.5	8.3	29.3
27.4	8.2	43.5	24.5	10.4	27.2

5-3 续表

项　目	开展产品或工艺创新活动企业数（个）		
		内部研发	外部研发
四、按地区分			
东部地区	4426	26.9	7.4
中部地区	1943	20.2	6.3
西部地区	1629	17.7	6.6
东北地区	358	10.9	3.1
北　京	429	29.4	10.0
天　津	214	32.7	4.7
河　北	218	19.3	5.5
山　西	192	18.8	4.7
内蒙古	59	13.6	1.7
辽　宁	206	15.0	3.9
吉　林	71	5.6	1.4
黑龙江	81	4.9	2.5
上　海	247	23.5	8.1
江　苏	791	20.7	5.3
浙　江	712	32.3	11.7
安　徽	287	21.3	10.5
福　建	345	23.2	7.5
江　西	217	13.8	1.4
山　东	672	20.4	7.0
河　南	551	18.1	5.8
湖　北	383	18.8	8.1
湖　南	313	30.0	5.8
广　东	779	35.9	5.9
广　西	126	14.3	4.8
海　南	19	10.5	
重　庆	177	27.1	15.3
四　川	418	18.4	7.2
贵　州	113	20.4	4.4
云　南	147	31.3	6.1
西　藏	17		
陕　西	344	12.5	4.1
甘　肃	83	15.7	12.0
青　海	28	10.7	10.7
宁　夏	46	8.7	2.2
新　疆	71	8.5	2.8

在开展产品或工艺创新活动企业中，有下列活动形式的企业占比(%)					
获得机器设备和软件	从外部获取相关技术	相关培训	市场推介	相关设计	其　他创新活动
33.4	11.9	50.3	22.0	6.6	29.3
36.9	10.3	48.7	23.9	6.6	26.1
38.1	10.0	49.2	26.3	6.3	27.9
28.5	9.8	40.8	21.5	10.3	24.9
34.7	13.1	54.3	19.1	6.3	35.9
33.2	9.3	53.7	19.2	6.1	31.3
34.4	11.0	44.5	28.4	6.9	29.8
41.7	10.4	54.2	23.4	7.3	29.2
37.3	6.8	52.5	25.4	5.1	25.4
30.6	11.7	42.7	21.4	11.2	24.8
28.2	11.3	36.6	25.4	11.3	31.0
23.5	3.7	39.5	18.5	7.4	19.8
38.1	11.7	53.4	23.1	6.9	31.6
31.5	13.1	50.1	23.1	6.6	24.8
31.5	13.5	48.6	19.4	4.5	25.1
33.4	8.7	51.6	28.2	5.6	35.2
30.1	10.4	42.6	19.7	6.4	26.1
29.0	12.4	39.6	21.7	4.1	18.0
35.4	9.4	47.6	21.4	4.9	23.7
40.1	10.7	51.2	27.2	8.5	23.4
37.9	9.7	45.7	20.9	7.6	26.1
35.5	10.5	48.2	19.5	4.5	26.5
34.5	12.2	55.8	25.2	10.4	38.9
34.9	18.3	47.6	23.8	4.0	31.0
26.3	10.5	31.6	10.5		21.1
34.5	14.1	46.9	22.0	7.3	32.2
40.4	10.5	45.7	23.9	5.7	27.8
42.5	8.9	62.8	31.0	7.1	37.2
43.5	9.5	55.1	27.9	10.2	23.1
29.4	5.9	35.3	23.5	5.9	17.6
33.4	7.6	48.0	27.3	5.8	25.9
47.0	7.2	55.4	36.1	4.8	27.7
50.0	7.1	39.3	25.0	3.6	25.0
26.1	6.5	45.7	21.7	8.7	17.4
38.0	7.0	49.3	32.4	5.6	29.6

5–4 规模(限额)以上服务业企业产品或

项目	开展产品或工艺创新活动企业数(个)		
		内部研发	外部研发
总 计	**55571**	**19.0**	**4.9**
#国有及国有控股	7717	29.1	10.4
一、按规模分			
大型企业	4809	36.9	13.2
中型企业	16946	20.8	5.2
小型企业	29513	17.3	4.0
微型企业	4303	4.3	0.8
二、按登记注册类型分			
内资企业	51795	18.9	4.9
国有企业	832	27.0	8.3
集体企业	133	12.0	0.8
股份合作企业	39	7.7	
联营企业	18	22.2	
#国有联营企业	6	33.3	
有限责任公司	17809	22.8	6.6
#国有独资公司	1767	29.4	12.1
股份有限公司	3159	29.7	10.6
私营企业	29800	15.3	3.1
其他企业	5	60.0	20.0
港、澳、台商投资企业	1748	18.9	5.0
合资经营企业	364	23.6	7.7
合作经营企业	21	28.6	9.5
港、澳、台商独资经营企业	1267	16.8	4.2
港、澳、台商投资股份有限公司	59	27.1	3.4
其他港、澳、台投资企业	37	24.3	5.4
外商投资企业	2028	22.1	6.3
中外合资经营企业	616	27.9	9.1
中外合作经营企业	23	34.8	8.7
外资企业	1280	18.9	4.8
外商投资股份有限公司	60	31.7	13.3
其他外商投资企业	49	16.3	2.0
三、按行业分			
批发和零售业	**21852**		
批发业	12078		
零售业	9774		
交通运输、仓储和邮政业	**3347**	**13.7**	**3.4**
铁路运输业	44	22.7	9.1
道路运输业	1684	14.2	3.1
水上运输业	245	24.5	10.6
航空运输业	94	19.1	6.4
管道运输业	22	27.3	9.1
多式联运和运输代理业	592	8.1	2.2
装卸搬运和仓储业	465	13.3	1.5
邮政业	201	8.0	1.5
信息传输、软件和信息技术服务业	**15104**	**28.3**	**8.2**
电信、广播电视和卫星传输服务	899	20.0	5.6
互联网和相关服务	2231	30.5	8.2
软件和信息技术服务业	11974	28.5	8.5

工艺创新活动类型

在开展产品或工艺创新活动企业中，有下列活动形式的企业占比(%)					
获得机器设备和软件	从外部获取相关技术	相关培训	市场推介	相关设计	其他创新活动
23.1	**8.9**	**41.1**	**22.0**	**13.0**	**23.6**
31.7	12.0	45.1	20.9	9.2	26.9
33.9	13.5	48.2	24.5	13.5	28.9
26.0	9.6	44.3	24.0	13.3	24.0
20.6	8.1	39.0	20.4	12.7	22.6
15.9	6.8	35.0	21.9	13.2	23.4
22.8	8.8	40.9	21.9	13.0	23.5
34.0	11.1	44.8	17.2	8.1	24.4
35.3	7.5	43.6	18.8	5.3	18.8
17.9	5.1	38.5	10.3	12.8	15.4
38.9	5.6	55.6	11.1	5.6	27.8
83.3		100.0	16.7		33.3
25.1	10.0	42.0	21.7	11.4	24.0
31.2	12.5	43.6	20.2	7.9	26.7
27.0	10.3	43.2	25.2	13.7	26.4
20.6	7.9	39.9	21.9	14.0	22.8
60.0	20.0	100.0	40.0		20.0
25.8	10.5	41.7	24.5	12.7	24.0
30.2	11.3	45.9	23.4	12.9	28.3
23.8	9.5	33.3	33.3	19.0	9.5
24.0	10.2	40.0	24.8	12.9	23.0
35.6	16.9	54.2	30.5	10.2	20.3
29.7	5.4	43.2	10.8	5.4	29.7
26.5	10.1	46.1	22.0	13.7	27.8
27.4	10.6	44.5	23.1	13.8	26.0
34.8	13.0	60.9	26.1		30.4
26.6	9.8	46.5	21.2	14.0	29.0
15.0	8.3	51.7	28.3	18.3	23.3
22.4	12.2	40.8	22.4	6.1	24.5
22.6	**8.5**	**44.6**	**28.1**	**18.9**	**22.5**
23.8	9.5	43.4	24.8	18.5	24.8
21.2	7.2	46.1	32.3	19.4	19.7
29.6	**7.9**	**37.9**	**14.9**	**6.1**	**23.1**
31.8	15.9	40.9	13.6	2.3	31.8
26.2	7.6	35.9	16.2	6.2	23.4
33.5	9.4	39.6	11.8	3.3	24.1
36.2	10.6	38.3	21.3	6.4	23.4
45.5	22.7	54.5			22.7
27.5	7.1	41.9	13.3	5.7	23.8
35.3	7.3	36.1	11.0	6.2	21.5
40.8	8.0	42.3	20.9	10.9	18.4
19.8	**8.3**	**37.2**	**20.3**	**10.3**	**24.1**
20.8	10.0	42.3	28.0	10.2	24.5
16.7	6.6	32.8	21.4	8.2	22.3
20.3	8.5	37.7	19.6	10.7	24.4

5-4 续表

项 目	开展产品或工艺创新活动企业数(个)	内部研发	外部研发
租赁和商务服务业	**4764**	**16.0**	**3.5**
租赁业	257	26.5	5.4
商务服务业	4507	15.4	3.4
科学研究和技术服务业	**9483**	**50.0**	**11.9**
研究和试验发展	1510	64.2	19.3
专业技术服务业	6224	48.3	10.2
科技推广和应用服务业	1749	43.9	11.5
水利、环境和公共设施管理业	**1021**	**33.6**	**7.0**
水利管理业	38	55.3	13.2
生态保护和环境治理业	340	50.9	10.6
公共设施管理业	609	23.3	3.9
土地管理业	34	20.6	17.6
四、按地区分			
东部地区	38166	21.0	5.3
中部地区	8562	15.4	4.0
西部地区	7656	13.5	4.1
东北地区	1187	18.8	4.9
北 京	6579	23.1	6.8
天 津	1171	22.1	6.0
河 北	977	17.0	4.2
山 西	395	6.8	2.0
内蒙古	265	6.4	1.5
辽 宁	663	26.1	6.6
吉 林	289	9.0	3.8
黑龙江	235	10.2	1.3
上 海	4233	19.4	5.2
江 苏	4881	24.9	5.9
浙 江	4241	16.3	4.7
安 徽	1716	13.5	4.5
福 建	2541	15.5	3.9
江 西	989	4.4	1.0
山 东	2725	17.0	4.2
河 南	1925	21.5	4.6
湖 北	1952	17.3	5.3
湖 南	1585	16.8	3.5
广 东	10659	23.1	4.9
广 西	702	9.0	1.7
海 南	159	12.6	3.8
重 庆	1067	20.1	6.1
四 川	1953	16.6	5.1
贵 州	689	11.3	3.5
云 南	763	9.7	3.7
西 藏	33	3.0	3.0
陕 西	1303	12.0	3.8
甘 肃	280	13.6	4.6
青 海	95	14.7	5.3
宁 夏	107	18.7	3.7
新 疆	399	7.5	2.3

在开展产品或工艺创新活动企业中，有下列活动形式的企业占比(%)					
获得机器设备和软件	从外部获取相关技术	相关培训	市场推介	相关设计	其他创新活动
20.4	**8.4**	**40.5**	**20.6**	**10.0**	**22.5**
27.6	10.1	38.1	19.5	12.5	27.6
20.0	8.3	40.7	20.7	9.9	22.3
27.4	**11.5**	**40.8**	**14.2**	**8.1**	**26.2**
33.8	14.1	47.4	21.5	14.6	33.2
26.9	10.9	40.2	11.6	6.0	24.8
24.0	11.3	37.5	17.3	10.0	25.4
31.1	**9.6**	**40.1**	**16.2**	**8.8**	**23.5**
28.9	10.5	47.4	5.3	5.3	28.9
33.8	13.2	41.5	12.4	8.8	28.5
29.7	7.4	39.6	18.9	9.4	20.4
32.4	11.8	26.5	17.6	2.9	23.5
22.8	9.1	40.3	20.8	13.0	24.4
22.8	8.4	42.3	24.0	13.2	21.6
25.0	8.6	44.8	26.2	13.9	22.2
21.1	7.3	37.5	16.9	7.8	23.8
20.2	7.2	34.3	16.8	9.9	22.4
23.3	7.4	40.6	19.0	8.8	24.9
26.5	6.9	46.6	21.8	8.4	20.3
27.1	10.1	43.5	27.3	9.9	24.1
27.5	7.2	41.5	22.6	10.9	20.4
21.1	8.3	38.6	15.7	7.8	24.9
21.8	4.8	36.7	18.0	5.9	21.8
20.0	7.7	35.3	19.1	9.8	23.4
25.3	10.3	41.3	20.9	12.8	26.7
21.3	9.1	40.4	19.5	11.5	23.0
22.1	8.7	38.2	19.9	13.4	20.2
21.0	9.4	44.3	24.3	13.3	19.4
19.4	6.7	35.3	19.4	15.4	20.3
22.5	7.7	42.3	22.5	15.0	22.0
24.2	8.3	42.4	21.6	12.0	22.8
23.1	6.8	42.7	23.5	10.9	22.0
23.2	8.3	42.1	25.1	14.3	22.8
23.3	9.3	39.6	23.3	14.1	20.9
24.4	11.3	44.3	24.4	16.0	28.7
25.9	10.5	48.6	34.3	13.4	22.9
18.2	6.3	39.6	22.0	13.2	22.0
25.2	8.9	45.5	26.3	15.0	21.2
24.6	9.1	43.9	25.1	13.6	22.9
19.9	7.5	41.2	25.7	13.5	20.9
27.4	8.4	49.0	26.3	14.9	24.1
30.3	3.0	39.4	21.2	12.1	18.2
23.3	7.8	43.6	24.0	15.0	22.3
27.9	10.0	47.5	29.3	11.1	13.9
27.4	10.5	43.2	30.5	17.9	24.2
36.4	7.5	40.2	26.2	10.3	28.0
26.1	8.0	44.4	24.8	11.8	23.6

5-5 规模以上高技术产业(制造业)

项 目	开展产品或工艺创新活动的企业数(个)		
		内部研发	外部研发
总 计	**27334**	**74.9**	**14.9**
#国有及国有控股	1568	80.7	28.5
一、按规模分			
大型企业	1651	85.9	26.6
中型企业	4989	82.3	21.4
小型企业	20057	72.7	12.4
微型企业	637	56.2	10.7
二、按登记注册类型分			
内资企业	22930	75.4	15.3
#国有企业	79	74.7	27.8
集体企业	12	50.0	8.3
股份合作企业	22	81.8	4.5
有限责任公司	6196	75.5	18.1
#国有独资公司	226	79.6	28.8
股份有限公司	2053	84.5	30.2
私营企业	14566	74.1	12.0
港、澳、台商投资企业	2025	73.4	12.8
合资经营企业	560	78.6	18.9
合作经营企业	15	66.7	6.7
港、澳、台商独资经营企业	1357	70.8	9.4
港、澳、台商投资股份有限公司	74	82.4	31.1
其他港、澳、台投资企业	19	73.7	15.8
外商投资企业	2379	70.9	12.6
中外合资经营企业	744	79.0	18.7
中外合作经营企业	19	73.7	10.5
外资企业	1535	66.2	9.1
外商投资股份有限公司	49	85.7	32.7
其他外商投资企业	32	84.4	6.3
三、按高技术行业(制造业)分			
#医药制造业	**5498**	**76.3**	**29.3**
#化学药品制造	1961	79.0	37.3
中成药生产	1156	75.0	35.0
生物药品制品制造	720	82.1	30.3

产品或工艺创新活动类型

在开展产品或工艺创新活动企业中，有下列活动形式的企业占比(%)					
获得机器设备和软件	从外部获取相关技术	相关培训	市场推介	相关设计	其　他创新活动
74.4	**2.8**	**44.6**	**22.7**	**25.7**	**30.8**
77.3	6.5	57.7	31.2	26.8	42.7
78.6	7.4	59.4	26.8	30.0	42.3
75.6	3.7	51.1	24.6	27.3	33.7
73.9	2.2	42.2	22.1	25.2	29.3
69.7	3.0	32.2	16.0	17.4	25.7
74.8	2.8	44.6	23.6	26.5	30.4
83.5	2.5	58.2	22.8	12.7	49.4
83.3		25.0			
59.1	4.5	59.1	36.4	36.4	36.4
75.0	3.1	49.4	25.1	26.5	33.7
75.7	5.3	55.3	32.7	27.0	39.8
81.0	4.9	53.7	34.0	31.8	38.2
73.8	2.3	41.1	21.5	25.7	27.8
76.3	3.1	45.7	18.6	22.9	32.8
76.4	3.4	51.8	28.0	26.6	37.0
66.7		40.0	26.7	33.3	33.3
75.9	2.5	42.9	14.4	21.5	31.4
82.4	9.5	48.6	18.9	14.9	24.3
84.2	10.5	63.2	31.6	31.6	47.4
68.6	2.9	44.3	17.9	21.0	32.5
72.2	3.8	45.8	23.4	23.0	33.1
57.9		57.9	36.8	42.1	26.3
66.5	2.5	43.4	15.0	19.5	32.5
73.5		53.1	22.4	30.6	28.6
84.4	3.1	34.4	9.4	21.9	31.3
73.6	**4.1**	**46.1**	**23.5**	**25.1**	**26.3**
74.7	5.7	49.8	21.7	19.3	29.8
78.5	2.5	47.4	25.7	29.6	29.1
70.8	3.9	53.3	30.6	26.8	31.7

5-5 续表 1

项 目	开展产品或工艺创新活动的企业数(个)		
		内部研发	外部研发
电子及通信设备制造业	**14340**	**74.4**	**9.6**
#电子工业专用设备制造	786	73.7	7.8
光纤、光缆制造及锂离子电池制造	1133	77.4	8.7
#锂离子电池制造	882	77.0	9.1
通信设备制造、雷达及配套设备制造	1646	73.3	15.6
#通信系统设备制造	796	73.7	16.1
通信终端设备制造	775	71.4	13.0
雷达及配套设备制造	75	88.0	37.3
广播电视设备制造	449	73.9	9.8
非专业视听设备制造	765	70.9	9.2
电子器件制造	3318	73.9	9.3
#电子真空器件制造	305	73.8	8.2
半导体分立器件制造	299	81.3	10.0
集成电路制造	593	76.1	18.0
光电子器件制造	673	75.6	9.1
电子元件及电子专用材料制造	4610	75.6	7.0
#电阻电容电感元件制造	811	76.1	8.1
电子专用材料制造	834	77.3	8.4
电子电路制造	970	76.2	5.2
智能消费设备制造	660	74.2	17.4
其他电子设备制造	973	71.9	10.7
计算机及办公设备制造业	**1695**	**69.9**	**11.2**
#计算机整机制造	204	68.1	11.8
计算机零部件制造	534	69.1	7.1
计算机外围设备制造	483	67.7	11.2
办公设备制造	200	77.0	13.0
医疗仪器设备及仪器仪表制造业	**5209**	**76.4**	**15.0**
#医疗仪器设备及器械制造	1515	77.5	15.1
#医疗诊断、监护及治疗设备制造	471	77.5	16.8
医疗、外科及兽医用器械制造	392	79.3	16.6
通用仪器仪表制造	2471	76.3	14.6
专用仪器仪表制造	739	74.4	18.4
信息化学品制造业	**134**	**76.9**	**12.7**

在开展产品或工艺创新活动企业中，有下列活动形式的企业占比(%)					
获得机器设备和软件	从外部获取相关技术	相关培训	市场推介	相关设计	其他创新活动
75.6	**2.4**	**44.1**	**20.3**	**23.7**	**31.3**
76.7	1.5	42.5	22.6	20.6	31.6
75.6	2.3	48.8	20.9	22.6	32.4
75.4	2.4	49.9	21.1	25.3	32.5
75.9	2.7	43.9	22.1	28.0	31.2
76.0	2.5	45.2	22.5	26.1	31.2
75.5	3.0	42.2	21.2	30.8	31.0
78.7	2.7	46.7	26.7	18.7	34.7
75.9	3.1	42.8	24.3	33.0	25.8
78.0	3.0	38.7	23.3	37.3	29.0
76.5	2.8	47.0	21.9	23.6	33.6
75.4	2.3	39.7	16.4	22.0	25.9
71.2	2.3	50.5	19.7	20.4	39.1
77.7	5.4	48.6	23.9	16.0	41.5
75.9	2.2	51.4	24.7	28.4	34.5
72.9	2.2	42.3	15.1	16.4	28.5
70.7	1.6	42.0	18.5	19.5	28.5
67.3	1.9	44.2	15.1	12.5	28.1
77.0	3.3	44.3	12.0	9.9	29.8
77.6	2.7	47.6	30.8	38.0	36.5
79.7	1.4	42.2	23.0	30.4	35.7
75.9	**2.2**	**43.8**	**25.1**	**33.9**	**34.1**
83.3	3.9	52.5	37.3	47.1	45.1
69.9	0.9	40.6	15.7	27.0	27.5
77.2	1.9	40.4	28.4	35.6	36.4
72.5	3.5	42.0	22.0	34.5	31.0
71.9	**2.4**	**43.7**	**28.2**	**30.5**	**32.3**
74.7	3.0	44.8	31.8	36.4	34.0
78.8	3.4	48.2	37.2	41.4	39.3
74.0	2.3	42.9	29.1	33.9	31.1
69.3	2.1	42.7	25.1	26.5	31.2
73.6	2.4	44.8	30.2	32.1	31.5
64.9	**4.5**	**39.6**	**20.1**	**11.9**	**23.9**

5-5 续表 2

项　目	开展产品或工艺创新活动的企业数（个）	内部研发	外部研发
四、按地区分			
东部地区	18608	75.6	13.9
中部地区	5057	77.0	15.9
西部地区	2980	69.7	17.9
东北地区	689	63.1	21.5
北　京	754	63.3	19.4
天　津	348	66.1	16.1
河　北	433	68.1	18.0
山　西	136	58.1	24.3
内蒙古	70	62.9	17.1
辽　宁	369	67.5	17.3
吉　林	193	54.4	24.9
黑龙江	127	63.8	28.3
上　海	774	64.7	14.1
江　苏	4274	84.4	14.9
浙　江	2627	77.5	18.2
安　徽	1141	76.2	17.6
福　建	881	85.2	17.5
江　西	1041	80.5	11.6
山　东	1088	79.5	21.4
河　南	643	85.4	16.5
湖　北	941	72.7	17.4
湖　南	1155	75.6	15.4
广　东	7374	71.4	9.0
广　西	174	57.5	15.5
海　南	55	60.0	50.9
重　庆	584	75.5	14.6
四　川	1023	73.7	19.5
贵　州	293	61.1	13.7
云　南	173	74.6	24.3
西　藏	6	66.7	33.3
陕　西	490	63.9	17.8
甘　肃	70	58.6	22.9
青　海	30	83.3	16.7
宁　夏	40	80.0	15.0
新　疆	27	55.6	44.4

在开展产品或工艺创新活动企业中，有下列活动形式的企业占比(%)					
获得机器设备和软件	从外部获取相关技术	相关培训	市场推介	相关设计	其　他创新活动
75.6	2.8	45.5	23.7	27.5	32.7
73.7	2.4	40.9	19.2	21.0	24.2
69.0	3.0	45.2	22.4	23.0	30.3
70.1	3.2	46.3	22.4	23.8	29.6
77.1	2.5	48.8	30.2	28.4	38.2
56.3	2.3	49.1	28.2	24.7	41.1
83.4	3.2	44.3	21.7	22.6	27.0
76.5	3.7	41.9	19.1	22.1	21.3
65.7		34.3	10.0	10.0	28.6
56.1	2.4	47.7	20.9	23.8	29.5
89.6	3.1	42.0	21.2	24.4	28.0
81.1	5.5	48.8	28.3	22.8	32.3
64.2	1.8	52.1	26.5	28.0	38.9
78.3	2.8	41.2	17.4	19.2	27.3
61.5	2.9	36.8	19.7	23.8	26.0
66.2	3.2	52.2	22.8	26.6	30.1
40.0	3.2	46.4	23.7	27.2	30.6
87.2	2.0	39.8	17.0	20.4	26.0
48.1	3.5	44.7	24.4	25.3	28.8
42.5	2.5	38.9	20.5	22.1	22.6
81.7	2.3	43.6	21.5	20.8	25.4
79.5	1.9	29.5	15.0	15.4	17.2
88.8	2.9	49.9	27.8	34.3	37.7
75.9	2.3	45.4	20.1	23.6	38.5
80.0	1.8	41.8	14.5	25.5	27.3
54.1	3.1	45.0	20.7	23.6	26.2
77.9	3.2	45.1	23.6	23.1	30.1
61.8	2.4	42.3	19.5	17.1	25.6
82.7	4.6	52.6	27.2	33.5	31.8
66.7		16.7	16.7	16.7	16.7
66.1	2.9	49.0	25.1	25.7	35.5
51.4	5.7	38.6	25.7	25.7	21.4
76.7		26.7	16.7	10.0	20.0
77.5		45.0	22.5	12.5	47.5
81.5	7.4	44.4	14.8	7.4	40.7

5-6 规模以上工业企业

项　　目	创新费用支出合计(亿元)	1.内部研发经费支出	所占比重(%)
总　计	**23184.6**	**13971.1**	**60.3**
#国有及国有控股	7064.2	3269.5	46.3
一、按规模分			
大型企业	12701.3	6737.9	53.0
中型企业	4789.6	3259.1	68.0
小型企业	5495.2	3867.6	70.4
微型企业	198.3	106.6	53.8
二、按登记注册类型分			
内资企业	18570.5	11219.0	60.4
国有企业	197.2	83.2	42.2
集体企业	8.7	5.7	65.5
股份合作企业	8.5	6.3	74.1
联营企业	0.5	0.4	80.0
#国有联营企业	0.2	0.1	50.0
有限责任公司	8095.3	4449.8	55.0
#国有独资公司	1889.7	623.3	33.0
股份有限公司	3507.1	2139.1	61.0
私营企业	6730.8	4516.7	67.1
其他企业	22.3	17.6	78.9
港、澳、台商投资企业	1779.2	1138.4	64.0
合资经营企业	659.9	418.2	63.4
合作经营企业	19.6	13.9	70.9
港、澳、台商独资经营企业	983.7	634.7	64.5
港、澳、台商投资股份有限公司	108.0	65.9	61.0
其他港、澳、台投资企业	7.9	5.6	70.9
外商投资企业	2834.8	1613.8	56.9
中外合资经营企业	1607.5	844.7	52.5
中外合作经营企业	26.5	17.8	67.2
外资企业	1051.2	665.3	63.3
外商投资股份有限公司	122.4	71.0	58.0
其他外商投资企业	27.3	15.0	54.9
三、按行业分			
采矿业	**519.9**	**288.1**	**55.4**
煤炭开采和洗选业	244.9	109.2	44.6
石油和天然气开采业	144.2	93.8	65.0
黑色金属矿采选业	24.8	13.4	54.0
有色金属矿采选业	38.6	21.8	56.5

创新费用支出情况

2.外部研发经费支出	所占比重(%)	3.获得机器设备和软件经费支出	所占比重(%)	4.从外部获取相关技术经费支出	所占比重(%)
893.0	**3.9**	**7306.4**	**31.5**	**1014.1**	**4.4**
312.8	4.4	3006.8	42.6	475.1	6.7
616.6	4.9	4454.8	35.1	892.0	7.0
152.9	3.2	1298.2	27.1	79.4	1.7
115.0	2.1	1477.2	26.9	35.4	0.6
8.4	4.2	76.0	38.3	7.3	3.7
705.7	3.8	5950.6	32.0	695.2	3.7
14.7	7.5	98.9	50.2	0.4	0.2
0.1	1.1	2.9	33.3		
		2.2	25.9		
		0.1	20.0		
		0.1	50.0		
332.8	4.1	3043.8	37.6	268.9	3.3
80.4	4.3	1040.4	55.1	145.6	7.7
146.3	4.2	1134.5	32.3	87.2	2.5
211.1	3.1	1664.5	24.7	338.5	5.0
0.8	3.6	3.7	16.6	0.2	0.9
57.3	3.2	552.1	31.0	31.4	1.8
17.8	2.7	207.2	31.4	16.7	2.5
0.1	0.5	5.6	28.6		
37.1	3.8	298.2	30.3	13.7	1.4
2.4	2.2	38.7	35.8	1.0	0.9
		2.3	29.1		
130.0	4.6	803.6	28.3	287.4	10.1
59.8	3.7	467.1	29.1	235.9	14.7
0.5	1.9	8.1	30.6	0.1	0.4
63.5	6.0	275.6	26.2	46.8	4.5
4.8	3.9	42.8	35.0	3.8	3.1
1.4	5.1	10.1	37.0	0.8	2.9
27.6	**5.3**	**200.3**	**38.5**	**3.9**	**0.8**
9.3	3.8	123.6	50.5	2.8	1.1
13.9	9.6	35.8	24.8	0.7	0.5
0.9	3.6	10.4	41.9	0.1	0.4
1.4	3.6	15.3	39.6	0.1	0.3

5-6　续表 1

项　　目	创新费用支出合计(亿元)	1.内部研发经费支出	所占比重(%)
非金属矿采选业	28.6	18.6	65.0
开采专业及辅助性活动	38.6	31.2	80.8
其他采矿业	0.1		
制造业	**22231.3**	**13538.5**	**60.9**
农副食品加工业	364.2	262.0	71.9
食品制造业	257.3	156.2	60.7
酒、饮料和精制茶制造业	173.0	107.6	62.2
烟草制品业	163.5	30.4	18.6
纺织业	365.2	265.9	72.8
纺织服装、服饰业	140.8	105.6	75.0
皮革、毛皮、羽毛及其制品和制鞋业	104.2	80.3	77.1
木材加工和木、竹、藤、棕、草制品业	81.9	63.2	77.2
家具制造业	106.3	73.6	69.2
造纸和纸制品业	233.4	157.7	67.6
印刷和记录媒介复制业	138.4	79.6	57.5
文教、工美、体育和娱乐用品制造业	162.0	118.2	73.0
石油煤炭及其他燃料加工业	437.6	184.7	42.2
化学原料和化学制品制造业	1379.3	923.4	66.9
医药制造业	979.6	609.6	62.2
化学纤维制造业	182.1	123.7	67.9
橡胶和塑料制品业	545.3	357.6	65.6
非金属矿物制品业	758.0	520.1	68.6
黑色金属冶炼和压延加工业	1892.4	886.3	46.8
有色金属冶炼和压延加工业	736.4	479.8	65.2
金属制品业	674.2	466.4	69.2
通用设备制造业	1162.7	822.9	70.8
专用设备制造业	1045.8	776.7	74.3
汽车制造业	2787.3	1289.6	46.3
铁路、船舶、航空航天和其他运输设备制造业	763.7	429.1	56.2
电气机械和器材制造业	1947.8	1406.2	72.2
计算机、通信和其他电子设备制造业	4197.8	2448.1	58.3
仪器仪表制造业	324.4	229.1	70.6
其他制造业	60.3	39.8	66.0
废弃资源综合利用业	40.2	28.2	70.1
金属制品、机械和设备修理业	26.2	17.1	65.3
电力、热力、燃气及水生产和供应业	**433.7**	**144.5**	**33.3**
电力、热力生产和供应业	362.9	113.0	31.1
燃气生产和供应业	42.4	17.0	40.1
水的生产和供应业	28.1	14.4	51.2

2.外部研发经费支出	所占比重(%)	3.获得机器设备和软件经费支出	所占比重(%)	4.从外部获取相关技术经费支出	所占比重(%)
0.4	1.4	9.6	33.6		
1.7	4.4	5.6	14.5	0.1	0.3
		0.1	100.0		
828.8	**3.7**	**6861.4**	**30.9**	**1002.6**	**4.5**
4.7	1.3	95.8	26.3	1.7	0.5
5.8	2.3	89.7	34.9	5.6	2.2
3.2	1.9	60.9	35.2	1.3	0.8
4.5	2.8	89.7	54.9	38.9	23.8
3.3	0.9	90.8	24.9	5.2	1.4
1.0	0.7	33.4	23.7	0.8	0.6
2.4	2.3	21.3	20.4	0.2	0.2
0.5	0.6	18.1	22.1	0.1	0.1
1.5	1.4	30.9	29.1	0.3	0.3
0.8	0.3	73.8	31.6	1.1	0.5
0.8	0.6	53.7	38.8	4.3	3.1
1.9	1.2	40.4	24.9	1.5	0.9
4.8	1.1	234.0	53.5	14.1	3.2
25.9	1.9	410.6	29.8	19.4	1.4
110.6	11.3	229.5	23.4	29.9	3.1
1.5	0.8	54.0	29.7	2.9	1.6
8.8	1.6	166.9	30.6	12.0	2.2
5.3	0.7	227.0	29.9	5.6	0.7
9.8	0.5	923.5	48.8	72.8	3.8
5.4	0.7	243.1	33.0	8.1	1.1
4.9	0.7	197.2	29.2	5.7	0.8
27.3	2.3	288.8	24.8	23.7	2.0
21.4	2.0	237.6	22.7	10.1	1.0
149.3	5.4	1031.0	37.0	317.4	11.4
86.8	11.4	190.7	25.0	57.1	7.5
35.9	1.8	463.4	23.8	42.3	2.2
284.0	6.8	1149.2	27.4	316.5	7.5
12.6	3.9	79.5	24.5	3.2	1.0
3.1	5.1	17.2	28.5	0.2	0.3
0.7	1.7	11.2	27.9	0.1	0.2
0.2	0.8	8.4	32.1	0.5	1.9
36.7	**8.5**	**244.8**	**56.4**	**7.7**	**1.8**
36.0	9.9	206.4	56.9	7.5	2.1
0.4	0.9	25.0	59.0		
0.2	0.7	13.5	48.0		

5-6 续表 2

项　目	创新费用支出合计(亿元)	1.内部研发经费支出	所占比重(%)
四、按地区分			
东部地区	14750.6	9143.4	62.0
中部地区	4370.7	2823.2	64.6
西部地区	2776.8	1554.4	56.0
东北地区	1286.6	450.1	35.0
北　京	494.1	285.2	57.7
天　津	304.7	213.4	70.0
河　北	710.7	438.6	61.7
山　西	269.3	138.1	51.3
内蒙古	177.8	118.4	66.6
辽　宁	525.9	310.2	59.0
吉　林	616.9	68.4	11.1
黑龙江	143.9	71.5	49.7
上　海	1240.3	590.7	47.6
江　苏	3148.2	2206.2	70.1
浙　江	1798.5	1274.2	70.8
安　徽	932.9	576.5	61.8
福　建	795.4	598.5	75.2
江　西	543.9	320.2	58.9
山　东	1680.1	1210.9	72.1
河　南	800.4	608.7	76.0
湖　北	897.6	586.5	65.3
湖　南	926.6	593.1	64.0
广　东	4556.0	2314.9	50.8
广　西	329.0	104.5	31.8
海　南	22.9	10.8	47.2
重　庆	472.7	335.9	71.1
四　川	630.3	387.9	61.5
贵　州	182.9	91.0	49.8
云　南	259.7	129.8	50.0
西　藏	1.4	0.6	42.9
陕　西	375.5	240.8	64.1
甘　肃	120.8	50.6	41.9
青　海	25.0	9.4	37.6
宁　夏	94.1	41.6	44.2
新　疆	107.5	44.1	41.0

2.外部研发经费支出	所占比重(%)	3.获得机器设备和软件经费支出	所占比重(%)	4.从外部获取相关技术经费支出	所占比重(%)
620.8	4.2	4221.6	28.6	764.8	5.2
130.5	3.0	1354.8	31.0	62.2	1.4
100.2	3.6	1041.4	37.5	80.8	2.9
41.5	3.2	688.6	53.5	106.4	8.3
29.0	5.9	149.2	30.2	30.7	6.2
15.0	4.9	70.9	23.3	5.4	1.8
17.7	2.5	245.1	34.5	9.3	1.3
9.7	3.6	117.6	43.7	3.9	1.4
4.4	2.5	50.5	28.4	4.5	2.5
14.3	2.7	170.8	32.5	30.6	5.8
20.1	3.3	460.1	74.6	68.3	11.1
7.1	4.9	57.8	40.2	7.5	5.2
66.7	5.4	398.3	32.1	184.6	14.9
96.5	3.1	808.5	25.7	37.0	1.2
52.2	2.9	438.0	24.4	34.1	1.9
28.3	3.0	320.1	34.3	8.0	0.9
20.3	2.6	159.6	20.1	17.0	2.1
8.6	1.6	200.3	36.8	14.8	2.7
61.3	3.6	364.2	21.7	43.7	2.6
17.3	2.2	164.1	20.5	10.3	1.3
37.1	4.1	264.9	29.5	9.1	1.0
29.6	3.2	287.8	31.1	16.1	1.7
259.6	5.7	1579.2	34.7	402.3	8.8
7.4	2.2	214.4	65.2	2.7	0.8
2.7	11.8	8.8	38.4	0.6	2.6
14.6	3.1	110.5	23.4	11.7	2.5
25.3	4.0	202.1	32.1	15.0	2.4
5.8	3.2	73.6	40.2	12.5	6.8
9.1	3.5	100.8	38.8	20.0	7.7
		0.8	57.1		
24.2	6.4	105.4	28.1	5.1	1.4
1.6	1.3	59.9	49.6	8.7	7.2
0.4	1.6	15.1	60.4	0.1	0.4
1.5	1.6	50.9	54.1	0.1	0.1
5.8	5.4	57.2	53.2	0.4	0.4

5-7 规模以上高技术产业(制造业)

项　　目	创新费用支出合计(亿元)	1.内部研发经费支出	所占比重(%)
总　计	**6348.1**	**3804.0**	**59.9**
#国有及国有控股	1180.4	746.8	63.3
一、按规模分			
大型企业	4021.2	2263.6	56.3
中型企业	1230.2	814.2	66.2
小型企业	1043.8	696.8	66.8
微型企业	53.0	29.4	55.5
二、按登记注册类型分			
内资企业	4980.3	2942.6	59.1
#国有企业	40.2	24.6	61.2
集体企业	0.9	0.8	88.9
股份合作企业	1.1	0.7	63.6
联营企业	0.1		
有限责任公司	2331.4	1395.9	59.9
#国有独资公司	208.9	99.5	47.6
股份有限公司	971.1	681.1	70.1
私营企业	1635.7	839.5	51.3
港、澳、台商投资企业	695.3	435.0	62.6
合资经营企业	184.5	115.5	62.6
合作经营企业	1.1	0.7	63.6
港、澳、台商独资经营企业	451.2	288.5	63.9
港、澳、台商投资股份有限公司	56.9	29.5	51.8
其他港、澳、台投资企业	1.7	0.8	47.1
外商投资企业	672.4	426.3	63.4
中外合资经营企业	229.1	139.6	60.9
中外合作经营企业	6.9	3.1	44.9
外资企业	410.6	268.2	65.3
外商投资股份有限公司	18.3	11.8	64.5
其他外商投资企业	7.4	3.7	50.0
三、按高技术行业(制造业)分			
#医药制造业	**979.6**	**609.6**	**62.2**
#化学药品制造	541.7	326.3	60.2
中成药生产	157.3	91.1	57.9
生物药品制品制造	175.9	122.7	69.8

创新费用支出情况

2.外部研发经费支出	所占比重(%)	3.获得机器设备和软件经费支出	所占比重(%)	4.从外部获取相关技术经费支出	所占比重(%)
474.5	**7.5**	**1673.6**	**26.4**	**396.0**	**6.2**
103.6	8.8	279.3	23.7	50.7	4.3
326.6	8.1	1075.5	26.7	355.5	8.8
90.8	7.4	299.4	24.3	25.8	2.1
52.8	5.1	282.9	27.1	11.3	1.1
4.3	8.1	15.9	30.0	3.4	6.4
400.8	8.0	1267.4	25.4	369.5	7.4
3.1	7.7	12.4	30.8	0.1	0.2
		0.1	11.1		
		0.4	36.4		
		0.1	100.0		
181.7	7.8	692.7	29.7	61.1	2.6
25.3	12.1	55.9	26.8	28.2	13.5
54.1	5.6	222.3	22.9	13.6	1.4
161.8	9.9	339.5	20.8	294.9	18.0
36.1	5.2	212.9	30.6	11.3	1.6
8.3	4.5	56.2	30.5	4.5	2.4
		0.4	36.4		
26.2	5.8	130.5	28.9	6.0	1.3
1.6	2.8	25.0	43.9	0.8	1.4
		0.9	52.9		
37.6	5.6	193.4	28.8	15.1	2.2
9.8	4.3	73.1	31.9	6.6	2.9
0.1	1.4	3.7	53.6		
25.4	6.2	109.2	26.6	7.8	1.9
1.6	8.7	4.9	26.8		
0.7	9.5	2.3	31.1	0.7	9.5
110.6	**11.3**	**110.6**	**23.4**	**29.9**	**3.1**
67.2	12.4	67.2	23.2	22.6	4.2
20.3	12.9	20.3	28.1	1.6	1.0
18.9	10.7	18.9	17.5	3.5	2.0

5-7 续表 1

项 目	创新费用支出合计(亿元)	1.内部研发经费支出	所占比重(%)
电子及通信设备制造业	**4175.4**	**2435.0**	**58.3**
#电子工业专用设备制造	69.5	51.7	74.4
光纤、光缆制造及锂离子电池制造	234.2	166.5	71.1
#锂离子电池制造	195.2	135.7	69.5
通信设备制造、雷达及配套设备制造	1845.2	901.8	48.9
#通信系统设备制造	1076.5	673.4	62.6
通信终端设备制造	747.5	214.2	28.7
雷达及配套设备制造	21.1	14.2	67.3
广播电视设备制造	47.3	35.5	75.1
非专业视听设备制造	169.9	111.1	65.4
电子器件制造	899.2	590.9	65.7
#电子真空器件制造	31.4	20.5	65.2
半导体分立器件制造	32.8	20.9	63.8
集成电路制造	325.2	213.1	65.5
光电子器件制造	127.6	88.3	69.2
电子元件及电子专用材料制造	636.4	398.9	62.7
#电阻电容电感元件制造	73.6	46.5	63.3
电子专用材料制造	111.3	75.2	67.5
电子电路制造	219.2	113.4	51.7
智能消费设备制造	156.2	104.4	66.9
其他电子设备制造	117.4	74.2	63.2
计算机及办公设备制造业	**343.8**	**243.5**	**70.8**
#计算机整机制造	149.5	104.5	69.9
计算机零部件制造	67.1	45.9	68.5
计算机外围设备制造	51.7	38.7	74.8
办公设备制造	24.2	17.1	70.7
医疗仪器设备及仪器仪表制造业	**469.9**	**330.5**	**70.3**
#医疗仪器设备及器械制造	156.8	108.9	69.4
#医疗诊断、监护及治疗设备制造	79.6	52.7	66.2
医疗、外科及兽医用器械制造	31.7	24.1	76.1
通用仪器仪表制造	199.5	148.6	74.5
专用仪器仪表制造	64.3	42.0	65.3
信息化学品制造业	**17.3**	**12.1**	**70.0**

2.外部研发经费支出	所占比重(%)	3.获得机器设备和软件经费支出	所占比重(%)	4.从外部获取相关技术经费支出	所占比重(%)
273.1	**6.5**	**273.1**	**27.6**	**316.7**	**7.6**
1.4	2.1	1.4	23.3	0.1	0.2
3.9	1.7	3.9	26.4	1.9	0.8
3.4	1.8	3.4	27.8	1.7	0.9
188.2	10.2	188.2	25.4	285.6	15.5
62.0	5.8	62.0	31.6	0.7	0.1
125.2	16.8	125.2	16.5	284.9	38.1
1.0	4.8	1.0	27.8	0.0	0.1
0.9	2.0	0.9	22.0	0.4	0.9
7.8	4.6	7.8	29.3	1.1	0.7
33.7	3.7	33.7	28.6	17.6	2.0
0.3	1.0	0.3	32.7	0.3	1.1
0.6	1.7	0.6	34.4	0.1	0.2
17.7	5.4	17.7	25.9	10.2	3.1
4.5	3.5	4.5	26.9	0.6	0.5
12.6	2.0	12.6	34.1	7.9	1.2
1.0	1.4	1.0	35.0	0.3	0.4
1.2	1.1	1.2	31.1	0.4	0.3
2.2	1.0	2.2	44.9	5.2	2.4
21.1	13.5	21.1	18.7	1.4	0.9
3.3	2.8	3.3	33.5	0.6	0.5
16.9	**4.9**	**16.9**	**23.7**	**2.0**	**0.6**
8.1	5.4	8.1	24.4	0.4	0.3
3.6	5.3	3.6	25.4	0.5	0.7
1.7	3.2	1.7	21.2	0.4	0.8
0.9	3.7	0.9	25.2	0.1	0.5
19.2	**4.1**	**19.2**	**23.9**	**7.7**	**1.6**
6.8	4.3	6.8	23.4	4.5	2.8
4.9	6.2	4.9	22.8	3.8	4.8
0.5	1.5	0.5	21.9	0.2	0.5
8.4	4.2	8.4	20.4	1.7	0.8
2.3	3.6	2.3	28.9	1.4	2.2
0.2	**1.3**	**0.2**	**26.7**	**0.3**	**2.0**

5-7 续表 2

项 目	创新费用支出合计(亿元)	1.内部研发经费支出	所占比重(%)
四、按地区分			
东部地区	4900.2	2847.2	58.1
中部地区	769.8	534.3	69.4
西部地区	577.0	366.8	63.6
东北地区	101.0	55.6	55.1
北 京	231.3	147.3	63.7
天 津	77.7	52.5	67.6
河 北	61.7	34.0	55.1
山 西	20.3	13.3	65.5
内蒙古	7.0	4.7	67.1
辽 宁	56.9	37.5	65.9
吉 林	19.3	8.0	41.5
黑龙江	24.9	10.1	40.6
上 海	271.0	163.5	60.3
江 苏	801.8	570.6	71.2
浙 江	405.3	297.3	73.4
安 徽	167.6	113.8	67.9
福 建	250.7	178.0	71.0
江 西	129.7	82.6	63.7
山 东	270.9	195.9	72.3
河 南	103.8	85.9	82.8
湖 北	210.4	152.9	72.7
湖 南	138.1	85.9	62.2
广 东	2520.4	1204.0	47.8
广 西	10.4	5.0	48.1
海 南	9.0	4.0	44.4
重 庆	89.9	68.9	76.6
四 川	222.4	134.8	60.6
贵 州	46.7	24.9	53.3
云 南	15.5	9.0	58.1
西 藏	0.5	0.4	80.0
陕 西	155.6	97.8	62.9
甘 肃	11.8	8.9	75.4
青 海	2.4	1.4	58.3
宁 夏	10.9	9.0	82.6
新 疆	3.8	2.2	57.9

2.外部研发经费支出	所占比重(%)	3.获得机器设备和软件经费支出	所占比重(%)	4.从外部获取相关技术经费支出	所占比重(%)
379.8	7.8	1298.4	26.5	374.8	7.6
44.2	5.7	184.7	24.0	6.6	0.9
40.3	7.0	156.6	27.1	13.3	2.3
10.2	10.1	34.0	33.7	1.2	1.2
19.8	8.6	52.3	22.6	11.9	5.1
10.8	13.9	13.5	17.4	0.9	1.2
6.9	11.2	17.0	27.6	3.8	6.2
1.4	6.9	5.4	26.6	0.2	1.0
0.3	4.3	2.0	28.6		
5.1	9.0	13.6	23.9	0.7	1.2
2.2	11.4	8.7	45.1	0.4	2.1
2.9	11.6	11.8	47.4	0.1	0.4
27.6	10.2	56.0	20.7	23.9	8.8
40.4	5.0	181.0	22.6	9.8	1.2
23.4	5.8	78.6	19.4	6.0	1.5
11.3	6.7	41.1	24.5	1.4	0.8
8.7	3.5	56.1	22.4	7.9	3.2
4.6	3.5	42.1	32.5	0.4	0.3
23.5	8.7	42.1	15.5	9.4	3.5
3.5	3.4	13.2	12.7	1.2	1.2
16.7	7.9	39.6	18.8	1.2	0.6
6.7	4.9	43.3	31.4	2.2	1.6
216.1	8.6	799.4	31.7	300.9	11.9
1.1	10.6	3.9	37.5	0.4	3.8
2.5	27.8	2.3	25.6	0.2	2.2
2.9	3.2	16.3	18.1	1.8	2.0
13.8	6.2	65.7	29.5	8.1	3.6
2.9	6.2	18.5	39.6	0.4	0.9
1.5	9.7	4.6	29.7	0.4	2.6
		0.1	20.0		
17.3	11.1	38.8	24.9	1.7	1.1
0.1	0.8	2.6	22.0	0.2	1.7
		1.0	41.7		
0.1	0.9	1.8	16.5		
0.2	5.3	1.2	31.6	0.2	5.3

六、规模（限额）以上企业产品或工艺创新信息来源及创新合作情况（2019年）

6-1 规模(限额)以上企业产品或

项　　目	开展产品或工艺创新活动企业数(个)				
		企业内部信　　息	企业集团内部信息	来自高等学校的信息	来自研究机构的信息
总　计	**251432**	**37.4**	**11.3**	**6.9**	**9.2**
#国有及国有控股	19730	36.5	38.2	9.3	11.8
一、按规模分					
大型企业	13536	38.3	33.2	9.9	13.3
中型企业	47967	38.2	18.9	7.5	9.9
小型企业	179166	37.3	7.8	6.7	8.9
微型企业	10763	34.6	9.2	5.0	6.6
二、按登记注册类型分					
内资企业	224509	37.4	9.9	7.2	9.4
国有企业	1420	38.2	27.0	9.9	12.2
集体企业	447	36.9	7.2	4.3	9.2
股份合作企业	404	41.6	2.5	5.4	10.4
联营企业	34	44.1	20.6	11.8	11.8
#国有联营企业	8	25.0	50.0		
有限责任公司	57582	37.1	20.6	7.7	10.5
#国有独资公司	4170	35.1	40.6	9.9	12.2
股份有限公司	12080	37.5	13.6	11.8	14.3
私营企业	152532	37.4	5.4	6.6	8.6
其他企业	10	20.0	20.0		10.0
港、澳、台商投资企业	12463	37.8	18.2	5.1	8.1
合资经营企业	3843	38.5	16.6	6.9	9.1
合作经营企业	168	29.8	18.5	7.1	8.9
港、澳、台商独资经营企业	7965	37.5	18.9	3.9	7.4
港、澳、台商投资股份有限公司	362	38.7	17.1	9.4	13.5
其他港、澳、台投资企业	125	36.0	25.6	9.6	8.8
外商投资企业	14460	37.3	27.5	4.4	7.1
中外合资经营企业	5253	37.9	22.0	5.9	8.5
中外合作经营企业	197	41.6	29.4	6.1	8.6
外资企业	8511	36.8	30.9	3.2	6.2
外商投资股份有限公司	300	37.3	22.7	11.0	9.3
其他外商投资企业	199	40.2	35.2	3.0	7.0
三、按行业分					
采矿业	1866	34.6	20.5	12.5	14.8
制造业	182828	37.6	8.9	7.0	9.8
电力、热力、燃气及水生产和供应业	2811	32.8	32.6	7.4	11.6
建筑业	8356	38.4	19.0	9.9	10.8
批发和零售业	21852	35.2	16.7	4.4	5.1
交通运输、仓储和邮政业	3347	37.6	23.5	3.3	4.9
信息传输、软件和信息技术服务业	15104	38.1	14.8	5.5	6.9

工艺创新信息来源情况

在开展产品或工艺创新活动企业中，下列信息对创新影响较大的企业占比(%)									
来自政府部门的信息	来自行业协会的信息	来自供应商的信息	来自客户的信息	来自竞争对手或同行业企业的信息	来自市场咨询机构的信息	来自展会的信息	来自文献、期刊的信息	来自互联网的信息	其他
15.2	**18.3**	**19.5**	**45.6**	**22.6**	**7.0**	**15.9**	**3.2**	**12.6**	**5.1**
23.4	22.6	15.5	37.8	24.7	6.5	7.4	5.0	9.5	4.1
21.8	23.3	14.9	42.9	28.6	9.4	9.3	5.1	10.7	3.0
17.6	20.3	18.5	46.1	25.0	8.4	14.9	3.8	13.7	4.6
14.1	17.5	20.1	46.1	21.8	6.5	17.0	3.0	12.3	5.2
15.9	15.5	20.3	37.8	19.0	6.0	11.1	2.4	15.1	8.5
15.8	18.8	19.5	44.9	22.3	6.9	15.7	3.2	12.9	5.3
29.2	22.5	16.1	33.3	17.2	4.9	5.8	4.7	10.6	6.8
24.6	23.0	19.0	31.5	17.0	3.4	7.8	1.1	12.3	7.6
9.4	22.5	15.3	47.5	21.3	6.2	13.9	2.5	10.9	7.2
38.2	17.6	26.5	29.4	17.6	5.9	2.9	5.9	2.9	
25.0	25.0	25.0	37.5	25.0	12.5	12.5	12.5		
18.7	19.9	18.2	42.6	23.6	7.2	11.9	4.0	12.6	5.2
25.3	24.1	15.0	33.9	23.5	6.4	5.6	4.9	9.8	4.2
20.3	21.9	14.9	48.3	27.6	8.7	15.8	4.8	12.5	3.4
14.2	18.0	20.3	45.6	21.4	6.7	17.2	2.8	13.1	5.4
40.0	50.0		40.0	40.0		10.0	10.0	30.0	10.0
10.8	15.1	20.7	50.4	25.9	7.3	19.6	3.0	11.0	3.7
12.3	17.5	19.7	47.9	26.2	7.3	19.7	3.3	10.0	3.9
8.3	11.9	20.8	47.0	24.4	7.1	21.4	1.8	10.7	0.6
9.8	13.8	21.2	51.8	25.6	7.3	19.4	2.8	11.6	3.7
15.2	21.0	17.7	48.1	31.8	8.0	22.4	6.1	10.2	2.8
19.2	10.4	27.2	48.8	20.0	8.8	15.2	0.8	9.6	5.6
10.1	13.8	19.9	52.1	25.9	7.5	16.9	3.0	8.8	3.9
12.0	15.9	19.9	50.7	27.6	7.2	17.7	3.7	9.4	3.4
15.2	17.3	18.3	42.6	19.3	6.6	9.6	1.5	9.1	3.6
8.6	12.2	20.0	53.3	24.8	7.6	16.6	2.5	8.2	4.1
13.3	20.7	17.7	49.7	29.0	10.3	18.3	4.3	11.0	4.3
12.1	12.6	18.6	52.3	27.1	9.5	15.1	2.0	10.6	8.0
16.8	14.7	22.0	18.0	13.5	3.8	3.0	3.5	6.6	7.0
12.2	17.4	20.5	47.4	22.4	6.2	18.6	3.0	10.0	4.3
20.5	18.2	23.3	10.0	11.5	5.8	1.8	4.3	7.0	6.5
30.6	34.7	23.7	23.1	19.3	8.2	5.6	6.2	20.0	7.9
17.2	17.2	23.1	50.2	25.1	9.6	16.7	2.2	22.5	10.0
25.1	21.9	15.7	35.1	23.8	8.1	4.0	1.6	18.0	9.6
25.7	16.0	9.7	49.6	27.7	8.9	5.9	3.4	22.4	4.0

6-1 续表

项　　目	开展产品或工艺创新活动企业数（个）	企业内部信　　息	企业集团内部信息	来自高等学校的信息	来自研究机构的信息
租赁和商务服务业	4764	36.7	18.3	4.3	5.1
科学研究和技术服务业	9483	37.9	17.2	10.6	12.6
水利、环境和公共设施管理业	1021	37.5	17.0	11.2	11.7
四、按地区分					
东部地区	166749	37.9	10.7	6.3	8.7
中部地区	50033	36.2	10.2	8.6	10.1
西部地区	28687	36.4	15.5	7.3	10.3
东北地区	5963	37.6	16.8	9.0	11.0
北　京	9033	37.1	17.1	5.6	9.0
天　津	3750	37.8	20.5	6.6	8.3
河　北	5480	40.1	12.2	7.4	11.1
山　西	1794	36.7	18.7	10.7	12.3
内蒙古	979	38.8	27.8	7.5	14.5
辽　宁	3661	37.1	16.1	8.9	10.4
吉　林	1240	38.1	16.4	9.3	10.9
黑龙江	1062	38.5	19.6	8.9	12.9
上　海	8784	40.5	22.8	5.8	8.9
江　苏	39221	33.2	9.4	8.1	8.9
浙　江	34039	41.5	7.1	5.4	7.4
安　徽	10698	34.8	10.1	10.9	11.4
福　建	10354	41.6	9.5	6.3	8.4
江　西	6911	43.7	10.2	8.0	12.6
山　东	13729	38.6	12.7	9.7	11.7
河　南	8453	41.1	10.9	7.6	10.0
湖　北	10048	32.2	11.3	9.0	7.9
湖　南	12129	33.1	7.7	7.0	8.9
广　东	42029	37.6	9.5	4.3	8.4
广　西	2269	36.4	19.3	6.1	9.8
海　南	330	38.2	23.9	6.1	15.5
重　庆	4939	38.4	13.4	6.0	8.5
四　川	7654	35.6	13.2	7.9	9.9
贵　州	2773	36.8	13.0	6.2	11.5
云　南	2707	39.2	16.3	6.2	10.5
西　藏	85	44.7	18.8	8.2	10.6
陕　西	4187	34.1	14.4	9.3	10.2
甘　肃	1067	34.2	19.0	8.7	11.9
青　海	296	34.8	22.3	7.8	15.2
宁　夏	671	38.0	19.8	7.9	12.8
新　疆	1060	31.2	22.6	7.1	10.5

在开展产品或工艺创新活动企业中，下列信息对创新影响较大的企业占比(%)									
来自政府部门的信息	来自行业协会的信息	来自供应商的信息	来自客户的信息	来自竞争对手或同行业企业的信息	来自市场咨询机构的信息	来自展会的信息	来自文献、期刊的信息	来自互联网的信息	其他
24.0	19.9	9.7	41.6	23.7	12.5	6.6	2.7	22.8	6.3
27.5	26.4	10.2	35.6	20.5	9.4	5.7	7.5	12.2	4.7
32.8	19.6	14.1	28.6	16.8	10.3	5.5	6.0	15.8	7.2
14.1	18.1	19.4	48.0	23.7	7.3	17.8	3.2	12.5	4.6
16.0	18.6	19.3	39.0	18.6	5.8	12.0	3.0	11.7	5.4
20.0	19.3	21.3	43.1	23.8	7.6	12.1	3.8	14.7	7.5
17.7	17.2	17.6	43.0	20.2	5.8	14.0	4.1	12.7	6.2
19.3	19.3	13.0	48.3	26.9	8.2	9.5	4.3	16.3	2.7
18.1	21.0	19.5	49.8	25.5	7.7	14.4	4.1	12.9	3.7
18.1	17.5	19.5	45.0	20.8	6.5	16.8	3.4	14.5	6.5
21.6	16.2	21.3	36.7	20.5	6.7	12.4	4.8	15.8	7.5
22.2	18.2	20.6	30.2	21.0	7.4	9.6	3.9	15.1	8.0
15.9	17.9	17.2	45.8	21.0	5.4	14.5	3.9	11.1	4.2
19.2	16.0	19.2	39.8	20.3	7.5	13.0	4.3	14.0	8.4
22.5	15.9	17.1	37.3	17.3	5.5	13.7	4.7	16.9	10.5
16.4	21.5	17.6	54.7	29.6	9.4	16.6	4.3	14.2	3.7
11.7	17.0	17.4	40.5	19.6	5.3	14.0	2.5	8.5	3.4
11.8	17.5	19.1	51.9	22.7	7.1	23.7	2.5	12.8	5.5
17.4	18.2	19.3	46.0	21.9	7.2	14.4	3.0	11.9	3.9
14.9	18.7	21.8	45.7	21.3	6.7	17.7	3.3	15.4	8.2
17.3	21.4	21.0	41.1	17.8	6.0	14.9	3.4	12.7	6.7
18.3	18.5	18.9	44.3	21.0	7.0	15.1	3.5	12.3	5.8
17.5	18.3	21.4	40.5	19.9	6.6	11.7	3.7	13.6	5.2
14.2	19.1	19.8	38.6	19.4	5.0	11.0	2.9	11.7	7.2
13.6	17.6	16.1	31.4	14.4	4.5	9.4	2.2	9.0	4.4
14.0	18.1	22.8	52.6	28.3	8.9	20.1	3.5	13.8	3.9
19.7	20.6	22.8	46.4	26.4	8.2	12.5	3.5	14.1	8.2
25.8	17.6	20.3	35.5	21.5	9.7	8.8	4.8	16.1	8.2
18.0	21.4	21.3	48.9	25.0	6.4	12.6	2.8	13.5	6.9
18.4	20.8	19.7	46.5	25.4	7.8	13.7	4.1	14.2	6.4
19.3	13.8	21.0	35.1	18.7	7.0	8.8	3.0	13.3	9.5
22.4	15.9	24.2	43.1	23.3	8.5	11.7	4.1	16.6	7.2
20.0	11.8	30.6	36.5	24.7	15.3	4.7	4.7	10.6	9.4
20.7	20.0	20.6	43.8	23.5	7.3	13.1	4.2	17.1	7.0
22.8	18.6	22.4	33.0	21.1	6.7	10.1	4.3	14.3	8.7
28.7	18.9	20.6	30.7	21.3	11.5	7.8	4.4	16.6	11.1
26.8	19.2	23.2	34.7	23.8	9.4	11.8	4.3	13.3	7.9
22.2	18.9	23.0	35.3	23.4	9.8	10.8	4.4	14.9	9.7

6-2 规模以上工业企业产品或

项　　目	开展产品或工艺创新活动企业数（个）				
		企业内部信　　息	企业集团内部信息	来自高等学校的信息	来自研究机构的信息
总　计	**187505**	**37.5**	**9.3**	**7.1**	**9.8**
#国有及国有控股	10203	35.8	36.2	9.7	14.2
一、按规模分					
大型企业	6776	36.9	31.5	9.8	15.8
中型企业	27204	39.0	17.7	8.3	11.4
小型企业	147528	37.5	6.9	6.8	9.3
微型企业	5997	32.9	6.4	5.4	7.7
二、按登记注册类型分					
内资企业	164418	37.5	7.6	7.4	10.1
国有企业	441	39.5	31.1	10.0	15.0
集体企业	234	40.2	3.8	5.1	8.5
股份合作企业	351	41.6	1.7	4.3	10.0
联营企业	15	46.7		13.3	20.0
有限责任公司	36377	37.3	17.2	8.2	12.1
#国有独资公司	1890	34.3	38.7	10.1	14.6
股份有限公司	8474	36.8	11.5	12.9	16.1
私营企业	118521	37.6	4.4	6.8	9.1
其他企业	5	20.0	40.0		
港、澳、台商投资企业	10682	38.0	15.8	5.4	8.4
合资经营企业	3458	38.5	15.5	7.3	9.2
合作经营企业	145	31.7	15.9	7.6	9.0
港、澳、台商独资经营企业	6690	37.9	16.0	4.0	7.6
港、澳、台商投资股份有限公司	301	36.9	14.3	10.6	14.6
其他港、澳、台投资企业	88	37.5	18.2	11.4	11.4
外商投资企业	12405	37.1	26.2	4.4	7.2
中外合资经营企业	4621	37.7	21.6	6.1	8.5
中外合作经营企业	174	41.4	29.3	6.3	8.6
外资企业	7221	36.5	29.2	3.1	6.2
外商投资股份有限公司	239	36.4	19.2	11.7	10.0
其他外商投资企业	150	40.0	33.3	2.7	6.7
三、按行业分					
采矿业	**1866**	**34.6**	**20.5**	**12.5**	**14.8**
煤炭开采和洗选业	631	29.5	25.7	17.6	14.9
石油和天然气开采业	53	52.8	67.9	20.8	30.2
黑色金属矿采选业	210	37.1	12.9	8.1	11.9
有色金属矿采选业	328	40.9	27.4	13.7	25.3

工艺创新信息来源情况

在开展产品或工艺创新活动企业中，下列信息对创新影响较大的企业占比(%)									
来自政府部门的信息	来自行业协会的信息	来自供应商的信息	来自客户的信息	来自竞争对手或同行业企业的信息	来自市场咨询机构的信息	来自展会的信息	来自文献、期刊的信息	来自互联网的信息	其他
12.3	**17.4**	**20.5**	**46.6**	**22.2**	**6.2**	**18.2**	**3.0**	**10.0**	**4.4**
17.7	20.6	17.6	40.9	27.2	5.5	10.1	4.8	6.3	3.3
15.4	19.1	18.1	48.7	31.6	9.1	14.4	4.4	7.8	2.4
12.8	18.7	19.7	48.7	25.0	7.0	18.9	3.4	9.0	3.3
12.1	17.1	20.8	46.5	21.5	6.0	18.4	2.9	10.3	4.6
12.2	14.3	21.8	36.4	17.2	4.9	12.2	2.5	9.1	5.8
12.7	17.8	20.4	45.8	21.7	6.1	18.0	3.0	10.1	4.5
18.1	14.5	15.6	32.2	19.7	3.2	8.6	3.2	5.7	4.3
11.5	15.4	15.0	37.6	15.0	2.6	8.1	0.9	7.3	4.3
7.4	21.4	16.2	49.3	21.4	5.4	15.7	2.6	10.5	5.7
26.7	20.0	26.7	46.7	13.3	6.7		6.7		
14.6	18.6	20.2	44.6	24.0	6.3	14.9	3.8	9.3	4.4
17.5	21.7	16.4	38.8	26.8	4.6	7.9	4.1	5.6	3.2
16.8	22.2	16.0	49.8	28.0	8.0	19.4	4.9	10.3	3.1
11.9	17.2	20.9	45.9	20.6	6.0	18.9	2.6	10.4	4.6
60.0	40.0		20.0	40.0		20.0			20.0
10.1	15.2	21.7	51.2	25.5	6.7	21.2	3.0	9.9	3.5
11.8	17.1	20.2	48.3	25.4	6.9	20.2	3.2	9.5	3.8
7.6	12.4	21.4	47.6	24.1	8.3	24.1	1.4	9.0	0.7
9.0	14.0	22.5	52.8	25.3	6.4	21.6	2.8	10.3	3.5
12.6	22.6	18.6	50.2	31.2	9.3	25.2	6.3	8.6	2.7
17.0	13.6	27.3	47.7	19.3	6.8	18.2	1.1	11.4	4.5
9.0	13.5	20.9	52.8	25.6	6.8	17.9	2.8	7.9	3.8
10.8	15.9	20.7	51.1	27.3	6.5	18.6	3.5	8.4	3.5
13.8	16.1	20.1	41.4	18.4	5.7	10.9	1.7	7.5	4.0
7.6	11.7	21.1	54.2	24.4	6.9	17.6	2.4	7.4	3.9
10.5	19.2	19.7	54.0	29.7	10.5	18.8	4.6	10.9	3.8
13.3	12.0	20.7	54.0	28.0	7.3	16.7	2.0	10.0	7.3
16.8	**14.7**	**22.0**	**18.0**	**13.5**	**3.8**	**3.0**	**3.5**	**6.6**	**7.0**
19.7	15.7	25.7	10.9	12.2	2.9	3.6	3.0	7.4	8.1
13.2	18.9	11.3	7.5	17.0	7.5		11.3	7.5	5.7
16.7	8.1	23.3	19.0	15.7	6.7	1.9	2.9	5.2	6.7
14.9	15.9	21.0	13.4	10.7	3.7	1.8	5.8	5.8	6.4

6-2 续表 1

项 目	开展产品或工艺创新活动企业数(个)				
		企业内部信 息	企业集团内部信息	来自高等学校的信息	来自研究机构的信息
非金属矿采选业	573	32.8	8.2	7.5	8.9
开采专业及辅助性活动	66	45.5	30.3	9.1	10.6
其他采矿业	5	40.0		20.0	
制造业	**182828**	**37.6**	**8.9**	**7.0**	**9.8**
农副食品加工业	7623	35.8	10.8	10.3	10.5
食品制造业	3945	36.1	11.6	9.9	11.0
酒、饮料和精制茶制造业	2453	36.3	11.0	9.7	11.4
烟草制品业	78	43.6	43.6	3.8	16.7
纺织业	7855	34.4	3.8	5.7	6.3
纺织服装、服饰业	4272	35.2	5.3	3.3	5.0
皮革、毛皮、羽毛及其制品和制鞋业	3370	35.0	3.9	2.2	5.7
木材加工和木、竹、藤、棕、草制品业	2545	37.6	4.8	5.1	6.7
家具制造业	2805	36.3	4.6	2.6	6.4
造纸和纸制品业	2604	39.7	7.5	4.0	6.6
印刷和记录媒介复制业	2509	38.3	6.2	4.9	5.8
文教、工美、体育和娱乐用品制造业	4161	36.1	4.3	4.5	6.2
石油、煤炭及其他燃料加工业	798	35.1	17.8	10.5	19.5
化学原料和化学制品制造业	12269	37.0	10.6	11.4	13.9
医药制造业	5498	38.6	14.9	14.8	25.0
化学纤维制造业	1137	31.0	7.0	9.9	9.1
橡胶和塑料制品业	9610	38.1	5.8	5.4	8.1
非金属矿物制品业	12593	36.4	8.9	6.7	9.5
黑色金属冶炼和压延加工业	1946	37.5	9.8	6.6	11.5
有色金属冶炼和压延加工业	3653	39.2	10.0	9.8	11.9
金属制品业	12068	38.5	6.3	5.8	8.4
通用设备制造业	16205	39.6	7.7	6.9	9.1
专用设备制造业	13286	38.3	7.8	8.6	10.0
汽车制造业	9649	40.8	16.1	4.6	7.7
铁路、船舶、航空航天和其他运输设备制造业	2918	38.8	14.9	7.0	11.5
电气机械和器材制造业	17306	38.2	8.7	6.5	10.2
计算机、通信和其他电子设备制造业	13957	37.3	11.0	5.2	9.2
仪器仪表制造业	3935	37.3	9.6	8.7	10.1
其他制造业	885	34.2	5.8	4.7	7.8
废弃资源综合利用业	696	38.2	10.3	11.2	11.8
金属制品、机械和设备修理业	199	47.2	23.1	5.5	11.6
电力、热力、燃气及水生产和供应业	**2811**	**32.8**	**32.6**	**7.4**	**11.6**
电力、热力生产和供应业	1841	32.5	35.5	6.7	13.2
燃气生产和供应业	389	32.6	36.0	5.4	6.9
水的生产和供应业	581	33.7	21.2	10.7	9.8

在开展产品或工艺创新活动企业中，下列信息对创新影响较大的企业占比(%)									
来自政府部门的信息	来自行业协会的信息	来自供应商的信息	来自客户的信息	来自竞争对手或同行业企业的信息	来自市场咨询机构的信息	来自展会的信息	来自文献、期刊的信息	来自互联网的信息	其他
16.1	15.4	18.7	27.9	14.1	3.7	3.5	1.6	6.6	6.5
10.6	12.1	24.2	28.8	22.7	3.0	3.0	9.1	7.6	7.6
	20.0	20.0		20.0		20.0			
12.2	**17.4**	**20.5**	**47.4**	**22.4**	**6.2**	**18.6**	**3.0**	**10.0**	**4.3**
14.3	14.7	18.0	38.0	17.6	5.1	14.2	2.1	10.3	4.5
11.5	15.9	18.3	46.3	23.0	7.3	21.0	3.3	11.8	4.1
14.7	16.5	15.8	39.8	16.5	7.1	17.9	2.4	11.9	5.3
6.4	16.7	19.2	59.0	42.3	6.4	6.4	2.6	6.4	6.4
8.8	15.5	21.1	43.9	16.7	4.7	22.0	1.4	8.1	4.5
7.5	13.9	22.1	41.0	14.2	4.8	19.3	1.8	12.6	4.8
10.2	16.9	20.9	42.1	13.6	3.3	20.9	1.3	10.6	5.0
9.7	15.4	21.4	36.9	14.7	4.9	14.1	1.4	8.3	5.1
8.0	15.3	19.6	49.8	19.2	6.2	33.2	2.5	12.6	4.6
10.1	15.6	27.7	46.7	22.2	6.7	16.2	2.0	9.6	3.8
11.4	17.6	27.8	45.2	19.6	5.8	16.4	2.4	10.6	4.7
8.9	15.2	17.6	47.3	17.4	4.4	31.3	1.9	13.0	4.8
14.8	18.3	19.4	32.0	19.9	8.9	7.8	5.5	7.6	4.8
12.2	20.1	19.1	44.0	22.6	7.5	15.0	4.7	8.5	3.9
22.7	15.9	15.0	34.3	19.5	9.9	15.5	7.7	9.0	4.6
8.8	18.6	22.6	44.8	20.5	5.4	14.5	1.8	6.5	3.4
10.8	16.2	24.3	50.2	22.9	5.9	19.7	2.6	10.6	4.5
12.8	21.1	20.2	35.5	18.1	5.4	11.1	2.7	7.7	5.1
11.6	18.3	21.8	41.6	20.5	6.8	8.3	2.9	7.7	4.4
12.2	17.9	21.4	40.5	21.7	5.3	11.5	3.4	8.0	4.2
11.6	17.7	20.7	46.1	21.1	5.9	18.1	2.5	9.8	4.5
11.9	18.3	19.2	52.7	24.2	6.1	21.5	2.7	9.6	4.1
13.3	19.5	17.8	52.4	25.9	6.3	22.6	3.7	10.1	4.1
12.8	14.8	23.3	55.6	25.5	5.8	12.9	2.2	8.1	4.6
13.9	15.7	18.4	53.0	23.6	5.8	16.8	3.1	8.1	4.4
12.1	18.0	20.7	51.9	26.3	7.2	21.2	3.1	11.5	4.0
12.4	16.0	24.2	57.5	30.2	7.3	20.3	3.3	12.9	3.6
13.4	20.5	17.1	59.4	30.3	6.0	23.4	3.6	12.2	3.4
9.0	14.8	22.4	51.2	24.1	4.7	25.5	1.7	13.1	4.0
16.1	16.5	18.5	26.3	14.4	7.8	3.9	3.9	8.8	5.7
12.6	12.1	17.6	46.2	19.6	6.0	7.5	4.5	8.0	5.5
20.5	**18.2**	**23.3**	**10.0**	**11.5**	**5.8**	**1.8**	**4.3**	**7.0**	**6.5**
20.2	18.1	23.7	7.1	11.1	4.6	1.3	4.1	7.1	6.4
17.7	14.4	26.2	19.5	10.8	9.3	2.6	2.3	7.7	8.7
23.1	21.0	20.3	12.7	13.3	7.2	2.8	6.2	6.0	5.7

6-2 续表 2

项　目	开展产品或工艺创新活动企业数(个)				
		企业内部信　息	企业集团内部信息	来自高等学校的信息	来自研究机构的信息
四、按地区分					
东部地区	124157	38.1	8.7	6.3	9.1
中部地区	39528	36.0	8.7	8.8	10.8
西部地区	19402	37.1	13.7	7.9	12.1
东北地区	4418	37.4	15.2	9.4	12.6
北　京	2025	37.0	17.9	5.3	12.0
天　津	2365	38.7	19.6	6.4	8.5
河　北	4285	41.0	10.2	7.5	12.2
山　西	1207	37.8	17.3	11.8	14.7
内蒙古	655	38.8	29.6	9.2	18.8
辽　宁	2792	37.0	14.2	9.0	11.5
吉　林	880	38.9	16.1	10.6	13.5
黑龙江	746	37.3	17.6	9.7	15.4
上　海	4304	39.5	19.8	5.9	9.1
江　苏	33549	32.8	8.4	8.0	9.0
浙　江	29086	42.2	5.5	5.2	7.5
安　徽	8695	34.8	8.6	11.7	12.3
福　建	7468	42.0	8.2	6.6	9.4
江　西	5705	44.9	9.5	7.9	13.5
山　东	10332	39.1	11.1	10.4	13.0
河　南	5977	41.7	9.4	7.8	11.4
湖　北	7713	31.5	9.6	9.1	8.3
湖　南	10231	31.9	6.1	7.0	9.1
广　东	30591	38.1	7.9	4.1	8.5
广　西	1441	36.2	16.9	6.4	11.9
海　南	152	39.5	25.7	6.6	27.0
重　庆	3695	39.3	12.1	5.7	9.1
四　川	5283	36.1	10.9	8.7	11.8
贵　州	1971	37.5	10.3	6.7	13.2
云　南	1797	41.0	15.0	6.4	12.7
西　藏	35	45.7	14.3	8.6	25.7
陕　西	2540	33.9	12.8	10.9	12.3
甘　肃	704	34.5	18.2	9.1	15.2
青　海	173	37.0	22.5	9.2	20.8
宁　夏	518	40.2	18.3	8.5	14.3
新　疆	590	32.2	22.7	10.2	13.4

在开展产品或工艺创新活动企业中，下列信息对创新影响较大的企业占比(%)									
来自政府部门的信息	来自行业协会的信息	来自供应商的信息	来自客户的信息	来自竞争对手或同行业企业的信息	来自市场咨询机构的信息	来自展会的信息	来自文献、期刊的信息	来自互联网的信息	其他
11.2	17.1	20.6	49.2	23.2	6.4	20.6	2.9	10.2	4.1
13.4	17.7	19.6	39.2	18.2	5.2	13.0	2.9	8.8	4.6
16.9	18.6	22.8	44.7	23.9	6.9	13.8	3.8	10.7	6.0
15.8	16.7	18.3	45.9	21.6	5.6	15.9	4.0	10.3	4.4
15.4	21.2	17.9	57.6	33.4	6.3	17.4	5.3	10.8	1.8
14.5	20.3	20.7	54.8	25.7	7.0	17.7	3.5	11.3	3.1
15.3	17.2	20.6	46.9	21.2	6.0	19.4	3.5	11.7	5.8
18.8	15.2	21.8	37.4	21.0	6.0	14.3	4.6	12.0	6.7
19.2	17.9	21.5	28.1	20.5	7.2	11.3	4.3	11.5	6.1
14.3	17.5	17.8	48.6	22.5	5.2	16.6	3.6	9.0	2.8
17.0	14.8	19.8	41.1	21.3	7.0	14.0	4.2	10.0	6.7
19.7	16.0	18.1	41.3	18.8	5.5	15.4	5.4	15.3	7.6
12.1	21.5	20.8	60.1	32.2	7.9	23.4	4.2	10.1	3.0
9.5	16.0	17.5	40.5	19.0	4.7	14.7	2.4	7.2	3.0
10.3	16.8	19.6	53.4	22.3	6.8	25.7	2.3	11.2	5.1
15.3	17.5	20.0	46.7	22.2	6.9	15.6	2.9	9.8	3.4
12.4	17.8	24.0	47.6	21.2	6.4	20.9	3.2	12.7	7.1
16.0	21.3	21.8	42.8	17.6	5.6	16.0	3.3	10.6	5.9
15.2	17.7	19.3	45.5	21.3	6.3	17.0	3.4	9.4	4.7
13.5	17.3	22.4	41.5	20.0	5.5	13.2	3.7	9.1	3.8
11.5	17.5	19.8	38.5	18.6	4.4	11.8	2.6	8.8	6.2
11.3	16.5	16.0	30.2	13.6	3.8	9.6	2.1	6.6	3.8
10.8	17.1	24.6	54.4	28.0	7.8	23.5	3.3	11.8	3.4
16.4	18.9	25.0	49.5	27.3	6.9	14.5	3.5	10.1	7.0
23.7	13.2	24.3	28.9	22.4	11.2	11.2	6.6	7.9	5.3
15.4	20.6	23.5	51.5	25.8	6.1	13.7	2.7	10.4	5.8
15.6	20.4	21.0	48.8	25.2	6.8	15.7	4.3	10.8	5.3
15.8	13.4	22.2	33.7	17.6	5.9	10.4	3.1	9.8	7.5
19.0	14.7	25.9	44.2	22.9	8.2	12.6	3.7	11.7	6.0
17.1	8.6	34.3	37.1	20.0	17.1	11.4	2.9	8.6	5.7
17.2	19.1	21.7	46.1	24.3	6.3	15.0	4.2	11.4	4.9
18.8	16.5	23.9	32.8	21.2	7.0	10.8	4.5	9.2	7.2
27.7	19.1	20.8	27.7	20.2	9.8	8.7	4.6	15.6	8.7
25.3	17.6	25.3	35.7	24.5	9.3	13.5	5.0	9.8	6.8
19.7	20.0	25.3	32.7	22.7	9.5	12.4	4.6	11.7	7.6

6–3 规模(限额)以上企业产品或

项目	开展创新合作的企业数(个)	创新合作企业占全部企业的比重(%)		
			集团内其他企业	高等学校
总 计	**164183**	**20.4**	**28.0**	**28.2**
#国有及国有控股	15138	24.4	59.6	42.3
一、按规模分				
大型企业	11004	50.1	60.1	47.5
中型企业	34323	24.6	39.5	31.5
小型企业	112302	21.1	21.5	26.0
微型企业	6554	5.9	25.3	17.4
二、按登记注册类型分				
内资企业	146528	19.7	25.9	28.8
国有企业	1032	12.8	47.8	40.2
集体企业	260	6.1	20.4	20.8
股份合作企业	226	14.5	14.2	19.9
联营企业	24	10.8	16.7	25.0
#国有联营企业	7	16.7	28.6	42.9
有限责任公司	40028	20.7	41.3	33.1
#国有独资公司	3218	22.2	62.1	44.5
股份有限公司	9111	40.5	34.7	48.4
私营企业	95839	18.7	18.4	25.1
其他企业	8	5.6	37.5	50.0
港、澳、台商投资企业	8068	28.3	39.0	24.7
合资经营企业	2612	37.0	37.6	32.3
合作经营企业	105	22.2	34.3	30.5
港、澳、台商独资经营企业	4985	24.9	39.7	19.4
港、澳、台商投资股份有限公司	283	42.9	39.9	42.8
其他港、澳、台投资企业	83	26.9	45.8	30.1
外商投资企业	9587	28.9	51.2	22.6
中外合资经营企业	3598	37.6	45.0	29.3
中外合作经营企业	137	26.9	42.3	32.1
外资企业	5475	25.0	55.4	17.2
外商投资股份有限公司	240	37.9	49.2	42.1
其他外商投资企业	137	23.5	60.6	20.4
三、按行业分				
采矿业	1195	11.7	37.1	37.2
制造业	116749	33.0	24.5	29.5
电力、热力、燃气及水生产和供应业	1670	12.2	50.2	26.4
建筑业	6169	11.3	36.8	36.2
批发和零售业	16484	6.8	31.7	13.6
交通运输、仓储和邮政业	2206	5.6	40.2	13.4
信息传输、软件和信息技术服务业	9725	43.1	39.8	27.9

工艺创新合作开展情况

在创新合作企业中，与下列伙伴开展合作的企业占比(%)								
研究机构	政府部门	行业协会	供应商	客户	竞争对手或同行业企业	市场咨询机构	风险投资机构	其他合作对象
15.9	**10.2**	**19.6**	**39.1**	**45.7**	**16.2**	**12.8**	**0.7**	**15.0**
28.1	15.6	18.2	35.4	29.2	13.9	10.5	0.5	12.1
30.2	14.2	21.5	35.9	31.7	13.7	14.0	0.7	10.8
18.1	11.3	19.7	37.3	40.7	14.9	13.7	0.9	13.6
14.1	9.4	19.4	40.0	48.6	16.6	12.5	0.7	15.5
11.8	12.4	19.5	36.9	46.4	19.7	11.8	1.5	21.2
16.4	10.8	20.4	38.8	45.6	16.5	12.8	0.8	15.4
28.8	24.1	20.7	33.3	28.7	12.9	10.2	1.0	14.7
13.1	24.6	30.0	36.2	37.7	16.2	5.4	0.8	20.8
13.7	4.4	18.1	31.0	50.4	15.9	11.5	1.3	16.8
16.7	25.0	29.2	41.7	37.5	20.8	20.8	4.2	4.2
14.3	14.3	42.9	57.1	14.3	14.3	28.6	14.3	
19.8	12.1	19.1	36.6	38.9	15.3	12.2	0.7	14.2
29.7	16.6	20.0	34.2	26.6	14.4	11.7	0.6	11.7
28.8	14.0	21.9	33.2	38.0	14.6	13.1	0.9	12.9
13.6	9.7	20.8	40.3	49.4	17.2	13.1	0.8	16.2
37.5	12.5	37.5	12.5	12.5	12.5	12.5		12.5
12.6	6.3	14.7	41.4	47.4	14.5	14.3	0.5	12.4
16.4	7.4	16.4	39.3	44.2	13.9	13.1	0.3	10.8
12.4	3.8	20.0	36.2	41.0	16.2	13.3		9.5
10.0	5.5	13.3	42.8	49.6	14.8	14.9	0.6	13.4
23.0	10.6	19.8	37.8	41.0	15.5	13.8	1.4	11.3
14.5	8.4	14.5	43.4	43.4	6.0	12.0		9.6
11.6	5.0	11.8	41.4	45.8	12.2	12.2	0.5	11.4
16.0	6.6	13.6	40.0	45.7	13.1	11.7	0.6	11.6
12.4	6.6	15.3	34.3	38.7	9.5	8.8		13.9
8.2	3.7	10.2	42.9	46.3	11.5	12.5	0.4	11.1
22.9	8.8	18.3	35.4	39.2	15.4	13.8	0.8	10.8
12.4	7.3	13.1	34.3	45.3	13.9	14.6	3.7	17.5
32.5	10.9	13.7	39.5	18.0	10.7	6.8	0.5	14.7
16.5	7.7	18.5	40.8	47.7	15.1	12.0	0.5	13.0
22.8	12.4	14.0	47.3	11.7	8.9	11.1	0.6	14.0
19.5	16.9	34.4	40.7	25.5	16.0	15.4	0.8	18.4
9.0	12.0	20.0	41.2	50.7	19.9	15.5	1.4	23.1
10.3	15.5	22.0	35.7	35.6	18.0	13.0	1.0	23.1
12.3	21.1	18.4	26.1	47.4	23.2	13.5	1.7	19.1

6-3 续表

项 目	开展创新合作的企业数(个)	创新合作企业占全部企业的比重(%)		
			集团内其他企业	高等学校
租赁和商务服务业	3099	8.0	39.4	18.6
科学研究和技术服务业	6208	27.7	38.8	45.1
水利、环境和公共设施管理业	678	12.2	32.0	33.9
四、按地区分				
东部地区	106753	22.2	27.5	26.8
中部地区	32632	19.5	26.9	31.3
西部地区	20871	16.8	31.5	29.4
东北地区	3927	12.0	33.0	36.7
北 京	5302	18.8	41.9	29.7
天 津	2450	15.6	37.7	28.8
河 北	3631	15.8	26.4	29.0
山 西	1310	12.0	31.5	37.1
内蒙古	711	10.4	39.8	31.9
辽 宁	2317	12.8	32.4	38.2
吉 林	875	12.5	32.7	35.0
黑龙江	735	9.6	35.4	34.0
上 海	6157	18.7	43.0	27.7
江 苏	22738	25.7	26.9	32.7
浙 江	22419	27.5	19.5	21.1
安 徽	7284	23.3	23.3	40.6
福 建	7324	17.7	26.0	22.8
江 西	4833	21.2	27.6	25.1
山 东	9693	18.3	30.7	34.8
河 南	5999	15.0	28.2	28.3
湖 北	6492	21.2	28.2	30.7
湖 南	6714	21.4	26.8	27.7
广 东	26799	23.3	26.5	23.5
广 西	1673	12.7	35.6	26.7
海 南	240	13.3	46.7	27.1
重 庆	3650	22.7	31.2	23.8
四 川	5623	18.5	29.7	32.1
贵 州	1874	17.7	30.4	27.2
云 南	1992	19.0	32.4	27.2
西 藏	61	10.3	42.6	32.8
陕 西	3037	16.8	27.2	33.0
甘 肃	781	15.7	35.5	33.7
青 海	221	14.2	41.2	32.1
宁 夏	507	20.8	34.3	35.5
新 疆	741	8.5	38.6	26.3

在创新合作企业中，与下列伙伴开展合作的企业占比(%)								
研究机构	政府部门	行业协会	供应商	客户	竞争对手或同行业企业	市场咨询机　　构	风险投资机　　构	其他合作对　　象
9.9	18.8	24.1	24.9	42.5	20.2	21.1	2.3	22.0
24.7	19.7	26.3	25.6	33.9	16.0	15.4	1.2	15.2
22.0	23.6	26.4	29.6	27.1	13.1	16.5	1.2	20.1
14.3	8.8	19.2	39.9	48.1	16.5	13.7	0.7	14.8
18.5	12.1	21.7	37.0	41.2	14.8	10.9	0.8	15.0
18.8	14.2	19.4	38.8	42.0	17.2	12.0	0.8	16.7
22.0	10.7	15.5	34.2	40.2	12.4	9.2	0.8	13.7
19.4	13.7	18.3	31.6	41.1	17.3	13.3	0.9	12.9
14.9	10.6	16.7	40.1	43.7	14.2	13.6	0.6	11.0
19.4	11.0	18.3	34.6	39.1	13.3	9.9	0.5	14.3
22.1	10.5	14.0	35.3	31.3	14.3	10.2	0.8	13.6
24.1	14.3	15.2	33.5	27.8	10.4	11.0	0.3	16.2
20.9	8.9	15.8	35.4	41.9	12.4	9.2	0.4	11.9
22.4	13.0	14.1	33.8	37.6	12.7	9.0	0.8	15.4
24.9	13.5	16.2	31.0	37.8	12.2	9.3	1.9	17.3
14.2	9.9	19.8	40.2	44.7	15.2	15.6	1.0	13.4
15.2	8.4	19.1	37.7	45.5	15.2	11.2	0.7	12.7
11.0	7.4	18.5	38.4	53.7	16.6	14.5	0.4	14.9
19.4	11.3	20.3	38.0	44.4	15.3	13.5	0.8	14.2
14.4	10.3	20.2	40.3	46.2	16.9	12.4	0.6	18.6
18.1	12.2	22.2	37.7	41.9	13.8	11.3	0.8	15.9
20.5	11.3	19.8	36.2	42.4	14.1	10.8	0.5	12.9
18.3	11.5	20.5	36.7	40.4	15.1	10.3	0.5	12.4
15.8	12.4	23.0	40.1	44.5	16.8	9.5	1.0	17.8
19.8	13.4	24.3	32.9	36.5	12.7	9.6	0.7	15.0
12.2	7.3	19.7	46.8	52.0	19.1	16.9	1.0	17.0
17.6	13.6	18.2	41.3	39.6	17.3	12.0	0.9	18.6
26.3	19.2	20.8	32.5	30.4	17.1	12.9	0.4	25.8
14.4	11.5	20.8	41.6	49.6	18.4	11.6	0.8	15.1
18.1	12.4	21.8	36.8	42.8	17.4	11.9	0.8	15.8
20.3	17.1	17.2	39.6	39.6	17.4	11.9	1.2	21.0
20.6	16.2	17.9	41.3	43.2	16.9	15.4	0.9	17.0
26.2	21.3	16.4	44.3	36.1	11.5	23.0	3.3	23.0
19.2	15.4	19.0	36.6	43.3	18.0	10.2	0.8	17.0
23.6	18.4	17.4	38.7	33.2	16.0	10.0	1.0	16.4
29.0	24.0	16.7	32.6	26.2	15.4	11.8	0.9	18.1
23.5	16.6	17.2	38.3	32.9	15.2	14.0	1.0	13.4
20.8	16.5	16.6	40.5	35.5	17.1	13.2	0.5	17.4

6–4 规模以上工业企业产品或

项　目	开展创新合作的企业数(个)	创新合作企业占全部企业的比重(%)		
			集 团 内其他企业	高等学校
总　计	**119614**	**31.7**	**25.0**	**29.5**
#国有及国有控股	7870	38.1	58.8	46.5
一、按规模分				
大型企业	5645	68.8	59.8	50.1
中型企业	19680	49.1	39.0	36.3
小型企业	91036	30.4	20.0	27.1
微型企业	3253	10.9	19.6	20.3
二、按登记注册类型分				
内资企业	104615	31.3	22.3	30.2
国有企业	318	21.6	55.7	47.5
集体企业	115	10.3	18.3	27.0
股份合作企业	197	26.9	13.2	20.3
联营企业	9	15.5		11.1
有限责任公司	24960	33.0	37.5	35.5
#国有独资公司	1450	34.7	60.8	48.3
股份有限公司	6491	55.9	32.0	53.0
私营企业	72521	29.8	16.2	26.3
其他企业	4	11.8	50.0	75.0
港、澳、台商投资企业	6834	34.1	35.7	26.0
合资经营企业	2329	42.9	36.4	33.4
合作经营企业	91	28.7	29.7	31.9
港、澳、台商独资经营企业	4121	30.1	35.3	20.5
港、澳、台商投资股份有限公司	234	55.7	38.9	44.4
其他港、澳、台投资企业	59	35.5	35.6	39.0
外商投资企业	8165	34.7	49.8	23.1
中外合资经营企业	3173	42.2	44.4	29.9
中外合作经营企业	121	31.5	43.0	32.2
外资企业	4581	30.7	53.8	17.3
外商投资股份有限公司	192	50.9	45.3	43.8
其他外商投资企业	98	29.8	59.2	22.4
三、按行业分				
采矿业	**1195**	**11.7**	**37.1**	**37.2**
煤炭开采和洗选业	428	10.1	41.6	42.8
石油和天然气开采业	48	40.3	77.1	77.1
黑色金属矿采选业	126	10.8	31.7	30.2
有色金属矿采选业	225	18.3	43.6	39.6

工艺创新合作开展情况

在创新合作企业中，与下列伙伴开展合作的企业占比(%)								
研究机构	政府部门	行业协会	供应商	客户	竞争对手或同行业企业	市场咨询机构	风险投资机构	其他合作对象
16.7	**7.8**	**18.4**	**40.9**	**46.9**	**15.0**	**11.9**	**0.5**	**13.1**
33.5	10.3	14.5	37.4	30.7	12.6	8.0	0.3	10.1
35.5	10.1	17.8	41.2	35.7	12.6	12.1	0.5	9.0
21.6	7.6	17.1	38.7	41.1	12.6	11.7	0.5	9.9
14.6	7.7	18.7	41.4	48.9	15.5	12.0	0.5	13.9
13.4	8.8	17.7	41.3	46.9	16.7	9.7	0.6	16.2
17.4	8.3	19.1	40.6	46.8	15.3	11.9	0.5	13.3
36.5	12.9	13.8	36.8	26.1	9.7	6.6	0.9	10.7
13.0	9.6	20.0	38.3	43.5	10.4	1.7		16.5
13.7	3.0	14.7	31.5	54.8	15.7	11.7	1.0	14.7
33.3	11.1	11.1	66.7	33.3	22.2	22.2	11.1	
21.9	8.6	17.2	39.2	40.3	14.0	10.9	0.5	12.0
36.6	9.9	15.5	37.7	29.5	13.4	8.1	0.4	9.3
32.3	10.7	21.2	34.1	38.6	13.3	12.1	0.6	11.1
14.4	7.9	19.7	41.7	49.9	15.9	12.2	0.5	14.0
75.0			25.0					
13.0	5.4	14.8	42.8	48.6	13.9	13.5	0.4	11.5
16.6	6.4	16.4	39.7	44.7	13.3	12.6	0.2	10.0
13.2	3.3	18.7	35.2	41.8	14.3	14.3		8.8
10.4	4.6	13.4	44.8	51.3	14.4	14.1	0.4	12.5
23.1	9.0	20.5	39.7	42.3	14.1	14.1	0.9	9.0
18.6	6.8	18.6	49.2	44.1	5.1	10.2		10.2
11.6	4.3	11.1	42.9	46.8	11.7	11.3	0.4	10.8
16.2	5.8	13.1	41.1	46.2	12.3	11.1	0.4	11.1
12.4	5.8	13.2	37.2	38.0	10.7	7.4		11.6
7.9	3.1	9.4	44.6	47.5	11.1	11.4	0.3	10.4
23.4	8.9	17.2	39.1	42.2	14.1	15.6	0.5	10.4
13.3	7.1	14.3	38.8	52.0	17.3	15.3	4.1	15.3
32.5	**10.9**	**13.7**	**39.5**	**18.0**	**10.7**	**6.8**	**0.5**	**14.7**
33.4	11.4	13.6	40.4	10.3	8.6	5.1	0.5	14.7
54.2	8.3	10.4	27.1	2.1	18.8	8.3		6.3
30.2	15.9	10.3	50.8	23.0	12.7	10.3	0.8	18.3
48.4	7.6	13.3	31.6	13.8	7.6	7.6	0.4	14.7

6-4 续表 1

项　目	开展创新合作的企业数（个）	创新合作企业占全部企业的比重（%）		
			集团内其他企业	高等学校
非金属矿采选业	318	10.0	21.4	22.6
开采专业及辅助性活动	47	18.4	44.7	53.2
其他采矿业	3	30.0	33.3	33.3
制造业	**116749**	**33.0**	**24.5**	**29.5**
农副食品加工业	4748	22.3	25.8	32.3
食品制造业	2605	32.4	27.0	36.3
酒、饮料和精制茶制造业	1644	29.0	23.7	33.0
烟草制品业	68	63.6	52.9	50.0
纺织业	4508	25.0	16.3	20.3
纺织服装、服饰业	2393	17.9	19.0	12.7
皮革、毛皮、羽毛及其制品和制鞋业	1958	23.5	16.0	7.5
木材加工和木、竹、藤、棕、草制品业	1406	15.6	15.6	18.0
家具制造业	1694	26.2	17.9	13.5
造纸和纸制品业	1544	23.5	22.7	19.4
印刷和记录媒介复制业	1514	26.7	19.0	20.5
文教、工美、体育和娱乐用品制造业	2495	28.5	16.1	19.2
石油、煤炭及其他燃料加工业	523	26.2	35.2	34.0
化学原料和化学制品制造业	8137	37.7	26.6	42.8
医药制造业	4137	56.0	33.1	48.9
化学纤维制造业	709	37.7	22.3	34.8
橡胶和塑料制品业	5819	30.0	18.1	24.1
非金属矿物制品业	7406	20.5	25.3	25.9
黑色金属冶炼和压延加工业	1174	23.0	28.4	30.1
有色金属冶炼和压延加工业	2288	31.5	27.8	35.4
金属制品业	7270	29.5	19.8	24.1
通用设备制造业	10408	42.0	21.8	31.7
专用设备制造业	8854	46.3	22.5	37.7
汽车制造业	6640	42.9	35.1	24.0
铁路、船舶、航空航天和其他运输设备制造业	2038	43.3	34.5	32.4
电气机械和器材制造业	11374	45.0	24.9	28.8
计算机、通信和其他电子设备制造业	9573	51.1	30.2	27.6
仪器仪表制造业	2759	56.4	25.5	41.0
其他制造业	546	32.5	18.3	22.2
废弃资源综合利用业	389	20.4	27.2	35.0
金属制品、机械和设备修理业	128	27.7	39.1	36.7
电力、热力、燃气及水生产和供应业	**1670**	**12.2**	**50.2**	**26.4**
电力、热力生产和供应业	1110	12.3	52.1	26.5
燃气生产和供应业	224	9.7	53.6	17.4
水的生产和供应业	336	13.9	41.7	32.1

在创新合作企业中，与下列伙伴开展合作的企业占比(%)								
研究机构	政府部门	行业协会	供应商	客户	竞争对手或同行业企业	市场咨询机　　构	风险投资机　　构	其他合作对　　象
17.6	10.4	16.7	41.2	29.9	12.9	7.2	0.6	15.7
34.0	14.9	10.6	38.3	31.9	17.0	4.3		8.5
			66.7					
16.5	**7.7**	**18.5**	**40.8**	**47.7**	**15.1**	**12.0**	**0.5**	**13.0**
19.0	11.4	18.8	34.8	40.2	12.4	9.5	0.5	12.4
21.2	8.6	19.8	35.9	39.8	13.9	13.1	0.3	11.3
23.1	12.9	23.5	32.2	40.4	9.9	13.6	0.6	14.2
47.1	1.5	5.9	61.8	32.4	30.9	16.2		11.8
9.7	5.9	18.8	44.7	54.9	16.7	11.5	0.4	13.3
7.4	7.0	18.8	44.1	55.6	15.8	12.1	0.4	15.3
8.5	10.1	24.2	40.9	56.8	14.1	9.6	0.4	15.6
12.6	9.0	21.8	45.2	46.4	17.3	8.4	0.4	14.1
9.2	7.7	23.7	45.1	55.5	17.0	14.9	0.5	15.9
10.8	6.2	18.7	49.7	50.1	15.9	13.3	0.4	10.9
9.4	7.2	18.5	50.3	50.4	17.2	14.7	0.2	14.1
9.5	6.8	19.4	39.2	54.6	16.0	11.9	0.4	15.2
35.6	8.4	19.1	38.6	30.2	14.1	13.4		13.8
24.3	7.5	19.8	33.7	39.0	12.6	12.6	0.6	11.3
46.0	11.1	12.7	25.6	21.9	11.6	14.7	0.6	13.6
16.2	6.8	21.7	41.0	48.9	14.8	9.3		8.9
10.9	6.5	17.4	46.6	54.2	16.1	13.3	0.4	14.6
15.9	8.8	24.3	40.4	39.6	13.8	10.2	0.4	13.1
23.6	8.5	19.8	42.8	43.2	14.1	10.4	0.4	10.9
22.2	8.0	18.1	37.0	43.4	14.7	10.6	0.4	11.0
13.0	6.6	19.8	41.2	50.0	15.2	12.3	0.5	14.3
13.9	7.2	18.6	40.2	51.7	15.0	11.9	0.5	12.4
17.1	8.1	20.0	37.2	48.6	15.2	11.5	0.6	12.0
12.2	6.4	12.3	45.6	53.1	14.5	10.5	0.4	11.8
22.7	7.7	14.2	39.4	47.8	15.7	9.8	0.4	13.9
15.5	6.8	17.9	44.4	50.2	16.1	13.7	0.4	13.4
13.8	7.3	14.1	47.8	54.1	18.1	12.5	0.8	13.6
17.8	8.2	19.2	36.1	48.9	17.2	9.5	0.7	12.5
12.3	6.6	18.3	45.6	55.5	17.6	13.4	0.7	13.7
18.3	9.0	22.6	39.3	28.8	11.1	13.4	0.5	14.9
19.5	6.3	12.5	41.4	38.3	10.9	10.2		14.8
22.8	**12.4**	**14.0**	**47.3**	**11.7**	**8.9**	**11.1**	**0.6**	**14.0**
27.1	11.4	14.0	47.0	9.6	9.4	11.0	0.6	14.7
9.4	8.5	12.1	47.3	20.1	7.6	12.5		14.3
17.6	18.2	15.2	48.2	13.1	8.0	10.7	0.9	11.3

6-4 续表 2

项　目	开展创新合作的企业数(个)	创新合作企业占全部企业的比重(%)		
			集团内其他企业	高等学校
四、按地区分				
东部地区	77883	34.9	24.0	27.6
中部地区	24938	28.6	24.9	32.9
西部地区	13893	26.0	29.5	31.8
东北地区	2900	20.5	31.3	40.0
北　京	1338	42.9	42.2	35.0
天　津	1546	32.1	36.1	30.7
河　北	2798	21.2	23.5	30.2
山　西	890	18.6	30.0	40.7
内蒙古	469	15.8	41.6	37.3
辽　宁	1767	23.2	30.7	41.3
吉　林	616	20.3	33.1	38.5
黑龙江	517	14.6	31.1	37.7
上　海	3035	34.6	39.2	31.6
江　苏	18806	40.8	25.3	34.0
浙　江	18860	41.3	16.8	20.6
安　徽	5866	33.1	21.6	44.7
福　建	5103	27.8	23.3	23.0
江　西	3947	30.3	26.8	24.9
山　东	7139	26.3	29.0	38.0
河　南	4174	21.4	26.1	28.4
湖　北	4752	30.6	26.0	32.3
湖　南	5309	32.1	24.1	28.7
广　东	19148	34.6	23.4	23.7
广　西	1057	17.1	32.0	31.6
海　南	110	26.7	40.9	36.4
重　庆	2691	40.2	29.9	22.3
四　川	3863	26.5	27.2	35.1
贵　州	1264	27.0	27.5	28.7
云　南	1260	28.9	29.8	28.6
西　藏	26	17.6	38.5	46.2
陕　西	1811	25.8	25.3	38.5
甘　肃	504	27.7	34.1	34.1
青　海	132	22.6	40.9	37.1
宁　夏	390	32.6	31.5	40.3
新　疆	426	13.5	40.6	33.6

在创新合作企业中，与下列伙伴开展合作的企业占比(%)								
研究机构	政府部门	行业协会	供应商	客户	竞争对手或同行业企业	市场咨询机构	风险投资机构	其他合作对象
14.6	6.5	18.0	42.1	49.9	15.5	12.8	0.5	13.0
19.7	10.1	20.5	38.0	41.1	13.6	10.0	0.5	13.0
21.5	10.9	17.1	40.7	41.9	15.2	10.9	0.4	13.8
24.6	8.7	14.5	35.2	40.4	11.9	8.4	0.7	11.4
25.5	8.7	16.9	37.7	41.1	13.9	10.5	0.4	8.5
15.7	7.1	14.6	43.2	45.9	12.7	12.1	0.3	9.6
21.0	8.7	16.8	36.3	39.6	12.9	9.5	0.3	13.6
25.6	9.3	12.2	34.6	27.5	12.5	8.9	0.7	11.2
30.1	10.7	13.0	33.7	22.0	8.1	10.4		12.6
23.0	7.3	15.7	36.4	42.3	11.9	8.7	0.5	10.0
26.1	11.0	12.5	34.3	37.2	12.2	8.3	0.6	12.2
27.9	10.6	13.0	32.3	37.5	11.4	7.7	1.2	15.5
15.3	6.4	19.7	45.5	48.7	13.8	13.1	0.5	10.5
15.6	6.7	18.0	38.7	46.1	14.3	10.6	0.5	11.2
10.8	6.1	17.5	39.1	55.7	16.1	14.2	0.2	13.7
20.8	9.8	19.6	38.7	44.2	13.7	13.0	0.5	12.0
15.0	7.6	18.7	44.2	47.6	15.6	11.9	0.5	16.5
18.5	10.9	20.6	39.0	42.4	13.1	10.6	0.7	14.0
22.9	9.5	19.1	36.8	43.0	13.1	9.7	0.4	11.0
19.8	8.8	19.0	38.5	40.3	14.1	9.3	0.3	10.3
16.6	9.3	21.2	41.9	46.0	15.7	8.8	0.6	15.7
21.0	11.9	23.2	33.3	35.4	11.8	8.2	0.5	13.5
12.3	4.8	18.3	50.2	54.1	17.7	15.8	0.8	14.8
21.6	10.6	15.6	44.6	38.9	14.5	12.0	0.7	15.6
45.5	12.7	14.5	37.3	19.1	15.5	12.7		16.4
14.2	8.1	18.4	44.7	52.0	17.5	10.4	0.5	13.1
20.3	9.7	19.2	38.4	43.2	15.4	10.8	0.3	12.6
23.2	13.8	15.7	41.6	38.4	15.1	11.6	0.8	18.5
24.6	13.0	16.2	44.1	41.7	15.4	14.0	0.5	14.8
34.6	23.1	3.8	26.9	15.4	7.7	15.4		11.5
24.3	11.4	17.0	37.6	42.7	15.5	8.7	0.4	13.0
27.8	15.3	14.7	40.3	33.5	13.7	9.1	0.8	14.1
40.9	21.2	14.4	28.0	25.0	12.1	6.8		13.6
24.9	14.1	13.3	38.2	30.8	12.1	12.6	0.3	10.8
25.1	12.4	13.6	43.0	29.8	14.3	12.0		13.4

6-5 规模(限额)以上企业产品或

项目	开展创新合作的企业数(个)	集团内其他企业	高等学校	研究机构
总计	**164183**	**23.4**	**23.4**	**12.9**
#国有及国有控股	15138	49.7	34.1	22.1
一、按规模分				
大型企业	11004	48.7	37.9	23.6
中型企业	34323	33.2	25.7	14.6
小型企业	112302	18.0	21.9	11.5
微型企业	6554	21.1	12.9	8.7
二、按登记注册类型分				
内资企业	146528	21.3	24.0	13.3
国有企业	1032	38.6	32.8	21.9
集体企业	260	16.5	15.4	10.4
股份合作企业	226	12.8	17.7	11.1
联营企业	24	12.5	25.0	8.3
#国有联营企业	7	14.3	42.9	
有限责任公司	40028	34.7	27.1	15.9
#国有独资公司	3218	51.6	35.2	23.4
股份有限公司	9111	27.1	40.4	23.6
私营企业	95839	15.1	21.0	11.1
其他企业	8	37.5	50.0	37.5
港、澳、台商投资企业	8068	33.8	19.8	10.0
合资经营企业	2612	31.6	27.0	13.2
合作经营企业	105	25.7	27.6	10.5
港、澳、台商独资经营企业	4985	35.1	15.0	7.8
港、澳、台商投资股份有限公司	283	31.8	35.0	18.7
其他港、澳、台投资企业	83	38.6	20.5	10.8
外商投资企业	9587	45.9	18.0	9.2
中外合资经营企业	3598	39.4	24.1	12.8
中外合作经营企业	137	38.0	28.5	10.9
外资企业	5475	50.4	13.1	6.5
外商投资股份有限公司	240	39.6	33.8	17.9
其他外商投资企业	137	49.6	15.3	8.8
三、按行业分				
采矿业	1195	28.2	31.4	28.1
制造业	116749	20.5	24.9	13.7
电力、热力、燃气及水生产和供应业	1670	44.0	22.7	19.9
建筑业	6169	29.7	29.4	14.6
批发和零售业	16484	26.1	9.3	6.0
交通运输、仓储和邮政业	2206	34.5	9.7	6.8
信息传输、软件和信息技术服务业	9725	33.9	21.9	8.6

工艺创新合作伙伴情况

在创新合作企业中，下列合作伙伴对企业创新有较大价值的企业占比(%)							
政府部门	行业协会	供应商	客户	竞争对手或同行业企业	市场咨询机构	风险投资机构	其他合作对象
8.3	**15.6**	**33.6**	**42.5**	**13.5**	**10.0**	**0.3**	**11.3**
11.9	12.5	28.5	25.7	10.5	7.3	0.2	8.6
9.9	14.3	28.1	28.1	10.3	9.8	0.3	7.2
8.9	15.3	31.8	37.6	12.3	10.7	0.4	10.2
7.8	15.7	34.7	45.4	14.0	9.9	0.3	11.7
10.2	16.3	32.2	42.8	16.3	9.1	0.8	16.3
8.8	16.3	33.2	42.3	13.8	10.0	0.4	11.6
19.4	14.6	26.1	23.4	10.0	7.6	0.4	10.5
21.5	26.5	32.3	35.8	13.5	4.6	0.8	16.5
3.5	15.0	27.9	46.9	14.2	9.3	0.9	15.0
20.8	29.2	37.5	33.3	16.7	8.3	4.2	
14.3	42.9	57.1	14.3	14.3	14.3	14.3	
9.6	14.6	30.8	35.6	12.6	9.3	0.3	10.4
13.0	13.3	26.8	22.8	10.4	8.2	0.2	8.4
11.1	15.9	26.8	35.0	11.6	9.4	0.4	9.0
8.0	16.9	35.0	46.1	14.5	10.4	0.4	12.3
12.5	37.5		12.5	12.5	12.5		12.5
4.7	11.1	36.3	45.0	12.0	11.7	0.2	9.3
5.7	12.4	33.8	41.3	11.3	10.5	0.2	8.2
2.9	19.0	30.5	37.1	12.4	9.5		8.6
4.1	10.2	38.0	47.5	12.5	12.5	0.2	10.2
8.5	12.7	30.4	38.9	11.0	9.9	0.7	6.7
7.2	10.8	39.8	38.6	3.6	8.4		6.0
3.7	8.6	36.6	43.4	10.3	9.6	0.2	8.6
5.1	10.1	34.9	43.4	11.4	9.0	0.3	8.7
2.9	11.7	30.7	37.2	7.3	7.3		8.8
2.5	7.3	38.4	44.0	9.6	10.0	0.1	8.5
6.7	12.9	29.2	35.4	12.1	8.8	0.4	7.1
5.8	10.9	29.9	41.6	10.2	10.2	2.2	13.1
9.3	10.9	34.0	16.2	8.7	5.7	0.3	11.9
6.1	14.7	35.2	44.7	12.7	9.5	0.2	9.8
10.5	10.9	41.0	9.8	6.5	8.7	0.2	10.8
14.1	28.6	34.1	21.6	12.8	11.9	0.4	13.7
9.8	15.9	35.9	46.5	16.4	11.9	0.7	17.4
13.3	17.7	32.0	32.6	14.7	10.3	0.5	18.3
17.9	13.3	21.6	44.3	19.8	10.0	0.8	14.3

6-5 续表

项　　目	开展创新合作的企业数(个)	集团内其他企业	高等学校	研究机构
租赁和商务服务业	3099	32.8	13.8	6.4
科学研究和技术服务业	6208	31.5	38.0	19.7
水利、环境和公共设施管理业	678	26.3	29.1	17.1
四、按地区分				
东部地区	106753	23.1	22.3	11.6
中部地区	32632	22.1	26.1	15.1
西部地区	20871	26.1	23.7	15.0
东北地区	3927	27.9	31.1	18.6
北　京	5302	35.9	24.0	15.3
天　津	2450	32.4	24.0	11.9
河　北	3631	22.5	25.3	16.0
山　西	1310	24.9	31.8	18.8
内蒙古	711	33.5	25.3	19.4
辽　宁	2317	28.1	33.2	17.9
吉　林	875	26.9	28.5	18.9
黑龙江	735	28.3	27.5	20.7
上　海	6157	37.3	22.5	11.0
江　苏	22738	22.7	28.0	12.6
浙　江	22419	16.4	17.8	8.9
安　徽	7284	18.5	34.7	16.2
福　建	7324	21.5	17.7	11.0
江　西	4833	23.6	20.8	14.9
山　东	9693	25.1	29.2	16.8
河　南	5999	23.3	22.5	14.6
湖　北	6492	23.0	25.2	12.5
湖　南	6714	22.5	23.3	16.4
广　东	26799	22.0	19.0	9.8
广　西	1673	29.8	20.6	13.2
海　南	240	38.8	20.4	23.3
重　庆	3650	26.5	18.7	10.5
四　川	5623	24.3	26.6	14.7
贵　州	1874	24.8	21.3	16.4
云　南	1992	27.1	22.3	17.2
西　藏	61	39.3	23.0	19.7
陕　西	3037	21.9	26.6	15.4
甘　肃	781	28.3	27.0	18.8
青　海	221	34.8	27.1	25.3
宁　夏	507	28.2	29.8	19.3
新　疆	741	32.9	21.1	16.7

在创新合作企业中，下列合作伙伴对企业创新有较大价值的企业占比(%)							
政府部门	行业协会	供应商	客户	竞争对手或同行业企业	市场咨询机构	风险投资机构	其他合作对象
15.7	18.8	21.1	38.9	16.6	17.4	1.1	17.1
15.6	20.1	20.0	30.2	12.7	11.6	0.6	10.6
19.5	20.2	26.3	24.0	10.2	12.7	0.6	14.7
7.0	15.2	34.6	45.0	13.9	10.9	0.3	11.1
9.9	17.5	31.3	37.5	12.2	8.3	0.4	11.1
12.0	15.2	32.4	38.5	14.0	9.1	0.4	12.7
8.6	12.1	29.6	37.0	10.1	6.9	0.4	10.1
10.8	14.2	26.8	38.3	14.8	10.3	0.4	10.4
8.4	12.1	34.5	39.9	11.4	10.7	0.2	8.2
9.0	15.0	29.3	35.9	10.7	7.1	0.2	11.3
8.0	11.0	29.8	27.9	11.5	7.7	0.3	9.8
12.5	11.1	28.8	25.3	7.6	8.9	0.3	12.2
7.0	12.5	30.6	39.4	10.4	7.2	0.2	9.0
11.2	11.0	29.5	33.6	10.2	6.4	0.5	10.4
10.6	12.1	26.4	33.2	9.1	6.7	0.8	13.5
7.5	15.1	34.6	41.8	12.4	12.2	0.6	10.0
6.5	14.9	32.1	42.4	12.7	8.7	0.3	9.1
6.1	15.5	33.6	50.7	14.3	12.0	0.2	11.9
8.8	15.3	32.3	41.2	12.5	10.2	0.3	9.1
8.4	16.5	34.8	42.9	14.3	9.6	0.2	14.9
10.3	18.5	32.4	38.3	11.2	8.9	0.4	12.5
9.2	15.4	30.5	38.9	11.8	8.3	0.2	9.6
9.4	16.5	30.9	36.3	12.5	8.0	0.3	9.8
9.8	18.2	33.5	40.6	14.1	7.4	0.5	13.2
11.5	20.8	27.9	33.1	10.4	7.0	0.4	11.7
5.8	15.1	41.5	49.4	16.1	13.4	0.5	12.1
11.2	14.3	35.2	36.3	14.0	9.8	0.4	14.6
14.6	17.1	27.1	25.8	14.2	9.6		19.6
9.3	16.9	34.3	46.3	14.9	8.9	0.2	11.6
10.2	16.9	30.8	39.3	14.3	8.8	0.4	11.8
14.9	13.0	33.2	36.0	14.0	9.1	0.7	16.0
14.0	13.5	35.5	39.9	14.0	11.7	0.4	12.9
18.0	8.2	32.8	32.8	11.5	16.4	1.6	11.5
12.9	15.2	30.3	39.4	14.4	7.9	0.4	12.8
15.2	13.7	31.9	30.0	14.1	7.3	0.4	13.2
19.9	12.7	27.1	21.7	12.7	9.1	0.5	13.1
14.2	12.2	31.8	30.2	12.4	10.3	0.4	10.3
14.6	13.6	34.1	30.6	13.9	10.4	0.3	13.2

6-6 规模以上工业企业产品或

项　　目	开展创新合作的企业数（个）		
		集团内其他企业	高等学校
总　计	**119614**	**20.9**	**24.9**
#国有及国有控股	7870	49.0	37.7
一、按规模分			
大型企业	5645	47.7	39.4
中型企业	19680	32.7	30.1
小型企业	91036	16.9	23.2
微型企业	3253	16.9	17.0
二、按登记注册类型分			
内资企业	104615	18.5	25.6
国有企业	318	47.8	39.9
集体企业	115	15.7	24.3
股份合作企业	197	11.7	17.8
联营企业	9		11.1
有限责任公司	24960	31.5	29.6
#国有独资公司	1450	49.9	37.9
股份有限公司	6491	24.6	44.4
私营企业	72521	13.3	22.6
其他企业	4	50.0	75.0
港、澳、台商投资企业	6834	30.8	21.2
合资经营企业	2329	30.6	28.0
合作经营企业	91	23.1	28.6
港、澳、台商独资经营企业	4121	31.1	16.2
港、澳、台商投资股份有限公司	234	30.3	37.6
其他港、澳、台投资企业	59	30.5	27.1
外商投资企业	8165	44.6	18.4
中外合资经营企业	3173	39.0	24.4
中外合作经营企业	121	38.0	28.1
外资企业	4581	48.9	13.4
外商投资股份有限公司	192	35.4	34.9
其他外商投资企业	98	48.0	16.3
三、按行业分			
采矿业	**1195**	**28.2**	**31.4**
煤炭开采和洗选业	428	29.4	36.4
石油和天然气开采业	48	72.9	64.6
黑色金属矿采选业	126	24.6	23.0
有色金属矿采选业	225	32.0	32.9

工艺创新合作伙伴情况

在创新合作企业中，下列合作伙伴对企业创新有较大价值的企业占比(%)								
研究机构	政府部门	行业协会	供应商	客户	竞争对手或同行业企业	市场咨询机　构	风险投资机　构	其他合作对　象
14.0	**6.2**	**14.6**	**35.3**	**43.9**	**12.6**	**9.4**	**0.2**	**9.8**
27.5	7.1	9.7	30.4	27.5	9.4	5.2	0.1	6.9
28.6	5.9	10.7	32.7	31.9	9.4	8.0	0.2	5.6
17.9	5.8	13.1	33.0	38.3	10.3	9.2	0.2	7.4
12.3	6.3	15.2	35.9	45.9	13.2	9.6	0.2	10.5
11.5	7.0	15.1	36.2	43.9	14.2	7.7	0.3	12.6
14.6	6.6	15.4	35.0	43.8	12.8	9.3	0.2	10.0
30.2	8.5	7.9	28.0	21.1	6.6	4.1	0.3	6.0
12.2	8.7	16.5	35.7	41.7	7.8	1.7		11.3
10.7	2.0	11.2	28.4	51.3	14.2	9.6	0.5	13.7
22.2	11.1	11.1	55.6	33.3	22.2	22.2	11.1	
18.3	6.7	13.3	33.2	37.2	11.5	8.4	0.2	8.7
29.8	7.1	10.1	30.3	26.1	9.3	5.6	0.1	6.8
27.1	7.9	15.4	27.8	35.6	10.5	8.6	0.3	7.5
12.1	6.5	16.1	36.2	46.8	13.5	9.8	0.2	10.7
75.0								
10.6	4.0	11.3	37.5	46.3	11.6	11.1	0.1	8.8
13.6	4.9	12.5	34.0	42.0	10.9	10.0	0.1	7.6
11.0	2.2	17.6	29.7	37.4	12.1	9.9		7.7
8.3	3.4	10.4	39.7	49.3	12.2	11.8	0.1	9.8
19.7	6.4	12.8	32.9	40.2	10.7	10.7	0.4	5.6
13.6	5.1	13.6	44.1	37.3	3.4	8.5		6.8
9.3	3.2	8.1	38.0	44.4	9.8	8.9	0.2	8.2
13.0	4.5	9.7	35.9	43.8	10.5	8.4	0.1	8.4
10.7	2.5	9.9	33.9	37.2	8.3	6.6		6.6
6.3	2.1	6.7	40.0	45.2	9.2	9.2	0.2	8.0
18.2	6.3	12.0	32.3	37.5	11.5	9.9		6.8
8.2	5.1	12.2	33.7	48.0	12.2	10.2	2.0	10.2
28.1	**9.3**	**10.9**	**34.0**	**16.2**	**8.7**	**5.7**	**0.3**	**11.9**
29.2	9.3	10.7	36.0	9.6	7.2	4.0		11.2
45.8	4.2		14.6		10.4	2.1		2.1
27.0	13.5	8.7	42.1	19.8	11.1	9.5	0.8	15.1
42.7	6.7	10.7	24.9	10.7	5.8	6.2		12.4

6-6 续表 1

项 目	开展创新合作的企业数（个）	集团内其他企业	高等学校
非金属矿采选业	318	17.0	19.8
开采专业及辅助性活动	47	38.3	44.7
其他采矿业	3	33.3	33.3
制造业	**116749**	**20.5**	**24.9**
农副食品加工业	4748	22.2	28.2
食品制造业	2605	23.0	31.6
酒、饮料和精制茶制造业	1644	18.9	28.0
烟草制品业	68	45.6	29.4
纺织业	4508	13.0	17.1
纺织服装、服饰业	2393	15.6	10.2
皮革、毛皮、羽毛及其制品和制鞋业	1958	13.6	6.1
木材加工和木、竹、藤、棕、草制品业	1406	13.1	15.3
家具制造业	1694	14.4	10.6
造纸和纸制品业	1544	19.5	15.4
印刷和记录媒介复制业	1514	15.1	16.7
文教、工美、体育和娱乐用品制造业	2495	13.1	16.0
石油、煤炭及其他燃料加工业	523	27.7	26.0
化学原料和化学制品制造业	8137	22.5	36.9
医药制造业	4137	27.4	42.4
化学纤维制造业	709	18.5	29.5
橡胶和塑料制品业	5819	14.8	20.5
非金属矿物制品业	7406	21.6	21.9
黑色金属冶炼和压延加工业	1174	22.6	25.5
有色金属冶炼和压延加工业	2288	22.7	29.9
金属制品业	7270	16.7	20.7
通用设备制造业	10408	18.4	27.1
专用设备制造业	8854	18.9	32.3
汽车制造业	6640	30.3	19.3
铁路、船舶、航空航天和其他运输设备制造业	2038	29.3	26.7
电气机械和器材制造业	11374	20.5	23.9
计算机、通信和其他电子设备制造业	9573	25.7	22.3
仪器仪表制造业	2759	20.7	34.2
其他制造业	546	14.8	18.7
废弃资源综合利用业	389	24.2	30.3
金属制品、机械和设备修理业	128	33.6	30.5
电力、热力、燃气及水生产和供应业	**1670**	**44.0**	**22.7**
电力、热力生产和供应业	1110	46.6	22.5
燃气生产和供应业	224	46.9	15.2
水的生产和供应业	336	33.3	28.3

在创新合作企业中，下列合作伙伴对企业创新有较大价值的企业占比(%)								
研究机构	政府部门	行业协会	供应商	客户	竞争对手或同行业企业	市场咨询机　构	风险投资机　构	其他合作对　象
14.5	9.7	14.2	37.4	28.0	11.3	6.9	0.6	13.8
27.7	12.8	8.5	31.9	29.8	10.6	4.3		4.3
			66.7					
13.7	**6.1**	**14.7**	**35.2**	**44.7**	**12.7**	**9.5**	**0.2**	**9.8**
16.3	9.4	15.1	29.8	36.9	10.3	7.2	0.3	9.6
18.0	6.8	15.2	31.3	37.0	11.6	10.4	0.2	8.3
19.1	10.6	18.9	26.3	36.6	8.2	10.2	0.2	9.9
38.2	1.5	5.9	47.1	32.4	22.1	7.4		7.4
7.9	4.5	15.0	38.6	51.6	13.9	8.7	0.2	10.7
6.1	5.5	15.2	39.5	52.9	13.5	10.3	0.1	12.0
7.2	9.1	21.5	36.1	53.8	12.4	8.1	0.3	13.6
10.6	7.3	17.6	38.6	42.5	14.6	6.6	0.4	10.9
7.4	5.9	20.0	41.1	53.1	14.6	12.2	0.2	11.9
8.9	5.4	14.6	44.2	46.2	13.8	11.4	0.2	8.7
7.6	6.3	15.7	46.1	47.3	14.2	11.8	0.1	11.4
7.8	5.5	16.0	34.3	52.3	13.9	10.1	0.2	11.7
31.5	6.7	15.7	31.7	26.4	12.0	11.1		10.5
20.5	5.8	15.5	28.4	36.1	10.3	9.8	0.2	8.3
41.9	8.6	8.9	20.1	19.0	8.8	11.2	0.2	10.0
13.5	4.9	18.1	35.7	44.6	13.5	8.3		6.8
8.7	5.4	14.3	41.0	51.2	13.7	10.7	0.2	10.9
13.5	7.2	20.1	34.5	36.3	11.7	7.9	0.2	10.0
18.8	6.7	14.7	36.8	40.2	10.7	7.6	0.2	7.4
18.8	6.5	14.1	31.4	39.9	12.5	7.9	0.1	8.3
10.9	5.4	16.5	36.0	47.2	12.8	9.6	0.2	10.7
11.4	5.7	15.2	34.8	48.4	12.8	9.5	0.2	9.3
13.8	6.5	15.9	31.7	45.7	12.9	9.1	0.2	8.8
9.6	4.9	9.4	39.2	50.2	12.0	8.4	0.2	8.9
18.6	5.7	10.7	31.7	44.5	12.7	7.6	0.2	10.2
12.7	5.1	14.0	38.5	47.4	13.6	11.1	0.1	9.8
11.1	5.6	10.4	42.3	51.2	15.5	9.6	0.4	9.8
14.9	6.5	14.9	29.9	46.2	14.2	6.8	0.4	9.0
10.4	5.9	14.7	39.7	52.4	14.5	11.5	0.4	10.4
15.2	7.5	18.0	32.6	24.9	8.7	10.0		11.3
16.4	5.5	9.4	32.0	35.2	9.4	7.0		10.2
19.9	**10.5**	**10.9**	**41.0**	**9.8**	**6.5**	**8.7**	**0.2**	**10.8**
23.7	9.4	10.7	41.0	7.9	6.8	8.5	0.3	11.6
8.5	8.0	10.7	43.3	17.4	5.8	9.4		10.3
14.9	16.1	11.6	39.6	10.7	6.0	9.2		8.3

6-6 续表 2

项　　目	开展创新合作的企业数（个）		
		集团内其他企业	高等学校
四、按地区分			
东部地区	77883	20.2	23.3
中部地区	24938	20.6	27.9
西部地区	13893	24.8	26.5
东北地区	2900	26.4	34.4
北　京	1338	35.2	28.1
天　津	1546	31.6	25.7
河　北	2798	20.3	26.7
山　西	890	23.5	34.9
内蒙古	469	34.8	32.4
辽　宁	1767	26.7	35.9
吉　林	616	26.6	32.3
黑龙江	517	25.3	31.7
上　海	3035	34.4	26.3
江　苏	18806	21.4	29.2
浙　江	18860	14.2	17.6
安　徽	5866	17.3	38.4
福　建	5103	19.1	19.0
江　西	3947	23.2	21.1
山　东	7139	23.6	32.1
河　南	4174	21.5	23.4
湖　北	4752	21.4	27.1
湖　南	5309	20.3	24.7
广　东	19148	19.4	19.4
广　西	1057	27.8	25.3
海　南	110	33.6	29.1
重　庆	2691	25.7	18.1
四　川	3863	22.4	29.9
贵　州	1264	22.9	23.7
云　南	1260	25.2	24.0
西　藏	26	34.6	38.5
陕　西	1811	20.5	31.4
甘　肃	504	27.2	28.0
青　海	132	34.1	31.8
宁　夏	390	27.4	34.1
新　疆	426	35.4	27.7

在创新合作企业中，下列合作伙伴对企业创新有较大价值的企业占比(%)								
研究机构	政府部门	行业协会	供应商	客户	竞争对手或同行业企业	市场咨询机构	风险投资机构	其他合作对象
12.1	5.1	14.4	36.6	47.1	13.1	10.3	0.2	9.8
16.6	8.2	16.6	32.2	37.7	11.2	7.6	0.2	9.7
18.0	9.0	13.3	34.5	38.9	12.7	8.4	0.2	10.5
21.4	7.1	11.5	30.3	37.6	9.6	6.5	0.4	8.3
20.8	5.7	13.8	32.5	38.1	11.3	7.5	0.2	6.4
12.8	5.8	10.9	37.3	42.6	9.8	9.3	0.1	7.1
17.5	7.1	13.6	30.8	36.4	10.7	7.0	0.2	11.0
22.5	7.1	9.1	29.8	24.8	10.1	6.5	0.3	8.4
25.8	8.7	9.4	29.6	20.3	5.1	9.4		9.8
20.0	5.9	12.6	31.5	40.2	9.8	6.9	0.2	7.3
22.9	9.4	9.9	29.5	33.6	9.7	6.0	0.3	8.0
24.6	8.5	9.9	27.1	33.5	8.5	5.6	1.0	12.0
12.3	4.6	14.9	39.2	45.9	11.0	10.2	0.3	7.9
13.0	5.0	14.1	33.0	43.0	12.0	8.2	0.3	8.1
9.0	5.0	14.8	34.4	53.0	14.0	11.9	0.1	11.2
17.5	7.5	14.6	32.6	41.2	11.1	9.8	0.2	7.5
12.7	6.0	15.3	38.4	44.4	13.3	9.6	0.2	13.2
15.7	9.1	17.7	33.5	38.7	10.8	8.4	0.3	11.0
19.1	7.4	14.8	30.9	39.9	11.1	7.4	0.1	8.1
16.5	7.1	15.3	32.6	36.2	11.6	7.0	0.2	8.2
13.7	6.9	16.7	35.1	42.4	13.2	6.7	0.3	11.6
17.9	10.3	20.2	28.4	32.2	9.7	6.1	0.3	10.7
10.1	3.7	14.2	44.7	51.6	14.9	12.7	0.3	10.3
17.1	8.2	11.9	38.3	36.0	12.1	9.5	0.2	12.1
43.6	10.9	12.7	30.9	13.6	12.7	10.9		11.8
11.1	6.4	15.0	37.1	49.0	14.4	8.1	0.1	10.0
17.2	8.0	14.9	32.4	40.3	13.1	8.1	0.2	9.3
19.5	12.0	11.6	36.2	35.4	12.5	8.7	0.3	14.1
21.5	11.1	12.5	38.3	38.9	13.0	10.6	0.2	11.6
34.6	23.1	3.8	23.1	15.4	7.7	15.4		3.8
20.4	9.2	13.0	31.5	39.1	12.5	6.7	0.2	10.1
23.0	12.9	10.5	34.9	30.6	11.7	6.7	0.6	11.3
37.9	17.4	9.8	24.2	21.2	10.6	5.3		11.4
21.3	11.8	9.0	31.8	28.7	10.3	10.0		8.2
21.4	10.8	12.0	37.1	25.6	12.2	8.9		10.3

6–7 规模(限额)以上企业产学研合作形式

项　　目	开展产学研合作的企业数(个)	在创新合作企业中产学研合作企业占比(%)	在产学研合作企业中，以下列为主要合作形式的企业占比(%)				
			共同完成科研项目	在企业建立研发机构	在高等学校或研究机构中设立研发机构	聘用高等学校或研究机构人员到企业兼职	其他形式
总　计	**56908**	**34.7**	**68.1**	**25.9**	**9.7**	**30.7**	**26.9**
#国有及国有控股	7597	50.2	84.1	23.5	8.3	21.8	23.6
一、按规模分							
大型企业	5968	54.2	82.6	28.0	9.7	27.8	22.5
中型企业	13077	38.1	71.9	27.1	9.9	29.6	25.2
小型企业	36377	32.4	64.7	25.1	9.3	31.5	27.8
微型企业	1486	22.7	60.5	25.8	15.7	31.4	34.9
二、按登记注册类型分							
内资企业	51863	35.4	67.8	26.2	9.7	31.4	26.9
国有企业	496	48.1	81.5	21.8	8.3	21.6	24.6
集体企业	66	25.4	66.7	19.7	10.6	30.3	24.2
股份合作企业	62	27.4	62.9	33.9	6.5	32.3	21.0
联营企业	9	37.5	33.3	22.2		22.2	44.4
#国有联营企业	3	42.9	66.7				33.3
有限责任公司	16086	40.2	73.3	25.8	9.1	28.5	26.6
#国有独资公司	1684	52.3	85.2	23.6	8.6	22.3	21.5
股份有限公司	5143	56.4	76.8	28.6	10.0	32.7	23.3
私营企业	29996	31.3	63.1	26.0	10.0	32.8	27.8
其他企业	5	62.5	80.0	40.0			60.0
港、澳、台商投资企业	2420	30.0	71.8	23.4	8.0	25.5	25.6
合资经营企业	1016	38.9	74.1	26.3	7.7	26.2	23.0
合作经营企业	36	34.3	75.0	27.8	11.1	27.8	13.9
港、澳、台商独资经营企业	1196	24.0	69.4	20.2	7.6	24.8	29.0
港、澳、台商投资股份有限公司	146	51.6	76.0	30.1	14.4	26.0	19.2
其他港、澳、台投资企业	26	31.3	65.4	19.2		23.1	19.2
外商投资企业	2625	27.4	71.2	22.7	10.3	21.9	26.9
中外合资经营企业	1281	35.6	73.4	24.6	11.4	24.0	26.1
中外合作经营企业	49	35.8	75.5	12.2	8.2	12.2	22.4
外资企业	1143	20.9	67.7	19.9	9.0	19.5	28.7
外商投资股份有限公司	118	49.2	77.1	33.1	8.5	28.0	21.2
其他外商投资企业	34	24.8	82.4	29.4	23.5	14.7	20.6
三、按行业分							
采矿业	575	48.1	80.2	22.3	6.8	18.8	22.8
制造业	42593	36.5	67.5	25.8	8.8	30.5	25.7
电力、热力、燃气及水生产和供应业	626	37.5	76.0	21.4	5.9	14.1	26.7
建筑业	2602	42.2	72.0	31.3	14.8	33.2	31.4
批发和零售业	2818	17.1	59.8	28.6	17.5	34.0	34.7
交通运输、仓储和邮政业	388	17.6	65.2	23.7	13.9	23.7	36.6
信息传输、软件和信息技术服务业	3125	32.1	69.4	23.5	10.0	33.1	29.8

注：产学研合作指企业与高等学校或研究机构开展创新合作。

6-7 续表

项　目	开展产学研合作的企业数(个)	在创新合作企业中产学研合作企业占比(%)	在产学研合作企业中，以下列为主要合作形式的企业占比(%)				
			共同完成科研项目	在企业建立研发机构	在高等学校或研究机构中设立研发机构	聘用高等学校或研究机构人员到企业兼职	其他形式
租赁和商务服务业	694	22.4	60.8	25.8	14.0	33.9	34.9
科学研究和技术服务业	3198	51.5	76.5	24.5	9.4	31.5	26.5
水利、环境和公共设施管理业	289	42.6	70.6	26.0	10.0	26.6	29.1
四、按地区分							
东部地区	34724	32.5	68.9	25.3	9.8	29.7	26.1
中部地区	12736	39.0	65.7	28.4	10.1	33.3	26.8
西部地区	7700	36.9	68.6	24.8	8.3	31.8	30.3
东北地区	1748	44.5	68.1	24.3	9.4	26.4	27.1
北　京	1939	36.6	79.3	19.1	10.0	24.5	21.0
天　津	822	33.6	78.8	25.3	6.8	29.4	22.4
河　北	1362	37.5	64.0	27.7	7.3	29.2	27.0
山　西	599	45.7	72.8	23.7	7.2	25.4	23.7
内蒙古	287	40.4	72.5	23.0	7.7	21.3	31.0
辽　宁	1046	45.1	68.2	26.6	9.8	28.2	24.2
吉　林	373	42.6	68.9	23.1	8.6	23.1	29.8
黑龙江	329	44.8	67.2	18.5	9.1	24.3	33.1
上　海	2019	32.8	75.7	21.2	10.0	25.8	26.3
江　苏	8761	38.5	67.6	28.4	10.6	31.7	22.8
浙　江	5875	26.2	65.8	20.4	8.1	25.3	30.3
安　徽	3411	46.8	68.5	30.5	9.9	36.5	24.4
福　建	2125	29.0	65.4	24.7	10.1	29.6	29.7
江　西	1620	33.5	61.2	28.1	9.9	36.2	30.7
山　东	4032	41.6	66.3	27.1	9.2	33.8	25.9
河　南	2164	36.1	62.7	28.4	11.6	31.5	28.2
湖　北	2404	37.0	66.7	28.0	11.4	30.5	28.2
湖　南	2538	37.8	64.9	27.0	8.6	33.2	25.7
广　东	7694	28.7	70.4	27.1	11.3	31.2	27.0
广　西	564	33.7	72.0	25.9	9.0	30.5	33.0
海　南	95	39.6	64.2	20.0	9.5	20.0	48.4
重　庆	1074	29.4	66.1	21.1	7.7	34.6	29.1
四　川	2213	39.4	69.3	23.4	7.6	32.5	29.8
贵　州	690	36.8	63.2	27.5	8.7	29.7	31.9
云　南	713	35.8	66.1	30.9	8.7	34.2	30.3
西　藏	25	41.0	68.0	20.0	4.0	56.0	28.0
陕　西	1222	40.2	68.9	23.0	8.7	31.9	29.7
甘　肃	327	41.9	70.9	25.7	9.2	30.0	32.7
青　海	101	45.7	75.2	24.8	10.9	23.8	32.7
宁　夏	230	45.4	67.8	31.7	8.3	34.8	31.7
新　疆	254	34.3	76.4	28.7	9.1	26.0	27.2

6-8 规模以上工业企业产学研合作形式

项　目	开展产学研合作的企业数(个)	在创新合作企业中产学研合作企业占比(%)	在产学研合作企业中，以下列为主要合作形式的企业占比(%)				
			共同完成科研项目	在企业建立研发机构	在高等学校或研究机构中设立研发机构	聘用高等学校或研究机构人员到企业兼职	其他形式
总　计	**43794**	**36.6**	**67.8**	**25.7**	**8.8**	**30.1**	**25.7**
#国有及国有控股	4475	56.9	84.1	23.0	7.5	20.5	22.8
一、按规模分							
大型企业	3289	58.3	82.9	29.0	9.5	27.8	20.9
中型企业	8720	44.3	73.4	27.0	8.8	28.1	23.0
小型企业	30902	33.9	64.8	25.0	8.6	30.9	26.8
微型企业	883	27.1	62.4	23.6	10.1	30.8	30.2
二、按登记注册类型分							
内资企业	39332	37.6	67.4	26.0	8.8	30.9	25.6
国有企业	189	59.4	84.1	21.7	7.4	15.3	22.8
集体企业	37	32.2	67.6	16.2	10.8	18.9	24.3
股份合作企业	57	28.9	63.2	33.3	5.3	28.1	22.8
联营企业	4	44.4		25.0		25.0	50.0
有限责任公司	10955	43.9	72.3	25.8	8.2	28.5	25.5
#国有独资公司	855	59.0	85.1	23.2	7.5	20.1	21.2
股份有限公司	4024	62.0	77.2	28.8	9.6	32.9	22.3
私营企业	24062	33.2	63.5	25.7	8.9	31.8	26.3
其他企业	4	100.0	75.0	50.0			75.0
港、澳、台商投资企业	2169	31.7	71.5	23.2	7.7	25.5	25.6
合资经营企业	933	40.1	74.5	26.2	7.9	25.9	22.4
合作经营企业	33	36.3	72.7	27.3	12.1	27.3	15.2
港、澳、台商独资经营企业	1053	25.6	68.6	19.8	6.7	24.7	29.6
港、澳、台商投资股份有限公司	126	53.8	75.4	30.2	13.5	28.6	19.0
其他港、澳、台投资企业	24	40.7	62.5	16.7		25.0	20.8
外商投资企业	2293	28.1	71.1	22.6	9.8	21.4	26.5
中外合资经营企业	1160	36.6	73.5	24.7	11.2	23.0	25.3
中外合作经营企业	44	36.4	75.0	13.6	6.8	13.6	18.2
外资企业	966	21.1	67.2	19.0	8.0	18.9	29.1
外商投资股份有限公司	98	51.0	76.5	34.7	9.2	30.6	20.4
其他外商投资企业	25	25.5	80.0	32.0	20.0	16.0	24.0
三、按行业分							
采矿业	**575**	**48.1**	**80.2**	**22.3**	**6.8**	**18.8**	**22.8**
煤炭开采和洗选业	220	51.4	83.6	25.0	7.7	15.5	24.1
石油和天然气开采业	40	83.3	90.0	22.5	5.0	15.0	25.0
黑色金属矿采选业	51	40.5	76.5	31.4	9.8	19.6	31.4
有色金属矿采选业	134	59.6	81.3	16.4	2.2	17.9	21.6

6-8 续表 1

项　目	开展产学研合作的企业数(个)	在创新合作企业中产学研合作企业占比(%)	在产学研合作企业中，以下列为主要合作形式的企业占比(%)				
			共同完成科研项目	在企业建立研发机构	在高等学校或研究机构中设立研发机构	聘用高等学校或研究机构人员到企业兼职	其他形式
非金属矿采选业	103	32.4	67.0	20.4	7.8	26.2	15.5
开采专业及辅助性活动	26	55.3	88.5	19.2	15.4	26.9	26.9
其他采矿业	1	33.3	100.0				
制造业	**42593**	**36.5**	**67.5**	**25.8**	**8.8**	**30.5**	**25.7**
农副食品加工业	1945	41.0	65.9	28.8	9.5	36.7	23.6
食品制造业	1168	44.8	71.2	31.2	11.5	34.9	22.8
酒、饮料和精制茶制造业	723	44.0	66.5	29.0	7.7	34.2	24.5
烟草制品业	43	63.2	95.3	23.3	2.3	14.0	11.6
纺织业	1133	25.1	63.0	27.0	11.4	27.4	24.2
纺织服装、服饰业	400	16.7	61.3	25.5	10.8	27.5	26.0
皮革、毛皮、羽毛及其制品和制鞋业	259	13.2	68.0	30.5	8.9	35.1	36.3
木材加工和木、竹、藤、棕、草制品业	348	24.8	61.2	28.2	6.3	29.3	26.1
家具制造业	323	19.1	57.9	23.5	10.8	31.3	34.1
造纸和纸制品业	382	24.7	63.1	22.0	6.8	28.8	26.2
印刷和记录媒介复制业	392	25.9	60.7	28.3	6.9	27.8	30.9
文教、工美、体育和娱乐用品制造业	603	24.2	60.4	27.5	10.8	29.0	26.7
石油、煤炭及其他燃料加工业	251	48.0	69.3	27.9	6.4	21.9	28.7
化学原料和化学制品制造业	4193	51.5	67.6	27.1	9.5	32.5	25.7
医药制造业	2791	67.5	76.5	23.5	8.9	27.8	24.3
化学纤维制造业	293	41.3	71.0	31.1	13.3	32.4	24.2
橡胶和塑料制品业	1693	29.1	63.3	27.1	8.1	30.1	27.7
非金属矿物制品业	2495	33.7	60.8	27.8	9.5	30.8	26.3
黑色金属冶炼和压延加工业	460	39.2	72.0	30.9	8.0	28.9	25.4
有色金属冶炼和压延加工业	1009	44.1	69.2	28.1	7.6	30.3	23.7
金属制品业	2239	30.8	64.3	26.3	8.6	29.1	25.0
通用设备制造业	3886	37.3	67.1	24.3	8.3	29.0	25.0
专用设备制造业	3885	43.9	69.7	24.6	8.0	31.0	25.5
汽车制造业	1974	29.7	65.5	23.5	8.6	29.7	27.8
铁路、船舶、航空航天和其他运输设备制造业	838	41.1	74.8	23.4	7.2	27.7	26.1
电气机械和器材制造业	4024	35.4	66.3	24.7	8.7	30.5	28.0
计算机、通信和其他电子设备制造业	3201	33.4	70.6	23.3	8.8	30.4	25.1
仪器仪表制造业	1275	46.2	72.5	22.8	7.8	31.0	22.7
其他制造业	150	27.5	67.3	29.3	12.7	28.0	26.0
废弃资源综合利用业	161	41.4	70.2	31.7	8.1	31.1	26.7
金属制品、机械和设备修理业	56	43.8	80.4	23.2	3.6	16.1	30.4
电力、热力、燃气及水生产和供应业	**626**	**37.5**	**76.0**	**21.4**	**5.9**	**14.1**	**26.7**
电力、热力生产和供应业	455	41.0	75.4	21.5	5.3	11.6	28.4
燃气生产和供应业	44	19.6	81.8	29.5	9.1	11.4	18.2
水的生产和供应业	127	37.8	76.4	18.1	7.1	23.6	23.6

6-8 续表 2

项 目	开展产学研合作的企业数(个)	在创新合作企业中产学研合作企业占比(%)	在产学研合作企业中，以下列为主要合作形式的企业占比(%)				
			共同完成科研项目	在企业建立研发机构	在高等学校或研究机构中设立研发机构	聘用高等学校或研究机构人员到企业兼职	其他形式
四、按地区分							
东部地区	26330	33.8	68.1	25.2	9.2	29.3	25.3
中部地区	10352	41.5	65.5	27.8	8.9	32.8	25.4
西部地区	5696	41.0	70.6	24.3	6.8	30.2	27.7
东北地区	1416	48.8	68.7	24.2	8.1	25.2	26.2
北 京	607	45.4	80.1	18.6	9.4	21.4	18.5
天 津	551	35.6	78.9	23.4	6.4	30.7	21.4
河 北	1112	39.7	63.3	27.4	6.7	27.8	25.8
山 西	453	50.9	73.1	22.7	5.3	24.5	23.8
内蒙古	227	48.4	76.2	22.0	7.0	15.4	29.1
辽 宁	863	48.8	68.4	26.5	8.7	28.2	23.9
吉 林	292	47.4	70.2	22.9	7.5	19.2	27.7
黑龙江	261	50.5	68.2	17.6	6.5	22.2	32.2
上 海	1132	37.3	75.3	20.0	8.7	25.4	26.4
江 苏	7550	40.1	67.6	27.8	10.2	30.8	21.9
浙 江	4880	25.9	65.6	20.0	7.2	24.0	29.4
安 徽	3019	51.5	68.4	29.8	9.7	36.3	23.5
福 建	1556	30.5	65.0	23.8	8.9	30.0	28.9
江 西	1331	33.7	61.2	27.7	8.9	34.3	28.2
山 东	3274	45.9	66.4	27.3	8.0	34.0	24.9
河 南	1554	37.2	61.6	26.8	9.4	32.2	26.6
湖 北	1867	39.3	66.4	28.1	9.5	29.9	27.0
湖 南	2128	40.1	64.5	26.7	7.5	31.8	24.4
广 东	5604	29.3	69.9	26.9	11.2	30.8	26.1
广 西	426	40.3	76.5	25.8	7.5	28.2	31.0
海 南	64	58.2	65.6	18.8	4.7	18.8	50.0
重 庆	759	28.2	66.8	20.4	6.7	33.7	27.1
四 川	1683	43.6	70.8	22.9	6.1	31.8	27.7
贵 州	516	40.8	64.0	26.6	7.4	29.1	28.1
云 南	504	40.0	68.7	31.7	6.2	30.6	27.2
西 藏	15	57.7	80.0	13.3		46.7	26.7
陕 西	880	48.6	71.9	22.6	7.2	30.7	25.3
甘 肃	228	45.2	71.5	24.1	7.9	28.5	32.9
青 海	75	56.8	80.0	24.0	12.0	22.7	22.7
宁 夏	198	50.8	68.2	32.8	7.1	34.3	28.8
新 疆	185	43.4	78.4	26.5	7.0	23.2	25.9

七、规模（限额）以上企业产品或工艺创新阻碍因素及知识产权相关情况（2019年）

7−1　规模(限额)以上企业产品或

项　　目				
	缺乏内部资　　金	缺乏风险投　　资	缺乏银行贷　　款	创　　新成本过高
总　计	**10.6**	**7.2**	**11.2**	**21.5**
#国有及国有控股	14.9	5.0	7.0	16.3
一、按规模分				
大型企业	11.0	6.1	8.8	30.4
中型企业	10.9	6.7	10.5	23.1
小型企业	10.8	7.6	12.0	22.7
微型企业	9.0	5.9	8.7	12.3
二、按登记注册类型分				
内资企业	10.6	7.3	11.6	21.2
国有企业	12.0	4.5	6.3	12.8
集体企业	10.3	5.7	6.5	11.7
股份合作企业	6.7	6.0	6.6	16.5
联营企业	8.1	4.5	6.8	11.3
#国有联营企业	9.5		4.8	11.9
有限责任公司	11.9	6.8	11.3	20.1
#国有独资公司	14.4	5.1	7.4	15.6
股份有限公司	12.0	8.2	15.1	29.6
私营企业	10.1	7.6	11.7	21.5
其他企业	7.0	6.3	4.2	13.3
港、澳、台商投资企业	9.9	5.3	7.0	26.3
合资经营企业	9.9	5.8	9.1	29.5
合作经营企业	10.0	3.8	6.1	19.9
港、澳、台商独资经营企业	9.8	5.1	6.2	25.2
港、澳、台商投资股份有限公司	12.4	5.9	9.7	29.1
其他港、澳、台投资企业	8.1	7.4	8.1	24.9
外商投资企业	10.8	4.7	6.0	25.4
中外合资经营企业	11.5	5.7	9.2	28.5
中外合作经营企业	9.8	4.3	5.9	23.0
外资企业	10.5	4.2	4.5	24.1
外商投资股份有限公司	12.0	5.7	8.5	26.0
其他外商投资企业	12.0	6.8	7.9	25.3
三、按行业分				
采矿业	11.4	6.1	12.0	13.9
制造业	11.4	8.0	13.6	29.1
电力、热力、燃气及水生产和供应业	10.1	4.5	8.7	12.4
建筑业	13.5	8.2	10.6	18.9
批发和零售业	9.1	6.2	9.3	13.5
交通运输、仓储和邮政业	9.0	5.4	7.7	11.2
信息传输、软件和信息技术服务业	12.1	9.9	13.4	36.4

工艺创新活动阻碍因素情况

在全部企业中，下列各项是创新主要阻碍因素的企业占比(%)							
缺乏人才或人才流失	缺乏技术信息	缺乏市场信息	难以找到创新合作伙伴	市场已被占领	不能确定市场需求	创新成果易被低成本模仿	没有创新的必要
29.5	**17.9**	**10.7**	**7.0**	**3.1**	**12.7**	**5.7**	**17.1**
31.4	16.2	10.3	5.9	3.7	10.6	4.4	17.6
44.3	21.8	11.1	7.2	3.7	15.0	10.2	9.3
32.8	18.7	10.6	6.9	3.2	13.2	6.0	15.5
30.6	19.0	11.1	7.3	3.1	13.3	6.0	17.1
17.0	10.6	8.7	5.8	3.1	8.9	2.6	21.1
29.3	17.8	10.7	7.0	3.1	12.5	5.3	17.3
26.1	15.1	9.7	4.8	3.5	8.0	2.6	19.8
21.9	14.2	7.9	5.3	3.2	8.4	1.8	23.8
25.6	17.0	9.5	6.2	3.2	12.0	4.9	20.8
20.3	14.4	7.2	5.4	5.0	9.5	2.3	22.1
26.2	11.9	7.1	4.8		9.5	2.4	33.3
29.6	17.1	10.5	6.5	3.2	11.8	4.8	16.9
32.2	17.1	10.2	5.8	3.1	10.3	3.8	16.3
40.2	21.2	11.7	7.7	3.8	13.5	8.1	11.3
28.9	18.0	10.7	7.2	3.0	12.8	5.5	17.6
14.0	6.3	8.4	4.2	7.7	6.3	2.1	12.6
32.9	19.8	10.4	6.9	3.6	16.0	8.9	14.7
37.8	23.0	11.1	7.6	3.5	15.3	9.5	12.3
28.0	16.1	9.7	4.4	3.4	12.3	7.0	19.9
31.2	18.8	10.1	6.8	3.6	16.4	8.6	15.5
40.8	19.8	12.1	5.9	5.3	12.0	10.3	11.1
25.6	19.7	8.1	7.1	5.2	13.6	8.7	15.9
30.1	18.8	10.6	6.8	3.8	15.9	9.7	16.2
35.9	22.1	12.1	7.2	3.7	15.6	9.3	13.1
25.7	18.7	9.6	6.5	3.1	13.8	6.1	16.1
27.4	17.2	9.9	6.6	3.8	16.1	10.1	17.7
37.2	22.4	12.0	7.7	3.2	13.6	8.7	11.7
30.8	20.2	11.6	7.5	2.9	16.3	8.7	16.4
22.3	16.6	7.8	5.8	1.1	8.9	1.5	27.6
37.9	24.2	11.6	7.5	2.8	15.8	8.6	12.4
18.4	14.6	6.2	4.0	1.5	6.6	1.2	27.6
31.8	20.6	9.9	8.3	2.5	12.3	2.9	22.2
19.3	10.9	10.3	6.5	3.8	10.1	3.2	21.4
17.3	10.2	8.4	5.4	3.4	7.7	2.0	23.4
42.0	17.5	12.2	7.9	5.6	15.2	8.5	7.7

7-1 续表

项　　目	缺乏内部资　　金	缺乏风险投　　资	缺乏银行贷　　款	创　　新成本过高
租赁和商务服务业	8.8	5.6	6.8	13.6
科学研究和技术服务业	10.9	6.9	8.6	23.8
水利、环境和公共设施管理业	11.1	6.1	11.4	14.4
四、按地区分				
东部地区	10.0	6.7	9.4	22.7
中部地区	11.5	8.6	13.8	21.1
西部地区	11.7	7.1	14.4	19.6
东北地区	10.8	6.2	12.0	15.4
北　京	9.3	6.0	8.4	22.2
天　津	8.9	5.4	10.4	16.5
河　北	9.6	6.7	11.5	17.5
山　西	10.7	5.6	12.1	14.3
内蒙古	10.8	4.9	12.7	12.6
辽　宁	10.4	5.8	10.5	15.8
吉　林	10.8	6.3	13.7	15.3
黑龙江	11.7	6.9	13.9	14.6
上　海	10.2	6.4	7.7	21.6
江　苏	10.1	7.5	9.1	21.9
浙　江	7.9	5.9	6.3	24.2
安　徽	10.7	8.1	16.0	22.9
福　建	10.6	7.5	9.7	22.0
江　西	12.0	8.6	14.8	23.3
山　东	9.8	6.8	11.9	17.7
河　南	11.9	9.7	12.3	18.8
湖　北	11.1	8.6	15.3	22.0
湖　南	11.8	8.8	12.2	21.9
广　东	11.6	7.0	11.0	27.1
广　西	11.9	6.5	12.8	19.2
海　南	10.2	6.1	10.3	17.7
重　庆	11.9	7.0	12.9	23.5
四　川	11.3	7.6	13.5	22.3
贵　州	13.4	7.9	16.7	17.6
云　南	11.8	7.5	17.6	20.0
西　藏	13.2	5.2	14.9	11.8
陕　西	11.7	8.7	15.0	19.5
甘　肃	14.0	5.8	18.4	17.0
青　海	13.4	5.4	15.6	16.5
宁　夏	12.2	5.8	17.4	20.2
新　疆	9.3	5.2	12.6	12.9

在全部企业中，下列各项是创新主要阻碍因素的企业占比(%)							
缺乏人才或人才流失	缺乏技术信　　息	缺乏市场信　　息	难以找到创新合作伙　　伴	市场已被占　　领	不能确定市场需求	创新成果易被低成本模仿	没有创新的必要
21.1	10.5	9.3	6.5	3.0	9.4	3.8	20.3
34.8	17.4	11.2	7.3	3.0	11.7	5.6	14.5
25.9	14.0	8.8	6.0	1.9	9.0	2.7	18.7
30.1	18.2	10.6	7.1	3.2	13.4	6.5	16.2
29.5	18.0	10.4	6.9	2.8	11.6	4.7	16.6
29.1	17.7	11.6	7.0	3.4	12.5	4.1	20.9
22.6	13.1	9.6	6.1	3.3	9.7	3.3	19.3
27.4	13.6	10.2	6.8	3.5	11.9	5.6	17.1
22.1	12.6	9.3	5.5	3.0	10.0	4.4	18.3
29.1	18.4	10.8	5.8	2.4	11.6	4.3	18.4
27.8	17.1	11.5	5.7	2.3	10.0	2.2	21.3
22.1	13.8	10.2	5.5	2.7	9.7	2.1	24.5
22.0	12.9	9.0	5.4	3.0	9.0	3.5	17.7
22.6	12.9	10.7	6.9	2.9	10.0	3.1	19.8
24.1	13.5	10.0	6.9	4.2	10.9	3.0	22.5
25.4	13.8	9.1	7.5	3.7	12.1	6.7	19.2
30.5	19.1	10.3	7.4	3.1	11.7	6.3	13.3
33.5	22.7	11.8	8.3	2.8	18.0	7.9	17.0
33.7	19.3	9.7	7.1	2.6	10.8	5.0	12.1
28.0	17.4	10.8	7.1	3.0	14.2	5.2	18.5
31.4	19.0	10.6	7.6	2.9	13.0	5.2	17.1
29.7	18.7	12.1	6.7	2.7	12.1	4.9	19.4
27.8	17.8	11.0	6.1	2.7	10.6	4.2	18.6
27.9	16.6	10.8	7.7	3.5	13.4	5.4	18.1
28.2	17.9	9.5	6.7	2.6	11.3	4.8	15.2
31.5	17.7	9.8	6.7	3.7	13.4	8.0	13.6
28.0	18.2	10.4	6.7	3.0	13.4	3.4	20.8
25.2	15.9	10.8	6.4	3.8	11.2	2.8	20.2
28.3	16.9	10.5	6.8	3.5	13.6	5.5	19.6
29.1	17.3	10.5	7.5	3.5	13.0	5.2	20.9
27.9	16.7	12.3	7.2	3.9	11.6	2.9	20.9
31.4	20.2	13.4	7.8	3.3	13.7	4.6	20.1
33.1	18.1	12.5	6.9	3.0	10.5	2.7	23.0
31.8	18.9	13.4	7.3	3.6	12.5	3.9	19.3
32.9	20.1	13.9	6.6	3.8	10.9	3.2	22.6
30.8	19.9	14.5	7.7	4.5	10.8	2.8	23.1
32.5	22.0	13.6	7.3	4.0	11.8	3.8	20.5
26.7	15.3	11.7	5.9	3.1	10.9	2.7	23.7

7-2 规模以上工业企业产品或

项　　目				
	缺乏内部资　　金	缺乏风险投　　资	缺乏银行贷　　款	创　　新成本过高
总　计	**11.4**	**7.8**	**13.4**	**28.1**
#国有及国有控股	15.4	5.0	9.5	22.7
一、按规模分				
大型企业	11.1	6.5	10.3	37.2
中型企业	11.5	7.1	11.8	33.2
小型企业	11.5	8.1	13.9	28.3
微型企业	10.0	6.4	11.4	16.7
二、按登记注册类型分				
内资企业	11.5	8.2	14.2	28.0
国有企业	14.0	4.9	8.5	15.1
集体企业	11.8	6.5	8.3	16.3
股份合作企业	7.7	7.8	8.3	26.0
联营企业	12.1	3.4	10.3	20.7
#国有联营企业	33.3		33.3	16.7
有限责任公司	13.1	7.6	14.6	27.0
#国有独资公司	15.6	5.2	8.5	19.9
股份有限公司	12.5	8.2	18.2	36.2
私营企业	10.9	8.4	14.0	28.0
其他企业	14.7	5.9	2.9	11.8
港、澳、台商投资企业	10.1	5.5	7.5	29.9
合资经营企业	9.7	5.9	9.4	32.6
合作经营企业	9.5	4.1	5.7	23.3
港、澳、台商独资经营企业	10.2	5.3	6.7	28.7
港、澳、台商投资股份有限公司	12.6	6.9	11.2	36.7
其他港、澳、台投资企业	9.6	8.4	9.6	30.1
外商投资企业	11.3	5.0	6.7	28.2
中外合资经营企业	11.7	5.7	9.7	30.5
中外合作经营企业	11.5	5.2	6.3	24.5
外资企业	11.0	4.5	5.0	27.0
外商投资股份有限公司	12.2	6.1	9.3	34.5
其他外商投资企业	11.9	6.4	8.8	29.2
三、按行业分				
采矿业	11.4	6.1	12.0	13.9
煤炭开采和洗选业	12.6	5.7	13.2	12.4
石油和天然气开采业	9.2	4.2	5.0	18.5
黑色金属矿采选业	12.5	5.6	13.3	13.9
有色金属矿采选业	13.1	5.8	11.9	18.6

工艺创新活动阻碍因素情况

在全部企业中，下列各项是创新主要阻碍因素的企业占比(%)

缺乏人才或人才流失	缺乏技术信息	缺乏市场信息	难以找到创新合作伙伴	市场已被占领	不能确定市场需求	创新成果易被低成本模仿	没有创新的必要
36.8	**23.7**	**11.3**	**7.3**	**2.7**	**15.3**	**8.1**	**13.4**
38.5	23.3	11.2	6.0	3.1	11.9	5.4	16.2
52.9	27.8	12.4	7.0	3.8	17.4	12.8	5.5
44.6	26.5	11.3	7.0	2.9	16.5	10.3	9.5
36.8	24.0	11.5	7.5	2.7	15.5	8.1	13.5
22.0	15.5	8.6	5.7	2.3	10.9	3.8	18.8
36.9	23.7	11.3	7.3	2.6	15.0	7.8	13.3
29.7	18.6	7.5	4.0	1.8	7.8	2.9	21.4
25.7	18.3	7.9	5.8	2.2	11.6	3.1	21.9
35.4	27.6	10.2	7.4	3.0	18.2	8.1	15.2
39.7	22.4	10.3	5.2	5.2	12.1	1.7	13.8
50.0		16.7					16.7
36.8	23.0	11.1	6.6	2.7	14.0	6.9	13.8
37.0	22.5	11.0	5.9	3.0	11.0	4.5	16.5
49.0	26.2	12.2	8.0	3.3	15.3	10.5	7.6
36.5	23.9	11.3	7.5	2.5	15.4	8.0	13.3
8.8	5.9	2.9		11.8	8.8	2.9	14.7
38.4	24.0	11.3	7.3	3.2	17.6	10.0	13.1
42.0	26.4	11.8	7.9	3.1	16.5	10.4	10.9
33.4	19.9	11.4	5.4	3.2	14.5	8.8	17.0
36.8	23.1	11.0	7.2	3.2	18.2	9.9	14.0
49.3	24.5	15.0	6.9	4.3	14.8	11.4	8.8
31.3	24.7	6.6	8.4	5.4	15.7	9.0	13.3
34.3	22.5	11.6	7.1	3.6	17.6	10.7	14.5
39.0	25.0	12.7	7.4	3.7	16.3	10.1	11.7
30.7	20.8	11.2	7.8	3.4	13.8	6.3	15.9
31.6	21.1	11.0	7.0	3.7	18.4	11.2	16.0
44.6	27.9	13.0	8.0	2.1	15.7	9.0	9.8
39.2	29.2	15.2	7.9	2.4	17.9	9.7	13.7
22.3	16.6	7.8	5.8	1.1	8.9	1.5	27.6
21.7	14.7	7.7	6.0	1.0	7.8	1.0	26.9
31.9	23.5	10.1	4.2	1.7	5.0	2.5	20.2
21.3	18.0	7.3	5.4	0.9	10.2	1.3	28.7
28.5	21.6	5.5	5.8	0.6	6.9	0.9	25.0

7-2 续表 1

项 目	缺乏内部资金	缺乏风险投资	缺乏银行贷款	创新成本过高
非金属矿采选业	9.0	6.7	10.3	13.6
开采专业及辅助性活动	9.4	8.2	9.4	17.6
其他采矿业	10.0	30.0	10.0	30.0
制造业	**11.4**	**8.0**	**13.6**	**29.1**
农副食品加工业	11.9	8.8	18.5	23.5
食品制造业	11.2	8.4	15.1	27.9
酒、饮料和精制茶制造业	13.8	10.0	18.4	27.6
烟草制品业	7.5	3.7	6.5	17.8
纺织业	10.1	8.5	10.4	24.6
纺织服装、服饰业	11.0	7.6	8.7	22.4
皮革、毛皮、羽毛及其制品和制鞋业	9.7	7.2	8.2	24.0
木材加工和木、竹、藤、棕、草制品业	12.2	9.4	12.8	21.2
家具制造业	11.9	7.4	11.5	29.8
造纸和纸制品业	10.4	7.2	12.3	24.8
印刷和记录媒介复制业	10.5	7.2	11.0	27.3
文教、工美、体育和娱乐用品制造业	10.1	8.1	10.3	27.2
石油、煤炭及其他燃料加工业	11.4	7.5	15.2	21.8
化学原料和化学制品制造业	10.6	8.4	15.1	29.1
医药制造业	12.3	8.6	17.3	41.7
化学纤维制造业	9.9	8.0	10.9	29.4
橡胶和塑料制品业	11.0	7.3	12.0	29.0
非金属矿物制品业	11.2	7.6	13.5	21.5
黑色金属冶炼和压延加工业	10.9	6.8	14.0	24.8
有色金属冶炼和压延加工业	13.0	8.0	16.8	28.1
金属制品业	11.2	7.9	12.9	27.5
通用设备制造业	11.9	7.9	13.4	33.9
专用设备制造业	12.3	8.6	15.5	36.0
汽车制造业	12.7	7.4	13.5	33.1
铁路、船舶、航空航天和其他运输设备制造业	11.5	8.5	13.6	33.0
电气机械和器材制造业	11.8	8.1	14.5	36.0
计算机、通信和其他电子设备制造业	12.2	8.2	15.1	39.7
仪器仪表制造业	9.9	7.9	13.0	40.6
其他制造业	10.1	8.5	10.8	29.0
废弃资源综合利用业	12.6	8.3	17.1	20.6
金属制品、机械和设备修理业	19.0	6.1	10.0	24.7
电力、热力、燃气及水生产和供应业	**10.1**	**4.5**	**8.7**	**12.4**
电力、热力生产和供应业	10.7	4.5	9.2	12.5
燃气生产和供应业	7.8	4.8	6.7	11.2
水的生产和供应业	10.4	4.0	8.9	13.2

在全部企业中，下列各项是创新主要阻碍因素的企业占比(%)							
缺乏人才或人才流失	缺乏技术信息	缺乏市场信息	难以找到创新合作伙伴	市场已被占领	不能确定市场需求	创新成果易被低成本模仿	没有创新的必要
20.0	15.9	8.9	5.5	1.3	10.7	2.3	29.6
31.6	23.0	9.4	7.8	2.0	10.9	2.7	23.8
20.0	10.0			10.0			10.0
37.9	**24.2**	**11.6**	**7.5**	**2.8**	**15.8**	**8.6**	**12.4**
30.9	21.3	12.0	7.3	2.8	15.1	5.7	16.3
36.3	22.9	12.8	7.3	3.8	19.7	10.7	10.0
33.4	20.9	12.9	7.6	3.2	18.2	6.9	11.8
40.2	25.2	13.1	11.2	9.3	18.7	5.6	14.0
33.2	24.5	12.7	8.1	2.5	18.0	7.3	13.9
29.2	18.5	10.8	7.5	2.2	15.8	5.8	15.6
31.3	21.0	10.8	6.8	2.5	16.4	7.9	14.8
29.4	21.3	10.7	6.7	2.2	13.8	5.1	17.3
36.1	22.5	13.0	7.6	2.7	19.1	12.9	10.8
32.7	22.1	10.7	7.2	2.7	15.5	7.0	16.8
34.3	23.4	10.6	7.3	2.5	15.7	7.2	15.1
37.0	22.6	13.3	7.3	2.8	18.0	11.7	12.6
31.8	23.5	10.3	7.9	2.9	13.8	4.2	15.4
39.1	25.5	11.7	8.3	2.8	15.3	8.7	11.3
50.8	28.5	10.9	7.8	2.9	14.7	6.2	6.3
38.5	26.5	12.0	8.0	3.2	16.5	7.4	12.1
38.5	25.5	11.8	7.8	2.8	16.8	9.1	12.4
28.5	20.8	10.2	6.0	2.5	13.9	5.9	19.7
30.6	23.5	9.8	6.2	2.4	12.7	4.5	17.6
36.3	25.4	10.4	7.2	2.1	13.5	5.8	13.9
37.2	25.4	11.4	7.2	2.3	14.8	8.1	13.3
44.7	27.2	12.1	8.0	2.6	15.7	11.0	8.7
46.7	25.9	12.2	7.8	2.7	15.0	12.5	7.3
41.9	26.4	11.7	7.7	3.6	15.6	7.5	9.6
43.8	25.8	11.4	8.1	2.6	16.9	8.9	9.5
46.1	27.5	12.1	8.1	3.4	17.5	11.5	7.7
48.9	26.3	11.6	8.1	3.7	16.8	11.4	6.9
52.6	26.6	13.0	8.3	3.0	16.7	14.2	5.0
38.5	25.4	13.1	8.5	2.9	18.1	13.4	12.4
27.8	19.2	9.2	5.4	1.6	11.3	3.5	18.7
35.3	20.6	9.3	6.1	2.4	7.6	4.1	19.3
18.4	**14.6**	**6.2**	**4.0**	**1.5**	**6.6**	**1.2**	**27.6**
18.6	15.0	6.4	4.3	1.4	6.8	1.2	27.6
16.6	12.5	7.6	3.6	2.7	8.0	1.3	28.9
19.7	14.9	4.4	3.5	0.8	4.5	1.2	26.1

7-2 续表 2

项　目				
	缺乏内部资金	缺乏风险投资	缺乏银行贷款	创新成本过高
四、按地区分				
东部地区	10.6	7.3	10.8	29.7
中部地区	12.3	9.5	16.8	26.5
西部地区	13.1	7.9	18.1	25.4
东北地区	12.3	6.8	16.8	21.8
北　京	11.6	5.2	10.5	35.7
天　津	9.7	6.1	12.9	27.4
河　北	10.2	7.7	13.9	22.1
山　西	12.0	5.8	15.1	17.0
内蒙古	12.9	5.2	16.2	15.9
辽　宁	11.6	6.1	14.7	23.4
吉　林	12.3	6.9	18.4	21.3
黑龙江	13.6	8.1	19.8	18.9
上　海	11.2	6.0	8.2	31.9
江　苏	11.0	8.3	10.6	29.3
浙　江	7.8	6.2	6.5	31.0
安　徽	11.5	8.7	19.0	28.6
福　建	11.2	7.6	11.5	28.3
江　西	12.9	9.2	17.2	28.9
山　东	10.6	7.5	14.2	22.7
河　南	12.6	10.7	14.3	23.6
湖　北	11.9	9.5	19.2	27.7
湖　南	12.9	10.1	15.1	27.3
广　东	12.2	7.5	12.0	34.4
广　西	12.2	7.3	14.6	24.4
海　南	12.1	5.3	11.9	22.8
重　庆	13.9	7.8	17.0	33.1
四　川	12.0	8.2	16.5	27.3
贵　州	15.7	8.8	22.4	23.3
云　南	13.9	8.2	22.3	25.9
西　藏	12.2	4.1	18.2	18.9
陕　西	13.2	9.9	19.0	24.8
甘　肃	15.5	6.1	23.3	22.8
青　海	17.1	6.5	22.3	23.5
宁　夏	14.0	7.0	23.3	26.0
新　疆	10.4	5.3	15.8	17.5

在全部企业中，下列各项是创新主要阻碍因素的企业占比(%)

缺乏人才或人才流失	缺乏技术信息	缺乏市场信息	难以找到创新合作伙伴	市场已被占领	不能确定市场需求	创新成果易被低成本模仿	没有创新的必要
38.8	25.0	11.8	7.6	2.8	16.7	9.6	12.1
34.9	22.2	10.2	6.9	2.3	12.6	6.1	13.1
33.5	22.3	11.4	6.9	2.7	14.8	5.7	18.1
29.7	18.3	10.5	6.4	2.7	11.6	4.8	16.7
42.7	22.5	13.3	8.3	3.3	16.3	11.6	12.0
31.8	20.6	11.1	6.0	2.9	13.4	8.2	14.0
34.1	23.0	11.2	6.2	1.7	13.4	6.1	15.3
31.8	21.3	10.8	5.5	1.3	10.6	2.4	19.6
26.0	17.7	10.5	4.7	1.9	10.9	2.9	24.1
30.9	19.3	10.1	5.8	2.4	11.4	5.4	15.2
28.1	17.5	11.2	6.8	2.5	11.0	4.3	16.8
28.5	16.7	10.8	7.4	3.5	12.4	4.0	19.7
38.4	23.0	11.1	9.0	3.5	16.8	12.0	13.6
40.3	26.0	11.7	8.4	2.9	14.7	9.2	9.8
42.0	29.9	13.3	8.7	2.7	22.1	10.9	12.1
40.5	23.9	9.4	7.2	2.1	12.1	6.5	9.5
34.4	22.1	11.4	7.4	2.8	17.5	7.5	15.2
36.1	22.8	10.2	7.3	2.4	14.6	6.6	13.5
35.6	23.9	12.3	6.8	2.3	14.0	6.9	15.2
32.8	22.0	11.1	6.1	2.2	11.1	5.6	15.1
32.5	20.3	10.9	7.9	3.0	15.2	7.0	14.8
33.8	21.9	9.0	6.3	1.9	11.5	6.2	10.6
39.6	22.8	10.6	6.9	3.3	16.2	11.5	10.4
31.9	23.1	9.8	6.4	2.2	17.0	4.2	20.9
30.6	22.3	7.8	5.8	3.4	14.8	3.4	19.4
37.6	24.0	10.5	6.9	3.1	16.7	8.3	13.6
32.6	21.4	10.9	7.6	2.9	15.0	7.2	18.5
31.6	20.0	12.2	6.9	2.9	12.8	3.9	17.4
34.3	24.7	12.5	7.4	2.1	16.0	6.5	16.9
32.4	22.3	14.9	6.1	3.4	14.2	3.4	18.2
35.6	23.1	12.9	7.3	2.9	14.5	5.3	15.5
37.1	24.9	13.2	6.3	2.6	12.4	4.2	19.4
34.6	24.3	13.0	8.4	4.6	12.2	2.7	17.8
39.3	26.8	13.7	7.4	3.3	13.4	4.5	16.6
31.7	20.1	11.2	5.8	2.5	13.4	3.7	22.9

7–3 规模(限额)以上企业

项　目	采取了知识产权保护或相关措施的企业数(个)	采取了知识产权保护或相关措施的企业占全部企业的比重(%)		
			申请了发明专利	申请了实用新型或外观设计专利
总　计	**445879**	**55.4**	**7.5**	**9.7**
#国有及国有控股	31161	50.3	12.1	13.1
一、按规模分				
大型企业	15898	72.4	31.5	32.5
中型企业	79161	56.8	10.1	11.6
小型企业	308748	57.9	7.2	10.0
微型企业	42072	38.2	0.8	1.1
二、按登记注册类型分				
内资企业	408723	55.0	7.2	9.3
国有企业	3393	41.9	4.5	4.7
集体企业	1627	38.4	0.8	1.3
股份合作企业	779	50.0	3.5	6.0
联营企业	83	37.4	3.2	3.6
#国有联营企业	15	35.7	7.1	7.1
有限责任公司	102726	53.0	8.3	9.9
#国有独资公司	7069	48.8	11.0	12.0
股份有限公司	15600	69.4	23.9	24.6
私营企业	284471	55.5	6.1	8.5
其他企业	44	30.8	4.2	4.2
港、澳、台商投资企业	17092	60.0	11.6	15.4
合资经营企业	4702	66.6	17.6	22.1
合作经营企业	257	54.4	10.6	14.4
港、澳、台商独资经营企业	11494	57.5	9.0	12.7
港、澳、台商投资股份有限公司	450	68.2	27.0	27.6
其他港、澳、台投资企业	189	61.2	7.4	12.3
外商投资企业	20064	60.5	11.0	14.3
中外合资经营企业	6398	66.8	18.0	21.9
中外合作经营企业	289	56.8	10.4	10.8
外资企业	12618	57.7	7.7	10.8
外商投资股份有限公司	414	65.3	21.9	23.3
其他外商投资企业	345	59.1	8.4	11.0
三、按行业分				
采矿业	4051	39.7	3.5	4.0
制造业	244150	69.0	14.2	19.1
电力、热力、燃气及水生产和供应业	5526	40.2	3.9	5.2
建筑业	26525	48.6	3.2	3.9
批发和零售业	103088	42.3		
交通运输、仓储和邮政业	14088	35.5	0.5	0.6
信息传输、软件和信息技术服务业	16810	74.5	15.0	11.9

注：年末拥有有效发明专利数不包含资质等级二级的建筑业以及批发零售业企业数据，以下各表同。

知识产权及相关情况

在全部企业中，采取下列知识产权保护或相关措施的企业占比(%)						年末拥有有效发明专利数(件)
申请了注册商标	进行了版权登记	形成了国家或行业技术标准	对技术秘密进行内部保护	应用了难以复制的复杂技术	发挥了时间上的先发优势	
11.2	**3.1**	**6.4**	**13.6**	**2.8**	**21.8**	**1540616**
6.7	4.1	10.7	13.2	2.6	18.2	434442
16.2	10.4	18.1	24.0	5.5	19.2	701580
12.0	4.4	7.9	14.5	2.9	21.3	325681
12.0	2.8	6.2	14.3	2.8	21.9	495970
5.4	1.2	3.7	6.9	1.6	22.0	17385
11.3	3.1	6.4	12.9	2.6	22.1	1303651
4.1	2.5	8.6	8.7	1.7	19.2	24274
4.4	0.5	5.4	6.4	1.5	22.5	404
9.0	1.0	6.9	12.0	2.5	21.0	786
5.9	3.2	6.8	7.7	1.4	18.5	52
	2.4	7.1	4.8		23.8	25
9.4	3.5	7.3	13.0	2.7	21.1	557852
6.6	3.6	10.7	11.3	2.4	18.8	92638
18.9	8.7	14.1	21.5	4.4	19.3	277979
11.8	2.7	5.7	12.6	2.6	22.7	441973
6.3	3.5	5.6	4.2	2.8	16.1	331
11.8	3.5	6.9	19.7	3.7	17.2	124995
13.9	4.3	9.4	22.3	3.9	17.6	36433
10.6	2.1	6.8	13.6	1.7	19.3	778
10.9	3.2	5.8	18.9	3.5	17.0	80444
18.3	6.2	13.2	22.9	5.3	17.4	6966
11.7	3.6	7.4	19.4	5.2	20.7	374
10.1	2.9	6.9	23.8	4.6	16.8	111970
13.3	4.5	9.1	23.7	4.6	16.7	48045
9.2	1.8	7.7	19.1	3.5	16.9	812
8.5	2.1	5.7	24.0	4.7	16.7	51692
15.8	5.2	11.0	25.4	4.1	16.1	9140
10.3	3.8	7.5	18.7	3.6	19.0	2281
2.9	0.8	5.9	8.9	2.3	20.0	14401
16.2	2.9	8.4	20.5	3.9	19.3	1174993
2.0	1.0	8.9	7.9	2.3	16.9	28680
4.4	1.4	7.4	8.9	2.7	24.3	38362
7.8	1.5	3.9	6.5	1.5	25.3	
3.8	1.0	3.9	4.5	1.1	23.5	2473
17.3	29.8	6.7	24.1	4.9	19.2	148399

7-3 续表

项　目	采取了知识产权保护或相关措施的企业数(个)	采取了知识产权保护或相关措施的企业占全部企业的比重(%)		
			申请了发明专利	申请了实用新型或外观设计专利
租赁和商务服务业	15298	39.5	0.9	1.1
科学研究和技术服务业	13826	61.8	14.3	16.1
水利、环境和公共设施管理业	2517	45.3	4.1	5.0
四、按地区分				
东部地区	271295	56.4	8.5	11.4
中部地区	94513	56.5	7.3	8.8
西部地区	64105	51.7	4.7	5.4
东北地区	15966	48.6	4.0	5.3
北　京	14321	50.7	8.1	8.0
天　津	7625	48.5	6.1	8.6
河　北	11584	50.5	5.4	7.0
山　西	4916	45.0	3.3	3.9
内蒙古	2891	42.2	2.7	3.5
辽　宁	8849	48.7	4.8	6.7
吉　林	3419	48.9	3.3	3.8
黑龙江	3698	48.2	2.9	3.3
上　海	17549	53.4	7.1	8.5
江　苏	52987	60.0	12.6	16.8
浙　江	47880	58.8	8.4	12.3
安　徽	18962	60.5	12.8	13.2
福　建	21753	52.6	4.6	6.2
江　西	13527	59.4	6.1	11.2
山　东	29138	55.0	6.1	7.4
河　南	22770	56.9	4.2	5.9
湖　北	17019	55.5	6.7	7.8
湖　南	17319	55.1	8.8	9.3
广　东	67693	58.7	9.4	13.4
广　西	5823	44.1	3.0	2.8
海　南	765	42.5	3.2	3.0
重　庆	8794	54.6	6.3	8.3
四　川	16389	53.8	6.1	7.1
贵　州	5752	54.4	4.5	4.1
云　南	5708	54.4	4.2	5.7
西　藏	297	50.2	1.4	1.4
陕　西	9892	54.8	4.6	4.9
甘　肃	2846	57.2	4.3	4.7
青　海	809	52.0	3.3	3.7
宁　夏	1258	51.7	9.1	9.5
新　疆	3646	41.8	1.7	1.9

在全部企业中，采取下列知识产权保护或相关措施的企业占比(%)						年末拥有有效发明专利数(件)
申请了注册商标	进行了版权登记	形成了国家或行业技术标准	对技术秘密进行内部保护	应用了难以复制的复杂技术	发挥了时间上的先发优势	
7.7	2.8	3.1	6.4	1.3	22.2	16652
9.0	7.2	10.1	17.9	3.4	18.4	113897
8.6	1.4	5.5	7.0	1.6	21.5	2759
11.9	3.6	6.4	14.5	2.8	20.6	1136830
10.8	2.3	6.1	12.8	3.0	24.1	222294
9.7	2.1	6.9	11.7	2.4	23.3	142041
8.6	1.8	7.2	11.2	2.3	20.5	39451
10.5	8.7	6.0	13.9	2.2	16.1	160834
6.8	2.4	5.7	11.8	2.1	20.2	28377
9.7	1.4	4.2	12.0	2.0	23.3	25448
6.1	1.3	6.7	8.6	1.7	22.3	10819
6.2	1.2	6.8	8.0	1.8	19.8	5847
7.4	1.9	7.4	12.6	2.4	19.9	26926
8.9	2.0	7.1	10.2	2.2	20.9	5711
11.2	1.5	6.6	9.0	2.0	21.6	6814
11.6	4.8	6.2	14.9	3.2	18.8	82250
11.2	2.4	6.7	16.0	3.1	20.8	200937
11.9	2.1	7.0	14.4	2.5	20.5	85660
13.3	2.5	7.2	15.4	3.2	22.8	61917
12.7	3.1	5.1	11.4	2.5	22.7	38025
10.7	1.9	6.3	13.5	3.1	24.8	14266
10.5	2.2	6.9	14.0	2.5	24.0	79511
10.3	2.2	5.6	12.0	2.8	27.6	34857
10.7	2.6	6.1	12.5	3.0	23.4	52372
10.9	2.5	5.3	12.7	3.6	21.8	48063
14.6	5.6	6.7	15.8	3.3	19.5	434195
9.3	1.8	6.5	10.0	2.0	19.5	8811
9.1	2.4	6.3	8.1	1.4	18.8	1593
10.4	2.5	5.3	14.1	2.8	22.5	21579
11.3	2.7	6.4	13.8	2.4	21.5	49917
8.6	2.2	7.1	11.2	2.5	28.2	9168
12.5	2.4	8.6	12.0	2.6	24.0	11383
10.0	1.9	7.8	9.3	2.2	23.3	180
9.7	2.0	7.4	11.0	2.7	26.8	23828
7.9	1.5	9.1	9.7	2.0	30.1	3847
7.8	1.4	9.3	10.5	2.6	24.4	885
8.4	2.4	8.6	11.7	2.8	20.9	2897
6.5	1.2	6.5	7.9	1.5	21.6	3699

7-4 规模以上工业企业

项　　目	采取了知识产权保护或相关措施的企业数(个)	采取了知识产权保护或相关措施的企业占全部企业的比重(%)		
			申请了发明专利	申请了实用新型或外观设计专利
总　计	**253727**	**67.2**	**13.5**	**18.2**
#国有及国有控股	12777	61.8	22.7	25.1
一、按规模分				
大型企业	6978	85.1	50.5	53.7
中型企业	30567	76.3	27.2	32.6
小型企业	202572	67.6	11.8	16.7
微型企业	13610	45.5	2.8	3.8
二、按登记注册类型分				
内资企业	224721	67.3	13.4	18.0
国有企业	689	46.7	12.3	12.7
集体企业	478	43.0	2.3	3.8
股份合作企业	503	68.7	7.1	12.2
联营企业	27	46.6	6.9	10.3
#国有联营企业	3	50.0	16.7	16.7
有限责任公司	49888	66.0	15.8	19.7
#国有独资公司	2432	58.3	20.9	23.0
股份有限公司	9471	81.5	37.9	40.2
私营企业	163654	67.2	11.6	16.5
其他企业	11	32.4	14.7	11.8
港、澳、台商投资企业	13352	66.7	15.0	20.7
合资经营企业	3929	72.4	21.2	27.3
合作经营企业	195	61.5	14.5	19.6
港、澳、台商独资经营企业	8783	64.1	11.8	17.5
港、澳、台商投资股份有限公司	335	79.8	39.0	41.4
其他港、澳、台投资企业	110	66.3	10.8	19.9
外商投资企业	15654	66.5	14.3	19.1
中外合资经营企业	5340	71.0	21.0	26.2
中外合作经营企业	244	63.5	13.3	13.5
外资企业	9554	64.0	10.5	15.3
外商投资股份有限公司	290	76.9	32.9	36.9
其他外商投资企业	226	68.7	13.4	17.9
三、按行业分				
采矿业	**4051**	**39.7**	**3.5**	**4.0**
煤炭开采和洗选业	1470	34.6	2.4	2.8
石油和天然气开采业	67	56.3	29.4	32.8
黑色金属矿采选业	444	38.2	2.7	2.8
有色金属矿采选业	562	45.6	6.4	7.9

知识产权及相关情况

在全部企业中，采取下列知识产权保护或相关措施的企业占比(%)						年末拥有有效发明专利数(件)	对最主要的主营产品拥有品牌所有权的企业占全部企业的比重(%)	#该品牌由本企业独立开发的企业占全部企业的比重
申请了注册商标	进行了版权登记	形成了国家或行业技术标准	对技术秘密进行内部保护	应用了难以复制的复杂技术	发挥了时间上的先发优势			
15.4	**2.7**	**8.3**	**19.7**	**3.8**	**19.3**	**1218074**	**33.1**	**30.0**
9.1	3.9	15.5	21.6	3.9	15.4	282263	32.9	28.0
22.2	9.0	26.4	36.8	7.9	18.5	518778	56.4	51.9
17.9	4.3	13.0	25.6	4.9	18.1	241693	44.8	40.9
15.5	2.5	7.5	19.3	3.7	19.6	446710	32.5	29.5
9.0	1.2	5.2	11.3	2.4	18.1	10893	16.5	14.4
15.8	2.8	8.4	19.0	3.7	19.6	1028567	33.0	30.3
6.5	2.3	12.9	13.8	2.7	13.7	14497	21.4	19.2
8.6	0.5	6.1	9.1	1.4	17.1	320	17.2	14.8
14.6	0.8	8.7	21.6	3.3	21.6	739	30.2	27.5
10.3	1.7	10.3	12.1	3.4	15.5	33	27.6	25.9
		33.3	16.7		33.3	22	16.7	16.7
13.8	3.1	9.9	20.3	3.9	18.3	394039	34.7	30.9
8.7	3.6	16.1	19.1	4.0	14.5	58329	28.9	24.8
24.5	7.5	19.8	29.6	5.7	17.1	226204	58.6	55.3
16.2	2.5	7.3	18.2	3.5	20.2	392406	31.5	29.1
11.8	5.9	17.6	5.9	2.9	2.9	329	23.5	23.5
12.7	2.7	8.2	22.6	4.2	16.7	93651	31.4	28.0
14.9	3.7	10.9	25.1	4.4	17.1	33837	38.6	35.2
12.0	1.6	8.5	16.7	1.9	17.0	657	31.5	29.7
11.5	2.2	6.8	21.7	4.0	16.6	52504	27.9	24.5
24.0	6.4	17.6	26.4	6.9	16.2	6308	51.9	48.6
9.6	2.4	9.6	22.9	7.2	19.3	345	31.9	28.3
10.7	2.3	7.9	27.3	5.1	16.3	95856	34.5	27.2
13.7	3.6	10.1	26.5	4.8	16.3	43804	38.8	32.4
10.9	1.6	7.0	21.1	4.2	19.0	745	32.0	27.6
9.0	1.6	6.6	27.7	5.3	16.2	43188	31.9	24.1
18.3	4.8	14.6	31.8	5.3	13.8	6671	53.1	45.9
10.9	3.3	9.7	25.2	3.6	18.5	1448	34.3	27.4
2.9	**0.8**	**5.9**	**8.9**	**2.3**	**20.0**	**14401**	**6.3**	**5.3**
1.6	0.7	5.8	5.9	1.7	19.4	3442	4.3	3.6
4.2	7.6	23.5	16.8	9.2	13.4	3806	8.4	8.4
1.8	0.7	4.9	9.6	2.0	21.2	1359	3.8	3.3
2.6	0.8	5.8	14.9	3.2	15.3	994	7.5	6.2

7-4 续表 1

项　　目	采取了知识产权保护或相关措施的企业数（个）	采取了知识产权保护或相关措施的企业占全部企业的比重（%）		
			申请了发明专利	申请了实用新型或外观设计专利
非金属矿采选业	1376	43.4	2.4	2.8
开采专业及辅助性活动	127	49.6	10.9	11.3
其他采矿业	5	50.0	10.0	
制造业	**244150**	**69.0**	**14.2**	**19.1**
农副食品加工业	14018	65.8	5.7	6.0
食品制造业	5742	71.5	11.0	11.1
酒、饮料和精制茶制造业	3934	69.4	7.6	8.1
烟草制品业	89	83.2	44.9	52.3
纺织业	10661	59.2	6.3	8.9
纺织服装、服饰业	6944	52.0	2.8	4.4
皮革、毛皮、羽毛及其制品和制鞋业	4849	58.3	3.4	5.8
木材加工和木、竹、藤、棕、草制品业	4850	53.8	3.9	5.1
家具制造业	4417	68.2	6.9	11.6
造纸和纸制品业	3892	59.2	7.4	11.2
印刷和记录媒介复制业	3500	61.7	9.6	14.1
文教、工美、体育和娱乐用品制造业	5941	67.8	9.0	14.8
石油、煤炭及其他燃料加工业	1172	58.6	10.8	12.0
化学原料和化学制品制造业	15610	72.3	19.0	17.2
医药制造业	6116	82.7	29.4	23.1
化学纤维制造业	1267	67.3	13.4	15.8
橡胶和塑料制品业	13294	68.5	12.1	17.5
非金属矿物制品业	21280	58.9	7.5	9.3
黑色金属冶炼和压延加工业	2882	56.4	9.5	14.5
有色金属冶炼和压延加工业	4930	68.0	14.4	17.8
金属制品业	16777	68.0	11.5	17.9
通用设备制造业	19255	77.7	20.8	30.7
专用设备制造业	15517	81.2	26.9	36.6
汽车制造业	11340	73.2	18.1	26.8
铁路、船舶、航空航天和其他运输设备制造业	3528	75.0	21.7	29.4
电气机械和器材制造业	20238	80.1	22.1	34.0
计算机、通信和其他电子设备制造业	15298	81.7	28.1	39.3
仪器仪表制造业	4249	86.8	34.5	45.5
其他制造业	1216	72.3	12.6	19.2
废弃资源综合利用业	1071	56.2	9.2	11.3
金属制品、机械和设备修理业	273	59.1	13.6	19.5
电力、热力、燃气及水生产和供应业	**5526**	**40.2**	**3.9**	**5.2**
电力、热力生产和供应业	3675	40.9	4.4	5.8
燃气生产和供应业	889	38.4	1.8	3.2
水的生产和供应业	962	39.7	4.3	4.8

在全部企业中，采取下列知识产权保护或相关措施的企业占比(%)						年末拥有有效发明专利数(件)	对最主要的主营产品拥有品牌所有权的企业占全部企业的比重(%)	
申请了注册商标	进行了版权登记	形成了国家或行业技术标准	对技术秘密进行内部保护	应用了难以复制的复杂技术	发挥了时间上的先发优势			#该品牌由本企业独立开发的企业占全部企业的比重
5.0	0.9	5.4	9.6	2.3	22.2	781	8.7	7.6
2.7	1.2	9.4	14.8	4.7	24.6	3996	11.7	10.5
		10.0	10.0		10.0	23	20.0	20.0
16.2	**2.9**	**8.4**	**20.5**	**3.9**	**19.3**	**1174993**	**34.8**	**31.7**
27.4	2.6	6.3	14.7	2.2	19.5	10805	49.6	44.9
30.6	4.4	7.9	21.0	3.5	16.9	12303	56.9	51.8
32.8	4.1	8.1	17.5	3.2	17.4	4428	56.2	50.9
31.8	13.1	23.4	33.6	5.6	16.8	4454	51.4	45.8
10.2	1.3	6.0	15.7	3.4	23.2	11897	18.2	16.5
12.2	1.2	4.6	11.0	2.9	23.0	4462	16.9	14.9
13.7	1.4	3.9	12.7	3.3	24.9	2556	21.0	18.3
13.4	1.0	5.9	12.1	2.7	21.9	3236	20.9	19.0
19.8	2.3	5.0	16.1	3.5	21.7	7178	33.7	31.3
11.9	1.8	6.1	15.1	3.2	20.3	6608	22.3	20.1
8.9	2.3	7.2	15.5	3.9	21.2	6462	15.4	13.7
18.2	3.2	5.5	16.8	3.6	21.6	10041	29.7	27.5
10.9	1.5	9.4	19.7	3.6	16.2	5096	26.1	23.1
18.2	2.3	10.8	27.2	4.6	16.7	65333	43.7	39.6
27.3	4.4	15.2	27.8	5.2	16.7	47910	59.5	52.9
13.2	1.0	10.0	22.5	4.7	21.5	4067	27.5	25.5
14.7	1.8	7.5	20.2	3.7	18.8	33206	29.8	27.2
10.9	1.3	8.8	16.7	2.9	20.6	31743	24.8	21.6
10.0	1.2	8.6	17.1	3.0	17.6	18331	22.7	19.9
12.3	1.4	10.2	21.5	4.3	18.4	18271	28.6	26.1
13.4	1.7	7.7	18.9	3.3	19.7	43567	26.9	24.5
16.6	3.2	9.9	24.8	4.5	17.5	91608	43.4	40.0
17.9	4.8	10.4	26.8	5.4	17.5	107509	47.7	44.4
11.3	2.0	7.7	25.5	4.4	18.1	62403	31.8	28.0
13.3	3.7	10.5	26.7	5.2	17.2	38628	37.1	33.1
19.5	4.3	10.7	23.7	4.2	17.4	143142	45.5	41.9
16.2	7.4	8.8	28.7	5.7	19.5	340117	39.4	36.7
20.9	12.3	13.0	31.4	6.9	16.9	31435	57.6	54.8
18.6	2.9	8.1	18.1	3.9	19.3	5088	33.9	31.8
6.2	1.2	7.6	15.5	3.6	19.5	1569	11.3	10.3
5.2	2.4	8.9	21.9	4.8	16.5	1540	14.9	13.6
2.0	**1.0**	**8.9**	**7.9**	**2.3**	**16.9**	**28680**	**6.9**	**4.9**
1.5	1.0	8.9	8.1	2.1	16.8	27078	5.9	4.3
3.0	1.4	7.6	6.5	2.2	19.1	532	10.1	5.4
3.0	1.0	10.3	8.2	3.0	15.4	1070	7.6	6.3

7-4 续表 2

项　目	采取了知识产权保护或相关措施的企业数(个)	采取了知识产权保护或相关措施的企业占全部企业的比重(%)		
			申请了发明专利	申请了实用新型或外观设计专利
四、按地区分				
东部地区	155792	69.9	15.3	21.5
中部地区	57370	65.8	12.7	15.4
西部地区	31952	59.8	9.1	10.7
东北地区	8613	60.7	8.2	11.0
北　京	2307	74.0	26.6	29.7
天　津	3314	68.9	15.6	22.4
河　北	7444	56.5	8.5	10.9
山　西	2320	48.4	5.9	7.0
内蒙古	1408	47.5	5.9	7.3
辽　宁	4792	63.0	10.1	14.3
吉　林	1783	58.6	6.6	7.7
黑龙江	2038	57.6	5.6	6.6
上　海	6325	72.1	17.6	22.9
江　苏	35326	76.7	22.0	30.1
浙　江	33192	72.6	13.4	20.4
安　徽	12599	71.0	21.1	21.9
福　建	11030	60.1	9.0	12.7
江　西	8823	67.6	10.0	18.7
山　东	17025	62.8	10.5	12.9
河　南	12668	64.9	7.3	10.4
湖　北	10049	64.7	11.2	13.3
湖　南	10911	65.9	15.3	15.9
广　东	39606	71.5	16.2	24.4
广　西	3172	51.4	5.5	5.1
海　南	223	54.1	12.4	10.7
重　庆	4670	69.8	12.5	17.4
四　川	9101	62.3	10.3	12.6
贵　州	2891	61.7	8.5	7.8
云　南	2692	61.7	8.5	11.3
西　藏	84	56.8	4.7	4.1
陕　西	4283	61.0	9.5	10.1
甘　肃	1139	62.7	9.5	10.2
青　海	318	54.5	7.5	8.2
宁　夏	731	61.1	17.5	18.3
新　疆	1463	46.3	4.1	4.2

在全部企业中，采取下列知识产权保护或相关措施的企业占比(%)						年末拥有有效发明专利数(件)	对最主要的主营产品拥有品牌所有权的企业占全部企业的比重(%)	
申请了注册商标	进行了版权登记	形成了国家或行业技术标准	对技术秘密进行内部保护	应用了难以复制的复杂技术	发挥了时间上的先发优势			#该品牌由本企业独立开发的企业占全部企业的比重
15.9	3.1	8.5	21.1	3.8	19.0	880801	33.5	30.7
14.5	2.3	7.5	17.6	4.0	21.1	184632	32.8	29.3
14.4	2.2	8.8	17.9	3.3	17.9	118708	31.5	28.1
14.9	2.2	9.6	18.0	3.4	16.4	33933	33.9	29.5
14.5	7.8	12.2	28.7	4.5	14.4	48656	48.9	44.9
12.2	2.8	9.6	22.4	4.1	16.0	20856	34.5	30.2
14.0	1.5	3.9	16.0	2.4	20.7	21487	32.7	29.2
8.7	1.2	9.1	12.2	2.1	16.0	8619	23.0	20.8
9.3	1.5	9.5	11.5	2.3	14.2	5491	23.5	19.4
12.7	2.4	10.4	21.0	3.8	16.6	22848	31.9	28.5
14.9	2.1	8.9	15.5	3.5	15.8	4853	34.2	29.4
19.7	1.9	8.5	13.7	2.6	16.5	6232	37.8	31.9
15.2	4.2	9.5	26.2	5.3	16.1	53559	41.5	36.8
15.9	2.3	8.9	23.4	4.2	19.6	180893	34.2	31.1
15.2	1.9	9.2	20.0	3.3	19.9	75770	31.2	29.3
17.6	2.6	9.0	20.5	4.1	19.9	54798	36.0	33.4
15.8	2.9	6.3	16.6	3.5	19.2	34668	28.7	26.8
13.6	1.8	7.2	17.6	3.9	21.5	13328	31.1	28.2
15.2	2.4	9.1	19.8	3.3	19.3	67896	34.0	30.8
14.5	2.2	6.9	16.0	3.6	24.7	30245	31.3	27.5
13.9	2.5	7.4	18.0	4.1	20.6	38000	33.7	30.0
14.3	2.6	6.3	17.5	4.8	19.9	39642	34.5	29.9
18.0	5.0	8.4	22.2	4.5	18.2	375515	33.9	31.6
14.8	2.0	8.1	14.6	2.8	15.2	8176	26.7	23.1
16.5	1.7	10.4	18.0	1.2	9.7	1501	37.6	31.8
14.2	2.6	7.0	23.7	4.4	19.0	18281	33.9	31.1
15.9	2.3	8.0	20.2	3.0	17.0	39658	34.1	30.9
12.7	2.5	8.3	16.2	3.5	23.8	7740	28.4	25.2
18.3	2.3	11.3	18.6	3.3	17.9	10131	37.0	33.1
16.2	4.1	10.1	12.2	2.7	13.5	156	37.2	34.5
14.4	2.3	9.6	17.8	3.8	19.5	18774	33.6	30.0
12.8	1.9	12.8	16.0	2.8	20.0	3413	32.3	28.4
10.3	1.2	12.0	14.9	3.6	16.8	760	28.3	23.3
12.5	2.6	10.6	16.8	4.1	17.1	2777	30.4	27.1
10.6	1.4	8.4	12.6	2.4	16.3	3351	24.1	19.7

八、规模（限额）以上企业组织和营销创新情况（2019年）

8-1 规模(限额)以上企业组织和

项　目	实现组织或营销创新企业数（个）	#实现组织创新企业	#实现营销创新企业
总　计	**279114**	**222011**	**205342**
#国有及国有控股	23287	20078	13582
一、按规模分			
大型企业	12547	10893	8728
中型企业	57425	47048	40630
小型企业	187652	147639	140603
微型企业	21490	16431	15381
二、按登记注册类型分			
内资企业	256626	204795	189367
国有企业	2152	1869	1133
集体企业	797	648	478
股份合作企业	369	273	269
联营企业	46	34	34
#国有联营企业	12	7	10
有限责任公司	69818	57510	47914
#国有独资公司	5416	4776	2958
股份有限公司	11498	9624	8815
私营企业	171923	134820	130708
其他企业	23	17	16
港、澳、台商投资企业	10569	8083	7771
合资经营企业	3105	2467	2294
合作经营企业	140	101	100
港、澳、台商独资经营企业	6869	5146	5022
港、澳、台商投资股份有限公司	332	266	259
其他港、澳、台投资企业	123	103	96
外商投资企业	11919	9133	8204
中外合资经营企业	4140	3319	2904
中外合作经营企业	172	132	121
外资企业	7106	5274	4826
外商投资股份有限公司	278	232	200
其他外商投资企业	223	176	153
三、按行业分			
采矿业	2150	1904	1101
制造业	149198	117799	117202
电力、热力、燃气及水生产和供应业	3452	3119	1409
建筑业	15311	14371	6419
批发和零售业	67551	49044	53391
交通运输、仓储和邮政业	8099	7163	4108
信息传输、软件和信息技术服务业	12672	10876	9456

营销创新情况

在全部企业中占比(%)					
实现组织或营销创新企业	#实现组织创新企业	#实现营销创新企业	#同时实现组织和营销创新企业	#仅实现组织创新企业	#仅实现营销创新企业
34.7	**27.6**	**25.5**	**18.4**	**9.2**	**7.1**
37.6	32.4	21.9	16.7	15.7	5.2
57.1	49.6	39.7	32.2	17.4	7.5
41.2	33.8	29.2	21.7	12.1	7.4
35.2	27.7	26.4	18.9	8.8	7.5
19.5	14.9	14.0	9.4	5.5	4.6
34.5	27.6	25.5	18.5	9.0	7.0
26.6	23.1	14.0	10.5	12.6	3.5
18.8	15.3	11.3	7.8	7.5	3.5
23.7	17.5	17.3	11.1	6.4	6.2
20.7	15.3	15.3	9.9	5.4	5.4
28.6	16.7	23.8	11.9	4.8	11.9
36.0	29.7	24.7	18.4	11.3	6.4
37.4	33.0	20.4	16.0	17.0	4.4
51.1	42.8	39.2	30.9	11.9	8.3
33.5	26.3	25.5	18.3	8.0	7.2
16.1	11.9	11.2	7.0	4.9	4.2
37.1	28.4	27.3	18.6	9.8	8.7
44.0	34.9	32.5	23.5	11.5	9.0
29.7	21.4	21.2	12.9	8.5	8.3
34.4	25.8	25.1	16.5	9.2	8.6
50.3	40.3	39.2	29.2	11.1	10.0
39.8	33.3	31.1	24.6	8.7	6.5
35.9	27.5	24.7	16.3	11.2	8.4
43.2	34.7	30.3	21.8	12.9	8.6
33.8	25.9	23.8	15.9	10.0	7.9
32.5	24.1	22.1	13.7	10.4	8.4
43.8	36.6	31.5	24.3	12.3	7.3
38.2	30.1	26.2	18.2	12.0	8.0
21.1	18.7	10.8	8.4	10.3	2.4
42.2	33.3	33.1	24.3	9.0	8.9
25.1	22.7	10.3	7.8	14.9	2.4
28.0	26.3	11.8	10.0	16.3	1.7
27.7	20.1	21.9	14.3	5.8	7.6
20.4	18.0	10.3	8.0	10.0	2.4
56.2	48.2	41.9	33.9	14.3	8.0

8-1 续表

项　　目	实现组织或营销创新企业数（个）	#实现组织创新企业	#实现营销创新企业
租赁和商务服务业	10307	8534	6562
科学研究和技术服务业	8630	7700	4694
水利、环境和公共设施管理业	1744	1501	1000
四、按地区分			
东部地区	169311	132998	124041
中部地区	58053	46675	44866
西部地区	42883	35410	30236
东北地区	8867	6928	6199
北　京	9158	7245	5871
天　津	4824	3907	3151
河　北	7523	5997	5470
山　西	3076	2471	2048
内蒙古	1929	1583	1186
辽　宁	4841	3765	3323
吉　林	1961	1555	1406
黑龙江	2065	1608	1470
上　海	10214	7985	7000
江　苏	31948	25470	22956
浙　江	29754	23028	22580
安　徽	12421	9855	9763
福　建	13281	10249	9905
江　西	7466	6001	5952
山　东	18979	15471	14061
河　南	12879	10285	9878
湖　北	11301	9350	8549
湖　南	10910	8713	8676
广　东	43063	33183	32659
广　西	3947	3142	2704
海　南	567	463	388
重　庆	5923	4877	4389
四　川	11157	9145	7993
贵　州	3696	3132	2631
云　南	3924	3316	2919
西　藏	210	168	128
陕　西	6616	5469	4727
甘　肃	1631	1370	1138
青　海	545	455	350
宁　夏	848	702	567
新　疆	2457	2051	1504

在全部企业中占比(%)					
实现组织或营销创新企业	#实现组织创新企业	#实现营销创新企业	#同时实现组织和营销创新企业	#仅实现组织创新企业	#仅实现营销创新企业
26.6	22.0	16.9	12.4	9.7	4.6
38.5	34.4	21.0	16.8	17.6	4.2
31.4	27.0	18.0	13.6	13.4	4.4
35.2	27.7	25.8	18.2	9.4	7.6
34.7	27.9	26.8	20.0	7.9	6.8
34.6	28.6	24.4	18.4	10.2	6.0
27.0	21.1	18.9	13.0	8.1	5.9
32.4	25.6	20.8	14.0	11.6	6.8
30.7	24.8	20.0	14.2	10.6	5.8
32.8	26.2	23.9	17.2	9.0	6.7
28.2	22.6	18.7	13.2	9.4	5.5
28.2	23.1	17.3	12.3	10.9	5.1
26.6	20.7	18.3	12.4	8.4	5.9
28.1	22.2	20.1	14.3	7.9	5.8
26.9	21.0	19.2	13.2	7.8	6.0
31.1	24.3	21.3	14.5	9.8	6.8
36.2	28.8	26.0	18.7	10.2	7.3
36.6	28.3	27.7	19.5	8.8	8.3
39.6	31.5	31.2	23.0	8.5	8.2
32.1	24.8	23.9	16.6	8.2	7.3
32.8	26.4	26.1	19.7	6.7	6.4
35.8	29.2	26.5	19.9	9.3	6.6
32.2	25.7	24.7	18.2	7.5	6.5
36.8	30.5	27.9	21.5	9.0	6.4
34.7	27.7	27.6	20.6	7.1	7.0
37.4	28.8	28.3	19.8	9.0	8.6
29.9	23.8	20.5	14.4	9.4	6.1
31.5	25.7	21.6	15.8	9.9	5.8
36.8	30.3	27.2	20.8	9.5	6.5
36.6	30.0	26.2	19.6	10.4	6.6
35.0	29.6	24.9	19.6	10.1	5.3
37.4	31.6	27.8	22.0	9.6	5.8
35.5	28.4	21.6	14.5	13.9	7.1
36.7	30.3	26.2	19.8	10.5	6.4
32.8	27.5	22.9	17.6	9.9	5.2
35.0	29.2	22.5	16.7	12.5	5.8
34.8	28.8	23.3	17.3	11.5	6.0
28.2	23.5	17.2	12.6	10.9	4.7

8-2 规模以上工业企业组织和

项目	实现组织或营销创新企业数（个）	#实现组织创新企业	#实现营销创新企业
总计	**154800**	**122822**	**119712**
#国有及国有控股	9191	7997	5680
一、按规模分			
大型企业	5288	4635	3993
中型企业	21041	17582	15843
小型企业	121763	95467	94989
微型企业	6708	5138	4887
二、按登记注册类型分			
内资企业	137981	109835	107754
国有企业	450	393	250
集体企业	245	187	158
股份合作企业	244	179	186
联营企业	12	10	9
有限责任公司	32480	26772	23748
#国有独资公司	1789	1598	1043
股份有限公司	6981	5874	5590
私营企业	97561	76415	77806
其他企业	8	5	7
港、澳、台商投资企业	7903	6055	5834
合资经营企业	2525	2017	1888
合作经营企业	105	74	76
港、澳、台商独资经营企业	4958	3713	3619
港、澳、台商投资股份有限公司	246	194	192
其他港、澳、台投资企业	69	57	59
外商投资企业	8916	6932	6124
中外合资经营企业	3359	2705	2370
中外合作经营企业	141	109	99
外资企业	5092	3848	3434
外商投资股份有限公司	187	158	131
其他外商投资企业	137	112	90
三、按行业分			
采矿业	**2150**	**1904**	**1101**
煤炭开采和洗选业	845	758	429
石油和天然气开采业	35	33	9
黑色金属矿采选业	218	199	99
有色金属矿采选业	307	285	114
非金属矿采选业	665	552	425

营销创新情况

在全部企业中占比(%)					
实现组织或营销创新企业	#实现组织创新企业	#实现营销创新企业	#同时实现组织和营销创新企业	#仅实现组织创新企业	#仅实现营销创新企业
41.0	**32.5**	**31.7**	**23.2**	**9.3**	**8.5**
44.5	38.7	27.5	21.7	17.0	5.8
64.5	56.5	48.7	40.7	15.8	8.0
52.5	43.9	39.5	30.9	13.0	8.6
40.7	31.9	31.7	22.9	8.9	8.8
22.4	17.2	16.3	11.1	6.1	5.2
41.3	32.9	32.2	23.8	9.0	8.4
30.5	26.6	16.9	13.1	13.6	3.9
22.0	16.8	14.2	9.0	7.8	5.2
33.3	24.5	25.4	16.5	7.9	8.9
20.7	17.2	15.5	12.1	5.2	3.4
42.9	35.4	31.4	23.9	11.5	7.5
42.9	38.3	25.0	20.4	17.9	4.6
60.1	50.6	48.1	38.6	12.0	9.5
40.1	31.4	32.0	23.3	8.1	8.7
23.5	14.7	20.6	11.8	2.9	8.8
39.5	30.2	29.1	19.9	10.3	9.2
46.5	37.1	34.8	25.4	11.7	9.4
33.1	23.3	24.0	14.2	9.1	9.8
36.2	27.1	26.4	17.3	9.8	9.1
58.6	46.2	45.7	33.3	12.9	12.4
41.6	34.3	35.5	28.3	6.0	7.2
37.9	29.5	26.0	17.6	11.9	8.4
44.7	36.0	31.5	22.8	13.2	8.7
36.7	28.4	25.8	17.4	10.9	8.3
34.1	25.8	23.0	14.7	11.1	8.3
49.6	41.9	34.7	27.1	14.9	7.7
41.6	34.0	27.4	19.8	14.3	7.6
21.1	**18.7**	**10.8**	**8.4**	**10.3**	**2.4**
19.9	17.8	10.1	8.0	9.8	2.0
29.4	27.7	7.6	5.9	21.8	1.7
18.7	17.1	8.5	6.9	10.2	1.6
24.9	23.1	9.3	7.5	15.7	1.8
21.0	17.4	13.4	9.8	7.6	3.6

8-2 续表 1

项 目	实现组织或营销创新企业数（个）	#实现组织创新企业	#实现营销创新企业
开采专业及辅助性活动	77	74	23
其他采矿业	3	3	2
制造业	**149198**	**117799**	**117202**
农副食品加工业	8596	6042	7583
食品制造业	4094	2806	3740
酒、饮料和精制茶制造业	2716	1827	2514
烟草制品业	53	43	35
纺织业	5760	4511	4430
纺织服装、服饰业	3574	2723	2688
皮革、毛皮、羽毛及其制品和制鞋业	2486	1752	2048
木材加工和木、竹、藤、棕、草制品业	2397	1769	1987
家具制造业	2574	1892	2238
造纸和纸制品业	2360	1837	1841
印刷和记录媒介复制业	2126	1688	1641
文教、工美、体育和娱乐用品制造业	3431	2435	2944
石油、煤炭及其他燃料加工业	750	636	523
化学原料和化学制品制造业	9673	7682	7582
医药制造业	4369	3433	3602
化学纤维制造业	709	566	550
橡胶和塑料制品业	7924	6101	6205
非金属矿物制品业	11581	9399	8405
黑色金属冶炼和压延加工业	1579	1295	1149
有色金属冶炼和压延加工业	2748	2276	1921
金属制品业	9553	7720	7161
通用设备制造业	12192	9860	9478
专用设备制造业	10136	8323	7985
汽车制造业	7246	6232	4978
铁路、船舶、航空航天和其他运输设备制造业	2262	1927	1584
电气机械和器材制造业	13368	10646	10916
计算机、通信和其他电子设备制造业	10486	8710	8066
仪器仪表制造业	3021	2485	2391
其他制造业	735	562	609
废弃资源综合利用业	544	475	327
金属制品、机械和设备修理业	155	146	81
电力、热力、燃气及水生产和供应业	**3452**	**3119**	**1409**
电力、热力生产和供应业	2160	1967	781
燃气生产和供应业	728	636	407
水的生产和供应业	564	516	221

在全部企业中占比(%)					
实现组织或营销创新企业	#实现组织创新企业	#实现营销创新企业	#同时实现组织和营销创新企业	#仅实现组织创新企业	#仅实现营销创新企业
30.1	28.9	9.0	7.8	21.1	1.2
30.0	30.0	20.0	20.0	10.0	
42.2	**33.3**	**33.1**	**24.3**	**9.0**	**8.9**
40.4	28.4	35.6	23.6	4.8	12.0
51.0	34.9	46.6	30.5	4.4	16.0
47.9	32.2	44.3	28.7	3.6	15.7
49.5	40.2	32.7	23.4	16.8	9.3
32.0	25.0	24.6	17.7	7.4	6.9
26.8	20.4	20.1	13.8	6.6	6.4
29.9	21.1	24.6	15.8	5.3	8.8
26.6	19.6	22.1	15.1	4.6	7.0
39.8	29.2	34.6	24.0	5.2	10.5
35.9	27.9	28.0	20.0	7.9	8.0
37.5	29.8	28.9	21.2	8.6	7.7
39.2	27.8	33.6	22.2	5.6	11.4
37.5	31.8	26.2	20.5	11.4	5.7
44.8	35.6	35.1	25.9	9.7	9.2
59.1	46.4	48.7	36.1	10.4	12.7
37.7	30.1	29.2	21.6	8.4	7.6
40.8	31.4	32.0	22.6	8.9	9.4
32.0	26.0	23.3	17.2	8.8	6.0
30.9	25.3	22.5	16.9	8.4	5.6
37.9	31.4	26.5	20.0	11.4	6.5
38.7	31.3	29.0	21.6	9.7	7.4
49.2	39.8	38.2	28.8	11.0	9.4
53.0	43.6	41.8	32.3	11.3	9.5
46.8	40.2	32.1	25.6	14.6	6.5
48.1	41.0	33.7	26.6	14.4	7.1
52.9	42.1	43.2	32.4	9.7	10.8
56.0	46.5	43.1	33.6	12.9	9.5
61.7	50.8	48.9	37.9	12.9	11.0
43.7	33.4	36.2	25.9	7.5	10.3
28.5	24.9	17.1	13.5	11.4	3.6
33.6	31.6	17.5	15.6	16.0	1.9
25.1	**22.7**	**10.3**	**7.8**	**14.9**	**2.4**
24.0	21.9	8.7	6.5	15.3	2.1
31.4	27.5	17.6	13.6	13.9	4.0
23.3	21.3	9.1	7.1	14.2	2.0

8-2 续表 2

项 目	实现组织或营销创新企业数(个)	#实现组织创新企业	#实现营销创新企业
四、按地区分			
东部地区	95143	74528	73383
中部地区	34212	27571	27534
西部地区	20594	16964	15215
东北地区	4851	3759	3580
北 京	1366	1081	918
天 津	2041	1670	1417
河 北	4840	3825	3676
山 西	1513	1217	1012
内蒙古	915	762	558
辽 宁	2695	2095	1943
吉 林	996	784	760
黑龙江	1160	880	877
上 海	3585	2772	2576
江 苏	20839	16681	15591
浙 江	20501	15753	16144
安 徽	7842	6286	6329
福 建	6515	5094	5072
江 西	4805	3866	4004
山 东	11146	9085	8684
河 南	6911	5507	5534
湖 北	6506	5353	5187
湖 南	6635	5342	5468
广 东	24165	18451	19199
广 西	1803	1426	1251
海 南	145	116	106
重 庆	3052	2507	2387
四 川	5759	4658	4403
贵 州	1810	1526	1351
云 南	1881	1594	1447
西 藏	65	46	42
陕 西	2899	2416	2156
甘 肃	704	597	524
青 海	218	191	136
宁 夏	499	412	337
新 疆	989	829	623

在全部企业中占比(%)					
实现组织或营销创新企业	#实现组织创新企业	#实现营销创新企业	#同时实现组织和营销创新企业	#仅实现组织创新企业	#仅实现营销创新企业
42.7	33.4	32.9	23.7	9.8	9.2
39.2	31.6	31.6	24.0	7.7	7.6
38.6	31.8	28.5	21.7	10.1	6.8
34.2	26.5	25.2	17.5	9.0	7.7
43.8	34.7	29.4	20.3	14.4	9.1
42.4	34.7	29.5	21.7	13.0	7.7
36.7	29.0	27.9	20.2	8.8	7.7
31.6	25.4	21.1	14.9	10.5	6.2
30.9	25.7	18.8	13.7	12.0	5.2
35.5	27.6	25.6	17.7	9.9	7.9
32.7	25.8	25.0	18.0	7.8	7.0
32.8	24.9	24.8	16.9	8.0	7.9
40.9	31.6	29.4	20.1	11.5	9.3
45.2	36.2	33.8	24.8	11.4	9.0
44.9	34.5	35.3	24.9	9.5	10.4
44.2	35.4	35.7	26.9	8.5	8.8
35.5	27.7	27.6	19.9	7.9	7.7
36.8	29.6	30.7	23.5	6.1	7.2
41.1	33.5	32.0	24.4	9.1	7.6
35.4	28.2	28.4	21.2	7.1	7.2
41.9	34.5	33.4	26.0	8.5	7.4
40.1	32.2	33.0	25.2	7.0	7.8
43.6	33.3	34.7	24.4	9.0	10.3
29.2	23.1	20.3	14.2	8.9	6.1
35.2	28.2	25.7	18.7	9.5	7.0
45.6	37.5	35.7	27.5	9.9	8.1
39.4	31.9	30.2	22.6	9.3	7.5
38.6	32.6	28.8	22.8	9.8	6.1
43.1	36.5	33.1	26.6	9.9	6.6
43.9	31.1	28.4	15.5	15.5	12.8
41.3	34.4	30.7	23.8	10.6	6.9
38.7	32.9	28.8	23.0	9.9	5.9
37.3	32.7	23.3	18.7	14.0	4.6
41.7	34.4	28.2	20.9	13.5	7.3
31.3	26.2	19.7	14.6	11.6	5.1

8-3 资质等级以上建筑业企业

项　　目	实现组织或营销创新企业数（个）	#实现组织创新企业	#实现营销创新企业
总　计	**15311**	**14371**	**6419**
#国有及国有控股	2007	1928	763
一、按规模分			
大型企业	1663	1603	789
中型企业	6594	6261	2638
小型企业	5792	5394	2352
微型企业	1262	1113	640
二、按登记注册类型分			
内资企业	15229	14300	6374
#国有企业	274	267	78
集体企业	179	167	76
股份合作企业	23	22	10
联营企业	3	2	1
有限责任公司	5327	5062	2142
#国有独资公司	532	512	216
股份有限公司	597	568	308
私营企业	8825	8211	3759
港、澳、台商投资企业	49	40	31
#合资经营企业	32	26	20
港、澳、台商独资经营企业	14	11	8
外商投资企业	33	31	14
#中外合资经营企业	16	14	8
外资企业	15	15	6
三、按行业分			
房屋建筑业	6671	6349	2624
土木工程建筑业	3615	3440	1372
建筑安装业	1876	1743	841
建筑装饰、装修和其他建筑业	3149	2839	1582

组织和营销创新情况

在全部企业中占比(%)					
实现组织或营销创新企业	#实现组织创新企业	#实现营销创新企业	#同时实现组织和营销创新企业	#仅实现组织创新企业	#仅实现营销创新企业
28.0	**26.3**	**11.8**	**10.0**	**16.3**	**1.7**
40.2	38.7	15.3	13.7	24.9	1.6
60.8	58.6	28.8	26.7	32.0	2.2
31.2	29.6	12.5	10.9	18.7	1.6
24.9	23.1	10.1	8.4	14.8	1.7
17.0	15.0	8.6	6.6	8.4	2.0
28.1	26.4	11.7	10.0	16.3	1.7
27.5	26.8	7.8	7.1	19.7	0.7
19.5	18.2	8.3	7.0	11.2	1.3
19.5	18.6	8.5	7.6	11.0	0.8
15.0	10.0	5.0		10.0	5.0
30.9	29.4	12.4	10.9	18.5	1.5
44.3	42.6	18.0	16.3	26.3	1.7
36.1	34.3	18.6	16.9	17.5	1.8
26.5	24.6	11.3	9.4	15.2	1.8
24.5	20.0	15.5	11.0	9.0	4.5
26.7	21.7	16.7	11.7	10.0	5.0
21.2	16.7	12.1	7.6	9.1	4.5
24.6	23.1	10.4	9.0	14.2	1.5
21.3	18.7	10.7	8.0	10.7	2.7
31.3	31.3	12.5	12.5	18.8	
27.3	25.9	10.7	9.4	16.5	1.3
31.3	29.8	11.9	10.4	19.4	1.5
27.9	25.9	12.5	10.5	15.4	2.0
26.6	24.0	13.4	10.7	13.2	2.6

8-3 续表

项　目	实现组织或营销创新企业数(个)	#实现组织创新企业	#实现营销创新企业
四、按地区分			
东部地区	7072	6615	3047
中部地区	3620	3384	1646
西部地区	3743	3563	1353
东北地区	876	809	373
北　京	503	457	185
天　津	293	272	115
河　北	428	402	177
山　西	359	330	162
内蒙古	125	119	45
辽　宁	457	419	191
吉　林	209	198	83
黑龙江	210	192	99
上　海	370	340	168
江　苏	1434	1333	625
浙　江	988	927	408
安　徽	558	525	245
福　建	650	623	229
江　西	349	333	140
山　东	1284	1208	618
河　南	1129	1040	584
湖　北	743	704	305
湖　南	482	452	210
广　东	1091	1023	506
广　西	242	231	85
海　南	31	30	16
重　庆	347	331	134
四　川	1115	1061	396
贵　州	259	250	96
云　南	330	309	132
西　藏	50	47	11
陕　西	745	715	271
甘　肃	183	171	73
青　海	62	59	16
宁　夏	81	77	30
新　疆	204	193	64

在全部企业中占比(%)					
实现组织或营销创新企业	#实现组织创新企业	#实现营销创新企业	#同时实现组织和营销创新企业	#仅实现组织创新企业	#仅实现营销创新企业
28.4	26.6	12.2	10.4	16.2	1.8
29.4	27.5	13.4	11.4	16.0	1.9
28.9	27.5	10.4	9.1	18.5	1.4
19.7	18.2	8.4	6.9	11.3	1.5
23.9	21.8	8.8	6.6	15.1	2.2
29.4	27.3	11.6	9.4	17.9	2.1
28.4	26.7	11.7	10.0	16.6	1.7
26.3	24.1	11.9	9.7	14.4	2.1
22.4	21.4	8.1	7.0	14.4	1.1
20.3	18.6	8.5	6.8	11.8	1.7
23.5	22.2	9.3	8.1	14.2	1.2
16.1	14.7	7.6	6.2	8.5	1.4
22.6	20.8	10.3	8.4	12.3	1.8
30.3	28.1	13.2	11.1	17.1	2.1
25.7	24.1	10.6	9.0	15.1	1.6
29.8	28.0	13.1	11.3	16.7	1.8
27.2	26.1	9.6	8.5	17.6	1.1
25.8	24.6	10.3	9.2	15.4	1.2
30.5	28.7	14.7	12.9	15.8	1.8
30.1	27.8	15.6	13.2	14.5	2.4
29.1	27.6	12.0	10.4	17.2	1.5
33.8	31.7	14.7	12.6	19.1	2.1
32.5	30.4	15.1	13.0	17.4	2.0
32.3	30.8	11.3	9.9	20.9	1.5
27.9	27.0	14.4	13.5	13.5	0.9
25.0	23.8	9.7	8.5	15.3	1.2
30.2	28.7	10.7	9.3	19.5	1.5
32.6	31.4	12.1	10.9	20.5	1.1
27.0	25.3	10.8	9.1	16.2	1.7
30.3	28.5	6.7	4.8	23.6	1.8
32.7	31.4	11.9	10.6	20.8	1.3
24.5	22.9	9.8	8.2	14.7	1.6
27.0	25.7	7.0	5.7	20.0	1.3
20.9	19.9	7.8	6.7	13.2	1.0
27.4	25.9	8.6	7.1	18.8	1.5

8-4 规模(限额)以上服务业企业

项　目	实现组织或营销创新企业数(个)	#实现组织创新企业	#实现营销创新企业
总　计	**109003**	**84818**	**79211**
#国有及国有控股	12089	10153	7139
一、按规模分			
大型企业	5596	4655	3946
中型企业	29790	23205	22149
小型企业	60097	46778	43262
微型企业	13520	10180	9854
二、按登记注册类型分			
内资企业	103416	80660	75239
国有企业	1428	1209	805
集体企业	373	294	244
股份合作企业	102	72	73
联营企业	31	22	24
#国有联营企业	9	5	8
有限责任公司	32011	25676	22024
#国有独资公司	3095	2666	1699
股份有限公司	3920	3182	2917
私营企业	65537	50194	49143
其他企业	14	11	9
港、澳、台商投资企业	2617	1988	1906
合资经营企业	548	424	386
合作经营企业	33	25	22
港、澳、台商独资经营企业	1897	1422	1395
港、澳、台商投资股份有限公司	85	71	66
其他港、澳、台投资企业	54	46	37
外商投资企业	2970	2170	2066
中外合资经营企业	765	600	526
中外合作经营企业	30	22	22
外资企业	1999	1411	1386
外商投资股份有限公司	91	74	69
其他外商投资企业	85	63	63
三、按行业分			
批发和零售业	**67551**	**49044**	**53391**
批发业	35427	26969	25466
零售业	32124	22075	27925
交通运输、仓储和邮政业	**8099**	**7163**	**4108**
铁路运输业	84	76	38
道路运输业	4470	3976	2258
水上运输业	472	417	214
航空运输业	141	117	88
管道运输业	28	26	8
多式联运和运输代理业	1394	1226	700
装卸搬运和仓储业	1012	899	481
邮政业	498	426	321
信息传输、软件和信息技术服务业	**12672**	**10876**	**9456**
电信、广播电视和卫星传输服务	1206	985	934
互联网和相关服务	2035	1707	1633
软件和信息技术服务业	9431	8184	6889

组织和营销创新情况

在全部企业中占比(%)					
实现组织或营销创新企业	#实现组织创新企业	#实现营销创新企业	#同时实现组织和营销创新企业	#仅实现组织创新企业	#仅实现营销创新企业
29.3	**22.8**	**21.3**	**14.8**	**8.0**	**6.5**
33.3	28.0	19.7	14.3	13.6	5.3
50.8	42.2	35.8	27.3	15.0	8.5
38.1	29.7	28.4	19.9	9.8	8.4
28.5	22.2	20.5	14.2	8.0	6.3
18.5	14.0	13.5	8.9	5.0	4.6
29.1	22.7	21.2	14.8	7.9	6.4
25.4	21.5	14.3	10.4	11.1	3.9
16.9	13.3	11.1	7.5	5.8	3.6
14.4	10.2	10.3	6.1	4.1	4.2
21.5	15.3	16.7	10.4	4.9	6.3
26.5	14.7	23.5	11.8	2.9	11.8
31.7	25.5	21.8	15.6	9.9	6.3
34.0	29.3	18.7	14.0	15.3	4.7
42.5	34.5	31.6	23.6	10.9	8.0
27.8	21.3	20.8	14.3	6.9	6.5
13.2	10.4	8.5	5.7	4.7	2.8
31.7	24.1	23.1	15.5	8.6	7.6
36.3	28.1	25.6	17.4	10.7	8.2
22.3	16.9	14.9	9.5	7.4	5.4
30.5	22.9	22.4	14.8	8.1	7.6
36.2	30.2	28.1	22.1	8.1	6.0
38.3	32.6	26.2	20.6	12.1	5.7
31.2	22.8	21.7	13.3	9.5	8.4
38.6	30.3	26.6	18.2	12.1	8.3
25.0	18.3	18.3	11.7	6.7	6.7
29.0	20.4	20.1	11.6	8.9	8.5
36.1	29.4	27.4	20.6	8.7	6.7
33.5	24.8	24.8	16.1	8.7	8.7
27.7	**20.1**	**21.9**	**14.3**	**5.8**	**7.6**
25.1	19.1	18.0	12.0	7.1	6.0
31.4	21.6	27.3	17.5	4.1	9.8
20.4	**18.0**	**10.3**	**8.0**	**10.0**	**2.4**
26.3	23.8	11.9	9.4	14.4	2.5
19.5	17.3	9.8	7.7	9.6	2.2
19.2	17.0	8.7	6.5	10.5	2.2
34.1	28.3	21.3	15.5	12.8	5.8
26.9	25.0	7.7	5.8	19.2	1.9
20.5	18.1	10.3	7.8	10.2	2.5
20.2	18.0	9.6	7.4	10.6	2.3
29.6	25.3	19.1	14.8	10.5	4.3
56.2	**48.2**	**41.9**	**33.9**	**14.3**	**8.0**
43.4	35.4	33.6	25.7	9.8	8.0
55.3	46.4	44.4	35.5	10.9	8.9
58.5	50.8	42.8	35.0	15.8	7.7

8-4 续表

项　目	实现组织或营销创新企业数（个）	#实现组织创新企业	#实现营销创新企业
租赁和商务服务业	**10307**	**8534**	**6562**
租赁业	562	479	331
商务服务业	9745	8055	6231
科学研究和技术服务业	**8630**	**7700**	**4694**
研究和试验发展	1142	1004	756
专业技术服务业	5926	5388	2904
科技推广和应用服务业	1562	1308	1034
水利、环境和公共设施管理业	**1744**	**1501**	**1000**
水利管理业	42	36	14
生态保护和环境治理业	295	265	147
公共设施管理业	1297	1099	803
土地管理业	110	101	36
四、按地区分			
东部地区	67096	51855	47611
中部地区	20221	15720	15686
西部地区	18546	14883	13668
东北地区	3140	2360	2246
北　京	7289	5707	4768
天　津	2490	1965	1619
河　北	2255	1770	1617
山　西	1204	924	874
内蒙古	889	702	583
辽　宁	1689	1251	1189
吉　林	756	573	563
黑龙江	695	536	494
上　海	6259	4873	4256
江　苏	9675	7456	6740
浙　江	8265	6348	6028
安　徽	4021	3044	3189
福　建	6116	4532	4604
江　西	2312	1802	1808
山　东	6549	5178	4759
河　南	4839	3738	3760
湖　北	4052	3293	3057
湖　南	3793	2919	2998
广　东	17807	13709	12954
广　西	1902	1485	1368
海　南	391	317	266
重　庆	2524	2039	1868
四　川	4283	3426	3194
贵　州	1627	1356	1184
云　南	1713	1413	1340
西　藏	95	75	75
陕　西	2972	2338	2300
甘　肃	744	602	541
青　海	265	205	198
宁　夏	268	213	200
新　疆	1264	1029	817

在全部企业中占比(%)					
实现组织或营销创新企业	#实现组织创新企业	#实现营销创新企业	#同时实现组织和营销创新企业	#仅实现组织创新企业	#仅实现营销创新企业
26.6	**22.0**	**16.9**	**12.4**	**9.7**	**4.6**
25.6	21.9	15.1	11.3	10.5	3.8
26.7	22.0	17.0	12.4	9.6	4.6
38.5	**34.4**	**21.0**	**16.8**	**17.6**	**4.2**
54.0	47.5	35.8	29.2	18.3	6.5
35.6	32.4	17.5	14.2	18.2	3.2
43.0	36.0	28.4	21.5	14.5	7.0
31.4	**27.0**	**18.0**	**13.6**	**13.4**	**4.4**
28.0	24.0	9.3	5.3	18.7	4.0
35.5	31.9	17.7	14.1	17.8	3.6
30.7	26.0	19.0	14.3	11.7	4.7
31.5	28.9	10.3	7.7	21.2	2.6
28.8	22.3	20.4	13.9	8.4	6.5
29.9	23.2	23.2	16.5	6.7	6.7
32.2	25.8	23.7	17.4	8.5	6.4
22.1	16.6	15.8	10.3	6.3	5.5
31.7	24.8	20.7	13.8	10.9	6.9
25.1	19.8	16.3	11.0	8.8	5.3
27.4	21.5	19.6	13.7	7.7	5.9
25.3	19.4	18.3	12.5	6.9	5.9
26.8	21.1	17.6	11.9	9.2	5.6
20.3	15.0	14.3	9.0	6.0	5.3
24.7	18.7	18.4	12.4	6.3	6.0
24.5	18.9	17.4	11.8	7.1	5.6
27.9	21.7	18.9	12.8	8.9	6.2
25.8	19.9	18.0	12.1	7.8	5.9
26.0	19.9	18.9	12.9	7.0	6.0
34.3	26.0	27.2	18.9	7.1	8.3
29.6	22.0	22.3	14.6	7.3	7.7
27.6	21.5	21.6	15.5	6.0	6.1
30.2	23.9	22.0	15.6	8.3	6.3
28.8	22.3	22.4	15.8	6.4	6.6
32.1	26.1	24.2	18.2	7.9	6.0
28.2	21.7	22.3	15.8	5.9	6.5
31.5	24.3	22.9	15.7	8.6	7.3
30.3	23.7	21.8	15.1	8.5	6.6
30.6	24.8	20.8	15.0	9.8	5.8
31.4	25.4	23.3	17.2	8.2	6.0
35.2	28.1	26.2	19.2	8.9	7.0
32.0	26.7	23.3	17.9	8.7	5.3
34.9	28.8	27.3	21.2	7.6	6.1
34.1	26.9	26.9	19.7	7.2	7.2
34.0	26.7	26.3	19.0	7.7	7.2
30.8	24.9	22.4	16.5	8.4	5.9
35.7	27.6	26.7	18.6	9.0	8.1
31.5	25.0	23.5	17.0	8.0	6.5
26.3	21.4	17.0	12.1	9.3	4.9

8-5 规模以上高技术产业(制造业)

项　目	实现组织或营销创新企业数（个）	#实现组织创新企业	#实现营销创新企业
总　计	**20931**	**17176**	**16415**
#国有及国有控股	1214	1050	831
一、按规模分			
大型企业	1207	1085	857
中型企业	3745	3193	2798
小型企业	15438	12456	12342
微型企业	541	442	418
二、按登记注册类型分			
内资企业	18012	14866	14406
#国有企业	54	49	30
集体企业	9	7	7
股份合作企业	16	14	11
有限责任公司	4949	4123	3818
#国有独资公司	178	162	111
股份有限公司	1627	1387	1316
私营企业	11356	9285	9223
港、澳、台商投资企业	1375	1061	990
合资经营企业	412	335	300
合作经营企业	10	7	9
港、澳、台商独资经营企业	885	670	627
港、澳、台商投资股份有限公司	54	37	43
其他港、澳、台投资企业	14	12	11
外商投资企业	1544	1249	1019
中外合资经营企业	511	419	361
中外合作经营企业	14	13	8
外资企业	958	772	610
外商投资股份有限公司	34	26	21
其他外商投资企业	27	19	19
三、按高技术行业(制造业)分			
#医药制造业	**4369**	**3433**	**3602**
#化学药品制造	1420	1163	1066
中成药生产	985	744	870
生物药品制品制造	554	451	425

组织和营销创新情况

在全部企业中占比(%)					
实现组织或营销创新企业	#实现组织创新企业	#实现营销创新企业	#同时实现组织和营销创新企业	#仅实现组织创新企业	#仅实现营销创新企业
58.4	**48.0**	**45.8**	**35.3**	**12.6**	**10.5**
69.0	59.7	47.2	37.9	21.8	9.3
66.0	59.3	46.8	40.2	19.1	6.7
64.5	55.0	48.2	38.7	16.3	9.5
58.0	46.8	46.4	35.2	11.6	11.2
34.4	28.1	26.6	20.3	7.8	6.3
61.7	50.9	49.4	38.6	12.4	10.8
54.0	49.0	30.0	25.0	24.0	5.0
25.7	20.0	20.0	14.3	5.7	5.7
42.1	36.8	28.9	23.7	13.2	5.3
63.4	52.8	48.9	38.3	14.5	10.6
66.9	60.9	41.7	35.7	25.2	6.0
74.1	63.1	59.9	49.0	14.2	10.9
59.8	48.9	48.5	37.6	11.2	10.9
47.1	36.4	33.9	23.2	13.2	10.8
60.9	49.5	44.3	32.9	16.5	11.4
43.5	30.4	39.1	26.1	4.3	13.0
42.1	31.9	29.8	19.6	12.3	10.2
62.8	43.0	50.0	30.2	12.8	19.8
48.3	41.4	37.9	31.0	10.3	6.9
41.5	33.6	27.4	19.5	14.1	7.9
54.6	44.8	38.6	28.7	16.0	9.8
53.8	50.0	30.8	26.9	23.1	3.8
36.3	29.3	23.1	16.1	13.2	7.0
47.9	36.6	29.6	18.3	18.3	11.3
54.0	38.0	38.0	22.0	16.0	16.0
59.1	**46.4**	**48.7**	**36.1**	**10.4**	**12.7**
59.3	48.6	44.5	33.8	14.8	10.7
63.9	48.2	56.4	40.8	7.5	15.6
65.5	53.3	50.2	38.1	15.2	12.2

8-5 续表 1

项　　目	实现组织或营销创新企业数(个)	#实现组织创新企业	#实现营销创新企业
电子及通信设备制造业	**10779**	**8984**	**8235**
#电子工业专用设备制造	623	508	479
光纤、光缆制造及锂离子电池制造	896	771	688
#锂离子电池制造	723	618	573
通信设备制造、雷达及配套设备制造	1291	1079	980
#通信系统设备制造	594	506	442
通信终端设备制造	638	519	499
雷达及配套设备制造	59	54	39
广播电视设备制造	336	265	275
非专业视听设备制造	633	467	542
电子器件制造	2450	2078	1892
#电子真空器件制造	232	196	178
半导体分立器件制造	213	194	152
集成电路制造	411	362	286
光电子器件制造	486	404	383
电子元件及电子专用材料制造	3217	2699	2323
#电阻电容电感元件制造	556	458	418
电子专用材料制造	587	517	415
电子电路制造	661	566	431
智能消费设备制造	553	466	453
其他电子设备制造	780	651	603
计算机及办公设备制造业	**1344**	**1094**	**1092**
#计算机整机制造	161	131	134
计算机零部件制造	399	329	303
计算机外围设备制造	393	315	333
办公设备制造	157	124	127
医疗仪器设备及仪器仪表制造业	**4014**	**3271**	**3244**
#医疗仪器设备及器械制造	1188	938	1017
#医疗诊断、监护及治疗设备制造	387	305	334
医疗、外科及兽医用器械制造	305	247	253
通用仪器仪表制造	1903	1575	1490
专用仪器仪表制造	559	455	453
信息化学品制造业	**89**	**78**	**66**

在全部企业中占比(%)					
实现组织或营销创新企业	#实现组织创新企业	#实现营销创新企业	#同时实现组织和营销创新企业	#仅实现组织创新企业	#仅实现营销创新企业
56.4	**47.0**	**43.1**	**33.7**	**13.3**	**9.4**
62.2	50.7	47.9	36.4	14.4	11.5
63.2	54.4	48.6	39.7	14.7	8.8
66.1	56.5	52.4	42.8	13.7	9.6
61.7	51.6	46.8	36.7	14.9	10.1
62.2	53.0	46.3	37.1	15.9	9.2
60.2	49.0	47.1	35.8	13.1	11.2
76.6	70.1	50.6	44.2	26.0	6.5
55.7	43.9	45.6	33.8	10.1	11.8
57.6	42.5	49.3	34.2	8.3	15.1
58.1	49.3	44.9	36.1	13.2	8.8
50.9	43.0	39.0	31.1	11.8	7.9
54.8	49.9	39.1	34.2	15.7	4.9
58.4	51.4	40.6	33.7	17.8	7.0
59.9	49.8	47.2	37.1	12.7	10.1
49.0	41.1	35.4	27.5	13.6	7.9
47.9	39.5	36.0	27.6	11.9	8.4
52.6	46.4	37.2	30.9	15.4	6.3
48.7	41.7	31.8	24.8	17.0	7.0
67.4	56.8	55.2	44.6	12.2	10.6
60.5	50.5	46.7	36.7	13.7	10.0
59.3	**48.2**	**48.1**	**37.1**	**11.1**	**11.0**
65.4	53.3	54.5	42.3	11.0	12.2
50.4	41.5	38.3	29.4	12.1	8.8
61.8	49.5	52.4	40.1	9.4	12.3
55.9	44.1	45.2	33.5	10.7	11.7
63.5	**51.7**	**51.3**	**39.6**	**12.2**	**11.8**
64.1	50.6	54.9	41.4	9.2	13.5
70.9	55.9	61.2	46.2	9.7	15.0
60.4	48.9	50.1	38.6	10.3	11.5
64.4	53.3	50.4	39.3	14.0	11.1
62.9	51.2	51.0	39.3	11.9	11.7
47.8	**41.9**	**35.5**	**29.6**	**12.4**	**5.9**

8-5 续表 2

项目	实现组织或营销创新企业数(个)	#实现组织创新企业	#实现营销创新企业
四、按地区分			
东部地区	13887	11249	10825
中部地区	3954	3354	3206
西部地区	2516	2111	1931
东北地区	574	462	453
北 京	475	366	324
天 津	267	222	181
河 北	361	296	282
山 西	115	86	101
内蒙古	58	49	45
辽 宁	286	239	216
吉 林	168	128	144
黑龙江	120	95	93
上 海	540	435	386
江 苏	2738	2263	2030
浙 江	1969	1604	1542
安 徽	919	773	737
福 建	679	567	538
江 西	820	704	663
山 东	919	792	743
河 南	581	487	492
湖 北	749	642	592
湖 南	770	662	621
广 东	5903	4678	4772
广 西	172	136	140
海 南	36	26	27
重 庆	444	371	335
四 川	866	719	665
贵 州	243	209	184
云 南	158	142	131
西 藏	9	4	8
陕 西	419	361	304
甘 肃	69	56	58
青 海	18	14	14
宁 夏	37	31	29
新 疆	23	19	18

在全部企业中占比(%)					
实现组织或营销创新企业	#实现组织创新企业	#实现营销创新企业	#同时实现组织和营销创新企业	#仅实现组织创新企业	#仅实现营销创新企业
58.5	47.4	45.6	34.5	12.9	11.1
57.6	48.9	46.7	38.0	10.9	8.7
59.2	49.7	45.5	35.9	13.8	9.5
58.8	47.3	46.4	34.9	12.4	11.5
55.7	42.9	38.0	25.2	17.7	12.8
54.5	45.3	36.9	27.8	17.6	9.2
53.9	44.2	42.1	32.4	11.8	9.7
64.2	48.0	56.4	40.2	7.8	16.2
58.0	49.0	45.0	36.0	13.0	9.0
58.2	48.7	44.0	34.4	14.3	9.6
54.0	41.2	46.3	33.4	7.7	12.9
68.6	54.3	53.1	38.9	15.4	14.3
48.6	39.2	34.8	25.3	13.9	9.5
53.6	44.3	39.7	30.4	13.9	9.3
62.5	50.9	49.0	37.4	13.6	11.6
63.0	53.0	50.5	40.5	12.5	10.0
57.3	47.9	45.4	36.0	11.9	9.5
54.3	46.6	43.9	36.2	10.4	7.7
58.8	50.6	47.5	39.4	11.3	8.1
52.7	44.2	44.6	36.1	8.1	8.5
60.9	52.2	48.1	39.4	12.8	8.7
55.8	48.0	45.0	37.2	10.8	7.8
61.9	49.0	50.0	37.2	11.9	12.8
47.4	37.5	38.6	28.7	8.8	9.9
60.0	43.3	45.0	28.3	15.0	16.7
59.5	49.7	44.9	35.1	14.6	9.8
61.0	50.7	46.9	36.5	14.2	10.4
56.9	48.9	43.1	35.1	13.8	8.0
62.0	55.7	51.4	45.1	10.6	6.3
81.8	36.4	72.7	27.3	9.1	45.5
61.5	53.0	44.6	36.1	16.9	8.5
65.1	52.8	54.7	42.5	10.4	12.3
48.6	37.8	37.8	27.0	10.8	10.8
75.5	63.3	59.2	46.9	16.3	12.2
42.6	35.2	33.3	25.9	9.3	7.4

九、规模（限额）以上企业企业家对创新的认识及创新战略目标情况（2019 年）

9-1 规模(限额)以上企业企业家对创新的总体认识

项　目	在企业家中，认为创新对企业的生存和发展(%)		
	起了重要作用的人员占比	起了一定作用的人员占比	不起作用的人员占比
总　计	**32.3**	**56.2**	**11.5**
#有创新活动的企业	46.9	49.5	3.6
#有技术创新*活动的企业	53.6	44.1	2.4
#国有及国有控股	40.4	51.9	7.8
一、按规模分			
大型企业	54.2	41.9	3.9
中型企业	37.0	54.4	8.6
小型企业	31.8	56.6	11.5
微型企业	23.1	59.9	17.0
二、按登记注册类型分			
内资企业	31.7	56.5	11.7
国有企业	30.2	57.6	12.2
集体企业	20.8	61.4	17.9
股份合作企业	24.2	59.5	16.3
联营企业	21.6	60.1	18.3
#国有联营企业	25.0	57.5	17.5
有限责任公司	35.4	54.5	10.1
#国有独资公司	40.0	52.6	7.4
股份有限公司	48.9	44.3	6.7
私营企业	29.7	57.8	12.5
其他企业	24.2	61.1	14.7
港、澳、台商投资企业	37.6	53.6	8.8
合资经营企业	43.2	50.4	6.3
合作经营企业	32.8	53.7	13.6
港、澳、台商独资经营企业	35.5	55.0	9.6
港、澳、台商投资股份有限公司	48.7	44.4	6.9
其他港、澳、台投资企业	34.5	56.3	9.2
外商投资企业	40.2	51.8	8.0
中外合资经营企业	46.3	47.7	6.0
中外合作经营企业	38.5	52.7	8.8
外资企业	37.2	53.9	8.9
外商投资股份有限公司	50.2	42.7	7.2
其他外商投资企业	40.8	51.4	7.8
三、按行业分			
采矿业	24.8	57.4	17.8
制造业	38.6	52.7	8.7
电力、热力、燃气及水生产和供应业	34.2	55.0	10.8
建筑业	23.5	63.0	13.5
批发和零售业	24.6	60.5	14.9
交通运输、仓储和邮政业	23.0	60.2	16.8

注：技术创新指产品或工艺创新。

9-1 续表

项目	在企业家中，认为创新对企业的生存和发展(%)		
	起了重要作用的人员占比	起了一定作用的人员占比	不起作用的人员占比
信息传输、软件和信息技术服务业	53.7	42.3	4.0
租赁和商务服务业	29.1	58.4	12.5
科学研究和技术服务业	39.4	52.2	8.4
水利、环境和公共设施管理业	30.9	58.1	11.1
四、按地区分			
东部地区	33.3	56.0	10.7
中部地区	29.9	57.5	12.6
西部地区	32.1	55.6	12.3
东北地区	30.9	55.1	14.0
北　京	33.4	55.1	11.6
天　津	31.4	56.1	12.5
河　北	32.7	54.8	12.5
山　西	28.7	56.5	14.8
内蒙古	29.7	55.8	14.5
辽　宁	31.1	56.0	12.9
吉　林	33.0	52.5	14.4
黑龙江	28.5	55.2	16.3
上　海	33.0	55.4	11.6
江　苏	32.4	58.1	9.5
浙　江	31.1	57.0	11.9
安　徽	35.4	55.8	8.8
福　建	28.7	58.5	12.8
江　西	28.8	55.0	16.2
山　东	37.9	53.1	8.9
河　南	27.9	59.6	12.4
湖　北	30.9	57.2	11.8
湖　南	27.1	58.7	14.2
广　东	35.2	55.0	9.7
广　西	30.8	56.3	12.9
海　南	35.5	53.5	11.0
重　庆	32.1	56.4	11.5
四　川	33.0	55.1	11.9
贵　州	30.3	55.7	14.0
云　南	38.1	52.4	9.5
西　藏	34.4	55.2	10.3
陕　西	30.3	57.6	12.1
甘　肃	32.7	53.6	13.7
青　海	32.8	55.4	11.7
宁　夏	35.0	52.7	12.4
新　疆	30.4	56.2	13.4

9–2 规模(限额)以上企业创新成功影响因素情况

项目	在开展创新活动企业中，认为下列各项因素对创新成功影响程度为“高”的企业家占比(%)								
	有创新精神的企业家	充足的经费支持	高素质的人才	员工对企业的认同感	企业内部的激励措施	有效的技术战略或计划	畅通的信息渠道	可信赖的创新合作伙伴	优惠政策的扶持
总　计	**73.9**	**67.6**	**75.1**	**77.1**	**74.1**	**71.0**	**71.4**	**63.9**	**65.7**
#国有及国有控股	76.8	71.0	80.4	79.5	78.3	75.2	73.0	64.5	65.7
一、按规模分									
大型企业	85.4	79.9	87.7	83.8	83.2	83.1	79.1	70.7	71.6
中型企业	76.4	69.9	78.4	79.4	77.1	74.2	73.4	65.2	66.4
小型企业	73.3	66.8	74.2	76.5	73.1	70.0	70.6	63.3	65.5
微型企业	64.6	60.0	66.4	72.1	68.5	63.4	67.8	61.7	61.8
二、按登记注册类型分									
内资企业	73.7	67.2	74.8	77.1	74.1	70.7	71.4	64.0	65.9
国有企业	68.9	63.6	73.8	76.2	73.8	67.5	68.4	57.9	60.2
集体企业	61.7	56.4	64.4	73.8	67.5	60.0	65.3	56.3	58.1
股份合作企业	66.5	61.0	65.7	68.4	65.0	63.8	62.9	55.2	57.1
联营企业	56.4	50.9	58.2	63.6	61.8	52.7	60.0	49.1	43.6
#国有联营企业	46.7	46.7	46.7	66.7	66.7	53.3	53.3	33.3	33.3
有限责任公司	74.9	68.5	77.3	78.7	76.2	73.1	72.4	64.7	66.3
#国有独资公司	77.2	71.4	80.1	79.1	78.3	74.5	72.9	64.4	65.9
股份有限公司	82.8	75.3	83.9	82.3	79.8	79.3	76.8	69.4	72.5
私营企业	72.8	66.2	73.3	76.2	73.0	69.3	70.7	63.5	65.4
其他企业	81.8	72.7	77.3	81.8	81.8	81.8	72.7	68.2	72.7
港、澳、台商投资企业	75.4	71.1	77.4	76.2	73.7	72.9	71.1	62.7	64.5
合资经营企业	80.1	74.3	79.7	78.1	77.4	75.3	73.7	65.2	68.2
合作经营企业	69.9	62.8	71.9	70.9	66.3	65.8	64.3	54.6	60.2
港、澳、台商独资经营企业	73.1	69.7	76.5	75.3	72.1	71.8	70.0	61.5	62.8
港、澳、台商投资股份有限公司	82.6	76.5	80.9	78.5	75.1	78.7	75.3	69.4	69.9
其他港、澳、台投资企业	75.6	66.7	74.4	75.0	75.6	69.2	65.4	60.3	62.8
外商投资企业	74.7	71.4	79.2	76.8	73.1	73.8	71.1	63.3	63.5
中外合资经营企业	79.3	74.1	81.9	80.3	76.9	76.4	73.6	65.9	68.2
中外合作经营企业	73.8	67.5	76.3	79.2	78.3	72.9	70.4	63.8	65.0
外资企业	72.0	70.0	77.6	74.8	70.8	72.2	69.4	61.7	60.6
外商投资股份有限公司	81.6	76.4	84.6	80.2	78.8	80.5	77.7	69.2	72.0
其他外商投资企业	68.8	66.7	77.3	73.1	68.1	70.2	68.8	57.8	59.9
三、按行业分									
采矿业	68.4	64.0	69.6	73.1	72.0	65.9	65.9	58.3	62.1
制造业	77.1	70.7	77.2	77.1	74.4	72.5	71.6	64.6	67.7
电力、热力、燃气及水生产和供应业	72.2	68.3	77.2	78.2	77.0	71.8	70.0	60.1	66.1
建筑业	67.3	60.5	69.9	73.8	70.6	65.6	66.3	58.5	60.3
批发和零售业	65.1	59.5	67.5	75.4	72.0	65.1	70.0	61.9	60.2
交通运输、仓储和邮政业	65.8	60.2	66.5	74.7	71.0	64.8	68.8	61.2	60.8
信息传输、软件和信息技术服务业	82.6	76.3	87.1	84.8	80.8	82.6	79.9	71.9	74.5

9-2 续表

项 目	在开展创新活动企业中，认为下列各项因素对创新成功影响程度为“高”的企业家占比(%)								
	有创新精神的企业家	充足的经费支持	高素质的人才	员工对企业的认同感	企业内部的激励措施	有效的技术战略或计划	畅通的信息渠道	可信赖的创新合作伙伴	优惠政策的扶持
租赁和商务服务业	72.7	64.1	75.4	79.6	75.4	71.5	72.9	65.4	63.5
科学研究和技术服务业	78.8	70.8	84.3	81.7	78.2	76.9	74.5	65.8	68.3
水利、环境和公共设施管理业	71.5	65.3	74.1	77.9	72.5	70.0	71.0	62.2	65.2
四、按地区分									
东部地区	74.5	68.5	75.9	76.8	73.7	71.6	71.3	64.2	65.3
中部地区	75.3	69.0	76.3	78.3	76.0	71.2	73.1	65.7	68.7
西部地区	69.2	62.3	70.4	76.6	73.5	68.3	69.9	60.9	64.0
东北地区	72.1	64.3	73.9	76.5	71.8	69.1	69.0	61.3	63.5
北 京	73.5	66.0	78.6	77.5	70.3	72.4	70.7	62.1	60.8
天 津	73.1	66.3	76.7	77.7	73.9	72.0	72.1	63.5	64.1
河 北	73.4	64.8	75.8	77.6	73.9	68.9	70.7	61.4	64.7
山 西	70.6	60.9	70.1	77.7	73.5	67.6	69.3	61.2	63.0
内蒙古	64.7	57.7	66.6	75.7	72.2	66.6	67.0	56.6	58.4
辽 宁	73.7	65.9	75.5	76.7	72.3	70.8	69.7	62.7	63.5
吉 林	71.3	62.7	72.7	77.1	71.9	67.8	68.0	58.7	63.0
黑龙江	68.9	61.9	70.8	75.5	70.3	65.9	68.0	60.3	64.1
上 海	74.6	68.6	78.7	77.2	72.8	73.0	71.7	64.0	63.4
江 苏	75.5	69.6	76.2	75.3	72.8	70.7	71.0	65.4	64.3
浙 江	74.5	67.8	72.5	75.8	72.2	69.1	70.0	62.4	67.5
安 徽	78.3	72.2	79.1	79.1	77.1	73.3	74.8	69.4	69.4
福 建	71.4	67.6	73.0	75.5	73.4	69.1	70.1	62.0	64.6
江 西	75.9	69.6	76.1	78.8	76.1	71.7	72.6	64.4	69.8
山 东	78.8	71.5	79.5	81.3	79.0	75.1	76.5	68.5	72.0
河 南	75.0	68.5	76.2	78.5	76.6	71.3	74.0	66.1	68.6
湖 北	74.2	67.9	76.1	77.8	75.9	71.1	72.9	65.0	68.4
湖 南	74.4	68.7	75.5	77.5	74.7	69.6	71.6	63.9	68.9
广 东	73.6	68.5	76.2	77.1	74.5	73.4	70.8	64.5	63.6
广 西	68.9	64.1	70.7	75.3	72.5	68.8	68.7	60.8	64.0
海 南	68.1	63.0	70.9	77.8	71.3	68.3	71.7	62.3	63.6
重 庆	70.3	63.5	70.9	77.2	74.5	69.5	71.2	62.1	66.6
四 川	71.8	65.1	73.3	77.6	74.8	70.0	71.7	62.7	64.8
贵 州	65.0	59.3	66.8	76.0	72.0	66.3	68.7	59.8	64.2
云 南	70.2	63.0	69.9	76.6	73.2	69.4	68.6	60.7	63.2
西 藏	58.0	56.6	62.1	70.3	73.5	61.2	59.8	53.4	64.8
陕 西	69.7	61.7	71.1	76.3	73.1	67.1	70.4	61.4	63.8
甘 肃	68.8	58.3	69.3	76.5	74.1	66.9	69.4	60.0	63.1
青 海	61.4	56.3	63.2	73.9	68.8	61.4	66.7	56.3	61.7
宁 夏	70.3	59.9	70.1	76.9	72.3	69.7	68.3	58.4	65.7
新 疆	63.7	56.3	66.0	75.5	72.0	63.9	67.2	56.8	60.7

9-3 规模(限额)以上企业创新激励措施及效果情况

项　　目	在开展创新活动企业中，认为下列措施对激励创新效果明显的企业家占比(%)				
	股权或期　权	增　加工　资或奖金	汽车住房等物质奖励	岗位调整或升职机会	培　训或深造机　会
总　计	**16.0**	**68.9**	**17.2**	**59.4**	**47.1**
#国有及国有控股	9.6	65.2	10.0	63.0	52.9
一、按规模分					
大型企业	21.7	75.9	17.2	75.2	64.2
中型企业	16.6	69.4	16.0	65.1	52.9
小型企业	15.4	68.9	17.4	57.7	45.2
微型企业	16.3	62.4	18.7	49.6	38.9
二、按登记注册类型分					
内资企业	16.3	69.2	17.6	59.2	46.9
国有企业	8.2	59.4	10.3	55.3	49.2
集体企业	12.6	60.8	15.1	48.8	42.0
股份合作企业	12.8	63.4	16.6	48.4	38.3
联营企业	8.9	60.7	12.5	39.3	35.7
#国有联营企业	6.7	46.7	6.7	33.3	33.3
有限责任公司	15.1	68.2	15.4	61.8	50.1
#国有独资公司	7.9	64.0	9.8	62.9	52.5
股份有限公司	23.6	72.9	18.0	68.7	55.9
私营企业	16.4	69.5	18.5	57.6	45.1
其他企业	30.4	78.3	26.1	65.2	65.2
港、澳、台商投资企业	14.3	67.1	14.8	61.7	47.9
合资经营企业	15.7	71.2	15.6	65.0	51.4
合作经营企业	9.2	59.7	10.2	49.5	42.3
港、澳、台商独资经营企业	13.3	65.3	14.3	60.2	46.1
港、澳、台商投资股份有限公司	23.7	72.4	19.0	67.6	55.9
其他港、澳、台投资企业	17.3	62.8	16.7	64.1	50.0
外商投资企业	12.3	64.1	13.0	61.6	50.2
中外合资经营企业	14.6	69.4	14.9	64.9	52.9
中外合作经营企业	7.5	62.1	10.4	60.0	49.2
外资企业	10.6	61.1	11.9	59.5	48.7
外商投资股份有限公司	23.6	66.3	17.0	69.6	55.9
其他外商投资企业	14.6	64.4	12.8	61.9	43.8
三、按行业分					
采矿业	13.4	68.4	15.0	55.4	48.2
制造业	15.9	71.6	18.2	60.6	47.9
电力、热力、燃气及水生产和供应业	11.4	64.2	11.8	64.7	56.1
建筑业	14.2	61.3	17.1	54.7	47.2
批发和零售业	15.6	63.7	16.9	53.9	42.9
交通运输、仓储和邮政业	13.1	60.7	14.1	54.3	39.9
信息传输、软件和信息技术服务业	23.7	74.4	14.5	70.0	53.0

9–3 续表

项目	在开展创新活动企业中，认为下列措施对激励创新效果明显的企业家占比(%)				
	股权或期权	增加工资或奖金	汽车住房等物质奖励	岗位调整或升职机会	培训或深造机会
租赁和商务服务业	16.0	64.2	14.4	60.8	46.0
科学研究和技术服务业	16.2	70.6	13.8	65.5	54.1
水利、环境和公共设施管理业	13.1	63.2	15.9	59.3	48.7
四、按地区分					
东部地区	16.0	68.9	17.0	59.4	45.9
中部地区	18.8	72.4	21.1	61.9	51.2
西部地区	12.3	64.4	12.9	56.1	46.9
东北地区	14.2	64.6	16.1	57.0	47.3
北京	12.3	62.2	9.4	57.4	42.4
天津	12.8	65.4	12.7	57.8	45.5
河北	12.4	68.5	14.2	58.3	48.7
山西	11.3	65.2	12.6	56.1	52.2
内蒙古	10.2	62.3	10.3	52.3	47.1
辽宁	14.3	65.3	16.6	58.1	46.4
吉林	13.8	64.7	15.4	56.8	50.0
黑龙江	14.1	62.7	15.4	54.5	47.0
上海	17.0	62.5	14.2	58.8	44.5
江苏	18.0	70.3	20.4	58.8	45.3
浙江	13.9	69.9	15.3	55.9	42.7
安徽	18.0	74.6	21.1	63.2	51.1
福建	18.4	69.4	19.8	60.2	47.2
江西	19.7	72.6	21.5	63.2	51.9
山东	17.0	75.4	19.1	66.2	55.3
河南	20.1	72.8	24.3	63.1	52.3
湖北	18.1	71.2	18.5	60.9	50.0
湖南	20.0	72.6	22.0	60.9	50.4
广东	16.5	68.0	17.2	60.7	45.3
广西	11.7	63.1	12.4	55.4	44.9
海南	13.2	58.1	12.2	55.0	45.9
重庆	11.9	65.3	13.1	57.7	46.2
四川	13.2	65.1	12.6	57.1	47.5
贵州	15.4	63.7	16.9	56.3	48.0
云南	11.2	65.3	12.7	56.4	47.6
西藏	15.0	57.7	13.2	46.8	44.1
陕西	12.7	65.0	13.7	55.3	46.8
甘肃	9.3	64.8	12.0	54.9	47.8
青海	11.3	61.6	9.8	54.8	47.5
宁夏	8.7	65.0	10.4	56.0	45.5
新疆	10.3	60.8	11.0	54.0	46.4

9-4 规模(限额)以上企业创新战略目标制定情况

项　　目	制定创新战略目标的企业数(个)	制定创新战略目标企业占全部企业的比重(%)	在制定创新战略目标企业中，制定下列目标的企业占比(%)					
			保持本领域的国际领先地位	赶超同行业国际领先企业	赶超同行业国内领先企业	增加创新投入，提升企业竞争力	保持现有的技术水平和生产经营状况	其他目标
总　计	**440706**	**55.6**	**4.0**	**5.5**	**20.6**	**51.7**	**17.9**	**0.4**
#有创新活动的企业	287203	79.0	4.6	6.6	22.8	54.1	11.6	0.3
#有技术创新活动的企业	211054	84.0	5.1	7.5	23.3	55.7	8.3	0.2
#国有及国有控股	39651	64.7	4.1	5.7	21.9	51.8	15.8	0.8
一、按规模分								
大型企业	17873	81.7	9.6	10.3	25.9	46.4	7.4	0.4
中型企业	88058	63.6	5.0	6.4	22.8	50.5	14.8	0.5
小型企业	296955	56.0	3.5	5.1	20.1	52.7	18.3	0.3
微型企业	37820	37.2	3.1	4.1	16.7	48.7	26.8	0.6
二、按登记注册类型分								
内资企业	402232	55.0	3.2	5.1	20.8	52.4	18.2	0.4
国有企业	4222	53.1	3.0	3.1	14.5	54.8	23.9	0.7
集体企业	1535	37.2	1.6	2.3	9.7	52.0	33.8	0.6
股份合作企业	673	43.6	1.6	3.0	16.5	50.1	28.2	0.6
联营企业	73	34.6	2.7	4.1	21.9	45.2	24.7	1.4
#国有联营企业	11	26.8	9.1	18.2	45.5	18.2	9.1	
有限责任公司	111400	58.4	3.6	5.3	21.8	51.5	17.3	0.5
#国有独资公司	9162	63.9	3.2	5.6	21.1	53.0	16.0	1.0
股份有限公司	16152	72.6	5.8	8.1	24.8	51.1	9.9	0.3
私营企业	268146	53.2	2.9	4.8	20.3	52.8	18.9	0.3
其他企业	31	31.6	16.1	16.1	25.8	25.8	16.1	
港、澳、台商投资企业	17250	61.1	9.2	9.4	19.7	46.6	14.7	0.4
合资经营企业	4825	68.9	6.8	8.7	23.5	48.5	12.2	0.3
合作经营企业	242	51.7	7.4	9.1	18.2	51.2	14.1	
港、澳、台商独资经营企业	11521	58.2	10.2	9.5	18.1	45.8	15.9	0.5
港、澳、台商投资股份有限公司	472	72.1	10.4	13.8	20.3	42.6	12.3	0.6
其他港、澳、台投资企业	190	62.3	6.3	9.5	18.9	52.1	12.1	1.1
外商投资企业	21224	64.6	15.0	11.1	17.1	42.1	14.2	0.4
中外合资经营企业	6698	70.5	9.8	10.3	20.8	46.8	11.8	0.4
中外合作经营企业	309	61.4	10.7	11.3	20.4	41.7	15.5	0.3
外资企业	13416	61.9	17.9	11.4	15.1	39.8	15.5	0.4
外商投资股份有限公司	427	67.9	14.3	13.8	19.0	41.5	11.0	0.5
其他外商投资企业	374	64.9	10.2	11.0	20.3	44.1	14.2	0.3
三、按行业分								
采矿业	4187	41.6	1.7	2.4	13.7	52.0	29.7	0.5
制造业	225560	64.3	4.6	6.8	21.3	53.0	14.1	0.2
电力、热力、燃气及水生产和供应业	7257	53.0	4.1	4.6	22.0	43.7	24.6	1.1
建筑业	27998	51.9	1.6	2.2	14.3	56.7	24.9	0.4
批发和零售业	104519	44.1	3.3	4.2	19.9	48.3	23.6	0.7
交通运输、仓储和邮政业	16962	43.6	2.9	4.2	21.3	45.4	25.5	0.7

9–4 续表

项目	制定创新战略目标的企业数（个）	制定创新战略目标企业占全部企业的比重(%)	在制定创新战略目标企业中，制定下列目标的企业占比(%)					
			保持本领域的国际领先地位	赶超同行业国际领先企业	赶超同行业国内领先企业	增加创新投入，提升企业竞争力	保持现有的技术水平和生产经营状况	其他目标
信息传输、软件和信息技术服务业	17401	78.4	5.5	5.7	22.7	57.1	8.7	0.3
租赁和商务服务业	19165	50.6	3.9	4.9	21.8	49.8	18.8	0.6
科学研究和技术服务业	14751	66.8	4.6	5.8	22.6	51.7	15.0	0.3
水利、环境和公共设施管理业	2906	53.8	1.8	3.6	19.2	55.6	19.2	0.6
四、按地区分								
东部地区	268282	56.7	4.6	6.2	21.2	50.9	16.7	0.4
中部地区	90518	55.0	2.9	4.5	20.0	53.5	18.7	0.3
西部地区	65766	53.8	2.8	4.2	18.6	53.7	20.3	0.5
东北地区	16140	50.0	5.0	5.7	20.5	45.7	22.6	0.5
北　京	16317	58.8	5.5	6.1	22.2	49.1	16.6	0.5
天　津	8367	54.1	5.4	5.6	21.3	47.0	20.3	0.5
河　北	12615	55.9	3.8	5.1	21.0	51.8	17.8	0.4
山　西	5719	53.1	2.6	3.5	18.3	50.9	24.1	0.6
内蒙古	3262	48.0	3.6	4.7	18.3	50.1	23.0	0.3
辽　宁	9035	50.5	5.5	6.3	20.0	45.5	22.4	0.4
吉　林	3507	51.7	3.8	5.2	20.9	48.2	21.4	0.5
黑龙江	3598	47.2	4.9	4.7	21.5	43.8	24.5	0.6
上　海	18521	57.3	8.8	8.3	22.7	42.8	16.9	0.4
江　苏	51960	60.2	4.7	6.3	21.2	51.1	16.4	0.3
浙　江	45920	56.9	3.7	6.3	21.0	52.9	15.7	0.3
安　徽	19134	62.0	2.8	4.7	20.5	55.6	16.1	0.3
福　建	18576	46.4	3.9	5.4	19.8	51.3	19.3	0.2
江　西	11990	53.3	3.1	4.9	21.6	53.9	16.3	0.3
山　东	31048	59.1	4.1	6.1	22.6	49.6	17.3	0.4
河　南	20482	52.1	2.8	4.1	18.6	53.0	21.2	0.4
湖　北	16824	55.6	3.0	5.0	20.9	50.5	20.1	0.4
湖　南	16369	52.8	3.0	4.3	20.0	55.3	17.1	0.3
广　东	64002	56.3	4.2	6.0	20.6	53.1	15.8	0.4
广　西	6612	50.7	2.7	3.8	17.1	53.2	22.7	0.6
海　南	956	53.9	4.6	3.3	21.2	48.7	21.3	0.7
重　庆	8721	54.8	3.1	4.5	20.1	52.7	19.0	0.5
四　川	16711	55.7	2.7	4.2	18.7	54.2	19.6	0.6
贵　州	5163	49.8	3.0	4.6	17.8	53.7	20.5	0.4
云　南	5878	56.7	2.9	3.2	16.6	57.0	19.9	0.4
西　藏	303	51.9	2.3	5.0	17.5	46.5	26.4	2.3
陕　西	9906	55.9	2.6	4.7	19.5	53.7	19.0	0.5
甘　肃	2749	55.7	2.0	3.7	18.7	57.0	18.2	0.4
青　海	846	55.2	2.5	3.8	17.6	51.4	23.9	0.8
宁　夏	1383	57.8	3.0	3.6	19.2	56.4	17.0	0.7
新　疆	4232	49.4	2.4	3.3	18.4	50.8	24.3	0.8

十、规模（限额）以上企业创新政策效果情况（2019 年）

10-1 有关政策对规模(限额)以上

项　目	1.企业研发费用加计扣除税收优惠政策	2.高新技术企业所得税减免政策	3.企业研发活动专用仪器设备加速折旧政策	4.技术转让、技术开发收入免征增值税和技术转让减免所得税优惠政策
总　计	**47.3**	**42.0**	**33.4**	**27.0**
#国有及国有控股	43.5	38.6	27.2	25.1
一、按规模分				
大型企业	61.0	52.0	39.6	34.4
中型企业	47.2	42.2	31.2	25.6
小型企业	48.3	42.7	34.6	27.4
微型企业	28.8	27.8	24.1	22.9
二、按登记注册类型分				
内资企业	47.0	42.1	33.7	27.3
国有企业	34.5	30.9	24.5	22.2
集体企业	31.1	29.2	24.8	23.7
股份合作企业	40.8	33.0	30.1	21.5
联营企业	35.7	32.1	19.6	19.6
#国有联营企业	46.7	40.0	6.7	13.3
有限责任公司	45.9	41.2	31.6	26.6
#国有独资公司	39.2	34.4	25.9	24.2
股份有限公司	68.2	63.4	43.6	36.5
私营企业	46.3	41.2	34.1	27.1
其他企业	45.8	45.8	37.5	45.8
港、澳、台商投资企业	51.8	43.2	32.0	24.2
合资经营企业	60.1	51.1	37.1	27.8
合作经营企业	46.9	39.8	26.0	18.9
港、澳、台商独资经营企业	47.2	38.8	29.1	22.3
港、澳、台商投资股份有限公司	75.6	66.1	46.1	32.2
其他港、澳、台投资企业	50.0	42.3	39.1	26.9
外商投资企业	48.4	38.7	28.8	24.1
中外合资经营企业	59.5	50.0	36.4	29.3
中外合作经营企业	51.0	38.5	28.9	22.2
外资企业	41.6	31.8	24.3	21.0
外商投资股份有限公司	61.2	57.4	37.2	31.1
其他外商投资企业	45.6	37.0	24.6	22.8
三、按行业分				
采矿业	38.6	30.2	31.5	26.2
制造业	58.3	50.7	41.5	31.1
电力、热力、燃气及水生产和供应业	32.4	29.4	24.5	22.0
建筑业	32.0	30.3	25.2	23.3
批发和零售业	20.5	20.6	17.4	16.8
交通运输、仓储和邮政业	21.0	18.8	16.4	15.2
信息传输、软件和信息技术服务业	73.1	64.2	36.0	40.8

企业创新的影响情况

在开展创新活动企业中，认为下列政策效果明显的企业家占比(%)						
5.科技创新进口税收政策	6.鼓励企业吸引和培养人才的相关政策	7.金融支持相关政策	8.创造和保护知识产权的相关政策	9.优先发展产业的支持政策	10.促进科技成果转化相关政策	11.关于推进大众创业万众创新的各项政策
22.4	**39.3**	**37.3**	**42.9**	**38.3**	**37.6**	**34.9**
18.2	39.9	32.5	42.2	36.5	35.2	29.2
25.8	53.3	42.9	57.7	48.2	48.0	38.9
20.5	40.3	35.7	42.5	37.0	36.3	32.1
23.0	38.9	38.0	43.4	38.8	38.3	35.9
20.5	32.0	31.7	30.6	31.3	27.7	30.3
22.6	39.6	38.1	43.1	38.8	37.9	35.6
17.4	36.7	29.7	35.2	32.7	30.2	27.8
20.6	33.9	29.6	29.5	31.3	27.6	30.9
18.7	30.7	29.0	34.9	29.7	29.3	26.1
17.9	30.4	25.0	32.1	28.6	30.4	26.8
6.7	26.7	6.7	26.7	33.3	26.7	20.0
20.6	39.9	35.6	42.6	38.1	36.8	33.3
17.5	39.3	33.0	40.4	35.8	33.1	28.1
27.9	52.3	48.9	61.0	51.7	53.1	43.2
23.0	38.8	38.6	42.3	38.4	37.5	36.1
33.3	50.0	45.8	41.7	41.7	50.0	45.8
21.7	37.1	31.4	43.4	34.8	35.9	30.4
24.4	42.3	39.2	50.2	40.9	42.3	35.7
15.8	26.5	24.0	36.7	28.1	28.1	21.4
20.4	34.3	27.7	39.7	31.6	32.5	27.9
27.8	49.0	40.5	60.5	47.3	50.0	37.8
23.1	42.3	34.6	42.3	41.0	39.7	34.6
21.1	35.6	27.4	39.6	32.0	32.5	26.9
25.5	43.3	35.5	49.5	40.1	41.7	33.6
21.3	34.3	28.5	37.7	32.6	33.5	28.0
18.4	30.7	22.4	33.6	27.0	26.8	22.6
29.8	51.1	41.0	53.8	46.2	47.5	40.2
17.4	32.7	22.8	34.9	32.4	28.1	26.0
21.3	39.8	35.3	35.3	36.0	34.6	33.9
26.9	44.3	42.7	51.3	44.9	45.5	40.6
17.2	38.0	34.3	33.5	35.2	30.9	29.3
18.8	35.7	32.0	32.9	30.7	29.0	29.1
15.3	27.2	27.9	23.6	24.0	20.1	23.6
13.8	26.5	26.5	21.1	24.6	19.0	21.8
19.2	46.6	36.9	59.0	46.2	48.6	39.2

10-1 续表

项 目	1.企业研发费用加计扣除税收优惠政策	2.高新技术企业所得税减免政策	3.企业研发活动专用仪器设备加速折旧政策	4.技术转让、技术开发收入免征增值税和技术转让减免所得税优惠政策
租赁和商务服务业	24.2	21.6	15.8	15.3
科学研究和技术服务业	59.0	54.0	34.4	29.7
水利、环境和公共设施管理业	33.7	29.9	22.5	18.5
四、按地区分				
东部地区	49.1	43.2	32.3	25.7
中部地区	48.8	44.5	40.6	33.9
西部地区	37.4	33.1	28.1	23.3
东北地区	44.9	40.9	33.2	27.0
北 京	49.9	50.5	24.6	25.6
天 津	42.9	38.9	27.6	22.1
河 北	42.6	40.4	33.8	26.9
山 西	37.3	32.4	27.5	22.1
内蒙古	27.4	26.3	20.2	17.2
辽 宁	48.2	43.8	35.1	27.8
吉 林	43.7	39.1	32.1	27.5
黑龙江	38.0	35.1	29.4	24.6
上 海	50.1	42.7	25.1	22.0
江 苏	49.4	43.4	35.6	28.7
浙 江	52.0	40.6	33.9	23.4
安 徽	52.4	45.8	42.4	32.1
福 建	39.7	36.0	31.7	27.2
江 西	53.6	49.5	44.4	36.9
山 东	47.3	42.1	36.8	30.1
河 南	44.8	41.4	37.2	33.2
湖 北	48.1	46.0	39.6	33.8
湖 南	49.3	44.5	43.9	37.6
广 东	51.8	47.1	30.8	23.8
广 西	31.6	30.4	23.1	19.6
海 南	31.7	31.4	19.2	16.8
重 庆	42.7	37.2	31.6	24.4
四 川	39.9	33.0	29.8	24.2
贵 州	37.8	35.6	31.6	27.9
云 南	38.2	31.8	27.5	23.5
西 藏	30.9	28.7	22.4	24.7
陕 西	38.3	35.2	29.0	25.0
甘 肃	33.5	31.8	26.1	20.9
青 海	33.3	30.5	25.4	21.1
宁 夏	40.7	29.0	25.7	18.3
新 疆	28.5	28.6	22.1	19.0

在开展创新活动企业中，认为下列政策效果明显的企业家占比(%)						
5.科技创新进口税收政策	6.鼓励企业吸引和培养人才的相关政策	7.金融支持相关政策	8.创造和保护知识产权的相关政策	9.优先发展产业的支持政策	10.促进科技成果转化相关政策	11.关于推进大众创业万众创新的各项政策
12.6	28.6	24.7	24.9	24.2	19.7	22.9
18.3	42.7	31.7	49.4	37.9	40.7	33.6
14.8	36.3	32.3	32.1	33.5	26.9	27.4
21.4	37.9	35.3	43.0	36.3	36.8	33.1
28.5	46.4	45.8	47.7	46.9	44.3	43.4
18.5	36.0	34.7	36.3	35.6	32.0	31.4
22.0	37.8	33.8	39.7	36.3	35.9	32.8
12.4	32.0	24.2	42.6	27.9	30.3	23.2
17.1	36.5	29.7	39.0	31.2	32.2	27.4
22.8	41.4	37.9	43.3	40.0	38.9	37.3
17.4	35.7	32.3	34.0	32.8	30.7	29.9
13.6	31.9	27.5	29.1	27.6	25.1	23.9
22.7	38.3	33.0	41.1	36.0	37.2	33.2
21.7	37.9	36.2	38.6	37.5	36.0	33.2
20.5	36.5	33.3	37.3	36.1	32.4	31.1
16.7	32.2	27.4	39.5	29.5	30.6	24.0
25.7	40.9	40.3	44.9	39.7	39.8	36.2
20.7	36.8	36.5	41.7	36.6	37.5	35.1
26.8	46.0	47.1	48.9	47.4	44.7	43.0
24.2	39.5	37.9	41.2	38.5	36.8	36.4
31.6	50.4	51.1	51.6	50.6	48.6	48.1
26.5	46.2	43.1	45.9	43.6	42.4	41.5
29.2	45.9	43.7	46.2	45.0	43.1	43.2
27.9	44.7	44.9	46.7	45.5	42.7	40.8
31.1	49.0	47.1	50.0	50.9	47.2	46.8
19.0	34.8	31.3	43.5	33.2	34.7	29.1
16.2	31.6	31.5	31.5	31.0	26.9	26.0
13.4	30.9	25.8	31.7	27.2	22.1	23.5
20.1	36.7	39.2	40.1	37.7	35.0	34.3
19.0	36.3	35.3	38.1	36.8	34.0	32.5
23.2	40.5	38.0	40.2	41.5	36.4	38.2
18.3	34.5	31.8	36.3	35.0	31.3	31.5
18.4	36.8	37.2	28.7	34.1	25.1	25.1
18.7	36.8	35.0	36.8	36.1	31.8	31.2
16.2	39.4	35.8	34.8	36.5	30.8	29.9
17.5	36.9	32.0	31.0	32.0	28.4	27.0
13.6	35.4	32.4	35.4	32.7	32.7	29.1
15.4	33.8	30.5	27.4	29.7	24.4	25.9

10–2 规模(限额)以上企业有关政策

项　　目	在认为下列政策效果不明显或未享受下列政策的企业家中，					
	1.企业研发费用加计扣除税收优惠政策					
	不知道此政策	不具备享受该政策的资格	吸引力不足	办理手续繁琐	政府部门政策执行力度不够	其他原因
总　计	**6.5**	**75.2**	**5.7**	**5.6**	**0.9**	**6.1**
#国有及国有控股	5.9	73.3	5.1	4.7	1.0	10.1
一、按规模分						
大型企业	4.8	70.0	6.3	7.9	1.5	9.5
中型企业	5.6	77.1	4.9	4.9	0.9	6.7
小型企业	6.7	74.4	6.2	6.0	0.9	5.9
微型企业	8.0	78.6	4.2	3.4	0.6	5.2
二、按登记注册类型分						
内资企业	6.8	75.2	5.8	5.4	0.9	5.9
国有企业	7.0	73.6	4.9	3.7	1.1	9.7
集体企业	5.3	79.4	5.9	2.7	2.4	4.3
股份合作企业	6.1	74.3	7.7	6.1	0.6	5.1
联营企业		91.7	2.8			5.6
#国有联营企业		100.0				
有限责任公司	6.2	75.0	5.4	5.0	0.9	7.5
#国有独资公司	5.7	74.4	5.0	4.5	1.2	9.2
股份有限公司	7.3	66.6	7.1	8.1	1.4	9.5
私营企业	7.0	75.6	5.8	5.5	0.9	5.2
其他企业	8.3	75.0	8.3			8.3
港、澳、台商投资企业	4.2	73.5	6.5	7.9	0.9	7.0
合资经营企业	4.5	71.3	6.9	8.4	0.9	8.0
合作经营企业	5.8	75.0	4.8	7.7		6.7
港、澳、台商独资经营企业	4.0	74.4	6.3	7.8	0.9	6.6
港、澳、台商投资股份有限公司	4.0	66.0	12.0	7.0	1.0	10.0
其他港、澳、台投资企业	6.4	70.5	5.1	6.4		11.5
外商投资企业	3.6	75.4	4.6	7.0	0.7	8.7
中外合资经营企业	3.7	72.1	5.6	6.8	1.0	10.7
中外合作经营企业	4.3	76.1	6.0	5.1	0.9	7.7
外资企业	3.3	76.9	4.1	7.2	0.6	7.9
外商投资股份有限公司	4.9	73.2	4.2	7.0	0.7	9.9
其他外商投资企业	7.9	71.7	7.2	3.9	2.6	6.6
三、按行业分						
采矿业	6.4	75.9	6.4	5.4	0.8	5.1
制造业	6.3	69.9	8.0	8.5	1.1	6.2
电力、热力、燃气及水生产和供应业	5.9	76.5	4.5	3.3	0.7	9.1
建筑业	9.7	73.1	5.3	5.1	1.4	5.5
批发和零售业	6.5	83.3	3.1	2.0	0.5	4.6
交通运输、仓储和邮政业	6.3	80.8	3.0	2.1	0.7	7.1
信息传输、软件和信息技术服务业	5.7	62.6	7.2	9.3	1.0	14.1

效果不明显的主要原因

对主要原因作出不同判断的企业家占比(%)											
2.高新技术企业所得税减免政策						3.企业研发活动专用仪器设备加速折旧政策					
不知道此政策	不具备享受该政策的资格	吸引力不足	办理手续繁琐	政府部门政策执行力度不够	其他原因	不知道此政策	不具备享受该政策的资格	吸引力不足	办理手续繁琐	政府部门政策执行力度不够	其他原因
4.6	**81.3**	**3.5**	**3.4**	**0.5**	**6.7**	**8.1**	**71.9**	**9.3**	**4.1**	**0.4**	**6.2**
4.0	80.9	2.5	2.2	0.6	9.8	9.1	70.6	7.6	3.1	0.6	9.0
3.3	80.1	2.7	3.1	0.6	10.2	8.7	62.9	12.7	5.5	0.6	9.7
4.0	82.9	2.8	2.8	0.5	7.0	7.3	72.0	9.2	4.0	0.5	7.0
4.6	80.6	3.9	3.7	0.6	6.6	8.3	71.4	9.7	4.3	0.4	5.9
6.3	83.1	3.0	2.3	0.4	4.9	8.2	80.2	4.5	2.0	0.3	4.8
4.8	81.1	3.6	3.3	0.6	6.6	8.3	72.3	9.0	3.9	0.4	6.0
5.7	79.7	2.7	2.1	0.7	9.0	8.8	73.1	6.4	2.3	0.7	8.8
5.8	82.6	4.4	2.0	1.1	4.2	5.6	80.2	7.4	2.5	0.6	3.7
5.4	79.8	5.7	4.0	0.6	4.5	8.4	75.2	6.5	4.1	0.5	5.2
	86.8	5.3	2.6		5.3	11.4	77.3	6.8	2.3		4.5
	100.0					7.1	78.6	7.1	7.1		
4.4	81.1	3.1	2.8	0.5	8.0	8.4	71.9	8.4	3.5	0.5	7.3
3.5	82.2	2.4	2.5	0.6	8.8	9.7	72.2	6.0	3.0	0.6	8.5
4.9	74.6	4.2	3.5	1.0	11.8	9.1	59.7	15.3	5.8	0.6	9.4
4.9	81.4	3.8	3.6	0.5	5.8	8.3	73.1	9.0	4.0	0.4	5.2
8.3	83.3				8.3	7.1	78.6	7.1	7.1		
2.9	82.1	3.1	4.2	0.5	7.2	6.7	66.8	12.8	5.9	0.5	7.3
3.3	80.0	3.6	4.2	0.5	8.3	7.7	63.1	13.8	6.2	0.6	8.5
5.9	80.5	2.5	5.9		5.1	8.3	72.4	9.0	5.5		4.8
2.7	83.1	2.9	4.2	0.5	6.6	6.1	68.4	12.3	5.7	0.5	6.8
2.9	76.3	5.0	4.3	0.7	10.8	7.7	57.0	20.8	5.4	0.9	8.1
2.2	75.6	4.4	4.4	1.1	12.2	7.4	66.3	10.5	5.3		10.5
2.4	83.6	2.3	3.4	0.4	8.0	5.5	68.5	11.6	5.5	0.3	8.6
2.2	81.5	2.9	2.7	0.5	10.2	6.0	64.8	13.4	5.4	0.3	10.1
2.1	86.3	3.4	3.4	0.7	4.1	3.0	77.5	10.7	3.0	0.6	5.3
2.3	84.5	2.0	3.7	0.3	7.2	5.2	70.2	10.7	5.6	0.3	8.1
4.5	79.5	1.9	3.8		10.3	5.7	66.8	14.0	5.2	0.4	7.9
4.0	80.7	3.4	2.8	1.7	7.4	10.0	67.3	10.9	6.2	0.5	5.2
5.0	83.9	3.3	2.6	0.7	4.4	9.6	75.6	6.6	3.4	0.5	4.2
4.1	78.6	4.7	4.9	0.6	7.1	8.9	65.1	13.3	6.1	0.5	6.1
4.5	83.6	2.3	2.0	0.5	7.2	8.1	77.3	4.6	2.1	0.5	7.4
7.5	79.4	3.5	3.5	1.0	5.2	11.7	73.8	5.8	3.1	0.7	5.1
5.0	87.0	2.0	1.4	0.3	4.3	6.3	84.5	3.1	1.3	0.3	4.5
4.4	85.5	1.8	1.6	0.3	6.4	5.5	83.4	2.8	1.3	0.3	6.7
3.0	67.3	4.3	3.8	0.5	21.1	7.6	59.6	15.3	3.9	0.4	13.1

10-2 续表 1

项　目	在认为下列政策效果不明显或未享受下列政策的企业家中，					
	1.企业研发费用加计扣除税收优惠政策					
	不知道此政　策	不具备享受该政策的资格	吸引力不足	办理手续繁　琐	政府部门政策执行力度不够	其他原因
租赁和商务服务业	6.2	80.1	3.2	2.5	0.6	7.5
科学研究和技术服务业	6.0	69.2	6.1	6.8	1.2	10.8
水利、环境和公共设施管理业	4.9	77.8	4.8	2.6	0.8	9.2
四、按地区分						
东部地区	6.0	75.4	5.7	5.9	0.8	6.1
中部地区	7.2	74.5	6.8	5.3	0.9	5.4
西部地区	7.4	75.1	4.8	5.1	1.1	6.5
东北地区	8.2	75.1	5.0	3.4	0.6	7.7
北　京	3.7	72.2	5.2	7.4	0.7	10.8
天　津	5.4	76.3	5.1	5.0	0.3	7.9
河　北	8.3	73.3	5.7	5.4	0.7	6.6
山　西	8.2	77.1	4.4	3.2	1.2	6.0
内蒙古	7.8	75.5	3.6	4.0	0.6	8.6
辽　宁	7.3	75.5	5.1	3.5	0.5	8.1
吉　林	10.0	73.6	4.0	3.5	0.6	8.4
黑龙江	8.7	75.7	5.5	3.1	0.8	6.2
上　海	4.8	78.4	4.4	4.6	0.8	7.0
江　苏	5.1	76.7	6.4	5.6	0.7	5.6
浙　江	3.4	80.3	5.3	4.8	0.8	5.3
安　徽	5.2	78.5	5.8	4.2	0.8	5.4
福　建	7.1	77.1	5.5	5.3	0.9	4.0
江　西	7.0	68.4	9.5	7.1	1.2	6.8
山　东	6.3	80.4	4.4	3.1	0.5	5.4
河　南	8.9	74.9	6.7	4.6	0.8	4.1
湖　北	5.9	76.1	6.5	5.8	0.9	4.9
湖　南	8.0	71.5	7.0	6.1	1.0	6.3
广　东	8.4	68.1	6.6	8.9	1.3	6.7
广　西	9.1	74.2	4.1	5.0	1.2	6.5
海　南	6.6	77.8	3.2	2.0	2.0	8.4
重　庆	6.0	73.6	5.2	7.5	1.0	6.7
四　川	6.8	76.7	4.5	5.4	0.9	5.7
贵　州	9.6	70.7	5.4	5.8	1.3	7.2
云　南	8.0	74.6	4.6	5.1	1.3	6.4
西　藏	9.2	71.9	5.9	3.3		9.8
陕　西	7.7	75.5	5.8	4.5	1.0	5.5
甘　肃	7.6	74.7	4.8	3.3	1.9	7.8
青　海	7.9	74.7	4.2	2.9	1.2	9.1
宁　夏	4.5	76.8	4.1	5.3	1.5	7.7
新　疆	6.2	78.7	3.8	2.5	0.8	8.1

对主要原因作出不同判断的企业家占比(%)											
2.高新技术企业所得税减免政策						3.企业研发活动专用仪器设备加速折旧政策					
不知道此政策	不具备享受该政策的资格	吸引力不足	办理手续繁琐	政府部门政策执行力度不够	其他原因	不知道此政策	不具备享受该政策的资格	吸引力不足	办理手续繁琐	政府部门政策执行力度不够	其他原因
4.8	84.9	1.7	1.5	0.4	6.7	6.3	81.9	3.3	1.3	0.2	7.1
3.8	74.9	3.9	3.7	0.8	12.9	8.8	63.9	12.0	4.6	0.4	10.3
3.9	83.3	2.4	1.7	0.5	8.1	6.9	79.1	4.5	1.3	0.4	7.9
4.1	81.7	3.4	3.5	0.5	6.7	7.6	70.8	10.4	4.4	0.4	6.4
5.2	80.5	4.5	3.5	0.6	5.7	8.7	72.9	9.0	3.9	0.5	5.0
5.3	80.8	2.8	3.1	0.7	7.3	9.4	74.7	5.9	3.3	0.6	6.2
6.1	79.7	3.3	2.1	0.4	8.4	8.9	73.2	7.4	2.5	0.3	7.8
2.6	79.0	3.0	2.7	0.5	12.3	5.1	68.1	11.9	3.6	0.4	11.0
4.1	80.7	3.1	3.2	0.2	8.8	6.8	73.2	8.3	3.1	0.2	8.4
6.2	77.8	4.3	3.8	0.5	7.4	10.4	71.3	8.1	3.7	0.3	6.2
5.7	82.8	3.1	1.9	0.5	6.0	9.5	75.9	5.5	2.4	0.7	6.0
5.3	79.7	2.6	2.8	0.6	9.0	9.1	75.1	4.3	2.8	0.4	8.4
5.4	79.8	3.5	2.1	0.5	8.7	8.5	72.4	8.1	2.7	0.3	8.0
7.0	79.3	2.9	1.8	0.2	8.8	9.9	73.1	6.0	2.4	0.4	8.2
6.6	80.0	3.2	2.1	0.5	7.7	8.9	75.2	7.0	1.9	0.1	6.9
3.3	83.8	2.4	3.1	0.5	6.9	5.8	71.9	10.7	4.2	0.3	7.0
3.6	82.1	4.2	3.4	0.4	6.3	6.2	71.7	11.1	4.6	0.4	6.0
2.2	87.0	2.4	2.6	0.4	5.3	4.2	75.3	10.6	3.6	0.3	5.9
3.3	84.5	3.5	2.4	0.4	5.9	5.8	76.6	8.8	3.3	0.3	5.2
5.8	83.0	3.4	3.3	0.5	4.1	8.3	75.7	7.5	4.2	0.5	3.9
5.3	77.3	5.5	4.2	0.7	6.9	9.5	67.2	11.6	5.5	0.6	5.6
4.1	85.3	2.4	2.0	0.4	5.7	7.4	77.7	6.6	2.4	0.2	5.7
6.9	80.5	4.8	2.9	0.6	4.3	10.2	74.0	8.0	3.1	0.4	4.2
4.2	81.9	4.1	3.9	0.8	5.1	7.6	74.0	8.4	4.2	0.5	5.2
5.8	76.2	5.6	4.7	0.7	6.9	10.5	69.1	10.2	4.7	0.6	4.9
5.8	75.9	4.3	5.4	0.8	8.0	11.6	63.0	12.0	6.2	0.6	6.6
6.2	79.6	2.8	3.9	0.7	6.9	9.8	73.9	6.1	3.4	0.5	6.3
4.5	83.1	1.1	1.6	1.1	8.6	6.3	75.6	6.3	2.5	1.0	8.3
4.4	79.1	3.1	4.5	0.6	8.3	8.3	73.0	7.2	4.7	0.5	6.4
4.4	81.8	2.9	3.1	0.5	7.3	8.7	75.3	6.5	3.5	0.4	5.6
7.9	77.5	3.1	3.8	0.9	6.9	13.1	69.8	6.4	3.5	0.7	6.5
5.8	81.7	2.3	2.1	0.8	7.3	10.8	74.0	5.4	2.9	0.7	6.1
8.3	75.6	3.8	3.2		9.0	12.4	73.4	4.1	1.2	0.6	8.3
5.8	81.2	3.0	3.0	0.9	6.2	9.7	75.9	5.5	3.0	0.7	5.2
4.7	81.7	2.9	1.7	1.3	7.8	8.5	77.0	4.7	1.8	1.4	6.6
5.2	82.5	2.8	1.4	0.7	7.3	8.2	74.7	5.7	1.8	0.9	8.8
3.0	83.2	2.6	2.2	1.0	8.0	8.2	75.8	5.6	2.5	1.4	6.5
4.6	84.2	1.8	1.2	0.6	7.7	7.3	80.2	3.1	1.6	0.5	7.4

10-2 续表 2

项 目	在认为下列政策效果不明显或未享受下列政策的企业家中，					
	4.技术转让、技术开发收入免征增值税和技术转让减免所得税优惠政策					
	不知道此政策	不具备享受该政策的资格	吸引力不足	办理手续繁琐	政府部门政策执行力度不够	其他原因
总 计	**6.7**	**80.9**	**3.7**	**2.3**	**0.4**	**6.0**
#国有及国有控股	6.1	79.1	3.5	2.1	0.5	8.7
一、按规模分						
大型企业	5.4	76.8	4.8	2.8	0.5	9.8
中型企业	5.6	81.7	3.5	2.1	0.4	6.7
小型企业	7.0	80.7	3.8	2.4	0.4	5.7
微型企业	7.6	83.2	2.8	1.6	0.3	4.6
二、按登记注册类型分						
内资企业	6.8	80.9	3.7	2.3	0.4	5.9
国有企业	6.8	79.0	3.1	2.0	0.8	8.3
集体企业	5.8	84.4	4.1	1.7	0.6	3.3
股份合作企业	6.3	83.7	3.6	1.7	0.2	4.4
联营企业	8.9	82.2	4.4			4.4
#国有联营企业	7.7	76.9	7.7			7.7
有限责任公司	6.5	80.6	3.4	2.1	0.4	7.0
#国有独资公司	6.6	79.1	3.8	1.9	0.4	8.3
股份有限公司	6.6	75.6	4.7	3.2	0.5	9.4
私营企业	7.0	81.3	3.8	2.3	0.3	5.2
其他企业	8.3	83.3				8.3
港、澳、台商投资企业	5.8	80.6	4.1	2.3	0.5	6.8
合资经营企业	5.9	79.1	4.4	2.4	0.4	7.8
合作经营企业	6.9	79.9	5.7	2.5	0.6	4.4
港、澳、台商独资经营企业	5.6	81.5	3.7	2.3	0.5	6.3
港、澳、台商投资股份有限公司	6.5	77.0	6.8	0.4	0.7	8.6
其他港、澳、台投资企业	7.0	78.1	5.3	0.9		8.8
外商投资企业	4.5	82.1	3.6	2.3	0.2	7.4
中外合资经营企业	4.6	80.5	4.1	2.1	0.2	8.7
中外合作经营企业	1.6	87.6	4.3	2.2		4.3
外资企业	4.4	82.9	3.4	2.4	0.2	6.8
外商投资股份有限公司	4.0	78.5	1.6	4.4		11.6
其他外商投资企业	7.9	81.0	4.6	0.9	1.4	4.2
三、按行业分						
采矿业	6.6	81.7	4.4	2.5	0.4	4.4
制造业	7.0	78.7	4.8	2.9	0.4	6.3
电力、热力、燃气及水生产和供应业	6.0	82.8	2.8	1.1	0.4	6.8
建筑业	9.3	78.9	3.8	2.3	0.6	5.1
批发和零售业	5.7	86.7	1.9	1.0	0.3	4.3
交通运输、仓储和邮政业	5.1	85.4	2.0	0.8	0.3	6.4
信息传输、软件和信息技术服务业	6.2	74.2	4.1	4.0	0.4	11.1

对主要原因作出不同判断的企业家占比(%)											
5.科技创新进口税收政策						6.鼓励企业吸引和培养人才的相关政策					
不知道此政策	不具备享受该政策的资格	吸引力不足	办理手续繁琐	政府部门政策执行力度不够	其他原因	不知道此政策	不具备享受该政策的资格	吸引力不足	办理手续繁琐	政府部门政策执行力度不够	其他原因
7.0	**82.5**	**2.8**	**1.5**	**0.3**	**6.0**	**15.1**	**58.6**	**19.4**	**2.8**	**1.4**	**2.7**
6.0	81.5	2.3	1.0	0.4	8.8	13.6	56.0	22.2	2.0	1.7	4.4
6.3	78.9	3.7	1.4	0.4	9.4	14.2	49.0	27.0	3.4	2.6	3.8
6.3	83.1	2.6	1.3	0.3	6.5	15.0	56.9	20.7	2.9	1.7	2.9
7.1	82.4	2.8	1.6	0.3	5.8	15.3	58.9	19.0	2.8	1.3	2.6
7.6	83.9	2.4	1.2	0.2	4.7	14.2	64.0	15.5	2.3	1.0	3.0
6.9	82.7	2.8	1.4	0.3	6.0	15.2	58.6	19.4	2.8	1.4	2.7
7.1	80.5	2.1	1.3	0.4	8.6	12.7	56.5	22.7	2.2	1.5	4.4
6.4	84.2	2.8	1.8	0.7	4.1	10.3	64.0	19.7	2.0	1.5	2.5
4.9	85.0	3.3	1.4	0.2	5.2	10.4	63.2	19.8	1.9	1.1	3.6
4.3	87.0	2.2		2.2	4.3	7.7	79.5	12.8			
	85.7			7.1	7.1		81.8	18.2			
6.5	82.4	2.5	1.2	0.3	7.1	15.2	56.8	20.6	2.6	1.5	3.3
6.0	81.7	2.5	1.0	0.4	8.3	12.9	55.4	23.2	2.1	1.9	4.5
6.6	78.9	3.3	1.5	0.4	9.2	15.1	49.8	25.4	3.5	2.6	3.6
7.0	83.0	2.8	1.5	0.3	5.3	15.2	59.7	18.6	2.8	1.3	2.4
13.3	80.0		6.7			27.3	54.5	18.2			
8.0	80.4	3.2	1.9	0.5	6.0	14.7	57.8	19.4	3.5	1.6	3.0
7.6	79.6	3.1	1.8	0.5	7.3	14.0	57.9	20.0	2.9	1.8	3.4
7.3	84.2	3.6	1.2		3.6	16.7	60.4	15.3	2.1	1.4	4.2
8.0	80.7	3.2	2.1	0.5	5.5	14.9	58.2	19.0	3.7	1.5	2.8
9.1	78.7	4.7	0.7	0.7	6.1	14.8	46.4	28.2	4.8	2.4	3.3
8.4	79.0	4.2			8.4	18.9	50.0	21.1	4.4	1.1	4.4
7.9	80.6	3.2	1.7	0.3	6.3	14.6	59.1	18.1	3.3	1.4	3.6
7.8	79.5	3.0	1.5	0.4	7.8	14.2	57.6	19.8	2.6	1.6	4.2
5.9	88.8	2.7	1.1		1.6	10.2	64.3	19.7	3.8	0.6	1.3
7.9	81.1	3.3	1.8	0.3	5.6	14.6	60.0	17.1	3.6	1.2	3.5
7.8	77.7	2.3	2.7	0.4	9.0	15.7	51.1	22.5	3.4	3.9	3.4
8.2	79.2	4.8	2.2	1.3	4.3	21.2	53.4	18.0	1.6	3.7	2.1
5.5	85.1	3.2	1.4	0.3	4.6	11.6	58.6	23.5	2.0	1.4	2.8
7.6	80.6	3.5	1.9	0.3	6.1	14.4	56.9	21.4	3.3	1.5	2.5
5.7	84.9	1.7	0.6	0.3	6.7	12.0	64.2	16.8	1.7	1.1	4.2
8.7	81.0	2.9	1.3	0.5	5.7	15.8	55.8	21.3	2.7	1.8	2.7
5.9	86.9	1.8	0.9	0.2	4.3	15.1	64.2	15.2	1.9	0.9	2.7
5.4	85.6	1.8	0.8	0.3	6.2	13.0	64.9	15.4	1.5	1.1	4.1
6.0	80.2	1.9	1.0	0.2	10.8	20.8	48.0	21.3	4.2	2.3	3.5

10-2 续表 3

项 目	在认为下列政策效果不明显或未享受下列政策的企业家中，					
	4.技术转让、技术开发收入免征增值税和技术转让减免所得税优惠政策					
	不知道此政策	不具备享受该政策的资格	吸引力不足	办理手续繁琐	政府部门政策执行力度不够	其他原因
租赁和商务服务业	5.5	85.3	1.6	0.8	0.3	6.5
科学研究和技术服务业	6.8	77.8	3.9	2.9	0.4	8.3
水利、环境和公共设施管理业	5.2	82.9	2.2	1.1	0.3	8.4
四、按地区分						
东部地区	6.5	81.0	3.7	2.3	0.3	6.2
中部地区	6.9	80.5	4.7	2.5	0.4	5.1
西部地区	7.2	81.4	2.8	2.0	0.5	6.0
东北地区	7.0	80.3	3.2	1.3	0.3	7.9
北 京	4.1	79.7	3.5	2.7	0.2	9.8
天 津	6.1	80.5	3.4	1.7	0.2	8.1
河 北	8.4	78.3	3.8	2.2	0.4	7.0
山 西	7.3	81.7	3.1	1.6	0.5	5.8
内蒙古	6.9	80.7	2.5	1.5	0.4	7.9
辽 宁	6.6	79.9	3.6	1.3	0.3	8.3
吉 林	7.7	80.2	2.3	1.4	0.4	8.0
黑龙江	7.5	81.2	3.1	1.1	0.2	6.9
上 海	5.6	81.3	3.7	2.3	0.4	6.7
江 苏	5.5	81.6	4.5	2.3	0.3	5.9
浙 江	3.8	86.6	2.8	1.4	0.3	5.2
安 徽	4.4	85.3	3.4	1.5	0.3	5.2
福 建	7.1	82.7	3.4	2.5	0.4	4.0
江 西	8.2	77.2	5.4	3.1	0.4	5.8
山 东	5.8	83.7	3.1	1.3	0.2	5.9
河 南	8.4	79.5	5.0	2.2	0.3	4.5
湖 北	6.0	81.2	4.3	3.0	0.5	5.1
湖 南	8.1	77.2	6.4	3.2	0.4	4.7
广 东	9.7	75.6	4.2	3.4	0.5	6.7
广 西	8.4	79.8	3.1	2.0	0.3	6.2
海 南	5.9	81.2	1.7	1.3	1.1	8.7
重 庆	6.9	81.2	3.2	2.4	0.4	6.0
四 川	6.5	82.8	2.6	2.0	0.3	5.8
贵 州	9.8	76.7	4.2	2.8	0.6	5.9
云 南	7.9	81.4	2.3	1.4	0.7	6.2
西 藏	11.6	77.4	1.2	1.8	1.2	6.7
陕 西	7.5	81.6	2.7	2.6	0.6	5.1
甘 肃	5.8	82.6	2.9	1.1	1.4	6.2
青 海	6.4	79.4	4.0	0.8	1.5	7.9
宁 夏	5.3	84.2	1.9	1.6	1.0	6.0
新 疆	5.4	84.5	1.6	1.1	0.5	6.8

对主要原因作出不同判断的企业家占比(%)											
5.科技创新进口税收政策						6.鼓励企业吸引和培养人才的相关政策					
不知道此政策	不具备享受该政策的资格	吸引力不足	办理手续繁琐	政府部门政策执行力度不够	其他原因	不知道此政策	不具备享受该政策的资格	吸引力不足	办理手续繁琐	政府部门政策执行力度不够	其他原因
5.5	85.9	1.3	0.7	0.2	6.4	17.2	60.5	15.1	2.3	1.1	3.8
6.6	80.6	2.1	1.2	0.3	9.2	20.4	49.5	21.4	3.7	1.7	3.4
5.2	84.3	1.8	0.5	0.3	7.9	13.4	61.3	17.5	2.1	2.3	3.5
7.1	82.1	2.8	1.5	0.3	6.2	15.1	59.6	18.2	3.0	1.3	2.8
6.4	83.1	3.4	1.6	0.3	5.2	14.4	56.3	22.6	2.8	1.4	2.4
6.7	83.6	2.0	1.2	0.3	6.1	15.7	56.7	20.5	2.4	1.8	2.9
7.4	81.1	2.6	1.0	0.2	7.7	15.5	58.1	19.9	1.6	0.9	3.9
5.3	81.5	2.2	1.0	0.2	9.9	18.2	55.6	17.9	3.2	1.3	3.8
6.2	81.6	2.5	0.9	0.1	8.6	15.6	59.1	17.8	2.2	0.6	4.7
8.4	80.0	2.9	1.3	0.3	7.1	18.3	55.1	20.8	1.8	1.0	3.0
7.0	83.2	2.2	1.1	0.4	6.0	15.3	54.5	23.5	1.9	1.9	3.0
6.4	82.9	1.4	1.1	0.4	7.9	15.2	57.1	20.1	2.1	1.6	4.0
7.2	80.6	2.7	1.1	0.2	8.3	14.8	58.3	19.9	1.9	1.2	3.9
8.4	81.1	2.2	0.8	0.1	7.4	18.5	58.8	17.1	1.2	0.4	4.1
6.8	82.6	2.6	1.1	0.2	6.6	14.5	56.9	22.9	1.4	0.6	3.7
7.5	81.5	2.6	1.3	0.4	6.7	18.8	56.8	16.1	4.1	1.4	2.8
6.2	82.8	3.4	1.6	0.2	5.7	11.5	64.3	18.0	2.6	0.9	2.7
4.6	87.0	2.3	1.0	0.2	5.0	9.1	68.2	17.6	1.8	1.0	2.3
4.3	86.9	2.4	0.9	0.2	5.4	11.6	61.1	21.8	2.0	1.1	2.4
7.2	83.8	2.7	1.8	0.4	4.1	12.8	63.3	17.5	2.7	1.5	2.1
7.2	80.4	4.0	2.0	0.4	6.0	16.3	51.8	23.7	3.4	2.1	2.6
6.1	84.4	2.5	0.9	0.2	6.1	12.8	63.8	18.4	1.5	0.8	2.8
7.5	82.0	4.0	1.6	0.2	4.7	14.8	58.0	21.6	2.3	1.1	2.2
5.9	83.9	2.6	2.0	0.4	5.3	13.5	55.7	23.6	3.5	1.5	2.3
7.6	81.1	4.3	2.2	0.3	4.5	16.5	53.5	22.7	3.5	1.5	2.4
10.4	77.3	3.2	2.2	0.4	6.5	21.6	50.0	19.1	4.6	1.9	2.8
7.2	82.5	2.2	1.5	0.2	6.4	16.9	55.2	20.8	2.0	1.9	3.2
5.9	81.9	1.3	0.7	0.7	9.5	9.6	53.1	26.0	4.7	3.1	3.4
5.9	84.4	1.9	1.5	0.4	5.9	15.0	58.7	18.8	3.2	1.3	2.9
6.4	84.3	2.0	1.1	0.1	6.1	14.5	59.6	19.3	2.6	1.4	2.5
8.9	80.0	2.8	1.7	0.6	6.0	19.2	54.6	19.1	2.5	1.7	2.9
7.7	82.6	1.9	1.0	0.4	6.3	17.7	55.1	20.5	1.9	2.2	2.7
11.7	76.0	2.2	0.6	1.1	8.4	19.6	47.1	19.6	4.3	3.6	5.8
6.7	84.2	2.2	1.2	0.4	5.2	16.3	54.2	22.1	2.5	2.2	2.7
6.1	84.1	1.8	0.8	0.8	6.3	13.8	52.5	26.2	1.4	3.7	2.5
6.2	82.3	3.0	0.6	0.8	7.2	17.1	52.5	24.7	0.8	1.3	3.6
4.9	85.8	1.5	0.9	0.7	6.2	12.5	54.1	26.4	0.9	2.7	3.3
5.5	85.6	1.2	0.7	0.2	6.8	13.3	58.9	21.0	1.7	1.6	3.5

10-2 续表 4

项　目	在认为下列政策效果不明显或未享受下列政策的企业家中，					
	7.金融支持相关政策					
	不知道此政　策	不具备享受该政策的资格	吸引力不足	办理手续繁　琐	政府部门政策执行力度不够	其他原因
总　计	**13.5**	**57.8**	**11.0**	**10.3**	**2.6**	**4.8**
#国有及国有控股	11.8	63.5	9.8	5.2	2.0	7.7
一、按规模分						
大型企业	12.4	56.2	12.9	6.8	2.8	9.0
中型企业	13.2	58.4	11.2	9.1	2.7	5.5
小型企业	13.6	57.2	11.0	11.0	2.7	4.5
微型企业	14.3	62.6	8.6	9.0	1.7	3.8
二、按登记注册类型分						
内资企业	13.6	57.8	10.8	10.6	2.7	4.5
国有企业	11.1	65.1	9.2	4.8	2.4	7.3
集体企业	9.6	68.6	9.2	6.5	2.2	3.9
股份合作企业	9.7	67.6	8.8	8.6	1.6	3.8
联营企业	11.9	69.0	14.3		2.4	2.4
#国有联营企业	21.4	57.1	14.3		7.1	
有限责任公司	13.1	58.7	10.4	9.4	2.6	5.8
#国有独资公司	11.7	64.1	9.4	5.6	2.1	7.0
股份有限公司	13.3	51.8	12.9	11.5	4.4	6.1
私营企业	13.9	57.5	10.9	11.2	2.7	3.9
其他企业	8.3	41.7	25.0	25.0		
港、澳、台商投资企业	13.1	57.8	12.2	8.3	2.1	6.6
合资经营企业	13.3	58.2	11.5	8.4	2.6	5.9
合作经营企业	16.1	53.7	12.1	7.4	2.7	8.1
港、澳、台商独资经营企业	12.8	58.0	12.2	8.4	1.8	6.8
港、澳、台商投资股份有限公司	13.9	52.9	16.4	6.1	3.3	7.4
其他港、澳、台投资企业	20.6	49.0	14.7	4.9	2.0	8.8
外商投资企业	12.2	58.8	12.7	6.2	1.6	8.5
中外合资经营企业	12.0	56.6	13.7	6.9	2.3	8.4
中外合作经营企业	5.9	67.1	15.3	6.5	1.8	3.5
外资企业	12.2	60.1	12.1	5.8	1.2	8.6
外商投资股份有限公司	16.3	54.0	14.0	6.0	2.3	7.4
其他外商投资企业	14.4	49.3	14.9	9.3	2.8	9.3
三、按行业分						
采矿业	10.5	62.7	9.8	10.5	2.8	3.8
制造业	12.8	54.9	12.7	11.8	3.0	4.8
电力、热力、燃气及水生产和供应业	11.1	68.7	7.3	5.8	1.8	5.4
建筑业	15.0	58.8	8.9	10.7	3.1	3.6
批发和零售业	14.1	63.8	8.3	8.4	2.0	3.5
交通运输、仓储和邮政业	12.2	65.5	8.2	7.0	1.9	5.2
信息传输、软件和信息技术服务业	16.0	49.2	12.5	9.8	2.8	9.7

对主要原因作出不同判断的企业家占比(%)											
8.创造和保护知识产权的相关政策						9.优先发展产业的支持政策					
不知道此政策	不具备享受该政策的资格	吸引力不足	办理手续繁琐	政府部门政策执行力度不够	其他原因	不知道此政策	不具备享受该政策的资格	吸引力不足	办理手续繁琐	政府部门政策执行力度不够	其他原因
12.1	**72.8**	**7.5**	**3.5**	**1.2**	**3.0**	**17.8**	**70.0**	**6.5**	**2.1**	**1.3**	**2.3**
9.6	73.7	8.0	2.2	1.3	5.1	13.8	72.8	6.2	1.5	1.6	4.1
11.5	67.5	11.5	3.3	2.0	4.3	16.8	68.8	7.6	1.8	1.5	3.5
10.7	74.0	7.5	3.1	1.3	3.5	16.5	71.3	6.2	2.0	1.4	2.6
12.6	72.0	7.6	3.8	1.2	2.7	18.5	69.3	6.6	2.2	1.3	2.1
10.9	77.7	5.2	2.4	0.6	3.3	15.8	72.9	5.8	2.0	1.0	2.6
12.1	72.8	7.5	3.6	1.1	2.9	17.8	69.8	6.6	2.2	1.3	2.2
9.0	74.5	8.1	1.5	1.6	5.3	13.5	72.7	6.2	1.7	1.7	4.2
6.6	80.0	6.9	2.0	1.6	2.8	11.3	76.4	5.5	2.6	1.6	2.6
8.5	78.9	6.7	1.2	1.5	3.2	11.4	78.3	5.7	0.5	1.9	2.2
10.5	81.6	2.6		2.6	2.6	7.7	84.6	7.7			2.6
9.1	81.8	9.1					100.0				
11.3	73.3	7.4	3.0	1.1	3.8	17.1	70.1	6.5	1.9	1.5	2.9
8.6	74.8	7.7	2.1	1.3	5.4	13.3	72.6	6.5	1.6	1.8	4.2
13.6	64.8	11.5	4.2	2.2	3.7	18.8	65.4	8.0	2.5	2.3	3.0
12.4	72.9	7.3	3.8	1.1	2.5	18.2	69.9	6.6	2.3	1.2	1.9
15.4	76.9	7.7				35.7	57.1	7.1			
12.0	71.2	8.4	3.4	1.7	3.4	18.3	70.0	6.3	1.9	1.1	2.3
12.8	69.9	8.7	3.2	1.8	3.6	18.7	69.1	6.1	2.1	1.6	2.4
13.7	68.5	10.5	3.2	0.8	3.2	15.8	74.8	6.5	0.7		2.2
11.4	72.2	8.0	3.5	1.6	3.3	18.0	70.5	6.3	1.9	1.0	2.3
14.8	61.1	14.8	2.5	3.1	3.7	19.9	64.8	10.6	0.9	1.9	1.9
22.5	59.6	7.9	2.2	1.1	6.7	23.6	61.8	9.0	1.1		4.5
11.6	72.7	7.6	3.3	1.0	3.7	17.5	71.8	5.5	1.6	0.8	2.8
12.0	69.8	9.5	3.3	1.7	3.8	17.9	70.3	6.7	1.6	1.1	2.5
6.0	79.9	8.7	2.0	1.3	2.0	12.4	77.6	6.8	1.2	0.6	1.2
11.5	74.0	6.7	3.3	0.7	3.7	17.4	72.6	4.8	1.6	0.6	2.9
14.3	68.5	8.9	3.0	1.8	3.6	18.9	66.8	6.1	3.1	2.0	3.1
13.3	72.4	7.2	3.9	1.1	2.2	20.6	68.8	4.8	1.6	1.6	2.6
8.1	78.5	7.3	2.2	1.0	3.0	11.0	74.8	7.8	2.7	1.2	2.6
13.5	68.0	10.0	4.9	1.5	2.2	19.3	67.0	7.8	2.8	1.4	1.7
8.2	79.3	5.0	1.8	0.5	5.1	12.0	76.0	5.1	1.3	1.5	4.2
11.5	74.2	6.9	3.0	1.1	3.4	16.5	70.7	6.5	2.3	1.5	2.7
9.5	81.1	3.8	1.8	0.6	3.2	14.2	76.7	4.4	1.3	0.8	2.6
8.0	81.9	3.4	1.2	0.4	5.1	13.2	75.6	4.8	1.1	1.4	3.9
19.1	58.1	11.7	5.1	1.9	4.1	28.3	58.7	6.7	1.9	1.5	2.9

10-2 续表 5

项　目	在认为下列政策效果不明显或未享受下列政策的企业家中，					
	7.金融支持相关政策					
	不知道此政策	不具备享受该政策的资格	吸引力不足	办理手续繁琐	政府部门政策执行力度不够	其他原因
租赁和商务服务业	15.0	63.7	7.7	6.1	1.7	5.9
科学研究和技术服务业	15.7	53.2	11.9	8.7	1.9	8.5
水利、环境和公共设施管理业	11.4	62.7	9.8	6.9	3.6	5.5
四、按地区分						
东部地区	13.8	58.5	11.3	9.0	2.3	5.0
中部地区	12.7	55.2	11.2	13.6	3.2	4.1
西部地区	13.3	57.5	9.2	12.1	3.3	4.5
东北地区	13.9	59.4	10.2	8.0	2.2	6.4
北　京	14.5	57.5	10.2	8.5	2.0	7.4
天　津	14.6	59.2	10.3	7.1	1.7	7.0
河　北	15.4	57.9	10.3	9.4	1.8	5.3
山　西	12.7	58.1	10.4	11.7	3.2	4.0
内蒙古	13.8	59.5	8.2	10.2	2.6	5.8
辽　宁	13.9	58.8	11.0	7.2	2.1	7.0
吉　林	15.0	60.4	8.5	8.3	1.8	6.0
黑龙江	12.8	59.9	9.8	9.7	2.6	5.2
上　海	15.8	58.3	11.1	7.0	2.0	5.7
江　苏	10.7	61.4	12.3	8.6	2.1	4.9
浙　江	9.9	66.8	11.3	5.7	2.2	4.2
安　徽	11.0	57.6	11.7	12.3	3.1	4.4
福　建	12.4	61.7	10.8	9.4	2.5	3.3
江　西	14.5	51.2	11.3	15.5	3.7	3.8
山　东	11.8	63.3	9.6	8.4	2.2	4.7
河　南	12.7	58.3	10.8	12.3	2.3	3.5
湖　北	10.9	53.9	11.3	15.4	4.1	4.5
湖　南	14.9	52.1	11.2	14.2	3.0	4.6
广　东	18.7	48.6	12.1	12.6	2.8	5.2
广　西	14.8	55.1	10.0	12.0	3.0	5.1
海　南	13.6	61.2	10.2	6.3	3.3	5.4
重　庆	11.6	56.6	11.3	12.3	2.9	5.2
四　川	12.3	59.2	9.3	11.8	2.8	4.7
贵　州	16.4	53.7	9.1	13.5	2.8	4.5
云　南	14.7	57.5	7.4	12.4	4.3	3.8
西　藏	18.2	54.7	7.3	8.0	4.4	7.3
陕　西	14.1	54.9	9.3	14.3	3.4	3.9
甘　肃	12.7	59.0	7.7	11.3	6.5	2.8
青　海	10.4	59.0	10.1	12.8	3.9	3.9
宁　夏	9.7	62.2	9.9	9.1	5.6	3.5
新　疆	11.1	64.5	7.2	9.2	3.4	4.7

对主要原因作出不同判断的企业家占比(%)											
8.创造和保护知识产权的相关政策						9.优先发展产业的支持政策					
不知道此政策	不具备享受该政策的资格	吸引力不足	办理手续繁琐	政府部门政策执行力度不够	其他原因	不知道此政策	不具备享受该政策的资格	吸引力不足	办理手续繁琐	政府部门政策执行力度不够	其他原因
10.9	77.7	4.2	1.7	0.6	4.8	16.6	73.4	4.1	1.0	1.1	3.8
16.1	65.1	9.5	3.5	2.0	3.8	23.7	64.2	6.1	1.6	1.6	2.8
8.4	78.6	4.6	2.3	1.4	4.8	15.1	71.4	6.0	1.5	2.8	3.2
12.5	72.1	7.7	3.7	1.2	2.9	18.5	70.1	6.1	2.0	1.1	2.2
11.3	73.2	8.2	3.7	1.0	2.7	16.2	69.0	8.3	2.9	1.6	2.1
11.2	75.0	6.2	3.0	1.2	3.4	16.6	70.7	6.1	2.2	1.9	2.5
12.2	72.9	7.1	2.2	0.9	4.7	18.0	69.2	6.5	1.4	1.0	3.9
13.7	69.6	7.6	3.7	1.3	4.1	20.8	68.3	5.5	1.4	0.8	3.2
11.6	74.1	6.3	2.6	0.7	4.7	19.7	70.1	4.4	1.3	0.9	3.6
14.1	72.2	7.0	2.9	0.7	3.1	18.1	69.8	6.9	1.8	0.9	2.5
10.8	76.2	6.3	2.2	0.9	3.5	15.0	71.8	6.7	2.3	1.7	2.5
11.1	75.8	4.9	2.2	1.1	5.1	16.8	72.3	4.6	1.3	1.3	3.8
12.2	71.9	7.5	2.6	1.0	4.8	18.7	68.7	6.5	1.4	0.8	3.9
13.5	73.6	5.8	1.4	0.7	4.9	17.5	70.6	5.7	1.2	0.8	4.1
11.2	74.5	7.3	1.7	0.9	4.4	16.5	69.0	7.3	1.6	1.7	3.8
13.9	69.9	7.3	3.7	1.6	3.5	21.0	68.7	5.2	1.4	1.0	2.6
9.9	74.9	8.2	3.3	0.9	2.8	14.6	73.5	6.9	2.1	0.9	2.1
9.0	78.8	6.7	2.4	1.0	2.0	13.3	77.6	5.5	1.3	0.8	1.6
9.4	76.6	7.9	2.8	0.9	2.5	14.7	72.4	7.5	2.1	1.3	2.0
11.6	74.7	6.8	3.4	1.3	2.2	15.7	72.3	6.6	2.4	1.2	1.8
13.6	69.0	8.9	4.5	1.2	2.9	18.1	65.4	9.3	3.3	2.0	2.0
10.0	77.9	6.5	2.0	0.6	3.0	15.2	74.6	5.7	1.4	0.8	2.3
11.5	74.0	8.2	3.0	0.9	2.5	16.1	70.2	7.7	2.6	1.4	2.0
9.8	74.3	7.5	4.7	1.1	2.6	15.5	69.1	7.8	3.5	2.0	2.0
13.2	69.1	9.3	4.6	1.3	2.6	18.0	64.9	10.0	3.4	1.7	2.0
17.8	62.3	9.2	5.9	1.8	3.0	25.9	60.9	6.6	2.9	1.5	2.3
12.0	74.5	5.7	3.2	1.3	3.4	17.0	69.1	6.5	2.4	2.2	2.8
9.8	74.8	5.2	2.7	2.3	5.2	15.1	69.5	6.4	1.7	3.8	3.4
11.5	73.1	7.3	3.6	1.2	3.4	17.5	69.6	6.4	2.6	1.3	2.6
10.3	76.3	6.4	3.2	1.0	2.8	16.0	72.3	6.0	2.2	1.5	2.1
14.2	70.6	6.6	4.1	0.9	3.5	19.0	66.8	7.1	2.6	1.8	2.7
12.4	73.6	6.4	3.0	1.7	2.9	16.8	70.2	6.0	1.6	3.1	2.3
17.9	67.9	5.1	0.6	1.9	6.4	22.2	61.8	6.3	1.4	2.8	5.6
11.0	75.1	6.5	3.2	1.2	3.0	17.3	69.7	6.4	2.5	2.1	2.0
9.0	78.6	4.6	2.3	1.6	3.9	14.7	72.2	6.3	1.5	3.3	2.0
11.4	74.1	5.9	2.1	1.7	4.8	16.9	69.6	6.3	2.4	1.9	2.9
7.9	76.8	6.8	2.7	1.9	3.9	15.0	71.4	5.2	2.0	2.6	3.8
8.9	80.5	3.8	0.9	0.9	5.0	12.8	76.2	4.8	1.2	1.5	3.4

10–2 续表 6

项　目	在认为下列政策效果不明显或未享受下列政策的企业家中，					
	10.促进科技成果转化相关政策					
	不知道此政策	不具备享受该政策的资格	吸引力不足	办理手续繁琐	政府部门政策执行力度不够	其他原因
总　计	**13.9**	**74.2**	**6.0**	**2.5**	**0.7**	**2.8**
#国有及国有控股	10.8	74.5	6.6	2.0	0.9	5.2
一、按规模分						
大型企业	13.2	69.3	8.8	3.0	1.3	4.5
中型企业	12.7	75.6	5.6	2.3	0.7	3.1
小型企业	14.5	73.6	6.2	2.6	0.7	2.5
微型企业	12.3	78.1	4.3	1.7	0.4	3.1
二、按登记注册类型分						
内资企业	13.8	74.2	6.0	2.5	0.7	2.7
国有企业	10.5	74.9	5.9	2.2	1.0	5.5
集体企业	10.0	79.7	5.1	2.0	0.6	2.8
股份合作企业	12.7	75.4	7.0	1.9	0.5	2.4
联营企业	7.7	82.1	7.7			2.6
有限责任公司	13.0	74.4	6.0	2.2	0.8	3.6
#国有独资公司	10.5	75.1	6.6	1.6	0.9	5.1
股份有限公司	14.6	68.4	8.6	3.7	1.3	3.5
私营企业	14.2	74.4	5.9	2.5	0.7	2.3
其他企业	36.4	63.6				
港、澳、台商投资企业	14.8	72.5	6.1	2.9	0.9	2.8
合资经营企业	14.8	71.4	6.8	3.3	0.9	2.8
合作经营企业	13.5	76.6	5.0	1.4	0.7	2.8
港、澳、台商独资经营企业	14.8	73.2	5.7	2.8	0.8	2.7
港、澳、台商投资股份有限公司	16.6	63.9	10.7	3.4	2.4	2.9
其他港、澳、台投资企业	20.2	61.7	9.6	2.1		6.4
外商投资企业	14.3	74.2	5.6	2.0	0.5	3.3
中外合资经营企业	14.6	72.1	7.3	2.2	0.6	3.2
中外合作经营企业	8.9	79.7	8.9	1.3	1.3	0.6
外资企业	14.2	75.2	4.8	2.0	0.4	3.4
外商投资股份有限公司	16.2	67.0	7.9	3.1	2.6	3.1
其他外商投资企业	16.9	74.6	5.0	1.0		2.5
三、按行业分						
采矿业	10.0	76.9	7.5	2.2	0.8	2.5
制造业	15.7	70.1	7.9	3.4	0.9	2.0
电力、热力、燃气及水生产和供应业	9.7	78.4	5.1	1.3	0.4	5.0
建筑业	14.0	73.9	5.7	2.3	0.9	3.2
批发和零售业	10.4	82.1	3.1	1.1	0.3	3.1
交通运输、仓储和邮政业	9.5	81.6	2.9	0.9	0.4	4.8
信息传输、软件和信息技术服务业	20.5	63.4	7.5	3.9	1.0	3.7

对主要原因作出不同判断的企业家占比(%)					
11.关于推进大众创业万众创新的各项政策					
不知道此政策	不具备享受该政策的资格	吸引力不足	办理手续繁琐	政府部门政策执行力度不够	其他原因
19.6	**65.7**	**9.1**	**2.1**	**1.0**	**2.4**
14.5	70.1	8.7	1.2	1.0	4.6
17.4	65.5	10.3	1.5	1.2	4.0
18.3	67.4	8.6	1.8	1.0	2.8
20.3	65.0	9.2	2.3	1.0	2.2
18.1	67.8	8.5	2.1	0.9	2.7
19.6	65.6	9.2	2.2	1.0	2.4
14.1	69.9	8.4	1.7	1.4	4.5
11.3	73.9	8.7	2.3	1.0	2.9
17.0	71.1	7.0	1.5	1.5	1.8
19.5	75.6	2.4			2.4
18.5	66.3	9.2	1.8	1.0	3.2
13.2	71.1	9.2	1.0	1.0	4.5
19.7	62.7	10.8	2.1	1.4	3.3
20.2	65.3	9.1	2.3	1.0	2.0
33.3	50.0	16.7			
20.0	66.1	8.4	1.9	1.0	2.5
19.7	66.2	8.4	1.8	1.3	2.6
18.8	68.8	8.4	1.3		2.6
20.0	66.4	8.3	1.9	0.9	2.5
22.4	60.4	11.4	3.1	0.8	2.0
25.5	58.8	9.8	1.0		4.9
19.5	68.2	7.4	1.5	0.6	3.0
19.9	66.1	8.9	1.4	0.9	2.9
15.7	75.6	7.6	0.6		0.6
19.3	69.3	6.5	1.5	0.4	3.0
15.2	68.2	11.1	1.8	0.9	2.8
25.1	59.9	10.1	1.0	1.0	2.9
11.9	71.2	11.0	2.0	1.3	2.7
20.9	63.3	10.2	2.6	1.1	1.9
12.1	74.7	7.1	0.8	0.8	4.5
18.1	65.7	9.7	2.3	1.5	2.8
16.6	71.4	7.0	1.6	0.8	2.6
14.5	72.4	6.7	1.2	1.0	4.2
27.9	55.9	9.9	1.9	1.1	3.2

10–2 续表 7

项　目	在认为下列政策效果不明显或未享受下列政策的企业家中，					
	10.促进科技成果转化相关政策					
	不知道此政策	不具备享受该政策的资格	吸引力不足	办理手续繁琐	政府部门政策执行力度不够	其他原因
租赁和商务服务业	11.2	80.2	2.7	0.8	0.3	4.7
科学研究和技术服务业	17.2	68.2	6.7	3.0	1.1	3.8
水利、环境和公共设施管理业	11.1	79.3	3.2	1.3	0.7	4.4
四、按地区分						
东部地区	14.7	73.6	5.9	2.5	0.7	2.7
中部地区	12.5	74.3	7.3	2.7	0.7	2.5
西部地区	12.5	76.2	5.1	2.3	0.9	3.1
东北地区	13.0	74.2	6.1	1.9	0.5	4.4
北　京	14.9	72.3	5.2	2.5	0.8	4.3
天　津	14.4	74.0	5.2	1.6	0.4	4.5
河　北	15.4	72.8	6.2	1.8	0.5	3.3
山　西	11.7	76.6	5.7	1.8	0.9	3.3
内蒙古	11.6	77.2	4.7	1.6	0.6	4.5
辽　宁	13.3	73.8	6.0	2.0	0.5	4.5
吉　林	13.8	74.6	5.2	1.3	0.3	4.8
黑龙江	11.5	74.9	7.0	2.2	0.5	3.8
上　海	13.8	73.9	5.0	3.0	0.8	3.5
江　苏	11.5	76.7	6.5	2.4	0.5	2.4
浙　江	10.6	80.3	5.2	1.6	0.5	1.8
安　徽	10.1	78.4	6.5	2.0	0.6	2.5
福　建	12.6	76.1	5.7	2.7	0.6	2.3
江　西	15.9	69.6	8.1	3.2	0.8	2.5
山　东	11.3	78.5	5.5	1.3	0.4	2.9
河　南	12.6	75.2	7.0	2.2	0.6	2.3
湖　北	11.5	74.8	7.1	3.3	0.9	2.5
湖　南	14.1	70.7	8.7	3.5	0.8	2.2
广　东	21.8	64.5	6.5	3.6	1.0	2.6
广　西	13.5	74.8	5.0	2.4	0.8	3.5
海　南	11.8	74.9	5.4	1.8	1.0	5.2
重　庆	13.1	75.0	5.4	2.8	0.9	3.0
四　川	11.2	78.4	4.8	2.4	0.7	2.5
贵　州	15.1	71.4	6.4	2.4	1.0	3.7
云　南	13.6	75.2	5.0	2.1	1.3	2.8
西　藏	16.7	70.4	3.7	1.9	1.9	5.6
陕　西	13.0	76.2	5.1	2.2	1.0	2.5
甘　肃	11.8	76.7	5.5	2.1	1.3	2.6
青　海	11.0	77.1	4.1	1.8	2.3	3.7
宁　夏	11.7	74.8	5.8	2.4	1.4	4.0
新　疆	9.4	80.2	4.2	0.9	0.7	4.5

对主要原因作出不同判断的企业家占比(%)					
11.关于推进大众创业万众创新的各项政策					
不知道此政策	不具备享受该政策的资格	吸引力不足	办理手续繁琐	政府部门政策执行力度不够	其他原因
17.9	70.1	6.4	1.2	0.9	3.6
24.5	59.8	9.7	1.7	1.0	3.3
15.6	71.5	6.8	1.1	1.5	3.5
20.5	65.7	8.5	2.0	0.9	2.4
17.8	64.7	11.4	2.8	1.2	2.2
18.0	66.8	9.0	2.2	1.4	2.6
18.4	66.9	8.8	1.3	0.7	4.1
22.4	63.8	8.2	1.4	0.8	3.5
20.3	65.6	8.4	1.3	0.7	3.7
20.6	64.5	9.5	1.8	0.8	2.9
15.9	67.8	10.6	1.6	1.2	2.9
17.0	68.5	7.8	1.4	1.2	4.1
19.2	66.0	8.9	1.2	0.7	4.1
18.6	67.5	7.7	1.4	0.4	4.5
16.0	68.5	9.4	1.3	1.1	3.8
22.5	64.7	7.3	1.7	0.8	2.9
17.1	69.0	9.1	1.9	0.7	2.2
14.8	73.7	7.8	1.4	0.7	1.7
15.9	68.9	10.3	1.9	1.1	1.9
17.2	70.0	7.8	2.2	0.9	1.8
20.4	60.9	12.1	3.4	1.2	2.0
16.6	70.3	8.6	1.5	0.5	2.5
16.9	65.5	11.7	2.6	1.1	2.1
16.9	64.7	11.7	3.2	1.3	2.2
20.7	60.5	11.8	3.5	1.3	2.2
28.3	56.1	8.9	2.9	1.3	2.4
21.0	64.1	8.7	2.0	1.4	2.8
16.0	67.7	8.3	2.2	2.0	3.7
17.9	66.7	9.0	2.9	1.0	2.5
17.1	69.0	8.5	2.3	0.9	2.2
19.9	63.6	9.8	2.6	1.1	2.9
19.1	65.6	8.7	1.7	2.3	2.6
19.0	64.4	6.1	1.8	3.1	5.5
19.0	64.2	10.5	2.1	1.8	2.4
16.2	68.5	9.3	1.8	2.2	2.0
16.9	67.4	10.3	1.6	1.3	2.5
15.7	68.7	8.7	2.0	1.7	3.2
14.2	72.3	7.1	1.3	1.3	3.8

十一、规模以下企业创新及相关情况（2019 年）

11-1 规模以下企业创新

项　目	调查企业数(个)	#开展创新活动企业	#实现创新企业	#实现产品或工艺创新企业	#实现产品创新企业	#实现工艺创新企业	#实现组织或营销创新企业
总　计	**66828**	**11762**	**11239**	**5548**	**3638**	**2938**	**6928**
一、按行业分							
采矿业	828	95	91	43	13	37	54
制造业	26329	4636	4455	2370	1315	1498	2538
电力、热力、燃气及水生产和供应业	2420	290	276	134	47	96	165
交通运输、仓储和邮政业	11329	1463	1399	426	336	153	1105
信息传输、软件和信息技术服务业	7156	1983	1883	1069	887	386	1103
租赁和商务服务业	7888	1008	958	320	263	105	713
科学研究和技术服务业	5645	1370	1300	764	531	417	699
水利、环境和公共设施管理业	5233	917	877	422	246	246	551
二、按地区分							
东部地区	31397	5800	5560	2890	1890	1574	3301
中部地区	13128	2649	2546	1083	694	557	1657
西部地区	18138	2908	2746	1371	912	695	1734
东北地区	4165	405	387	204	142	112	236
北　京	2311	384	362	241	173	120	190
天　津	2158	324	306	209	136	115	131
河　北	2385	369	360	107	68	58	272
山　西	1680	272	256	124	75	63	145
内蒙古	1810	307	291	129	94	56	189
辽　宁	1781	138	130	91	66	52	57
吉　林	1024	122	118	45	28	22	81
黑龙江	1360	145	139	68	48	38	98
上　海	2012	287	274	177	127	95	144
江　苏	3570	758	738	353	216	208	460
浙　江	5433	1065	1013	601	400	292	493
安　徽	2431	302	290	132	79	79	193
福　建	2529	515	496	190	122	105	350
江　西	1420	219	202	105	67	51	112
山　东	3775	692	669	242	152	129	485
河　南	3134	877	854	276	158	149	627
湖　北	2117	444	428	220	157	101	255
湖　南	2346	535	516	226	158	114	325
广　东	6414	1262	1207	691	435	419	703
广　西	1567	244	226	109	74	51	149
海　南	810	144	135	79	61	33	73
重　庆	2072	281	265	130	92	77	162
四　川	2065	435	414	217	130	119	248
贵　州	1898	280	272	121	79	62	174
云　南	1816	309	290	164	112	76	180
西　藏	1243	92	80	44	32	20	46
陕　西	1422	304	297	144	102	70	196
甘　肃	1285	189	178	77	48	40	126
青　海	948	121	103	49	27	26	69
宁　夏	1177	215	201	120	83	58	119
新　疆	835	131	129	67	39	40	76

活动基本情况

		在调查企业中占比(%)							
#实现组织创新企业	#实现营销创新企业	#开展创新活动企业	#实现创新企业	#实现产品或工艺创新企业	#实现产品创新企业	#实现工艺创新企业	#实现组织或营销创新企业	#实现组织创新企业	#实现营销创新企业
4016	**3818**	**17.6**	**16.8**	**8.3**	**5.4**	**4.4**	**10.4**	**6.0**	**5.7**
25	33	11.5	11.0	5.2	1.6	4.5	6.5	3.0	4.0
1146	1672	17.6	16.9	9.0	5.0	5.7	9.6	4.4	6.4
136	40	12.0	11.4	5.5	1.9	4.0	6.8	5.6	1.7
750	504	12.9	12.3	3.8	3.0	1.4	9.8	6.6	4.4
663	653	27.7	26.3	14.9	12.4	5.4	15.4	9.3	9.1
454	333	12.8	12.1	4.1	3.3	1.3	9.0	5.8	4.2
448	357	24.3	23.0	13.5	9.4	7.4	12.4	7.9	6.3
394	226	17.5	16.8	8.1	4.7	4.7	10.5	7.5	4.3
1892	1837	18.5	17.7	9.2	6.0	5.0	10.5	6.0	5.9
954	893	20.2	19.4	8.3	5.3	4.2	12.6	7.3	6.8
1037	955	16.0	15.1	7.6	5.0	3.8	9.6	5.7	5.3
133	133	9.7	9.3	4.9	3.4	2.7	5.7	3.2	3.2
117	109	16.6	15.7	10.4	7.5	5.2	8.2	5.1	4.7
83	67	15.0	14.2	9.7	6.3	5.3	6.1	3.8	3.1
162	127	15.5	15.1	4.5	2.9	2.4	11.4	6.8	5.3
96	66	16.2	15.2	7.4	4.5	3.8	8.6	5.7	3.9
116	104	17.0	16.1	7.1	5.2	3.1	10.4	6.4	5.7
35	29	7.7	7.3	5.1	3.7	2.9	3.2	2.0	1.6
52	39	11.9	11.5	4.4	2.7	2.1	7.9	5.1	3.8
46	65	10.7	10.2	5.0	3.5	2.8	7.2	3.4	4.8
96	78	14.3	13.6	8.8	6.3	4.7	7.2	4.8	3.9
227	285	21.2	20.7	9.9	6.1	5.8	12.9	6.4	8.0
275	274	19.6	18.6	11.1	7.4	5.4	9.1	5.1	5.0
120	111	12.4	11.9	5.4	3.3	3.3	7.9	4.9	4.6
219	163	20.4	19.6	7.5	4.8	4.2	13.8	8.7	6.4
61	61	15.4	14.2	7.4	4.7	3.6	7.9	4.3	4.3
279	266	18.3	17.7	6.4	4.0	3.4	12.8	7.4	7.0
345	325	28.0	27.3	8.8	5.0	4.8	20.0	11.0	10.4
135	159	21.0	20.2	10.4	7.4	4.8	12.0	6.4	7.5
197	171	22.8	22.0	9.6	6.7	4.9	13.9	8.4	7.3
392	430	19.7	18.8	10.8	6.8	6.5	11.0	6.1	6.7
92	83	15.6	14.4	7.0	4.7	3.3	9.5	5.9	5.3
42	38	17.8	16.7	9.8	7.5	4.1	9.0	5.2	4.7
89	90	13.6	12.8	6.3	4.4	3.7	7.8	4.3	4.3
156	129	21.1	20.0	10.5	6.3	5.8	12.0	7.6	6.2
100	102	14.8	14.3	6.4	4.2	3.3	9.2	5.3	5.4
92	113	17.0	16.0	9.0	6.2	4.2	9.9	5.1	6.2
27	31	7.4	6.4	3.5	2.6	1.6	3.7	2.2	2.5
123	99	21.4	20.9	10.1	7.2	4.9	13.8	8.7	7.0
78	70	14.7	13.9	6.0	3.7	3.1	9.8	6.1	5.4
43	33	12.8	10.9	5.2	2.8	2.7	7.3	4.5	3.5
76	61	18.3	17.1	10.2	7.1	4.9	10.1	6.5	5.2
45	40	15.7	15.4	8.0	4.7	4.8	9.1	5.4	4.8

11–2 规模以下工业企业创新

项 目	调查企业数(个)	#开展创新活动企业	#实现创新企业	#实现产品或工艺创新企业	#实现产品创新企业	#实现工艺创新企业	#实现组织或营销创新企业
总 计	**29577**	**5021**	**4822**	**2547**	**1375**	**1631**	**2757**
一、按行业分							
采矿业	**828**	**95**	**91**	**43**	**13**	**37**	**54**
煤炭开采和洗选业	89	14	14	7	1	7	8
石油和天然气开采业	20						
黑色金属矿采选业	82	15	15	9	2	7	7
有色金属矿采选业	104	7	6	1		1	5
非金属矿采选业	321	31	29	9	5	8	22
开采专业及辅助性活动	136	19	18	12	4	10	7
其他采矿业	76	9	9	5	1	4	5
制造业	**26329**	**4636**	**4455**	**2370**	**1315**	**1498**	**2538**
农副食品加工业	1155	204	199	86	50	48	129
食品制造业	852	167	158	79	53	37	96
酒、饮料和精制茶制造业	918	156	150	76	43	51	100
烟草制品业	27	2	2	1	1	1	2
纺织业	1010	163	159	80	47	44	96
纺织服装、服饰业	1405	185	179	76	42	42	119
皮革、毛皮、羽毛及其制品和制鞋业	806	146	141	70	40	36	82
木材加工和木、竹、藤、棕、草制品业	1670	210	203	81	37	53	136
家具制造业	984	162	151	67	37	40	93
造纸和纸制品业	784	101	98	49	25	35	58
印刷和记录媒介复制业	908	111	108	42	16	33	74
文教、工美、体育和娱乐用品制造业	1161	196	189	85	48	45	115
石油、煤炭及其他燃料加工业	206	34	34	22	10	14	18
化学原料和化学制品制造业	606	124	115	68	43	46	64
医药制造业	350	116	111	83	43	59	49
化学纤维制造业	227	42	42	19	14	8	25
橡胶和塑料制品业	1262	212	201	100	51	67	123
非金属矿物制品业	1599	234	225	125	59	89	124
黑色金属冶炼和压延加工业	291	46	46	15	7	10	34
有色金属冶炼和压延加工业	245	39	36	19	9	14	18
金属制品业	1972	352	340	163	87	101	206
通用设备制造业	1778	365	356	193	104	130	194
专用设备制造业	1319	324	312	209	117	136	135
汽车制造业	658	112	109	71	36	48	49
铁路、船舶、航空航天和其他运输设备制造业	463	68	66	42	25	24	28
电气机械和器材制造业	1051	211	198	121	78	73	106
计算机、通信和其他电子设备制造业	784	217	208	132	79	86	109
仪器仪表制造业	532	144	137	98	69	58	59
其他制造业	650	111	105	57	29	39	56
废弃资源综合利用业	230	38	37	21	9	16	18
金属制品、机械和设备修理业	426	44	40	20	7	15	23

活动基本情况

		在调查企业中占比(%)							
#实现组织创新企业	#实现营销创新企业	#开展创新活动企业	#实现创新企业	#实现产品或工艺创新企业	#实现产品创新企业	#实现工艺创新企业	#实现组织或营销创新企业	#实现组织创新企业	#实现营销创新企业
1307	**1745**	**17.0**	**16.3**	**8.6**	**4.6**	**5.5**	**9.3**	**4.4**	**5.9**
25	**33**	**11.5**	**11.0**	**5.2**	**1.6**	**4.5**	**6.5**	**3.0**	**4.0**
5	3	15.7	15.7	7.9	1.1	7.9	9.0	5.6	3.4
3	4	18.3	18.3	11.0	2.4	8.5	8.5	3.7	4.9
2	3	6.7	5.8	1.0		1.0	4.8	1.9	2.9
9	16	9.7	9.0	2.8	1.6	2.5	6.9	2.8	5.0
4	4	14.0	13.2	8.8	2.9	7.4	5.1	2.9	2.9
2	3	11.8	11.8	6.6	1.3	5.3	6.6	2.6	3.9
1146	**1672**	**17.6**	**16.9**	**9.0**	**5.0**	**5.7**	**9.6**	**4.4**	**6.4**
46	99	17.7	17.2	7.4	4.3	4.2	11.2	4.0	8.6
24	82	19.6	18.5	9.3	6.2	4.3	11.3	2.8	9.6
32	81	17.0	16.3	8.3	4.7	5.6	10.9	3.5	8.8
1	2	7.4	7.4	3.7	3.7	3.7	7.4	3.7	7.4
40	64	16.1	15.7	7.9	4.7	4.4	9.5	4.0	6.3
49	85	13.2	12.7	5.4	3.0	3.0	8.5	3.5	6.1
43	49	18.1	17.5	8.7	5.0	4.5	10.2	5.3	6.1
68	85	12.6	12.2	4.9	2.2	3.2	8.1	4.1	5.1
28	75	16.5	15.3	6.8	3.8	4.1	9.5	2.8	7.6
18	44	12.9	12.5	6.3	3.2	4.5	7.4	2.3	5.6
29	53	12.2	11.9	4.6	1.8	3.6	8.2	3.2	5.8
70	52	16.9	16.3	7.3	4.1	3.9	9.9	6.0	4.5
13	8	16.5	16.5	10.7	4.9	6.8	8.7	6.3	3.9
30	43	20.5	19.0	11.2	7.1	7.6	10.6	5.0	7.1
22	36	33.1	31.7	23.7	12.3	16.9	14.0	6.3	10.3
6	19	18.5	18.5	8.4	6.2	3.5	11.0	2.6	8.4
67	69	16.8	15.9	7.9	4.0	5.3	9.7	5.3	5.5
55	78	14.6	14.1	7.8	3.7	5.6	7.8	3.4	4.9
11	27	15.8	15.8	5.2	2.4	3.4	11.7	3.8	9.3
10	8	15.9	14.7	7.8	3.7	5.7	7.3	4.1	3.3
97	131	17.9	17.2	8.3	4.4	5.1	10.4	4.9	6.6
79	131	20.5	20.0	10.9	5.8	7.3	10.9	4.4	7.4
69	84	24.6	23.7	15.8	8.9	10.3	10.2	5.2	6.4
30	30	17.0	16.6	10.8	5.5	7.3	7.4	4.6	4.6
16	13	14.7	14.3	9.1	5.4	5.2	6.0	3.5	2.8
49	71	20.1	18.8	11.5	7.4	6.9	10.1	4.7	6.8
54	75	27.7	26.5	16.8	10.1	11.0	13.9	6.9	9.6
29	32	27.1	25.8	18.4	13.0	10.9	11.1	5.5	6.0
33	28	17.1	16.2	8.8	4.5	6.0	8.6	5.1	4.3
12	10	16.5	16.1	9.1	3.9	7.0	7.8	5.2	4.3
16	8	10.3	9.4	4.7	1.6	3.5	5.4	3.8	1.9

11-2 续表

项目	调查企业数(个)	#开展创新活动企业	#实现创新企业	#实现产品或工艺创新企业	#实现产品创新企业	#实现工艺创新企业	#实现组织或营销创新企业
电力、热力、燃气及水生产和供应业	**2420**	**290**	**276**	**134**	**47**	**96**	**165**
电力、热力生产和供应业	1175	127	121	48	13	38	81
燃气生产和供应业	308	40	39	15	7	9	26
水的生产和供应业	937	123	116	71	27	49	58
二、按地区分							
东部地区	16002	2928	2815	1499	836	943	1614
中部地区	4760	989	955	446	215	294	577
西部地区	7310	965	919	514	267	338	501
东北地区	1505	139	133	88	57	56	65
北　京	724	100	93	77	45	47	35
天　津	874	136	125	94	49	63	46
河　北	1198	188	186	53	31	36	141
山　西	506	68	66	43	17	31	27
内蒙古	470	82	79	37	19	20	43
辽　宁	736	61	57	51	35	32	13
吉　林	295	20	20	8	2	6	13
黑龙江	474	58	56	29	20	18	39
上　海	310	29	28	23	11	17	13
江　苏	2088	439	429	195	108	115	269
浙　江	3115	607	573	366	213	204	252
安　徽	1098	125	122	69	27	52	67
福　建	1549	306	301	101	52	65	217
江　西	581	111	98	64	34	38	42
山　东	1840	276	268	107	51	72	183
河　南	1189	378	370	130	60	85	259
湖　北	633	161	157	80	45	51	90
湖　南	753	146	142	60	32	37	92
广　东	4012	791	762	446	252	301	436
广　西	584	71	66	34	15	22	39
海　南	292	56	50	37	24	23	22
重　庆	1115	119	113	65	39	47	56
四　川	664	143	140	85	39	55	68
贵　州	1065	95	92	35	12	25	61
云　南	783	103	96	55	32	36	55
西　藏	749	63	52	31	22	15	28
陕　西	501	86	84	52	32	32	42
甘　肃	500	55	53	27	12	20	35
青　海	291	34	32	16	9	9	21
宁　夏	354	75	73	51	27	35	35
新　疆	234	39	39	26	9	22	18

#实现组织创新企业	#实现营销创新企业	在调查企业中占比(%)							
		#开展创新活动企业	#实现创新企业	#实现产品或工艺创新企业	#实现产品创新企业	#实现工艺创新企业	#实现组织或营销创新企业	#实现组织创新企业	#实现营销创新企业
136	**40**	**12.0**	**11.4**	**5.5**	**1.9**	**4.0**	**6.8**	**5.6**	**1.7**
71	16	10.8	10.3	4.1	1.1	3.2	6.9	6.0	1.4
21	7	13.0	12.7	4.9	2.3	2.9	8.4	6.8	2.3
44	17	13.1	12.4	7.6	2.9	5.2	6.2	4.7	1.8
777	1004	18.3	17.6	9.4	5.2	5.9	10.1	4.9	6.3
259	381	20.8	20.1	9.4	4.5	6.2	12.1	5.4	8.0
241	315	13.2	12.6	7.0	3.7	4.6	6.9	3.3	4.3
30	45	9.2	8.8	5.8	3.8	3.7	4.3	2.0	3.0
21	17	13.8	12.8	10.6	6.2	6.5	4.8	2.9	2.3
31	20	15.6	14.3	10.8	5.6	7.2	5.3	3.5	2.3
74	73	15.7	15.5	4.4	2.6	3.0	11.8	6.2	6.1
14	15	13.4	13.0	8.5	3.4	6.1	5.3	2.8	3.0
20	27	17.4	16.8	7.9	4.0	4.3	9.1	4.3	5.7
5	9	8.3	7.7	6.9	4.8	4.3	1.8	0.7	1.2
5	8	6.8	6.8	2.7	0.7	2.0	4.4	1.7	2.7
20	28	12.2	11.8	6.1	4.2	3.8	8.2	4.2	5.9
8	9	9.4	9.0	7.4	3.5	5.5	4.2	2.6	2.9
108	183	21.0	20.5	9.3	5.2	5.5	12.9	5.2	8.8
113	162	19.5	18.4	11.8	6.8	6.5	8.1	3.6	5.2
32	51	11.4	11.1	6.3	2.5	4.7	6.1	2.9	4.6
121	115	19.8	19.4	6.5	3.4	4.2	14.0	7.8	7.4
19	29	19.1	16.9	11.0	5.9	6.5	7.2	3.3	5.0
78	122	15.0	14.6	5.8	2.8	3.9	9.9	4.2	6.6
102	171	31.8	31.1	10.9	5.0	7.1	21.8	8.6	14.4
39	66	25.4	24.8	12.6	7.1	8.1	14.2	6.2	10.4
53	49	19.4	18.9	8.0	4.3	4.9	12.2	7.0	6.5
212	289	19.7	19.0	11.1	6.3	7.5	10.9	5.3	7.2
17	26	12.2	11.3	5.8	2.6	3.8	6.7	2.9	4.5
11	14	19.2	17.1	12.7	8.2	7.9	7.5	3.8	4.8
20	38	10.7	10.1	5.8	3.5	4.2	5.0	1.8	3.4
41	36	21.5	21.1	12.8	5.9	8.3	10.2	6.2	5.4
27	41	8.9	8.6	3.3	1.1	2.3	5.7	2.5	3.9
27	34	13.2	12.3	7.0	4.1	4.6	7.0	3.4	4.3
17	20	8.4	6.9	4.1	2.9	2.0	3.7	2.3	2.7
22	24	17.2	16.8	10.4	6.4	6.4	8.4	4.4	4.8
17	20	11.0	10.6	5.4	2.4	4.0	7.0	3.4	4.0
12	12	11.7	11.0	5.5	3.1	3.1	7.2	4.1	4.1
16	23	21.2	20.6	14.4	7.6	9.9	9.9	4.5	6.5
5	14	16.7	16.7	11.1	3.8	9.4	7.7	2.1	6.0

11—3 规模以下服务业企业创新

项 目	调 查 企业数 (个)	#开展创新活动企业	#实现创新企业	#实现产品或工艺创新企业	#实现产品创新企业	#实现工艺创新企业	#实现组织或营销创新企业
总 计	**37251**	**6741**	**6417**	**3001**	**2263**	**1307**	**4171**
一、按行业分							
交通运输、仓储和邮政业	11329	1463	1399	426	336	153	1105
铁路运输业	6						
道路运输业	3138	331	312	88	75	25	247
水上运输业	1253	135	128	36	28	14	104
航空运输业	522	94	90	39	35	7	67
管道运输业	45	6	6	3	2	1	5
多式联运和运输代理业	2029	227	217	70	60	23	174
装卸搬运和仓储业	1969	258	249	57	39	28	205
邮政业	2367	412	397	133	97	55	303
信息传输、软件和信息技术服务业	7156	1983	1883	1069	887	386	1103
电信、广播电视和卫星传输服务	1776	333	316	128	110	41	219
互联网和相关服务	1881	491	471	227	195	75	316
软件和信息技术服务业	3499	1159	1096	714	582	270	568
租赁和商务服务业	7888	1008	958	320	263	105	713
租赁业	1896	190	180	45	36	13	143
商务服务业	5992	818	778	275	227	92	570
科学研究和技术服务业	5645	1370	1300	764	531	417	699
研究和试验发展	1479	526	504	355	248	190	213
专业技术服务业	2573	424	401	185	125	100	268
科技推广和应用服务业	1593	420	395	224	158	127	218
水利、环境和公共设施管理业	5233	917	877	422	246	246	551
水利管理业	942	139	129	60	40	33	80
生态保护和环境治理业	1446	349	331	206	106	140	163
公共设施管理业	2133	339	329	130	83	63	240
土地管理业	712	90	88	26	17	10	68
二、按地区分							
东部地区	15395	2872	2745	1391	1054	631	1687
中部地区	8368	1660	1591	637	479	263	1080
西部地区	10828	1943	1827	857	645	357	1233
东北地区	2660	266	254	116	85	56	171

活动基本情况

		在调查企业中占比(%)							
#实现组织创新企业	#实现营销创新企业	#开展创新活动企业	#实现创新企业	#实现产品或工艺创新企业	#实现产品创新企业	#实现工艺创新企业	#实现组织或营销创新企业	#实现组织创新企业	#实现营销创新企业
2709	**2073**	**18.1**	**17.2**	**8.1**	**6.1**	**3.5**	**11.2**	**7.3**	**5.6**
750	504	12.9	12.3	3.8	3.0	1.4	9.8	6.6	4.4
187	92	10.5	9.9	2.8	2.4	0.8	7.9	6.0	2.9
64	44	10.8	10.2	2.9	2.2	1.1	8.3	5.1	3.5
43	35	18.0	17.2	7.5	6.7	1.3	12.8	8.2	6.7
3	2	13.3	13.3	6.7	4.4	2.2	11.1	6.7	4.4
112	83	11.2	10.7	3.5	3.0	1.1	8.6	5.5	4.1
126	101	13.1	12.6	2.9	2.0	1.4	10.4	6.4	5.1
215	147	17.4	16.8	5.6	4.1	2.3	12.8	9.1	6.2
663	653	27.7	26.3	14.9	12.4	5.4	15.4	9.3	9.1
117	143	18.8	17.8	7.2	6.2	2.3	12.3	6.6	8.1
180	202	26.1	25.0	12.1	10.4	4.0	16.8	9.6	10.7
366	308	33.1	31.3	20.4	16.6	7.7	16.2	10.5	8.8
454	333	12.8	12.1	4.1	3.3	1.3	9.0	5.8	4.2
90	65	10.0	9.5	2.4	1.9	0.7	7.5	4.7	3.4
364	268	13.7	13.0	4.6	3.8	1.5	9.5	6.1	4.5
448	357	24.3	23.0	13.5	9.4	7.4	12.4	7.9	6.3
119	127	35.6	34.1	24.0	16.8	12.8	14.4	8.0	8.6
199	102	16.5	15.6	7.2	4.9	3.9	10.4	7.7	4.0
130	128	26.4	24.8	14.1	9.9	8.0	13.7	8.2	8.0
394	226	17.5	16.8	8.1	4.7	4.7	10.5	7.5	4.3
61	27	14.8	13.7	6.4	4.2	3.5	8.5	6.5	2.9
120	65	24.1	22.9	14.2	7.3	9.7	11.3	8.3	4.5
162	112	15.9	15.4	6.1	3.9	3.0	11.3	7.6	5.3
51	22	12.6	12.4	3.7	2.4	1.4	9.6	7.2	3.1
1115	833	18.7	17.8	9.0	6.8	4.1	11.0	7.2	5.4
695	512	19.8	19.0	7.6	5.7	3.1	12.9	8.3	6.1
796	640	17.9	16.9	7.9	6.0	3.3	11.4	7.4	5.9
103	88	10.0	9.5	4.4	3.2	2.1	6.4	3.9	3.3

11-3 续表

项目	调查企业数(个)	#开展创新活动企业	#实现创新企业	#实现产品或工艺创新企业	#实现产品创新企业	#实现工艺创新企业	#实现组织或营销创新企业
北京	1587	284	269	164	128	73	155
天津	1284	188	181	115	87	52	85
河北	1187	181	174	54	37	22	131
山西	1174	204	190	81	58	32	118
内蒙古	1340	225	212	92	75	36	146
辽宁	1045	77	73	40	31	20	44
吉林	729	102	98	37	26	16	68
黑龙江	886	87	83	39	28	20	59
上海	1702	258	246	154	116	78	131
江苏	1482	319	309	158	108	93	191
浙江	2318	458	440	235	187	88	241
安徽	1333	177	168	63	52	27	126
福建	980	209	195	89	70	40	133
江西	839	108	104	41	33	13	70
山东	1935	416	401	135	101	57	302
河南	1945	499	484	146	98	64	368
湖北	1484	283	271	140	112	50	165
湖南	1593	389	374	166	126	77	233
广东	2402	471	445	245	183	118	267
广西	983	173	160	75	59	29	110
海南	518	88	85	42	37	10	51
重庆	957	162	152	65	53	30	106
四川	1401	292	274	132	91	64	180
贵州	833	185	180	86	67	37	113
云南	1033	206	194	109	80	40	125
西藏	494	29	28	13	10	5	18
陕西	921	218	213	92	70	38	154
甘肃	785	134	125	50	36	20	91
青海	657	87	71	33	18	17	48
宁夏	823	140	128	69	56	23	84
新疆	601	92	90	41	30	18	58

		在调查企业中占比(%)							
#实现组织创新企业	#实现营销创新企业	#开展创新活动企业	#实现创新企业	#实现产品或工艺创新企业	#实现产品创新企业	#实现工艺创新企业	#实现组织或营销创新企业	#实现组织创新企业	#实现营销创新企业
96	92	17.9	17.0	10.3	8.1	4.6	9.8	6.0	5.8
52	47	14.6	14.1	9.0	6.8	4.1	6.6	4.1	3.7
88	54	15.2	14.7	4.5	3.1	1.9	11.0	7.4	4.5
82	51	17.4	16.2	6.9	4.9	2.7	10.1	7.0	4.3
96	77	16.8	15.8	6.9	5.6	2.7	10.9	7.2	5.7
30	20	7.4	7.0	3.8	3.0	1.9	4.2	2.9	1.9
47	31	14.0	13.4	5.1	3.6	2.2	9.3	6.4	4.3
26	37	9.8	9.4	4.4	3.2	2.3	6.7	2.9	4.2
88	69	15.2	14.5	9.0	6.8	4.6	7.7	5.2	4.1
119	102	21.5	20.9	10.7	7.3	6.3	12.9	8.0	6.9
162	112	19.8	19.0	10.1	8.1	3.8	10.4	7.0	4.8
88	60	13.3	12.6	4.7	3.9	2.0	9.5	6.6	4.5
98	48	21.3	19.9	9.1	7.1	4.1	13.6	10.0	4.9
42	32	12.9	12.4	4.9	3.9	1.5	8.3	5.0	3.8
201	144	21.5	20.7	7.0	5.2	2.9	15.6	10.4	7.4
243	154	25.7	24.9	7.5	5.0	3.3	18.9	12.5	7.9
96	93	19.1	18.3	9.4	7.5	3.4	11.1	6.5	6.3
144	122	24.4	23.5	10.4	7.9	4.8	14.6	9.0	7.7
180	141	19.6	18.5	10.2	7.6	4.9	11.1	7.5	5.9
75	57	17.6	16.3	7.6	6.0	3.0	11.2	7.6	5.8
31	24	17.0	16.4	8.1	7.1	1.9	9.8	6.0	4.6
69	52	16.9	15.9	6.8	5.5	3.1	11.1	7.2	5.4
115	93	20.8	19.6	9.4	6.5	4.6	12.8	8.2	6.6
73	61	22.2	21.6	10.3	8.0	4.4	13.6	8.8	7.3
65	79	19.9	18.8	10.6	7.7	3.9	12.1	6.3	7.6
10	11	5.9	5.7	2.6	2.0	1.0	3.6	2.0	2.2
101	75	23.7	23.1	10.0	7.6	4.1	16.7	11.0	8.1
61	50	17.1	15.9	6.4	4.6	2.5	11.6	7.8	6.4
31	21	13.2	10.8	5.0	2.7	2.6	7.3	4.7	3.2
60	38	17.0	15.6	8.4	6.8	2.8	10.2	7.3	4.6
40	26	15.3	15.0	6.8	5.0	3.0	9.7	6.7	4.3

11-4　规模以下企业产品或工艺创新资金来源情况

项　目	调查中实现产品或工艺创新企业数(个)	在实现产品或工艺创新企业中，从以下来源筹集创新资金的企业占比(%)							
		自有资金	众筹	风险投资	银行贷款	政府资金	民间借贷	接受委托资金	其他
总　计	**5548**	**89.1**	**2.5**	**1.5**	**21.0**	**5.8**	**6.4**	**0.9**	**1.5**
一、按行业分									
工业	**2547**	**91.5**	**1.8**	**0.2**	**19.0**	**3.6**	**5.5**	**0.4**	**1.3**
采矿业	43	86.0	4.7		20.9	4.7	11.6		2.3
制造业	2370	92.1	1.7	0.3	19.0	3.0	5.6	0.4	1.2
电力、热力、燃气及水生产和供应业	134	83.6	2.2		17.9	13.4	3.0		2.2
服务业	**3001**	**87.0**	**3.0**	**2.5**	**22.7**	**7.7**	**7.1**	**1.4**	**1.7**
交通运输、仓储和邮政业	426	79.3	4.7	0.9	24.6	4.7	8.2	0.2	2.8
信息传输、软件和信息技术服务业	1069	89.2	2.9	3.5	21.9	7.4	7.8	1.5	1.6
租赁和商务服务业	320	86.3	1.6	1.6	20.6	3.1	6.9	0.9	0.9
科学研究和技术服务业	764	91.8	2.2	2.7	21.9	9.4	6.3	2.0	1.2
水利、环境和公共设施管理业	422	80.8	4.0	2.1	25.8	11.6	6.2	1.4	2.1
二、按地区分									
东部地区	2890	90.6	1.8	1.7	19.4	4.4	5.1	0.8	1.2
中部地区	1083	89.6	3.7	1.3	19.2	5.7	6.2	1.1	1.5
西部地区	1371	85.7	2.8	1.2	25.2	8.8	9.0	0.9	2.0
东北地区	204	87.7	2.0	2.0	25.0	5.9	8.8	1.0	1.0
北　京	241	89.2	1.2	3.7	16.2	4.6	6.6	1.7	1.2
天　津	209	94.3	0.5	1.9	12.0	4.8	5.3	1.0	1.9
河　北	107	88.8	1.9		18.7	6.5	5.6		
山　西	124	89.5	3.2	0.8	10.5	10.5	13.7	0.8	2.4
内蒙古	129	84.5	2.3	1.6	21.7	5.4	7.8	1.6	3.1
辽　宁	91	90.1	1.1		29.7	6.6	6.6	1.1	1.1
吉　林	45	77.8	2.2	2.2	22.2	6.7	6.7		2.2
黑龙江	68	91.2	2.9	4.4	20.6	4.4	13.2	1.5	
上　海	177	89.3	2.8	6.2	20.9	5.7	9.0	0.6	1.1
江　苏	353	94.6	1.7	1.1	20.4	5.9	2.0	0.3	1.1
浙　江	601	90.5	0.8	1.5	21.5	3.3	2.5	0.8	1.0
安　徽	132	93.2	0.8		18.9	4.5	6.8	3.0	1.5
福　建	190	92.1	1.6	0.5	18.4	4.7	4.7	0.5	1.6
江　西	105	83.8	4.8		23.8	4.8	2.9	1.9	1.9
山　东	242	85.5	2.5	0.4	23.1	4.5	3.3	1.7	1.2
河　南	276	92.0	2.2	0.7	15.9	2.5	4.0	1.1	0.7
湖　北	220	89.5	2.7	1.8	15.5	6.4	7.3	0.9	2.3
湖　南	226	87.2	8.0	3.1	29.6	7.5	4.9		0.9
广　东	691	90.2	2.8	1.0	18.8	3.3	7.4	0.6	1.4
广　西	109	77.1	0.9		31.2	6.4	17.4	1.8	3.7
海　南	79	87.3	3.8	2.5	21.5	7.6	8.9	2.5	1.3
重　庆	130	90.8	2.3	0.8	20.8	8.5	5.4	1.5	0.8
四　川	217	90.3	3.7	3.7	24.4	5.5	7.8	0.9	1.4
贵　州	121	83.5	3.3	0.8	24.0	13.2	9.9		1.7
云　南	164	87.2	1.8		26.2	9.1	7.9		1.8
西　藏	44	65.9	4.5		43.2	11.4	6.8		4.5
陕　西	144	90.3	4.2	0.7	24.3	5.6	11.1	1.4	0.7
甘　肃	77	77.9	1.3	1.3	35.1	5.2	10.4		1.3
青　海	49	89.8	4.1		14.3	16.3	8.2		
宁　夏	120	85.0	3.3	0.8	25.8	16.7	7.5	1.7	3.3
新　疆	67	88.1	3.0	1.5	17.9	10.4	9.0	1.5	4.5

11−5　规模以下企业产品或工艺创新技术来源情况

项　目	调查中实现产品或工艺创新企业数（个）	在实现产品或工艺创新企业中，利用以下技术来源的企业占比(%)				
		独立研发	合作开发	购买技术	委托开发	其他
总　计	**5548**	**64.5**	**28.4**	**16.3**	**8.0**	**3.4**
一、按行业分						
工业	**2547**	**69.4**	**20.4**	**15.4**	**4.6**	**2.4**
采矿业	43	44.2	27.9	34.9	2.3	
制造业	2370	71.7	20.3	13.9	4.3	2.2
电力、热力、燃气及水生产和供应业	134	36.6	20.9	34.3	10.4	7.5
服务业	**3001**	**60.3**	**35.1**	**17.1**	**11.0**	**4.3**
交通运输、仓储和邮政业	426	35.7	34.7	22.8	6.6	11.0
信息传输、软件和信息技术服务业	1069	70.3	34.6	15.2	15.9	2.6
租赁和商务服务业	320	43.8	32.2	21.9	7.5	6.3
科学研究和技术服务业	764	71.3	37.3	12.3	9.8	1.4
水利、环境和公共设施管理业	422	52.4	34.8	21.6	7.8	5.2
二、按地区分						
东部地区	2890	70.6	24.7	13.1	8.3	3.0
中部地区	1083	60.9	29.5	19.9	6.1	3.1
西部地区	1371	53.9	34.6	20.7	9.1	4.3
东北地区	204	67.6	31.4	13.7	7.4	4.4
北　京	241	80.9	23.7	7.5	10.0	1.7
天　津	209	74.2	23.9	11.5	9.1	1.9
河　北	107	51.4	18.7	25.2	4.7	5.6
山　西	124	46.0	32.3	32.3	8.1	8.9
内蒙古	129	50.4	38.0	17.8	12.4	4.7
辽　宁	91	75.8	30.8	9.9	8.8	2.2
吉　林	45	44.4	35.6	28.9	6.7	8.9
黑龙江	68	72.1	29.4	8.8	5.9	4.4
上　海	177	71.8	32.8	11.3	9.6	4.0
江　苏	353	68.6	25.8	14.2	8.5	4.0
浙　江	601	76.7	21.6	10.5	7.5	1.7
安　徽	132	70.5	26.5	18.2	5.3	6.1
福　建	190	67.9	22.6	14.2	7.9	4.2
江　西	105	60.0	22.9	15.2	5.7	2.9
山　东	242	57.9	28.5	20.7	7.0	4.1
河　南	276	59.8	27.2	18.8	4.7	1.8
湖　北	220	62.7	30.5	17.7	7.7	1.8
湖　南	226	63.7	35.0	19.5	5.8	1.3
广　东	691	71.1	24.0	12.3	8.5	3.0
广　西	109	48.6	36.7	26.6	11.9	3.7
海　南	79	57.0	39.2	17.7	11.4	3.8
重　庆	130	64.6	28.5	15.4	7.7	4.6
四　川	217	60.8	31.3	22.1	5.5	1.4
贵　州	121	49.6	38.0	23.1	12.4	2.5
云　南	164	56.1	38.4	18.3	6.1	3.7
西　藏	44	43.2	34.1	20.5	6.8	9.1
陕　西	144	56.9	36.1	18.1	13.2	4.9
甘　肃	77	39.0	41.6	19.5	2.6	9.1
青　海	49	53.1	22.4	30.6	6.1	6.1
宁　夏	120	55.8	28.3	19.2	14.2	5.8
新　疆	67	43.3	40.3	26.9	7.5	4.5

11－6 规模以下企业产品或工艺创新合作情况

项目	调查中实现产品或工艺创新企业数（个）	#有产品或工艺创新合作企业数	有产品或工艺创新合作企业占比(%)	在产品或工艺创新合作企业中，与以下伙伴开展合作的企业占比(%)					
				产学研合作			客户或供应商	其他企业	其他
					高校	科研院所			
总　计	**5548**	**1573**	**13.4**	**36.4**	**27.8**	**18.0**	**49.2**	**40.6**	**2.3**
一、按行业分									
工业	**2547**	**520**	**10.4**	**30.0**	**22.1**	**13.8**	**55.0**	**29.4**	**2.1**
采矿业	43	12	12.6	50.0	33.3	33.3	25.0	25.0	8.3
制造业	2370	480	10.4	29.8	22.1	13.3	56.3	28.3	1.9
电力、热力、燃气及水生产和供应业	134	28	9.7	25.0	17.9	14.3	46.4	50.0	3.6
服务业	**3001**	**1053**	**15.6**	**39.6**	**30.6**	**20.0**	**46.3**	**46.1**	**2.4**
交通运输、仓储和邮政业	426	148	10.1	12.8	6.8	8.8	53.4	48.0	6.1
信息传输、软件和信息技术服务业	1069	370	18.7	36.5	28.9	14.6	54.6	52.4	2.2
租赁和商务服务业	320	103	10.2	28.2	19.4	14.6	55.3	42.7	2.9
科学研究和技术服务业	764	285	20.8	56.1	47.0	30.2	33.0	42.1	1.4
水利、环境和公共设施管理业	422	147	16.0	50.3	34.7	29.3	38.1	38.1	0.7
二、按地区分									
东部地区	2890	715	12.3	34.5	27.0	16.1	55.0	35.1	2.4
中部地区	1083	320	12.1	40.0	30.0	19.1	44.1	39.4	2.2
西部地区	1371	474	16.3	36.5	27.4	19.8	43.2	50.2	1.9
东北地区	204	64	15.8	39.1	28.1	20.3	54.7	35.9	4.7
北　京	241	57	14.8	42.1	31.6	17.5	40.4	45.6	3.5
天　津	209	50	15.4	46.0	40.0	16.0	48.0	28.0	
河　北	107	20	5.4	40.0	30.0	15.0	45.0	35.0	5.0
山　西	124	40	14.7	27.5	25.0	12.5	47.5	47.5	5.0
内蒙古	129	49	16.0	32.7	24.5	12.2	32.7	57.1	2.0
辽　宁	91	28	20.3	50.0	32.1	25.0	57.1	39.3	3.6
吉　林	45	16	13.1	25.0	25.0	6.3	50.0	25.0	6.3
黑龙江	68	20	13.8	35.0	25.0	25.0	55.0	40.0	5.0
上　海	177	58	20.2	43.1	20.7	25.9	46.6	41.4	3.4
江　苏	353	91	12.0	42.9	37.4	17.6	51.6	31.9	2.2
浙　江	601	130	12.2	38.5	31.5	19.2	54.6	35.4	1.5
安　徽	132	35	11.6	62.9	42.9	31.4	31.4	40.0	2.9
福　建	190	43	8.3	20.9	18.6	7.0	58.1	51.2	2.3
江　西	105	24	11.0	33.3	20.8	20.8	29.2	41.7	
山　东	242	69	10.0	36.2	29.0	18.8	47.8	42.0	4.3
河　南	276	75	8.6	29.3	21.3	17.3	57.3	33.3	
湖　北	220	67	15.1	44.8	37.3	10.4	49.3	38.8	6.0
湖　南	226	79	14.8	44.3	31.6	25.3	35.4	40.5	
广　东	691	166	13.2	22.9	16.9	10.2	68.7	25.9	2.4
广　西	109	40	16.4	35.0	20.0	15.0	50.0	47.5	
海　南	79	31	21.5	19.4	19.4	16.1	64.5	35.5	
重　庆	130	37	13.2	29.7	21.6	16.2	59.5	51.4	2.7
四　川	217	68	15.6	42.6	35.3	20.6	36.8	51.5	1.5
贵　州	121	46	16.4	28.3	13.0	21.7	45.7	60.9	2.2
云　南	164	63	20.4	31.7	22.2	20.6	52.4	49.2	1.6
西　藏	44	15	16.3	40.0	33.3	13.3	20.0	46.7	6.7
陕　西	144	52	17.1	46.2	42.3	21.2	40.4	40.4	
甘　肃	77	32	16.9	28.1	21.9	21.9	53.1	43.8	
青　海	49	11	9.1	45.5	27.3	36.4	45.5	63.6	
宁　夏	120	34	15.8	47.1	38.2	20.6	32.4	44.1	5.9
新　疆	67	27	20.6	37.0	29.6	29.6	40.7	51.9	3.7

11—7 规模以下企业产品或工艺创新中的主要困难情况

项　目	在实现产品或工艺创新企业中，创新中遇到以下困难的企业占比(%)					
	资金不足	人才短缺	知识产权保护不力	适用技术短　缺	市场环境不　佳	其他
总　计	**52.9**	**54.5**	**7.6**	**16.5**	**38.3**	**1.7**
一、按行业分						
工业	**47.2**	**52.9**	**6.6**	**18.6**	**37.5**	**1.4**
采矿业	58.1	39.5	4.7	14.0	34.9	
制造业	47.0	53.4	6.7	18.2	38.4	1.3
电力、热力、燃气及水生产和供应业	48.5	47.8	5.2	26.9	22.4	3.0
服务业	**57.7**	**55.8**	**8.6**	**14.6**	**39.0**	**2.0**
交通运输、仓储和邮政业	55.2	43.0	5.4	9.9	42.7	2.6
信息传输、软件和信息技术服务业	58.6	65.0	10.2	15.3	43.0	1.5
租赁和商务服务业	51.9	50.3	6.3	13.1	42.5	1.9
科学研究和技术服务业	58.8	57.2	9.6	16.1	34.0	1.8
水利、环境和公共设施管理业	60.7	47.4	7.6	16.1	31.0	3.3
二、按地区分						
东部地区	47.9	53.9	8.2	16.7	40.1	1.7
中部地区	52.6	54.7	6.6	17.1	31.0	2.1
西部地区	62.6	55.7	7.4	16.5	39.9	1.6
东北地区	59.8	52.9	7.4	9.8	41.2	1.5
北　京	53.9	49.4	7.1	14.5	38.6	3.3
天　津	47.8	45.9	5.7	13.4	45.5	1.0
河　北	54.2	44.9	8.4	12.2	30.8	0.9
山　西	56.5	55.6	7.3	16.1	37.9	3.2
内蒙古	54.3	51.2	10.1	14.0	45.0	
辽　宁	61.5	54.9	7.7	13.2	45.1	2.2
吉　林	55.6	48.9	6.7	11.1	35.6	
黑龙江	60.3	52.9	7.4	4.4	39.7	1.5
上　海	48.6	59.3	13.0	14.1	45.2	1.7
江　苏	42.8	53.8	8.5	21.2	37.4	1.4
浙　江	38.9	55.9	7.7	16.8	31.4	1.0
安　徽	47.7	56.1	3.8	13.6	40.9	2.3
福　建	48.9	61.6	11.1	21.1	35.8	1.6
江　西	45.7	51.4	3.8	13.3	27.6	1.9
山　东	55.4	53.7	7.0	12.0	33.9	3.7
河　南	46.4	51.8	4.7	17.4	28.3	3.6
湖　北	55.5	55.5	7.7	16.8	32.3	1.4
湖　南	61.5	57.5	10.6	21.2	25.2	0.4
广　东	50.7	54.6	7.8	18.4	50.4	1.6
广　西	65.1	53.2	4.6	12.8	43.1	0.9
海　南	62.0	51.9	8.9	11.4	48.1	
重　庆	54.6	50.0	4.6	22.3	40.8	0.8
四　川	59.0	57.1	6.5	15.2	32.7	3.7
贵　州	69.4	61.2	7.4	12.4	43.8	0.8
云　南	64.0	60.4	9.8	13.4	44.5	3.0
西　藏	56.8	63.6	2.3	20.5	34.1	2.3
陕　西	68.8	54.2	12.5	16.0	40.3	0.7
甘　肃	63.6	45.5	6.5	19.5	44.2	1.3
青　海	61.2	44.9	2.0	22.4	30.6	4.1
宁　夏	71.7	63.3	5.0	20.8	44.2	
新　疆	59.7	58.2	10.4	17.9	25.4	1.5

11-8 规模以下企业享受创新政策情况

项 目	享受了创新相关政策的企业数(个)	享受了创新相关政策的企业占开展创新活动企业比重(%)	在享受创新相关政策企业中，享受了以下相关政策的企业占比(%)						
			税费减免	金融服务	人才保障	知识产权保护	政府采购	平台支撑	其他
总 计	**7452**	**63.4**	**75.2**	**10.4**	**12.3**	**13.1**	**5.9**	**13.5**	**2.5**
#实现产品或工艺创新的企业	3573	64.4	78.2	11.8	9.5	18.4	6.7	11.9	2.6
一、按行业分									
工业	**2851**	**56.8**	**73.7**	**11.1**	**11.2**	**13.9**	**3.2**	**10.9**	**2.4**
采矿业	59	62.1	79.7	13.6	8.5	5.1	6.8	6.8	3.4
制造业	2627	56.7	73.6	11.2	11.3	14.5	2.7	10.7	2.2
电力、热力、燃气及水生产和供应业	165	56.9	72.7	8.5	9.1	6.7	10.3	16.4	4.2
服务业	**4604**	**68.3**	**76.2**	**10.0**	**13.0**	**12.6**	**7.5**	**15.0**	**2.6**
交通运输、仓储和邮政业	969	66.2	71.9	10.6	13.5	3.7	2.0	20.9	2.7
信息传输、软件和信息技术服务业	1401	70.7	79.4	9.5	10.9	16.2	10.1	14.5	3.2
租赁和商务服务业	672	66.7	77.5	10.7	13.5	7.9	7.7	12.9	2.1
科学研究和技术服务业	934	68.2	78.4	8.1	13.3	22.3	6.3	11.8	2.6
水利、环境和公共设施管理业	628	68.5	71.2	12.3	15.6	9.2	11.8	14.0	1.9
二、按地区分									
东部地区	3549	61.2	78.1	9.0	10.3	14.9	4.6	12.2	2.6
中部地区	1747	65.9	64.4	15.3	19.3	11.1	5.2	15.2	2.2
西部地区	1921	66.1	79.9	9.4	9.7	11.3	8.6	14.6	2.8
东北地区	238	58.8	75.2	4.2	10.5	16.0	6.3	10.5	2.1
北 京	243	63.3	82.3	6.2	6.2	16.9	4.1	6.6	2.5
天 津	201	62.0	80.1	3.0	5.5	23.4	1.5	10.9	2.5
河 北	219	59.4	72.6	6.8	16.0	7.3	4.6	16.0	1.8
山 西	188	69.1	86.2	6.4	7.4	5.3	7.4	11.2	1.1
内蒙古	215	70.0	82.8	7.9	11.2	8.8	8.8	10.2	0.9
辽 宁	87	63.0	85.1	2.3	5.7	21.8	2.3	5.7	1.1
吉 林	69	56.6	68.1	4.3	13.0	14.5	7.2	17.4	2.9
黑龙江	82	56.6	70.7	6.1	13.4	11.0	9.8	9.8	2.4
上 海	184	64.1	76.1	8.2	8.7	20.1	4.3	9.8	4.3
江 苏	487	64.2	74.7	12.7	12.5	18.9	3.9	15.2	1.6
浙 江	703	66.0	78.7	10.2	10.1	11.7	6.8	12.4	3.0
安 徽	213	70.5	70.0	22.1	16.0	12.2	3.8	14.6	4.2
福 建	288	55.9	76.7	11.1	14.2	12.8	3.8	13.5	1.7
江 西	153	69.9	59.5	17.6	17.0	7.8	6.5	12.4	5.9
山 东	396	57.2	73.0	13.4	14.9	12.4	7.3	13.4	1.3
河 南	558	63.6	47.7	14.3	31.4	12.0	3.4	16.8	0.7
湖 北	293	66.0	76.5	9.2	8.9	14.0	5.8	14.0	2.4
湖 南	342	63.9	68.1	21.6	18.1	11.1	6.7	17.3	2.0
广 东	741	58.7	82.6	6.3	7.3	15.5	2.4	10.7	3.2
广 西	153	62.7	83.7	9.2	10.5	7.8	14.4	12.4	2.0
海 南	87	60.4	81.6	4.6	4.6	13.8	10.3	11.5	6.9
重 庆	188	66.9	76.1	14.4	15.4	14.9	6.4	10.6	0.5
四 川	264	60.7	80.7	12.9	9.1	15.2	7.2	11.7	6.4
贵 州	190	67.9	80.0	7.9	7.4	13.2	4.2	24.7	1.6
云 南	193	62.5	82.9	3.6	6.2	10.9	7.8	14.5	3.6
西 藏	70	76.1	71.4	11.4	7.1	8.6	12.9	14.3	7.1
陕 西	196	64.5	74.5	12.8	8.2	9.7	5.6	13.8	1.0
甘 肃	128	67.7	77.3	7.0	10.2	10.9	14.8	19.5	3.9
青 海	82	67.8	81.7	9.8	9.8	9.8	11.0	15.9	2.4
宁 夏	150	69.8	82.7	6.0	8.7	12.0	9.3	19.3	4.0
新 疆	92	70.2	81.5	7.6	13.0	8.7	9.8	9.8	

11-9 影响规模以下企业创新政策落实的主要因素

项　目	在开展创新活动企业中，对影响创新政策落实的原因作出以下判断的企业占比(%)					
	不知道有相关政策	不满足享受政策的条件	政策吸引力不足	政策办理手续繁琐	政策执行力度不够	其他
总　计	**34.7**	**46.1**	**14.9**	**17.8**	**11.4**	**3.7**
#实现产品或工艺创新的企业	39.2	44.1	16.0	21.3	12.9	3.5
一、按行业分						
工业	**29.8**	**49.7**	**14.9**	**14.8**	**8.5**	**3.1**
采矿业	27.4	50.5	10.5	15.8	8.4	2.1
制造业	30.3	49.9	14.9	14.8	8.3	3.0
电力、热力、燃气及水生产和供应业	23.1	46.2	15.5	15.2	11.4	3.8
服务业	**38.3**	**43.4**	**15.0**	**20.1**	**13.6**	**4.2**
交通运输、仓储和邮政业	36.8	42.9	14.8	13.5	11.0	5.2
信息传输、软件和信息技术服务业	40.2	46.3	15.0	24.9	15.3	3.5
租赁和商务服务业	38.4	40.3	14.0	16.6	13.0	5.3
科学研究和技术服务业	38.1	44.6	14.5	24.0	13.8	3.7
水利、环境和公共设施管理业	36.6	39.8	16.8	18.1	14.4	3.5
二、按地区分						
东部地区	35.0	48.3	14.1	18.0	10.2	3.5
中部地区	30.8	46.3	18.3	15.9	10.3	3.3
西部地区	37.1	42.6	13.5	19.6	14.8	4.1
东北地区	37.3	38.0	15.3	16.0	12.1	7.2
北　京	38.8	41.4	14.8	24.2	11.5	6.0
天　津	34.3	49.1	13.0	17.9	8.6	4.3
河　北	31.2	40.9	17.9	10.8	7.3	6.0
山　西	42.3	39.0	11.0	14.0	12.5	3.3
内蒙古	36.8	41.4	11.7	18.2	15.6	5.2
辽　宁	35.5	40.6	18.1	19.6	14.5	8.0
吉　林	44.3	31.1	12.3	12.3	7.4	8.2
黑龙江	33.1	41.4	15.2	15.9	13.8	5.5
上　海	44.6	48.4	12.9	24.4	12.2	3.1
江　苏	27.3	57.0	13.3	14.9	9.8	2.4
浙　江	35.3	50.9	14.6	13.3	7.4	2.9
安　徽	28.8	52.6	15.9	11.6	9.3	5.6
福　建	36.3	49.1	12.8	15.9	11.3	2.5
江　西	35.2	42.9	16.0	11.4	7.3	5.5
山　东	34.4	43.9	14.9	15.6	12.6	3.3
河　南	23.5	49.1	20.1	16.4	9.5	1.6
湖　北	35.4	45.3	18.0	23.0	12.2	3.8
湖　南	32.7	44.1	21.9	14.4	11.0	3.6
广　东	36.6	48.1	13.5	24.0	10.9	3.1
广　西	39.3	42.6	15.6	23.4	18.4	3.3
海　南	38.9	38.9	12.5	22.9	14.6	6.3
重　庆	26.3	55.5	12.5	19.6	11.0	1.8
四　川	38.4	46.7	12.2	20.0	12.2	4.6
贵　州	33.9	39.6	20.7	20.7	17.1	3.6
云　南	42.1	32.7	13.6	20.1	18.4	5.8
西　藏	32.6	27.2	16.3	20.7	18.5	3.3
陕　西	36.8	44.1	14.1	20.4	15.8	2.6
甘　肃	42.3	38.1	10.6	16.4	13.2	4.8
青　海	39.7	41.3	10.7	13.2	10.7	2.5
宁　夏	41.9	44.7	12.1	19.1	15.3	4.7
新　疆	34.4	45.0	10.7	19.1	9.9	6.1

11-10 规模以下企业创新成效情况

项目	在开展创新活动企业中，取得了以下创新成效的企业占比(%)									
	降低了生产经营成本	增加了利润	提高了生产效率	扩大了出口	增加了产品或服务的品种	提高了产品或服务的质量	扩大了市场份额	减少了环境污染	改善了工作条件	其他
总计	**28.8**	**22.5**	**27.1**	**2.5**	**24.6**	**33.1**	**17.6**	**14.6**	**19.6**	**2.2**
#实现产品或工艺创新的企业	33.4	25.9	33.9	3.6	35.7	39.7	18.9	17.3	15.8	1.4
一、按行业分组										
工业	**31.0**	**23.0**	**33.8**	**3.1**	**23.7**	**29.3**	**16.6**	**16.9**	**16.7**	**1.5**
采矿业	36.8	26.3	29.5	3.2	10.5	17.9	12.6	32.6	21.1	2.1
制造业	30.7	23.0	33.8	3.3	25.1	29.7	17.3	16.1	16.3	1.5
电力、热力、燃气及水生产和供应业	33.8	21.7	35.5	0.3	5.5	27.6	7.9	24.1	21.7	2.1
服务业	**27.1**	**22.1**	**22.1**	**2.1**	**25.4**	**35.8**	**18.4**	**12.9**	**21.7**	**2.7**
交通运输、仓储和邮政业	30.3	21.6	23.0	2.6	15.0	26.0	18.6	13.1	23.7	2.9
信息传输、软件和信息技术服务业	24.3	23.9	19.1	1.6	36.1	43.3	20.9	6.4	20.0	2.2
租赁和商务服务业	24.7	20.4	18.6	1.3	19.5	31.3	14.1	10.7	25.3	3.5
科学研究和技术服务业	28.4	21.9	26.4	3.1	30.8	42.0	19.0	14.4	19.2	2.4
水利、环境和公共设施管理业	28.6	21.5	24.9	1.4	17.1	31.0	16.1	27.0	21.9	2.9
二、按地区分										
东部地区	27.8	20.0	28.7	2.6	26.6	34.7	17.6	12.8	18.3	2.2
中部地区	29.1	26.0	25.7	2.4	19.9	27.5	17.3	15.7	19.1	1.7
西部地区	30.4	24.9	25.9	2.4	25.0	34.8	17.8	17.4	22.9	2.5
东北地区	28.6	18.8	22.2	1.5	24.9	33.1	18.5	12.6	16.8	3.5
北 京	21.9	15.4	25.3	2.3	35.4	42.7	20.8	14.6	13.0	2.6
天 津	21.9	17.6	29.0	3.4	27.2	39.5	16.7	14.8	14.5	3.7
河 北	24.1	27.4	26.3	2.2	14.9	23.6	17.3	13.8	14.1	4.6
山 西	27.2	23.2	16.2	1.8	19.9	28.3	13.2	15.8	26.5	4.0
内蒙古	30.6	24.1	18.2	1.3	18.9	31.3	16.9	11.7	21.5	2.3
辽 宁	31.2	15.2	25.4	1.4	30.4	37.7	15.2	13.8	14.5	2.9
吉 林	29.5	15.6	15.6	1.6	17.2	26.2	12.3	13.9	25.4	4.1
黑龙江	25.5	24.8	24.8	1.4	26.2	34.5	26.9	10.3	11.7	3.4
上 海	19.9	17.1	26.5	3.5	36.2	42.9	22.3	12.2	19.5	0.7
江 苏	29.9	17.4	32.9	2.0	26.1	30.7	20.7	11.5	18.9	1.1
浙 江	31.5	22.4	24.5	2.8	26.7	30.6	17.5	11.2	17.7	2.5
安 徽	31.5	28.1	37.7	3.3	24.8	31.8	22.2	17.2	20.5	1.7
福 建	31.8	24.1	24.5	1.6	20.6	28.5	14.8	9.5	20.0	2.1
江 西	32.4	24.2	27.4		19.2	20.5	10.5	14.2	17.8	3.2
山 东	31.2	25.6	25.7	1.7	18.8	27.7	15.9	18.1	21.8	1.9
河 南	24.1	29.4	19.6	2.2	17.7	25.4	15.7	17.0	16.8	0.9
湖 北	36.5	25.2	28.8	3.4	22.5	30.6	19.8	13.5	18.9	2.7
湖 南	29.5	22.1	30.5	2.8	18.9	28.2	20.0	15.3	18.9	0.6
广 东	26.5	15.0	36.5	3.4	31.6	44.4	16.6	11.7	19.0	1.6
广 西	33.6	24.2	27.9	2.0	27.0	37.7	16.4	15.2	25.0	2.5
海 南	22.2	22.2	19.4	4.9	29.2	37.5	13.2	18.1	23.6	3.5
重 庆	30.2	29.2	32.4	3.6	18.9	35.6	14.2	13.5	21.4	2.5
四 川	32.4	21.4	28.3	1.6	26.0	38.2	16.8	18.2	23.7	2.5
贵 州	31.8	27.9	25.0	2.9	21.1	35.4	19.6	15.4	22.5	2.5
云 南	30.4	23.0	29.5	2.3	37.2	41.7	19.4	17.2	17.5	4.2
西 藏	17.4	23.9	22.8	4.3	21.7	30.4	23.9	32.6	12.0	2.2
陕 西	24.0	23.7	23.0	1.6	29.9	36.5	18.1	19.1	21.7	1.6
甘 肃	35.5	29.6	25.4	3.7	22.8	29.6	17.5	22.2	30.2	1.6
青 海	26.4	27.3	18.2	2.5	19.0	25.6	13.2	14.1	29.8	4.1
宁 夏	34.0	25.6	28.4	1.4	27.0	32.6	20.0	22.3	27.0	2.3
新 疆	29.0	22.1	25.2	6.1	22.1	26.0	22.1	19.8	22.9	0.8

11-11 规模以下企业创新发展规划情况

项 目	有创新发展规划的企业数(个)	有创新发展规划的企业占开展创新活动企业比重(%)	在有创新发展规划企业中，有以下规划企业占比(%)					
			开 发新产品	获 取新技术	引 进新设备	拓展市场或采用新的营销手段	涉足新的行业或领域	其他
总 计	**10253**	**87.2**	**47.1**	**35.2**	**30.4**	**47.4**	**16.4**	**1.3**
#实现产品或工艺创新的企业	5215	94.0	65.0	46.6	34.3	39.2	16.4	1.0
一、按行业分组								
工业	**4311**	**85.9**	**57.1**	**33.1**	**38.3**	**38.6**	**7.5**	**0.6**
采矿业	71	74.7	29.6	38.0	53.5	35.2	8.5	1.4
制造业	4015	86.6	60.1	32.8	37.0	39.3	7.6	0.5
电力、热力、燃气及水生产和供应业	225	77.6	11.6	37.3	58.2	27.6	6.2	2.7
服务业	**5942**	**88.1**	**39.9**	**36.7**	**24.6**	**53.8**	**22.8**	**1.8**
交通运输、仓储和邮政业	1215	83.0	14.3	17.3	30.6	61.7	20.5	1.8
信息传输、软件和信息技术服务业	1827	92.1	56.2	46.9	17.2	54.1	26.8	1.0
租赁和商务服务业	839	83.2	25.6	22.1	20.6	59.0	25.9	3.0
科学研究和技术服务业	1258	91.8	54.3	49.6	27.7	46.3	19.2	1.8
水利、环境和公共设施管理业	803	87.6	33.6	37.6	31.5	47.7	19.8	1.9
二、按地区分								
东部地区	5118	88.2	53.8	35.8	27.8	46.2	14.8	1.1
中部地区	2280	86.1	37.2	31.1	32.7	44.6	14.6	1.1
西部地区	2511	86.3	41.9	37.4	33.9	52.6	20.9	1.8
东北地区	344	84.9	51.2	36.9	27.0	46.2	18.9	1.7
北 京	367	95.6	61.0	47.1	16.3	43.6	22.1	1.4
天 津	303	93.5	60.1	43.6	22.8	38.0	15.5	1.7
河 北	300	81.3	36.7	27.0	32.7	42.0	10.0	1.0
山 西	224	82.4	31.7	33.5	31.7	50.0	22.8	1.8
内蒙古	248	80.8	39.5	36.7	29.8	48.0	18.5	
辽 宁	126	91.3	63.5	42.9	19.0	38.1	24.6	2.4
吉 林	100	82.0	38.0	24.0	37.0	50.0	15.0	1.0
黑龙江	118	81.4	49.2	41.5	27.1	51.7	16.1	1.7
上 海	276	96.2	50.7	38.8	17.0	57.6	26.1	1.4
江 苏	671	88.5	52.5	35.9	27.3	47.1	13.9	0.7
浙 江	958	90.0	58.1	34.1	27.2	38.8	12.9	1.5
安 徽	278	92.1	42.1	28.8	34.2	44.2	20.9	1.1
福 建	402	78.1	43.3	33.8	33.8	50.5	11.4	1.7
江 西	194	88.6	32.0	29.9	26.8	41.2	11.9	0.5
山 东	571	82.5	40.6	32.0	37.3	48.5	15.2	0.4
河 南	717	81.8	32.9	25.8	27.6	47.8	9.8	0.6
湖 北	392	88.3	46.2	38.8	36.7	41.1	16.3	1.8
湖 南	475	88.8	38.1	33.3	39.2	41.7	14.1	1.3
广 东	1151	91.2	62.2	35.0	27.9	50.1	13.6	0.8
广 西	212	86.9	41.5	34.9	40.1	53.3	24.5	1.4
海 南	119	82.6	55.5	39.5	30.3	51.3	17.6	1.7
重 庆	253	90.0	43.9	38.3	34.0	50.2	18.2	
四 川	383	88.0	44.6	37.1	29.0	56.7	21.1	3.9
贵 州	231	82.5	39.0	35.9	30.7	58.0	25.1	2.2
云 南	275	89.0	50.9	44.0	34.2	56.4	26.2	1.1
西 藏	74	80.4	43.2	39.2	43.2	43.2	13.5	1.4
陕 西	272	89.5	42.3	36.4	30.5	51.8	16.9	0.7
甘 肃	164	86.8	33.5	36.0	38.4	53.0	22.0	2.4
青 海	90	74.4	31.1	41.1	40.0	34.4	21.1	5.6
宁 夏	193	89.8	45.1	36.8	35.8	54.4	20.7	2.1
新 疆	116	88.6	31.0	31.0	39.7	50.9	17.2	1.7

十二、国际比较

12-1 部分国家企业创新

国别	企业数（个）	开展创新活动企业（个）	#开展技术创新活动企业	#实现创新企业	#实现技术创新企业	#实现产品创新企业	#实现工艺创新企业
欧盟28国	**798858**	**403872**	**315206**			**206664**	**198876**
欧盟15国	**620708**	**353599**	**276576**			**182662**	**171587**
比利时	13996	9528	8693	8336	6787	4953	5146
保加利亚	14663	3986	2906	3680	2541	1875	1750
捷克	22605	10473	8429	10159	7865	5807	6254
丹麦	8033	4136	2939			1997	1848
德国	143068	91192	71600	86922	61092	45640	39170
爱沙尼亚	3714	1772	1650	1713	1577	761	1273
爱尔兰	6874	3941	2945	3841		2000	2098
希腊	10905	6297	5139	6202	4907	3352	4287
西班牙	65579	24204	14884	22895	12659	7398	9737
法国	72107	41611	31180	40310	28512	20098	22015
克罗地亚	6576	3157	2211	3121	2106	1350	1773
意大利	115239	61952	50808	60198	47714	36147	36182
塞浦路斯	1752	639	512	639	512	341	460
拉脱维亚	4799	1453	1025	1416	954	641	724
立陶宛	7814	3948	3188	3888	3067	2065	2621
卢森堡	1848	1179	824	1158	767	572	456
匈牙利	15995	4642	3392	4414	3035	2281	1700
马耳他	909	308	244	289	217	150	173
荷兰	25804	15397	13482	14843	12633	9254	8210
奥地利	16914	10488	8097	10379	7850	5817	6095
波兰	58552	12891	10379	12292	9603	5828	7657
葡萄牙	19209	12842	11244	12647	10879	7688	8990
罗马尼亚	28809	2925	1556	2812	1426	948	996
斯洛文尼亚	4440	1767	1388	1661	1234	905	838
斯洛伐克	7522	2312	1750	2206	1596	1050	1070
芬兰	8491	5499	4945	5319	4684	3629	3482
瑞典	17966	9741	7660	9446	7050	5303	4216
英国	94674	55591	42137	52049		28814	19655
冰岛	841	465	421	448	384	282	286
挪威	9389	6669	5673	6465	5269	4112	3735
瑞士	22857	16596	11063	16531	10606	8044	6193
北马其顿	3116	1166	861	1166	860	502	755
塞尔维亚	12959	5619	4580	5571	4440	3813	2928
土耳其	86477	53206	40931	51471		27496	29375

注：欧盟28国含英国。

活动总体情况(2014—2016年)

		在全部企业中占比(%)							
#实现组织创新企业	#实现营销创新企业	开展创新活动企业	#开展技术创新活动企业	#实现创新企业	#实现技术创新企业	#实现产品创新企业	#实现工艺创新企业	#实现组织创新企业	#实现营销创新企业
227564	**183299**	**50.6**	**39.5**			**25.9**	**24.9**	**28.5**	**22.9**
205232	**159581**	**57.0**	**44.6**			**29.4**	**27.6**	**33.1**	**25.7**
5260	3887	68.1	62.1	59.6	48.5	35.4	36.8	37.6	27.8
1893	1756	27.2	19.8	25.1	17.3	12.8	11.9	12.9	12.0
3987	5934	46.3	37.3	44.9	34.8	25.7	27.7	17.6	26.3
2439	2388	51.5	36.6			24.9	23.0	30.4	29.7
50921	45376	63.7	50.0	60.8	42.7	31.9	27.4	35.6	31.7
622	508	47.7	44.4	46.1	42.5	20.5	34.3	16.7	13.7
2791	2387	57.3	42.8	55.9		29.1	30.5	40.6	34.7
3518	4180	57.7	47.1	56.9	45.0	30.7	39.3	32.3	38.3
15475	10246	36.9	22.7	34.9	19.3	11.3	14.8	23.6	15.6
28280	20579	57.7	43.2	55.9	39.5	27.9	30.5	39.2	28.5
1779	1871	48.0	33.6	47.5	32.0	20.5	27.0	27.1	28.5
33913	29820	53.8	44.1	52.2	41.4	31.4	31.4	29.4	25.9
372	347	36.5	29.2	36.5	29.2	19.5	26.3	21.2	19.8
839	664	30.3	21.4	29.5	19.9	13.4	15.1	17.5	13.8
1863	2012	50.5	40.8	49.8	39.3	26.4	33.5	23.8	25.7
854	569	63.8	44.6	62.7	41.5	31.0	24.7	46.2	30.8
2069	2061	29.0	21.2	27.6	19.0	14.3	10.6	12.9	12.9
190	161	33.9	26.8	31.8	23.9	16.5	19.0	20.9	17.7
6316	4990	59.7	52.2	57.5	49.0	35.9	31.8	24.5	19.3
6946	5941	62.0	47.9	61.4	46.4	34.4	36.0	41.1	35.1
5060	4873	22.0	17.7	21.0	16.4	10.0	13.1	8.6	8.3
6191	7160	66.9	58.5	65.8	56.6	40.0	46.8	32.2	37.3
1661	1463	10.2	5.4	9.8	4.9	3.3	3.5	5.8	5.1
901	941	39.8	31.3	37.4	27.8	20.4	18.9	20.3	21.2
1096	1129	30.7	23.3	29.3	21.2	14.0	14.2	14.6	15.0
3228	2726	64.8	58.2	62.6	55.2	42.7	41.0	38.0	32.1
4005	5238	54.2	42.6	52.6	39.2	29.5	23.5	22.3	29.2
35094	14093	58.7	44.5	55.0		30.4	20.8	37.1	14.9
260	230	55.3	50.1	53.3	45.7	33.5	34.0	30.9	27.3
3556	3879	71.0	60.4	68.9	56.1	43.8	39.8	37.9	41.3
9687	9955	72.6	48.4	72.3	46.4	35.2	27.1	42.4	43.6
646	670	37.4	27.6	37.4	27.6	16.1	24.2	20.7	21.5
3408	3029	43.4	35.3	43.0	34.3	29.4	22.6	26.3	23.4
29365	36302	61.5	47.3	59.5		31.8	34.0	34.0	42.0

12-2 部分国家制造业企业

国别	企业数(个)	开展创新活动企业(个)	#开展技术创新活动企业	#实现创新企业	#实现技术创新企业	#实现产品创新企业	#实现工艺创新企业
欧盟28国	**356389**	**189674**	**157592**			**105234**	
欧盟15国	**270380**	**163170**	**136283**			**91302**	**88224**
比利时	5286	3936	3649	3486	2937	2165	2326
保加利亚	7307	2327	1873	2092	1599	1174	1101
捷克	11678	6039	5123	5882	4853	3630	3867
丹麦	2985	1545	1168			786	755
德国	63409	44447	37082	41793	32313	25143	20081
爱沙尼亚	1703	921	876	889	835	393	678
爱尔兰	2128	1379	1143	1346		834	884
希腊	4148	2470	1998	2430	1889	1395	1647
西班牙	28477	11134	7991	10409	6825	4201	5266
法国	29712	17880	14369	17222	13065	9099	10283
克罗地亚	3155	1511	1091	1489	1030	688	869
意大利	68716	39730	34639	38361	32379	24224	25256
塞浦路斯	553	215	183	215	183	127	156
拉脱维亚	1806	609	467	592	439	311	315
立陶宛	2953	1525	1238	1507	1205	882	1000
卢森堡	308	204	159	200	154	106	108
匈牙利	7508	2191	1683	2035	1473	1139	847
马耳他	264	98	87	93	81	58	73
荷兰	8133	5257	4778	5100	4511	3375	2919
奥地利	6388	4125	3503	4093	3432	2518	2762
波兰	30067	7441	6064	7057	5575	3885	4499
葡萄牙	11070	7091	6397	6977	6186	4356	5298
罗马尼亚	13167	1455	843	1366	750	525	589
斯洛文尼亚	2102	913	768	862		533	
斯洛伐克	3746	1260	1013	1193	911	588	637
芬兰	3350	2384	2215	2311	2103	1565	1618
瑞典	6197	3490	2942	3310	2654	1878	1763
英国	30073	18098	14250	16970		9657	7259
冰岛	364	180	170	171	154	115	112
挪威	3096	2158	1927	2077	1790	1391	1237
瑞士	8585	6425	4853	6408	4661	3573	2708
北马其顿	1463	529	391	529	391	223	347
塞尔维亚	4176	2002	1700	1978	1631	1500	1023
土耳其	46174	30145	24365	29202		16405	18299

创新活动总体情况(2014-2016年)

		在全部企业中占比(%)							
#实现组织创新企业	#实现营销创新企业	开展创新活动企业	#开展技术创新活动企业	#实现创新企业	#实现技术创新企业	#实现产品创新企业	#实现工艺创新企业	#实现组织创新企业	#实现营销创新企业
98019	**81277**	**53.2**	**44.2**			**29.5**		**27.5**	**22.8**
87124	**69291**	**60.3**	**50.4**			**33.8**	**32.6**	**32.2**	**25.6**
2200	1571	74.5	69.0	65.9	55.6	41.0	44.0	41.6	29.7
936	916	31.8	25.6	28.6	21.9	16.1	15.1	12.8	12.5
2111	3234	51.7	43.9	50.4	41.6	31.1	33.1	18.1	27.7
913	825	51.8	39.1			26.3	25.3	30.6	27.6
23684	20255	70.1	58.5	65.9	51.0	39.7	31.7	37.4	31.9
307	225	54.1	51.4	52.2	49.0	23.1	39.8	18.0	13.2
976	785	64.8	53.7	63.3		39.2	41.5	45.9	36.9
1218	1773	59.5	48.2	58.6	45.5	33.6	39.7	29.4	42.7
6425	4432	39.1	28.1	36.6	24.0	14.8	18.5	22.6	15.6
11481	7910	60.2	48.4	58.0	44.0	30.6	34.6	38.6	26.6
836	911	47.9	34.6	47.2	32.6	21.8	27.5	26.5	28.9
19440	17904	57.8	50.4	55.8	47.1	35.3	36.8	28.3	26.1
103	122	38.9	33.1	38.9	33.1	23.0	28.2	18.6	22.1
330	272	33.7	25.9	32.8	24.3	17.2	17.4	18.3	15.1
617	811	51.6	41.9	51.0	40.8	29.9	33.9	20.9	27.5
131	87	66.2	51.6	64.9	50.0	34.4	35.1	42.5	28.2
858	937	29.2	22.4	27.1	19.6	15.2	11.3	11.4	12.5
54	39	37.1	33.0	35.2	30.7	22.0	27.7	20.5	14.8
2094	1540	64.6	58.7	62.7	55.5	41.5	35.9	25.7	18.9
2520	2216	64.6	54.8	64.1	53.7	39.4	43.2	39.4	34.7
2888	2859	24.7	20.2	23.5	18.5	12.9	15.0	9.6	9.5
3182	3617	64.1	57.8	63.0	55.9	39.3	47.9	28.7	32.7
881	637	11.1	6.4	10.4	5.7	4.0	4.5	6.7	4.8
439	473	43.4	36.5	41.0		25.4		20.9	22.5
535	551	33.6	27.0	31.8	24.3	15.7	17.0	14.3	14.7
1370	1096	71.2	66.1	69.0	62.8	46.7	48.3	40.9	32.7
1199	1609	56.3	47.5	53.4	42.8	30.3	28.4	19.3	26.0
10291	3671	60.2	47.4	56.4		32.1	24.1	34.2	12.2
84	76	49.5	46.7	47.0	42.3	31.6	30.8	23.1	20.9
1079	1156	69.7	62.2	67.1	57.8	44.9	40.0	34.9	37.3
3417	4246	74.8	56.5	74.6	54.3	41.6	31.5	39.8	49.5
235	332	36.2	26.7	36.2	26.7	15.2	23.7	16.1	22.7
1146	1220	47.9	40.7	47.4	39.1	35.9	24.5	27.4	29.2
15611	21752	65.3	52.8	63.2		35.5	39.6	33.8	47.1

12–3 部分国家服务业企业创新

国 别	企业数(个)	开展创新活动企业(个)	#开展技术创新活动企业	#实现创新企业	#实现技术创新企业	#实现产品创新企业	#实现工艺创新企业
欧盟28国	**416392**	**203297**	**149911**			**97853**	**90284**
欧盟15国	**331719**	**181505**	**134133**			**88357**	**79347**
比利时	8363	5380	4849	4680	3717	2709	2700
保加利亚	6850	1516	963	1455	883	673	606
捷克	10023	4117	3070	3976	2797	2064	2199
丹麦	4881	2514	1713			1190	1053
德国	74449	43915	32739	42499	27342	19652	18142
爱沙尼亚	1836	747	675	721	648	346	503
爱尔兰	4530	2458	1734	2396		1138	1162
希腊	6413	3625	2959	3579	2845	1868	2483
西班牙	35201	12482	6536	11940	5554	3066	4222
法国	40369	22704	16081	22076	14773	10616	11175
克罗地亚	2929	1416	948	1407	916	580	762
意大利	43061	20749	15073	20414	14323	11345	10133
塞浦路斯	1141	406	313	406	313	205	289
拉脱维亚	2719	776	506	757	466	304	365
立陶宛	4523	2257	1807	2218	1722	1135	1497
卢森堡	1498	949	641	931	589	454	331
匈牙利	7998	2326	1620	2263	1490	1100	798
马耳他	629	206	153	193	133	91	97
荷兰	17218	9910	8534	9546	7993	5814	5184
奥地利	9973	6093	4421	6021	4257	3204	3196
波兰	26095	4829	3780	4654	3541	1802	2714
葡萄牙	7605	5422	4557	5361	4429	3176	3462
罗马尼亚	14363	1432	698	1408	661	417	393
斯洛文尼亚	2146	791	576	737	502	357	325
斯洛伐克	3423	973	668	934	620	422	389
芬兰	4744	2871	2521	2785	2399	1959	1716
瑞典	11253	5995	4532	5894	4235	3327	2332
英国	62161	36439	27242	34111		18839	12056
冰岛	441	263	229	256	214	159	161
挪威	5608	4067	3389	3968	3167	2550	2230
瑞士	13721	9818	6071	9770	5807	4398	3381
北马其顿	1497	592	438	592	438	270	381
塞尔维亚	8356	3469	2769	3446	2702	2243	1830
土耳其	37869	21852	15722	21124		10661	10503

活动总体情况(2014-2016年)

#实现组织创新企业	#实现营销创新企业	在全部企业中占比(%)							
		开展创新活动企业	#开展技术创新活动企业	#实现创新企业	#实现技术创新企业	#实现产品创新企业	#实现工艺创新企业	#实现组织创新企业	#实现营销创新企业
123470	**98204**	**48.8**	**36.0**			**23.5**	**21.7**	**29.7**	**23.6**
112864	**87076**	**54.7**	**40.4**			**26.6**	**23.9**	**34.0**	**26.2**
2944	2266	64.3	58.0	56.0	44.4	32.4	32.3	35.2	27.1
872	795	22.1	14.1	21.2	12.9	9.8	8.8	12.7	11.6
1752	2549	41.1	30.6	39.7	27.9	20.6	21.9	17.5	25.4
1479	1530	51.5	35.1			24.4	21.6	30.3	31.3
25905	23890	59.0	44.0	57.1	36.7	26.4	24.4	34.8	32.1
281	269	40.7	36.8	39.3	35.3	18.8	27.4	15.3	14.7
1728	1563	54.3	38.3	52.9		25.1	25.7	38.1	34.5
2190	2338	56.5	46.1	55.8	44.4	29.1	38.7	34.1	36.5
8652	5671	35.5	18.6	33.9	15.8	8.7	12.0	24.6	16.1
16035	12274	56.2	39.8	54.7	36.6	26.3	27.7	39.7	30.4
831	890	48.3	32.4	48.0	31.3	19.8	26.0	28.4	30.4
13568	11468	48.2	35.0	47.4	33.3	26.3	23.5	31.5	26.6
256	223	35.6	27.4	35.6	27.4	18.0	25.3	22.4	19.5
471	373	28.5	18.6	27.8	17.1	11.2	13.4	17.3	13.7
1184	1149	49.9	40.0	49.0	38.1	25.1	33.1	26.2	25.4
701	475	63.4	42.8	62.1	39.3	30.3	22.1	46.8	31.7
1148	1085	29.1	20.3	28.3	18.6	13.8	10.0	14.4	13.6
134	121	32.8	24.3	30.7	21.1	14.5	15.4	21.3	19.2
4116	3401	57.6	49.6	55.4	46.4	33.8	30.1	23.9	19.8
4250	3578	61.1	44.3	60.4	42.7	32.1	32.0	42.6	35.9
1974	1890	18.5	14.5	17.8	13.6	6.9	10.4	7.6	7.2
2856	3404	71.3	59.9	70.5	58.2	41.8	45.5	37.6	44.8
764	801	10.0	4.9	9.8	4.6	2.9	2.7	5.3	5.6
422	443	36.9	26.8	34.3	23.4	16.6	15.1	19.7	20.6
517	540	28.4	19.5	27.3	18.1	12.3	11.4	15.1	15.8
1718	1528	60.5	53.1	58.7	50.6	41.3	36.2	36.2	32.2
2683	3492	53.3	40.3	52.4	37.6	29.6	20.7	23.8	31.0
24041	10197	58.6	43.8	54.9		30.3	19.4	38.7	16.4
157	142	59.6	51.9	58.0	48.5	36.1	36.5	35.6	32.2
2190	2525	72.5	60.4	70.8	56.5	45.5	39.8	39.1	45.0
6036	5492	71.6	44.2	71.2	42.3	32.1	24.6	44.0	40.0
385	324	39.5	29.3	39.5	29.3	18.0	25.5	25.7	21.6
2166	1737	41.5	33.1	41.2	32.3	26.8	21.9	25.9	20.8
13003	13950	57.7	41.5	55.8		28.2	27.7	34.3	36.8

12–4 部分国家企业创新

国 别	开展创新合作企业数(个)	开展创新合作企业占全部企业比重(%)	在创新合作企业中，集团内部其他企业	私人领域的客户或消费者	公共领域的客户或消费者
欧盟28国	**102456**	**12.8**	**48.6**	**51.2**	**28.0**
欧盟15国	**88946**	**14.3**	**49.9**	**52.8**	**29.7**
比利时	3287	23.5	50.2	32.4	7.8
保加利亚	608	4.1	34.9	49.3	15.8
捷克	3230	14.3	37.6	33.9	8.5
丹麦	1146	14.3	42.3	53.7	27.9
德国	14430	10.1	43.4	41.5	17.0
爱沙尼亚	948	25.5	53.5	42.9	26.3
爱尔兰	896	13.0	58.6	50.4	19.5
希腊	2545	23.3	13.7	64.0	20.4
西班牙	4776	7.3	31.8	32.6	11.0
法国	10767	14.9	57.7		
克罗地亚	717	10.9	30.8	43.9	24.8
意大利	7191	6.2	20.7	24.7	8.7
塞浦路斯	172	9.8	31.4	39.0	15.1
拉脱维亚	297	6.2	55.2	41.8	32.3
立陶宛	1401	17.9	35.8	41.1	23.8
卢森堡	205	11.1	77.1	59.0	37.6
匈牙利	1055	6.6	51.9	49.4	15.0
马耳他	35	3.9	51.4	34.3	14.3
荷兰	3890	15.1	44.0	29.9	13.6
奥地利	4062	24.0	41.5	46.1	21.5
波兰	3184	5.4	40.8	33.6	14.2
葡萄牙	2038	10.6	30.1	52.5	16.9
罗马尼亚	524	1.8	16.8	43.1	13.2
斯洛文尼亚	621	14.0	40.4	66.8	35.9
斯洛伐克	718	9.5	46.7	47.5	17.4
芬兰	1944	22.9	43.4	65.0	41.8
瑞典	2552	14.2	57.8	68.3	29.5
英国	29218	30.9	66.5	74.5	45.4
冰岛	200	23.8	52.5	57.5	27.5
挪威	2123	22.6	35.1	38.7	13.5
瑞士	2366	10.4	22.3		
北马其顿	210	6.7	39.0	54.8	24.3
塞尔维亚	1192	9.2	78.9	70.1	55.4
土耳其	9423	10.9	33.9	31.1	24.2

合作情况(2014−2016年)

与下列伙伴开展合作的企业占比(%)					
市场咨询机构	竞争对手或同行业其他企业	供应商	政府或公共研究机构	高校或其他高等教育机构	私人研究机构
38.7	**34.9**	**66.0**	**25.8**	**42.4**	
39.8	**36.3**	**65.7**	**27.3**	**43.7**	
34.1	14.3	73.9	18.9	35.1	16.4
27.6	27.5	71.2	16.4	26.0	10.0
28.2	13.8	51.5	9.6	33.5	10.2
42.6	24.7	73.1	24.8	38.8	
26.4	29.4	39.3	30.9	62.6	24.0
28.2	32.8	89.2	18.8	21.7	12.0
45.9	19.6	65.3	23.2	42.9	11.0
53.6	46.7	88.4	28.3	37.0	27.2
24.8	20.2	50.6	28.1	34.7	29.6
38.5	36.8	69.8	32.9	39.2	3.2
32.4	31.5	81.6	20.1	36.8	15.3
47.0	36.3	49.5	13.3	41.3	12.4
57.0	15.7	87.8	12.8	26.2	11.0
35.7	43.8	69.0	25.3	32.3	15.5
31.3	32.3	79.7	21.9	26.9	13.8
48.8	51.7	76.6	38.0	44.9	27.3
36.1	34.8	68.9	14.7	39.3	10.8
34.3	22.9	62.9	22.9	34.3	11.4
26.3	20.9	69.9	16.6	32.0	16.2
30.8	34.0	58.4	25.4	46.2	15.8
32.1	22.7	65.0	11.4	35.5	44.4
26.6	27.4	63.5	21.0	46.4	19.2
25.8	14.7	52.1	27.3	50.6	20.8
44.1	59.3	82.9	34.9	50.2	92.8
33.7	19.4	75.3	9.1	27.9	14.8
47.9	50.0	73.7	40.7	60.4	33.3
57.8	36.8	77.8	19.2	47.6	18.7
48.3	46.6	79.6	29.8	39.4	76.9
31.5	14.5	69.0		26.0	
35.0	16.2	50.7	18.5	22.0	
	19.0	71.2	26.1	51.5	
22.4	29.5	81.4		22.9	
60.8	60.7	79.8	47.9	55.9	43.9
25.8	26.1	32.1	20.9	23.9	21.8

12—5 部分国家制造业企业创新费用构成情况(2016年)

国别	创新费用构成(%)				
	内部研发经费支出	外部研发经费支出	获取机器设备和软件经费支出	从外部获取相关技术、知识经费支出	其他
比利时	54.8	22.7	15.9	0.5	6.0
保加利亚	26.2	4.5	63.4	1.1	4.7
捷克	29.4	19.8	39.5	6.8	4.5
丹麦	61.2	31.1	2.0	3.3	2.4
德国	53.5	11.2	19.6	1.0	14.8
爱沙尼亚	13.1	1.5	79.3	0.6	5.4
爱尔兰	39.4	15.5	40.4	1.5	3.2
希腊	26.1	5.1	63.1	1.5	4.2
西班牙	50.7	19.3	20.2	3.5	6.3
法国	57.3	19.9	17.6	1.1	
克罗地亚	21.3	3.4	65.7	2.6	7.0
意大利	48.7	9.8	27.6	1.6	12.3
塞浦路斯	33.4	1.6	49.6	2.4	13.0
拉脱维亚	16.0	3.8	66.0	0.4	13.8
立陶宛	10.9	1.3	82.1	1.4	4.4
卢森堡		4.6	30.9	0.1	2.2
匈牙利	25.2	12.0	59.5	1.4	1.8
马耳他	19.0	0.3	73.9	1.9	4.8
奥地利	68.6	5.6	22.6	1.5	1.6
波兰	18.0	7.5	69.2	0.7	4.6
葡萄牙	29.1	5.8	59.9	0.8	4.5
罗马尼亚	40.4	5.9	39.6		3.7
斯洛文尼亚	46.1	10.6	30.1		11.3
斯洛伐克	20.7	6.2	67.0	3.2	3.0
芬兰	64.5	7.2	26.4	0.8	1.0
瑞典	66.5	9.8	11.9	7.6	
挪威	49.7	9.8	29.1	2.3	9.1
北马其顿	4.3	0.5	87.3	1.8	6.2
塞尔维亚	2.7	1.0	65.2	3.3	27.8

附　录

附录 1　2019 年全国企业创新调查简要技术说明

调查依据：国家统计局《企业创新活动统计报表制度》(国统字[2019]101 号)。

调查时期：调查的标准时点为 2019 年 12 月 31 日，调查的报告期为 2019 年度。

调查对象：规模（限额）以上企业包括规模以上工业企业，特、一、二级总承包、专业承包建筑业企业，限额以上批发和零售业企业，规模以上交通运输、仓储和邮政业，信息传输、软件和信息技术服务业，租赁和商务服务业，科学研究和技术服务业，水利、环境和公共设施管理业企业。

规模以下企业包括规模以下工业（包括采矿业，制造业，电力、热力、燃气及水生产和供应业）企业，规模以下交通运输、仓储和邮政业，信息传输、软件和信息技术服务业，租赁和商务服务业，科学研究和技术服务业，水利、环境和公共设施管理业企业。

调查方法：规模（限额）以上企业对上述范围内的调查对象采用全面调查方法。调查样本量共计 80.5 万家，其中规模以上工业企业 37.8 万家，特、一、二级总承包、专业承包建筑业企业 5.5 万家，限额以上批发和零售业企业 24.4 万家，规模以上重点服务业企业 12.9 万家。

规模以下企业对上述范围内的调查对象采用抽样调查方法，有效样本量约 6.7 万家。

统计标准：调查执行国家有关统计分类标准及规定。其中，规模以上工业企业包括年主营业务收入 2000 万元及以上的工业企业法人；特、一、二级建筑业企业包括资质等级为特级、一级和二级的总承包和专业承包建筑业企业法人；限额以上批发和零售业企业包括年主营业务收入 2000 万元及以上的批发业、年主营业务收入 500 万元及以上的零售业企业法人；规模以上服务业企业包括年营业收入 2000 万元及以上的交通运输、仓储和邮政业，信息传输、软件和信息技术服务业，水利、环境和公共设施管理业企业法人，以及年营业收入 1000 万元及以上的租赁和商务服务业，科学研究和技术服务业企业法人。高技术产业仅包含高技术制造业。国民经济行业分类采用 GB/T 4754−2017 标准。其他统计标准的具体内容可查询国家统计局网站：http://www.stats.gov.cn/tjsj/tjbz/。

调查表式：规模以上企业创新调查的基层表式有 6 张，包括供工业企业、建筑业企业和服务业企业分别填报的创新情况表（3 张），供工业企业、建筑业企业和服务业企业分别填报的企业家问卷（3 张）。国家统计局统计一套表中的其他调查表式，特别是企业研发活动年度统计调查的部分内容作为此调查的重要补充。规模以下企业创新调查有基层表式 1 张。

数据处理：国家统计局通过联网直报平台布置调查表，完成数据采集、审核、汇总和上报等工作。联网直报平台数据处理程序由国家统计局统一研制并提供。联网直报平台地址：http://lwzb.stats.gov.cn。

调查特点：调查在第 3 版奥斯陆手册的基本框架下开展，可满足国际比较的基本要求；调查在国家统计局一套表统计调查体系下开展，部分统计结果取自其他调查内容，保持了统计调查的一致性；调查针对我国实际情况对大量内容进行了调整和改进，向调查对象代表、主要有关部门、有关专家学者、基层统计部门广泛征求了意见，在满足政策需求和降低填报负担之间、符合国际标准和体现本国特色之间取得了较好的平衡。总的来说调查基本兼顾了科学性、适用性、系统性、可比性和可操作性。

国际比较：国际比较中各国数据基本都为奥斯陆手册体系下以 CIS 为标准问卷或参考设计的调查结果。

奥斯陆手册（Oslo Manual）是目前国际上在创新调查领域使用范围最广、权威性最强、认同度最高的标准规范。CIS 即欧盟创新调查（Community Innovation Survey），是 OECD 和欧盟统计局组织开展的企业创新调查，为目前国际上影响较大、发展较成熟、开展较广泛的创新调查。

附录 2　主要指标解释

创新：指本企业推出了新的或有重大改进的产品或工艺，或采用了新的组织管理方式或营销方法。此处的“新”是指它们对本企业而言必须是新的，但对于其他企业或整个市场而言不要求一定是新的。

产品创新：指企业推出了全新的或有重大改进的产品。产品创新的“新”要体现在产品的功能或特性上，包括技术规范、材料、组件、用户友好性等方面的重大改进；不包括产品仅有外观变化或其他微小改变的情况，也不包括直接转销。

这里的产品既包括货物，也包括服务。对工业企业而言，货物方面产品创新的例子有新能源汽车、新功能手机等；服务方面产品创新的例子有新的保修服务，如显著延长的新产品保修期限等。对建筑业企业而言，货物方面产品创新的例子有功能或特性有重大改进的房屋、桥梁或配套的建筑构配件、建筑制品等；服务方面产品创新的例子有新形式的装修售后服务等。对服务业企业而言，货物方面产品创新的例子有新面世的盒装或下载版软件等；服务方面产品创新的例子有新型理财产品、显著改进的咨询服务、有突破进展的设计方案等。

工艺创新：指企业采用了全新的或有重大改进的生产方法、工艺设备或辅助性活动，其中辅助性活动是指企业的采购、物流、财务、信息化等活动。工艺创新的“新”要体现在技术、设备、软件或流程上；不包括单纯的组织管理方式的变化。

对工业企业而言，生产工艺方面工艺创新的例子有采用新型自动化包装生产线替代人工包装等；对建筑业企业而言，施工工艺方面工艺创新的例子有新工法、显著改进的工具等；对服务业企业而言，推出服务或产品的方法方面工艺创新的例子有采用新型自动控制系统调配交通工具等。辅助性活动方面工艺创新的例子有首次采用条形码追踪原材料走向、开发新的软件进行财务管理等。

技术创新：产品创新和工艺创新统称为技术创新。

组织创新：指企业采取了此前从未使用过的全新的组织管理方式，主要涉及企业的经营模式、组织结构或外部关系等方面；不包括单纯的合并或收购。应是企业管理层战略决策的结果。

经营模式方面组织创新的例子有首次使用供应链管理、质量管理、信息共享制度等；组织结构方面组织创新的例子有首次使用机构设置、职责划分、权限管理、决策方式等；外部关系方面组织创新的例子有首次使用商业联盟、新式合作、外包或分包等。

营销创新：指企业采用了此前从未使用过的全新的营销概念或营销策略，主要涉及产品设计或包装、产品推广、产品销售渠道、产品定价等方面；不包括季节性、周期性变化和其他常规的营销方式变化。

产品设计或包装方面营销创新的例子有对现有产品的创意设计、为特定消费群体推出饮料新口味等；产品推广方面营销创新的例子有首次使用新型广告媒体、全新品牌形象、推出会员卡等；产品销售渠道方面营销创新的例子有首次使用电子商务、直销、特许经营、独家零售等；产品定价方面营销创新的例子有首次使用自动调价、折扣系统等。

创新活动：指为实现创新而进行的科学、技术、组织、商业等各种活动的总称。具体包括：开展了产品或工艺创新活动，或实现了组织或营销创新。

产品或工艺创新活动：是研发活动以及为实现产品创新或工艺创新而进行的各种活动的总称。主要的产品或工艺创新活动包括内部研发活动、外部研发活动、获得机器设备和软件、从外部获取相关技术，以及相关的培训、设计、市场推介、可行性研究、测试、工装准备等活动。产品或工艺创新活动不仅包括成功的，也包括正在进行的和中止的；它本身可能具有新颖性，也可能并不新颖却是实现创新所必需。

正在进行的产品或工艺创新活动：指正在进行、尚未完成预定目标任务的产品或工艺创新活动。

中止的产品或工艺创新活动：指由于各种原因中断、延期、放弃或失败的产品或工艺创新活动。

新颖度类别：指产品或工艺的新颖程度，按照从低到高依次分为无创新、本企业新、国内市场新、国际市场新。其中无创新是指未推出新的产品或工艺，或原有的产品或工艺未发生重大改进；本企业新是指产品或工艺对于本企业而言是全新的或有重大改进的，但对于其他企业或整个市场而言并不是；国内市场新是指产品或工艺对于国内市场而言是全新的或有重大改进的，但对于国际市场而言并不是；国际市场新是指产品或工艺在世界范围内是全新的或有重大改进的。

国际市场新的产品或工艺同时一定也是国内市场新和本企业新的；国内市场新的产品或工艺同时一定也是本企业新的。

建筑业和服务业的调查中将国内市场新与国际市场新合并称为市场新，指产品或工艺不仅对于本企业而言是全新的或有重大改进的，对于国际或国内市场及其他企业而言同样也是。

内部研发：研发是研究与试验发展(Research and Experimental Development，简称 R&D)的简称，指为增加知识存量（也包括有关人类、文化和社会的知识）以及设计已有知识的新应用而进行的创造性、系统性工作，包括基础研究、应用研究和试验发展三种类型。国际上通常采用 R&D 活动的规模和强度指标反映一国的科技实力和核心竞争力。内部研发指本企业内部开展的研发活动。

外部研发：指企业委托其他单位或与其他单位合作开展的研发活动。

创新合作：指企业与其他企业或机构共同开展产品或工艺创新活动。创新合作要求企业必须是积极主动参与的，不包括纯外包项目，双方不一定要取得商业利益。

专利：是专利权的简称，是对发明人的发明创造经审查合格后，由专利局依据专利法授予发明人和设计人对该项发明创造享有的专有权。包括发明、实用新型和外观设计。反映拥有自主知识产权的科技和设计成果情况。

发明专利：指对产品、方法或者其改进所提出的新的技术方案。是国际通行的反映拥有自主知识产权技术的核心指标。

期末有效发明专利数：指报告期末企业作为第一专利权人拥有的、经境内外知识产权行政部门授权且在有效期内的发明专利件数。这里不包括实用新型和外观设计专利。

先发优势：指企业由于率先开发出某种产品或工艺创新，或率先进入某一个领域，从而获得领先其他企业的市场竞争优势。

东部地区：包括北京，天津，河北，上海，江苏，浙江，福建，山东，广东和海南 10 个省市。

中部地区：包括山西，安徽，江西，河南，湖北和湖南 6 个省市。

西部地区：包括内蒙古，广西，重庆，四川，贵州，云南，西藏，陕西，甘肃，青海，宁夏和新疆 12 个省区市。

东北地区：包括辽宁，吉林和黑龙江 3 个省。

欧盟 28 国：包括奥地利、比利时、卢森堡、保加利亚、塞浦路斯、捷克、丹麦、爱沙尼亚、芬兰、法国、德国、希腊、匈牙利、爱尔兰、意大利、拉脱维亚、立陶宛、马耳他、荷兰、波兰、葡萄牙、罗马尼亚、斯洛伐克、斯洛文尼亚、西班牙、瑞典、英国和克罗地亚。

欧盟 15 国：包括奥地利、比利时、卢森堡、丹麦、芬兰、法国、德国、希腊、爱尔兰、意大利、荷兰、葡萄牙、西班牙、瑞典和英国。